全国高等院校物流专业“十二五”精品规划系列教材

采购管理与库存控制

（第4版）

王槐林　刘昌华　主　编

中国财富出版社

图书在版编目（CIP）数据

采购管理与库存控制/王槐林，刘昌华主编．—4版．—北京：中国财富出版社，2013.9（2019.8重印）

（全国高等院校物流专业“十二五”精品规划系列教材）

ISBN 978-7-5047-4792-1

Ⅰ.①采… Ⅱ.①王… ②刘… Ⅲ.①采购管理—高等学校—教材②库存—仓库管理—高等学校—教材 Ⅳ.①F253

中国版本图书馆CIP数据核字（2013）第198223号

策划编辑 郑欣怡　　**责任印制** 梁 凡 郭紫楠

责任编辑 张 茜　　**责任校对** 梁 凡

出版发行 中国财富出版社（原中国物资出版社）

社　　址 北京市丰台区南四环西路188号5区20楼　　**邮政编码** 100070

电　　话 010-52227588转2098（发行部）　010-52227588转321（总编室）

010-52227588转100（读者服务部）　010-52227588转305（质检部）

网　　址 http://www.cfpress.com.cn

经　　销 新华书店

印　　刷 北京京都六环印刷厂

书　　号 ISBN 978-7-5047-4792-1/F·2006

开　　本 787mm×1092mm 1/16

印　　张 21.75　　**版　　次** 2013年9月第4版

字　　数 570千字　　**印　　次** 2019年8月第7次印刷

印　　数 20001—23000册　　**定　　价** 39.80元

前　言

本书自2008年年初第三次修订出版以来，又经过了四年多的时间。在这四年的时间里，一方面，仍然受到广大读者的欢迎，销售情况很好；另一方面，经过进一步教学实践的考验，也暴露出一些不足之处。时代的发展，也给教学教材提出了一些新的要求，因而又提出了修订的问题。我们利用暑假的时间对本书又进行一次修订。

本次修订量比较大。首先是把章节顺序调动了一下。删除了原第十五章，把案例分散至各章，这样可以加强针对性，又精简了文字。把原第十一章采购谈判换成了第十二章，把原第十二章电子商务采购换成了第十一章，这样在逻辑上更严格一些；第一章至第四章是采购管理全局总论；第五章至第十一章集中谈各种采购方法；第十二章至第十四章是采购管理分论。其次是文字内容变动。几乎每一章都动了一下，其中第一章、第三章、第五章、第六章、第七章、第九章、第十二章变动较大。变动的原则，就是使得教学内容更严整、更实在一些。这着重表现在第三章和第五章。第三章强化采购申请、采购需求分析、采购资源分析和采购计划的制订，它包含了我们采购行动之前的全部工作内容，力求严谨和实用。第五章订货点采购也是本书的重点内容，但此次修订进行了简化和实用化，删除了一些理论上的论述，加强了实例。把原附录A当中的模型体系部分地移到正文章节里，将确定型模型直接跟随在随机型模型后面连成一体，使得定量订货法和定期订货法的运用体系更紧凑、更明显。教学时以随机型为主、确定型为辅，部分讲解可以让学生自学。最后是文本体制的变动。增添了章首案例、知识链接、小资料、案例等，把每章的练习题进行了补充充实，增加了包括名词解释、选择填空、问答、思考、实训等在内的各种题型，为教学和学生自主学习提供了更多的方便。

这次修订编写工作由华中科技大学管理学院王槐林教授与华中科技大学武昌分校经济管理学院刘昌华讲师共同完成。王槐林负责第一章至第六章的修订编写，刘昌华负责第七章至第十四章的修订编写。最后由王槐林进行了统改定稿。在修订过程中，彭昭廉、王芳、宋静秋、王强、周韵在资料收集、检查审阅和文字编辑等方面做了许多工作，在此一并向他们表示感谢。

这次修订，虽然下了一些工夫，但是难免还有很多没有发现的不足之处。还希望广大读者继续对本书多加指导、多提宝贵意见。本人在此表示衷心感谢！

王槐林

2013年3月10日

目　　录

第一章　采购管理概述

本章教学目的与要求

本章作为导论，主要说明什么是采购、什么是采购管理、采购管理与库存控制的关系。一方面，阐述本书最基本的概念和观点，另一方面也为本书奠定了基本内容范围和框架结构。

通过本章的学习，应当达到以下目的：

1. 掌握什么是采购，什么是采购管理，它们在意义上有什么区别。
2. 掌握一般采购的活动内容、程序过程，了解各种采购类型。
3. 掌握采购管理的内容、职能、目标和要考虑的问题，理解采购管理的重要性。
4. 理解把库存控制作为采购管理的基本准则的原因。

章首案例

人生与购买

刚刚做完家教回到宿舍的小明是某高校大二的学生，他疲倦地躺在床上，却怎么也不能入睡。明天就是下个月一号了，答应每个月寄500元的妈妈，今天还没有寄钱来。家住湖南湘西贫困山区的老家很穷，今年又遇上了几十年来少见的大旱灾，平常靠种点小菜卖钱资助小明上大学的父母，经常不能够保证足额按时地把500元钱寄到小明的手中。因此小明常常为钱发愁。这不，明天就要交400元报考营销师职业资格证书，还要交下个月的伙食费。但是现在手中连一分钱都没有了，怎么办？急得小明怎么能够睡得着？

小明好像总想不明白，人为什么总离不开一个“钱”字。好像人的每时每刻、每一步行动都需要与“钱”打交道。或者是花钱，或者是收钱。小明收钱的时候少，但花钱的时候却非常多，以至于感觉自己简直成了一个花钱的机器。从早上起来，一直到晚上睡觉，好像随时随地都在花钱：早上起床刷牙的牙刷牙膏、洗脸毛巾、早餐中餐晚餐、上学放学的乘车车票，上课用的教材、教室，晚上住宿的宿舍，没有哪一样不需要花钱买的。花钱，就是购买。也就是说，人生活的每时每刻、每一步都需要购买，通过购买获取自己需要的商品。没有购买，人就不能够生活、生存。

小明有点无奈。但是，能不能人不花钱也能够生存呢？

对了，人如果挣钱，不就不用花钱，还可以把钱往自己荷包里装吗？所以，所谓购买花钱，那是针对消费的人而言的。如果作为挣钱的人，不但不花钱，还会挣钱呢！

那么，人怎样才能够挣钱呢？只有两种途径，一是自己生产，二是销售。自己生产，可以创造价值；从事销售，可以把别人的东西买进来，转手销售给别人，自己可以赚得利润。所以自己生产和销售，既可以获取商品，也可以获取钱。

所以小明好像想明白了：人的一生，离不开钱，因为钱是一种通用商品，它可以代表任何可能的商品，钱也可以充当各种商品交换的媒介。人离不开钱，实际上就是离不开商品。人或者是有了很多商品，想把它卖出去，换回钱；或者是生活需要商品，要花钱去买回来。前者是销售，是挣钱；后者是购买，是花钱。前者是作为生产者或经营者的行为，后者是作为消费者的行为。他们都离不开钱。但是身份不同，行为方向和目的也是不同的。

小明想明白了这个道理，针对自己比较缺钱的情况，努力做好自己的角色定位：大一的时候基本上作为一个纯粹的消费者，全靠花钱购买商品来维持生活；大二的时候开始了生产和经营：衣服自己洗；暑假里找到了两份社会兼职工作，一是销售格力空调，二是进社区做家教。挣了一些钱，有力地减轻了父母的金钱负担。现在还保留一周一次的家教工作。但挣的钱还是没有所花的钱多，还需要家里寄钱来。现在妈妈的钱还没到，叫小明怎么不着急呢？

思考题：用你对案例的体会说说采购和购买的重要性，想想购买和销售与生活的关系。

第一节　什么是采购

一、采购概念

（一）"需要"与"资源"

根据自然法则，人类社会的全部活动，就是谋求人类的生存和发展。人类社会几千年的历史，实际上就是人类谋求生存和发展的历史。其中，生存又是最基本的目标，发展是为了更好地生存。人类为了生存和发展，就必然产生各种各样的需要。

需要，是对资源获取的欲望。需要有各种各样的类型：

按需要的类别属性分，需要可以分成生活需要和生产需要。生活需要是为满足人们生活的各种需要，例如，人们需要吃、喝、穿、用、住、行、玩、乐等；生产需要是为满足人们生产过程中所产生的各种需要，例如人们生产需要原料、材料、工具、设备、能源、零件、部件等。

按需要的效用属性分，需要可以分成物质需要和精神需要。物质需要是为满足人们对物质用品的需要，例如食品、饮品、衣服、用品、房屋、车辆、机器、设备、原料、材料等；精神需要是为满足人们精神文化生活用品的需要，如音乐、美术、文学、诗歌、旅游、电影、电视等。

能满足需要的东西叫作"资源"。"资"者，"利用"也。"源"者，"来源"、"承载者"之义。因此，所谓"资源"，就是一切可以利用的东西。具体对于人来说，就是一切能够满足人们需要的东西，都是"资源"。资源随满足需要的类别不同，可以分成生活资源、生产资源；也可以分成物质资源、精神资源；有形资源、无形资源；自然资源、社会资源；技术资源、信息资源、人力资源等。

（二）"获取"与"购买"

对于这些需要的满足，就要"获取"。获取有多种方式，例如购买、生产、借贷、租赁、赠予、施舍、抢劫、偷盗、乞讨、骗取等，都可以获取资源。其中，使用最普遍的主要有两种方式：一种是生产获取，另一种是购买获取。

生产获取，是通过劳动（人力，或者物力的；体力，或者脑力的；自己，或者他人的），改造或创造出所需要的东西，例如种粮、做饭、织布、缝衣、生产汽车等生产，分别可以获取粮食、米饭、布匹、衣服、汽车。

购买获取，是通过商品交易手段来获取自己所需要的东西。商品交易手段，最多的是用钱购买，也可以以物易物。例如通过购买粮食、购买米饭、购买布匹、购买衣服、购买汽车等方式，分别可以获取粮食、米饭、布匹、衣服、汽车。

在商品经济社会，随着人们生活水平质量的提高，人们需要的品种和数量质量也在不断提高，而人又不能够样样都自己生产，大多需要通过购买来获取生活用品。不但人们生活需要购买，人们生产也需要购买，因此购买方式成为人们获取资源的最主要方式。

（三）购买的普遍性

由于这种“生产”和“购买”是多种多样、多层次、多环节的，所以购买也普遍存在于人类生产生活的各个方面、各个领域、各个层次和各个环节。

1. 生活需要购买，生产也需要购买

生活需要购买获取，即使自己生产也要购买获取。因为生产需要原料、材料、零件、部件、设备、工具、能源等，这些都需要购买才能够获取。例如，自己做饭，就需要购买大米、蔬菜、作料、炊具、燃料等，没有这些原材料、设备、工具、能源等，饭就做不出来。

2. 生产和生活又是多层次的，每个层次也都需要购买

例如做饭需要买大米，而生产大米又需要买稻谷、碾米机等，生产稻谷需要买种子、化肥、农药、农具等，生产碾米机又需要钢材、机床、工具等。这样一层一层下去，每一层次都要购买。没有购买，就不能够生产，也就不能够生活。

3. 购买品种多种多样

可见，无论是多层次的生产，还是多层次的生活，合起来需要的品种可以说是多种多样的，所以购买的品种也是多种多样的，遍及所有的品种，包括所有的有形的物质产品，如粮食、饮料、衣服、生活用品等，也包括所有的无形的非物质产品，如歌曲、图画、影视、文学、技术、信息、人才等；包括生活用品，如饭、菜、衣、车等，也包括生产用品，如机床、钢材、设备、工具等。

4. 购买者多层次化

购买者可以是个人或家庭，也可以是企业、单位、团体等组织。可以是自我购买者，也可以是委托购买者（受别人委托、替人购买）。遍及社会上的所有独立主体。

5. 购买时间空间、购买领域也是多种多样

购买可以是随时随地的，可以在实在实体商店，也可以在网上虚拟商店，遍及各时各地、各个领域。社会、人生、活动三件事：购买、生产和销售，因为生产需要购买（为了生产的购买），销售也需要购买（为了销售的购买），所以从整个社会来看，购买活动是非常普遍的。没有购买，就没有生产，也没有销售，就没有人们的正常生产和生活！

（四）“采购”的概念与含义

1. “采购”与“购买”

“采购”和“购买”，在概念意义上看，不完全一样。例如我们到食堂去买饭，这时只

能说我“购买”四两饭。如果说我“采购”四两饭，那肯定会引起哄堂大笑。同样，制药厂经理派人出差去采购药品时，只能说“采购”，如果说“购买”，也会或者闹出笑话，或者造成采购员的误会。可见，“采购”与“购买”在意思上是有差别的，不能乱用。

购买，主要是一个商品交换过程，是对于确定的商品讨价还价、一手交钱一手交货的活动过程。它是一个比较具体、比较简单、比较微小的商品交易活动过程。

而采购，应当包含着两个基本意思：一是“采”，二是“购”。“购”者，购买也，是通过商品交易手段把所选定的对象从对方手中转移到自己手中之义。“采”者，采集、采摘也，是从众多的对象中选择若干个之义。因此“采购”与“购买”的第一个区别，就是一个“采”字，“采购”更强调选择、查找和研究。“采购”与“购买”还有另一个区别，就是“采购”比“购买”更显示出正规、档次、业务性。“购买”可以说是生活化、大众化的语言，“采购”则是正规化、档次化的专业化、职业化的语言。

2.“采购”的概念

采购的概念模型可以用图 1-1 描述。整个采购过程包含两个方面：一个是采购主体，另一个是资源市场。这两个方面共包含四个要素：一是用户，二是采购员，三是供应商，四是商品。构成一个两方面四要素的采购模型。其中供应商和商品始终是合一的，构成资源市场；而用户和采购员虽然都属于采购主体，但他们是可合可分的。有的采购员属于用户，有的采购员则不属于用户，而是独立的第三方职业人员。

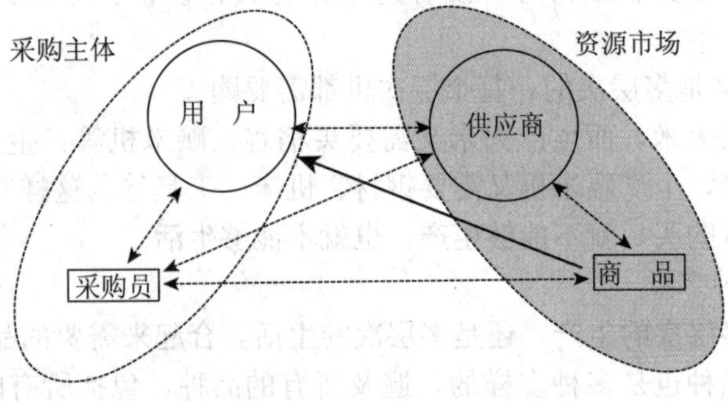

图 1-1 采购的概念模型

这四个要素间的工作关系用它们之间的箭头线表示。其中双向的虚线箭头表示信息流和商流，描述它们之间的调查了解、洽淡沟通、管理控制以及货款支付等活动；而粗实线单向箭头，则描述将供应商的商品由供应商手中转移到用户手中的物流活动。

整个采购过程中，采购员是最重要的角色因素，他们要和用户沟通，以满足他们的需求为首要任务和使命，又要充分调查了解、选择供应商，并和供应商反复洽谈沟通、达成购买协议，并且还要充分了解商品、掌控商品的质量和储运，保证按时按量从供应商手中转移到用户手中。因此，整个采购模型，可以说是采购员主动型的采购模型。采购活动，也是一种采购员主动的活动。

从以上分析以及采购的概念模型可以看出，所谓购买，是购买者通过商品交易手段从供应商手中获取商品的活动。所谓采购，是指采购主体通过商品交易手段从资源市场中选择购买商品的行为活动过程。这里所谓资源市场，包括供应商和商品，供应商可以是生产厂家、商业企业和个人；商品，可以是有形的物质实体商品，也可以是无形的精神文化、思想观点、技术信息、劳动服务等。这里的选择，包含着寻找、比较、分析和决定。

这个采购的概念中，包含以下五个关键词。

（1）采购主体。采购是采购主体主动的活动，是以满足采购主体的需求为目的的活动。采购主体包括需求用户和采购员。需求用户是主体，采购员为需求用户服务。有的需求主体自身就是采购员，有些需求主体需要聘请第三方职业采购员来担任自己的采购员。

（2）资源市场。采购涉及的是资源市场，包括生产厂家、商业企业或个人以及他们所提供的商品。这一点，使它区别于一般的销售活动。销售活动涉及的是消费者市场，包括个人、家庭、企业和其他组织。

（3）商品交易手段。采购是一种商品交易活动，一手交钱、一手交货，或者是物物交换，实现了商品所有权和商品实体转移的活动。这一点，使它区别于一般的赠送活动。

（4）选择购买。采购是一种选择购买活动，选择供应商、选择商品、选择价格、选择服务等，包括寻找、比较、分析和决定，最终把合乎用户需要的商品从供应商手中转移到用户手中。这一点，使它区别于一般的购买活动。

（5）行为活动过程。采购是一个行为活动过程，它一般要持续一段时间，包含一些行为和一些活动的集合，甚至是复杂的集合，相对需要比较长的时间，涉及面比较广大、比较复杂。这一点，使它区别于购买活动，购买相对比较短暂、比较具体、比较简单。

3. “采购”的属性

从学术的角度看，采购是比购买的含义更广泛、更复杂、更含学问性的概念。它一般包含以下一些基本的属性。

（1）获取资源。无论是生活，无论是生产，采购对于人们的意义，就在于为他们解决他们所需要，但是自己又缺乏的资源问题。这些资源，包括生活资料，也包括生产资料；包括物资资源（例如原材料、设备、工具等），也包括非物资资源（例如信息、软件、技术、文化产品等）。能够提供这些资源的供应商，形成了一个资源市场。从资源市场获取资源，这是采购最基本的属性。也就是说，采购的基本功能，就是帮助人们从资源市场获取他们所需要的各种资源。

（2）商品交易手段。资源获取方式有多种，生产、赠予、掠夺、抢劫、偷窃、施舍、恩赐、乞讨、租赁、买卖、交换等都是。而采购只是其中的一种，也就是通过商品交易手段来获取资源的方式，包括买卖及交换。买卖是通过货币进行的交易，而交换是通过以物易物进行的交易。因此，本书和有的书的观点不同，我们这里，不把生产、租赁、赠予、恩赐、施舍、乞讨包括在采购的概念之内，更不把掠夺、抢劫、偷窃包括在采购的概念之内。因此，商品交易手段是采购的第二个基本属性。

（3）商流与物流统一。采购的基本作用，就是将资源从资源市场的供应者手中转移到用户手中的过程。在这个过程中，一是要实现将资源的所有权从供应者手中转移到用户手中，二是要实现将资源的物质实体从供应者手中转移到用户手中。前者是一个商流过程，主要通过商品交易、等价交换来实现商品所有权的转移。后者是一个物流过程，主要通过运输、储存、包装、装卸、流通加工等手段来实现商品空间位置和时间位置的转移，使商品实实在在地到达用户手中。采购过程，实际上是这两个方面的完整结合，缺一不可。只有这两个方面都完全实现了，采购过程才算完成了。因此，采购过程实际上是商流过程与物流过程的统一。

（4）属于经济活动。采购是企业经济活动的主要组成部分。所谓经济活动，就是要遵循经济规律，追求经济效益。在整个采购活动过程中，一方面，通过采购，获取了资源，保证了企业的正常生产的顺利进行，这是采购的效益。另一方面，在采购过程中，也会发生各种费用，这就是采购成本。我们要追求采购经济效益的最大化，就要不断降低采购成本，以最少的成本去获取最大的效益。而要做到这一点，关键的关键，就是要努力追求科学采购。科学采购是实现企业经济利益最大化的基本利润源泉。

4. 采购活动过程

就以企业采购为例，一个完整的采购活动大体上有七项活动，如图 1－2 所示。

（1）确定采购物料。这是采购工作的任务来源。通常是企业各个部门把任务报到采购科来，采购科把所要采购的物资汇总，再分配到各个采购员，采购科给各个采购员下采购任务单。也有很多是采购科主动根据企业的生产销售的任务情况，自己主动安排各种物资的采购计划，给各个采购员下采购任务单。

采购员在接到采购任务单之后，首先要尽量充分了解所要采购的物品，包括它的用途、结构和性能。以便在后面选择供应商、洽谈交易条件及进货控制中提供支持。

（2）选择、联系供应商。品种确定以后，就要考虑到哪去采购和怎样采购的问题，制订具体的采购工作计划。首先是进行资源市场调查，包括对商品、价格、供应商的调查分析，选定供应商，确定采购方法、采购日程计划，以及运输方法、货款支付方法等。有的可能要出差去联系，有的可能要用电话、电子邮件等电信方式联系。

（3）与供应商洽谈交易条件。这是采购工作的重要步骤。要和供应商反复进行磋商谈判、讨价还价、讨论价格、质量、送货、服务及风险赔偿等各种限制条件。

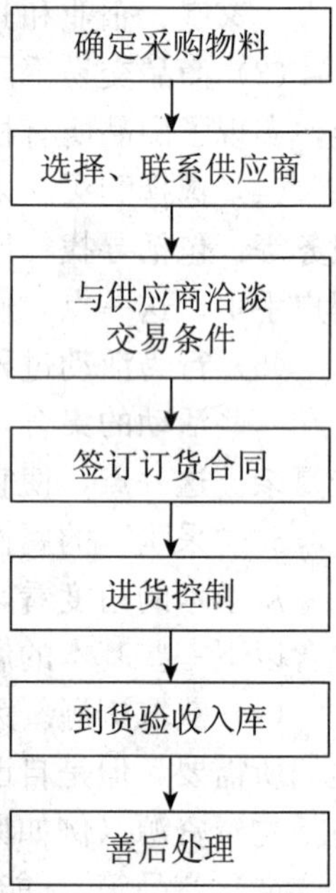

图 1－2　采购活动过程

（4）签订订货合同。最后把这些条件用订货合同的形式规定下来，形成订货合同。订货合同签订并被双方批准签字盖章以后，才意味着已经成交。

（5）进货控制。订货成交以后，就是履行合同，就要开始运输进货，运输进货可以由供应商运输，也可以由运输公司运输，或者自己提货。采购员要督促、监督进货过程，确保按时到货。

（6）到货验收入库。到货后，采购员要督促有关人员进行检验验收和入库，包括数量和质量的检验和入库。

（7）善后处理。货物到达验收合格后按合同要求规定支付货款，不合格则要进行交涉、索赔等工作。售后还有一些服务活动需要落实，还有供应商关系管理等。一次采购完成以后，要进行采购总结评估，并妥善处理好一些未尽事宜，这些都是善后处理。

不同类型的企业有不同的特点。采购时具体步骤可能不尽相同，但这几项基本工作是相同的。

5. 采购员的任务

采购员的任务，首先是能够采购到所需要的物品，但是这绝不是唯一的任务。采购员的任务应当包括以下四个方面。

（1）保质保量按时采购到位所需要的物料。采购员最首要的任务，就是要采购到位，不缺货，保障生产和生活正常进行。同时要按时按量，保证质量。少了不行，多了也不行；迟了不行，早了也不行；质量坏了不行，质量太高也没有必要，因为可能导致成本升高。生产企业采购回来的东西，是要能够马上加工或装配成自己的合格产品。因此，他们对供应商、对所订货物、对交货期的要求都很苛刻。采购员必须完成好这一项最基本的任务。

（2）追求降低成本。采购员不光要采购到手，还要特别注意降低成本。如果成本太高，就会给企业带来相当大的成本压力，甚至导致企业亏损。这样的采购就失去了意义。

追求降低成本，首先是要做好市场调查，了解确定合理价格水平；其次是要和供应商洽谈，争取合理订购价格；还要注意提高自己的职业道德觉悟水平，抵挡一切损公肥私的利益诱惑，为企业争取合理的成交价格水平。

（3）处理好和供应商的关系。采购员不光要采购到东西，还要尽量建立好供应商关系，特别是对那些重要的供应商。这些供应商是企业经营的重要资源，是企业的战略伙伴，对企业的正常经营运作有重要的作用。采购员和供应商搞好关系，就有利于组织好企业的供应链系统，从而为企业的经营运作发展创造一个良好的外部环境条件。

（4）获取资源市场信息。采购员除了做好采购，还要努力注意搜集资源市场信息，为企业提供资源市场信息。社会是发展的，不断有新产品、新材料、新工艺，不断有价格变动趋势、产业发展趋势等。这些信息及时反馈到企业来，有利于企业敏锐地掌握发展趋势、调整产品策略、开发新产品、新材料、新工艺，这样就能够使企业在竞争中获得优势地位，立于不败之地。

一个好的采购员，应当自觉地承担起这四个方面的任务。这也是企业赋予采购员的四项任务要求。

小故事

一次幸运的采购经历

一次偶然的机会，我成为了一名采购计划员，对于那时候的我来说，因为刚毕业，没有工作经验，什么也不懂，对采购也只有一个笼统的概念，那时候对这份工作是多么的兴奋，心里有说不出来的感觉，激动、期待……

很快，我就成了采购部的一分子，在接下来的工作中，我知道了一开始我先要熟悉产品，就这样，天天看产品明细，几千种产品，还有好多产品只是型号不一样而已，看了几天头都大了，还看不懂，只看到采购部的另外几个同事整天忙来忙去，很少在办公室看到他们，连问的人都没有，就这样过了十多天。

每个月中旬要拟订采购计划，因为公司是中型企业，有比较稳定的采购渠道，只需要结合仓库实际库存排出计划给固定的供应商，第一个月有人教，但是采购量很大，花了几天时间第一份采购计划出来了，呵呵，那时候好像还是蛮兴奋的，看着一份成功的计划单摆在我面前，感觉好有成就感，因为那是我第一份工作的第一份劳动成果，很快的，我就接手了这份工作。但是在后续的工作中并没有我想的那么简单，那时候的销售量很大也很稳定，我们的很多货都是从外省采购回来的，而且我们的产品也是销往各个省市，遍布全国，所以每次的周期都是安排得满满的，稍微出点纰漏就可能出现供货瓶颈，记得很多次都是急用了才刚好收到货，下单以后必须跟单，但是我们有业务员，我呢，周旋在仓库与业务员之前，随时要关注着库存，还要追着业务员催货，虽然说是做采购计划，但是很多工作我都有参与，对我一个新人来说是一个锻炼、学习的好机会，毕竟采购这一行，还可以接触供应商，能够与外界沟通交流，学到了一些在其他岗位学不到的东西，能进采购部更是幸运，让我学到了很多的采购专业知识，熟悉了采购工作流程。

学校食堂采购员老陈的那些事儿

在平阴一中，除了按作息时间上班的教职员工外，食堂采购员老陈是上班最早的一个。为了保证蔬菜等原材料的新鲜，老陈凌晨四点左右就得上班。黄河路蔬菜批发市场是我县最大的蔬菜、瓜果批发市场，这里的蔬菜品种丰富，价格便宜，销往附近的乡镇及周边的饭店。我们学校的食堂在这里采购，主要看重的还是食品安全卫生。一大早进了批发市场，这里已是非常热闹了。熙熙攘攘、人头攒动，吆喝声、叫卖声不绝于耳。通道两侧大都是排列的三轮车，货主们在车后忙碌着。我跟着老陈转了一圈，他不时停下来询问价格，查看蔬菜的质量。一圈下来后，他有了把握，就开始采购了。

食堂采购员是食品安全卫生第一道哨卡上的哨兵，虽然市场上有严格的安全卫生检测，但老陈也从未掉以轻心过。他除了查看蔬菜重量外，更主要的还是查看蔬菜的质量。对每一个品种，他都仔细检查，有时还想法检查包装袋中间的蔬菜。他告诉我，采购员不小心也会遇到“炸弹”的。有一次买土豆时，因为一时粗心，采购的两袋土豆的中间部分都是烂土豆。“这就是炸弹。”他解释说，“这是我们采购员的行话。”现在，对这类不太容易检查的蔬菜品种，老陈主要考察在门面房经营的批发商，一来质量可靠，二来出现质量问题还可以找回来调换。为确保所购原材料安全可靠，学校还建立了严格的购物索证、定点采购、食品留样、建立台账和责任追究等制度，确保在原材料购进、加工、销售等各个环节上不出现问题。在学生食用蔬菜种类上，对于药物残留可能较大的蔬菜不予购买，加大了安全防范系数。

学校食堂每年销售 800 多万元，每天都要采购大宗物资，各种层次的供应商来校联系不断，如何保证物美价廉，取得最佳的采购效果，对老陈等后勤人员来说是一个难题。平阴一中对食品原材料通过公开招标，把事情放在明处解决，不仅节约了办学资金，也对外树了形象。餐厅招标物品上自米、面、油、肉类等原材料，下至食堂所剩饭菜的处理，都由多人组成招标委员会进行招标，做到公平、公正、公开，创设“高度透明、充分民主、学生参与”的餐厅物品采购新局面。招标时，由学校通知供应商，这是学校对供应商的唯一答复，绝不存在座谈、协商等问题，一切都放在明处解决、在招标程序上见，最后的结果是中标的凭实力，没有中标的心里服气。如原来剩余饭菜的处理免费给邻近村的一户村民，学校不仅要提供桶，且处理不及时。改为招标后，不但剩饭菜及时得到了处理，且每年为学校增加了 4000 多元的费用，也使餐厅购买卫生工具的经费有了着落。对于招标采购，老陈很细心。他对食堂应购原材料清单逐份进行分类汇总，逐个打电话给投标单位，说明订购品种和数量，以及送货地点、时间。

市场的蔬菜价格不是依时间变动的，而是根据市场的供货量随时变动的。有时候，采购时正好这种蔬菜不多了，价格就会高一些。如果一下又来了几大车，价格一下子就可能下来了。但如果没有后续供货的话，价格可能还会上去，这就是考验采购员的地方。学校对青菜等不易存放、价格变动较大的物资，实行当日招标，不再履行招标程序，但采购员老陈要每周至少两次深入市场调查，编制目录价格表，对所有供应商进行“比质量、比价格、比运距、比信誉”，引入竞争机制，核算成本，择优采购。

为做到食堂低成本经营，保障学生的切身利益，学校设立采购、保管和使用三个班组，相互配合，相互牵制。验货由保管和使用班组共同验收，分工明确，责任共担。专设财务负责款项收付，专款专用，将肉、蛋、面等原材料的成本，加工这些材料所用的水、电、天然气成本，餐厅工作人员的费用，等等，都一一核算清楚，各项费用每天一计算，经营成本月末进行细算，真正把家长的钱用在提高饭菜质量上。在餐厅，学校设置了两块黑板，一块用来向学生公示每天购进原材料的成本，另一块用来向学生公布加工后的饭菜价格。（通讯员 李延安）

资料来源：原载《济南日报》2010 年 3 月 26 日，这里略有删减。

二、采购的类型

（一）按采购方式分类

按采购方式分类，可以分成人员采购和网上采购两大类。

1. 人员采购

人员采购，就是主要通过采购人员在现实社会寻找供应商，并随后完成各项采购程序的采购方式。这是现实社会最常用的采购活动。这种采购，要靠采购人员全面掌握需求任务情况和资源市场供应商情况、进行比较分析、选定供应商、上门进行采购洽谈、讨价还价、签订采购合同、负责把所订购的货物运回自己企业、最后验收入库。由于这种采购方式完全靠采购员自身，一步步推进采购程序，直到最后推进到供应商、完成采购任务，所以任务烦琐、工作量大，采购员必须步步谨慎小心、精心操作控制才能完成采购任务。所以人员采购，又叫推式采购，或是采购员主动型采购。

2. 网上采购

网上采购，也称电子商务采购，就是主要通过在网上发布采购需求信息，让供应商主动前来认购或投标，然后经过洽谈或竞标认购，确定供应商、完成采购任务的采购方式。这种采购方式，是由供应商主动找上门来寻求认购的，所以又叫作拉动式采购，或者叫做供应商主动型采购。这种采购方式，省时省力，还可能得到更有实力的供应商和更实惠的采购业绩。

（二）按采购主体分类

如果我们按采购主体分类，采购则可以分成个人采购、家庭采购、企业采购、政府采购、其他采购（如事业单位采购、军队采购等），如图 1 - 3 所示。

1. 个人采购

个人采购，是指个人生活用品的采购。一般是单一品种、单次、单一决策、随机发生的。带有很大的主观性和随意性。即使采购失误，也只影响一个人，造成的损失不会太大。只要根据自己的需要和爱好，考虑购买品种、购买数量、购买地点、购买方式、支付方式、获取物品的方式等，进行购买就可以了。本章章首案例就是个人

物资采购（按采购主体分）
- 个人采购
- 家庭采购
- 企业采购
  - 流通企业采购
  - 生产企业采购
- 政府采购
- 其他采购
  - 事业单位采购
  - 军队采购

图 1 - 3 按采购主体分类

采购的例子。

2. 家庭采购

在家庭生活中，家庭成员为了家庭的生活需要或意愿，几乎每天都要发生采购活动。家庭采购，主要是家庭生活用品的采购，主要是由家长或其他成员承担的采购活动。家庭采购的好坏，只影响其家庭自身。

3. 企业采购

企业采购是现今市场经济下一种最重要、最主流的采购。企业采购又可根据企业性质不同，分成生产企业采购和商业企业采购。

生产企业是大量商品生产的主体。为了实现大量商品的生产，就需要大量的原料、材料、零件、部件、配件、设备、工具、能源以及生活用品、办公用品等，这些物品除了自己能够生产的以外，都要从资源市场采购回来。没有采购，生产就不能进行。企业的采购不但采购数量大，采购市场范围宽，而且对采购活动要求特别严格。它要对全厂的需求品种、需求量、需求规律进行深入的研究，要对国内国外众多的供应厂商进行分析研究，还要对采购过程各个环节进行深入研究和科学操作，才能完成好采购任务，保证企业生产所需的各种物资的适时适量供应。

商业企业是从事大量商品的贩运、销售、供应、服务的主体。它们不生产商品，专门承担把生产企业生产出来的商品从生产者手中转移到需求用户手中的工作。它们是联系相互处于不同空间和时间的生产者和消费者的纽带，把世界各地的商品供应到本地用户的手中。这些企业包括批发零售企业、储运企业以及其他的服务型企业。例如超市，为了保证每天都有足够的商品销售给用户，他们都必须首先采购进货。没有采购，就没有销售供应。商业企业采购进货，虽然没有生产企业那样要求苛刻，但是对于采购的品种数量、价格以及到货期等都有一定的要求，否则就可能造成缺货，影响销售。

4. 政府采购

跟企业采购类似的是政府采购。政府采购是政府机构所需要的各种物资的采购。这些物资包括办公物资，例如计算机、复印机、打印机等办公设备及纸张、笔墨等办公材料，也包括基建物资、生活物资等各种原材料、设备、能源、工具等。政府采购也和企业采购一样，属于集团采购，但是它的持续性、均衡性、规律性、严格性、科学性上都没有企业采购那么强。政府采购最基本的特点，是一种公款购买活动，都是由政府拨款进行购买。

5. 其他采购

其他如事业单位（如学校、医院、文体单位）、军队等的采购活动，基本部分与政府采购差不多，也是一种集团采购，也是以公款购物为主。

以上几类采购活动中，个人采购最简单，因为品种单一，需求也比较简单、明确和单一。家庭采购就比较复杂一点，因为品种虽然单一，但是需求较复杂一点，要征求家庭多个人员的意见，满足他们每个人的需求意愿，而且要到较大的市场范围当中去选择商品、完成交易。最复杂的是企业采购、政府采购、事业单位采购和军队等的集团采购。他们要满足更多方面、更广泛、更持久的需求，要在更大的市场范围内选购商品、保障质量和数量，及时而安全地运输、安全地支付货款等。因此本书重点是研究企业采购活动。

（三）按采购方法分类

物资采购按采购方法分，可以分成传统采购和科学采购两大类。科学采购又包括订货点采购技术、MRP 采购技术、准时化采购技术、供应链采购和电子商务采购技术等，如

图 1-4 所示。

1. 传统采购

- 物资采购（按采购方法分）
  - 传统采购
  - 科学采购
    - 订货点采购
    - MRP采购
    - 准时化采购
    - 供应链采购
    - 电子商务采购

图 1-4 按采购方法分类

企业的传统采购，一般模式是，每个月的月末，企业各个单位报下个月的采购申请单，报下个月需要采购的物资的品种数量，然后采购科把这些申请单汇总，制订出统一的采购计划，并于下个月实行采购实施。采购回来的物资存放于企业的仓库中，满足下个月对各个单位的物资供应。这种采购，以各个单位的采购申请单为依据，以填充库存为目的，管理比较简单、粗糙，市场响应不灵敏、库存量大，资金积压多、库存风险大。

2. 科学采购

(1) 订货点采购。订货点采购，是紧密根据需求的变化和订货提前期的大小，精确确定订货点、订货批量或订货周期、最高库存水准等，建立起连续的订货启动、操作机制和库存控制机制，达到既满足需求又使得库存总成本最小的目的。这种采购模式以需求分析为依据，以填充库存为目的，采用一些科学方法，兼顾满足需求和库存成本控制，原理比较科学，操作比较简单。但是由于市场的随机因素多，使得该方法同样具有库存量大、市场响应不灵敏的缺陷。

(2) MRP 采购。MRP 采购，主要应用于生产企业。它是生产企业根据主生产计划和主产品的结构及库存情况逐步推导出生产主产品所需要的零部件、原材料等的生产计划和采购计划的过程。这个采购计划规定了采购的品种、数量、采购时间和采购回来的时间。计划比较精细、严格。它也是以需求分析为依据、以满足库存为目的。它的市场响应灵敏度及库存水平都比以上方法有所进步。

(3) JIT 采购。JIT 采购，也叫准时化采购，是一种完全以满足需求为依据的采购方法。它对采购的要求，就是要供应商恰好在用户需要的时候，将合适的品种、合适的数量送到用户需求的地点。它是以需求为依据、改造采购过程和采购方式，使它们完全适合于需求的品种、需求的时间和需求的数量，做到既灵敏响应需求的变化，又使得库存向零库存趋近。这是一种比较科学、比较理想的采购模式。

(4) 供应链采购。供应链采购，准确地说，是一种供应链机制下的采购模式。在供应链机制下，采购不再由采购者操作，而是由供应商操作了。采购者只需要把自己的需求规律信息及库存信息向供应商连续及时传递，供应商根据自己产品的消耗情况不断及时连续小批量补充库存，保证采购者既满足需要又使总库存量最小。供应链采购对信息系统、供应商操作要求都比较高。它也是一种科学的、比较理想的采购模式。

(5) 电子商务采购。电子商务采购，也就是网上采购，是在电子商务环境下的采购模式。它的基本特点，是在网上寻找供应商、寻找品种、网上洽谈贸易、网上订货甚至在网上支付货款，但是在网下送货进货。这种模式的好处，扩大了采购市场的范围、缩短了供需距离，简化了采购手续、减少了采购时间，减少了采购成本，提高了工作效率。是一种很有前途的采购模式。但是它要依赖于电子商务的发展和物流配送水平的提高。而这二者几乎要取决于整个国民经济水平和科技进步的水平。我国现在已经有不少企业采购以及政府采购采用了网上采购的方式，而且正在不断发展和完善。

(四) 按采购组织方式分类

物资采购按采购组织方式分，可以分成分散采购和集中采购两大类。

1. 分散采购

分散采购，是公司实行让下属各个分公司、各个部门各自独立自主采购，各自采购各自的用品。

分散采购，可以给下属各个分公司、各个部门带来机动灵活自主采购的方便，但是从总公司看，它会造成重复采购、分散运输、分散库存，因为采购批量小而造成订货成本高、运输费用高、总库存量大、库存资金总额高、风险大等弊端。

2. 集中采购

集中采购，是公司取消各个下属分公司和各个部门的各自自主独立采购，实行全公司统一集中采购，各个分公司和各个部门需要的用品都由公司统一供应。

集中采购，则可以把整个公司各个分公司、各个部门的需求量集中起来统一向供应商大批量订货，可以节省订货人员、降低订货费用；可以获取订货批量优惠；可以统一运输，获取大批量、整车运输的优惠；可以统一储存、集中使用、分别配送供应，可以充分提高库存物资利用率、降低总库存量、降低库存风险，得到低成本、低风险、高效率、高利用率的好处。只是对下属各个分公司、各个部门来说，在机动灵活方便性方面就要差一点。

分散采购主要适用于下属各个分公司和各个部门所需要的品种互不相同、需要量及需要时间都随机变动不稳定、采购差别很大的情况，而集中采购主要适用于下属各个分公司、各个部门所需的用品几乎相同、采购途径方式也基本相同的情况。

知识链接

统进分销采购

某公司是某市一家机电贸易公司，主要承担本地机电产品的销售业务，是由国有企业改制转变而来的独立经营性企业，在全市有七家门市部，现在分别变成七家相对独立经营的分公司，总公司只控制人事权和资金使用权，各分公司承包利润指标独立经营。公司的采购模式是各分公司独立采购。以轴承产品的采购为例。一般每年轴承厂会举行两次订货会，半年一次。该公司的七个分公司都是根据自己过去经营销售的情况来预测下半年的需求量，再根据自己的资金能力，提出下半年的订货量，提出订货清单，派采购员到轴承厂去订货。

在订货会上，采购员与供应商的销售人员进行贸易谈判，谈产品、谈价格、谈优惠条件、谈进货运输，然后签订采购合同。

各个分公司进货以后，货物分别存放在总公司的仓库中，分公司承担仓租费用和保管费用。各自销售自己的货物。

供应商厂家有价格折扣的条件，就是采购额达到 100 万元，可以享受 10% 的价格折扣。但是由于七家分公司各自订货，每一家的采购量都不大，所以都享受不了价格折扣优惠。厂家也可以代办托运，但是由于各自的批量都比较小，都只能进行零担运输，所以运输进货的费用也不能够节省。

各个分公司进货以后，货物分别存放在总公司的仓库中，分公司承担仓租费用和保管费用。各自销售自己的货物。

这种分别采购的采购方式运行一年后，该公司发现由于各自预测的需求量与市场实际的需求量差别很大、市场需求变化快，所以采购回来的货物，缺货与高库存并存，好销的货品缺货，不好销的物品库存积压，许多过时的产品成了死库存。

总公司只好及时改变了采购管理模式，叫做“统进分销”。即取消各分公司的分别采购，改为由总公司统一采购、统一进货、统一储存、统一经营，各分公司分别销售、总公司统一配送。这种经营体制的运行效果很好，受到了广泛的肯定和称赞。

（五）按采购委托方式分类

物资采购按采购委托方式分，可以分成自我采购和委托采购两大类。

自我采购，是自己需要的物品自己亲自去采购，不需要另外聘请采购员。自我采购，比较简捷、节省。但是只适用于比较简单、需求量少，比较单一、独特的产品的采购。

委托采购，一般是需求用户聘请专业的采购员，委托他们去替自己采购。也称第三方采购，或者专业采购。委托采购，一般适用于那种采购量大、复杂、难度大的采购，需要专业的技术人员、专门从事采购工作的人员才能胜任。只有他们才可以高效率、高质量地完成采购任务。

（六）按采购品种类别分类

物资采购还可以按采购品种类别分类，可以分成各种专业采购，例如机电设备采购、钢材采购、农产品采购、蔬菜采购、化工用品采购、药品采购等。

不同类别的专业采购，不仅简单是商品不同，还涉及采购组织、采购员专业知识素质、采购方法与采购方式等很大的不同，需要特别分析研究和策划实施。

案例

学校超市的采购管理

某大学超市是专门为该校上万名师生、员工服务的方便超市，在校区三个学生集中场所开设了三个门店，总公司统一经营、统一管理。超市的组织结构如图 1-5 所示。

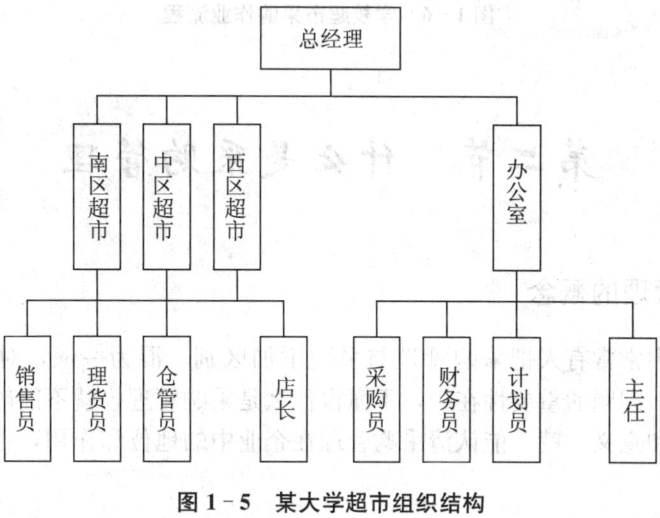

图 1-5 某大学超市组织结构

三个超市设三个店长和适量的销售员、理货员和仓管员。在总公司设一个办公室。办公室设一个主任、一个采购员、一个财务员、一个计划员。三个店长加一个办公室主任，构成常务领导班子，受总经理领导。总经理全面管理总公司各项工作。

销售员每天销售的品种数量记录，都记录在POS机上。理货员每天要由仓库上货到卖场货架、并且整理和盘存。仓管员管理和掌握仓库当中的库存。当库存下降到订货点的时候，就要填写采购申请单（请购单）申请采购，报告店长审批，店长签字同意后交到公司办公室计划员，计划员把三个门店交来的申请单汇总，形成公司总的采购清单（Bill of Materials，BOM）。然后对BOM上所有品种进行分析分类，并和采购员一起对资源市场、供应商、品种、价格等进行调查分析，在此基础上，制订采购计划，采购计划报财务员（经过财务科长）审批、总经理审批通过，返回计划员填写采购任务单，经办公室主任交采购员具体实施采购。采购员根据采购任务单去寻找和联系供应商、洽谈订货，根据权限审批同意签订订货合同。然后催货、验货、运货，直到收货，验收入库，把货物交到门店仓库仓管员手中，并且通过财务员记账支付货款，这一单采购任务才算完成。采购作业流程如图1-6所示。

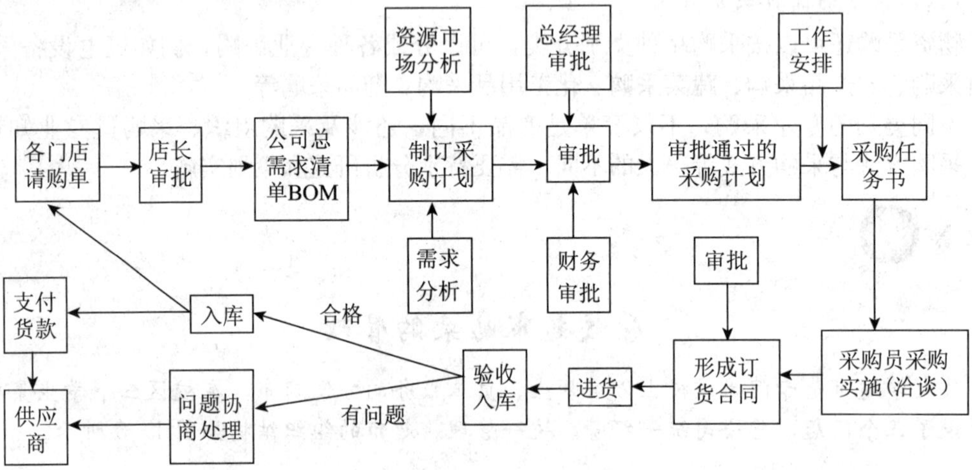

图1-6 学校超市采购作业流程

第二节 什么是采购管理

一、采购管理的概念

在日常生活中常常有人把采购管理与采购不加区别、混为一谈，对于什么是采购管理，不是很清楚。问题的重要性在于，不懂得什么是采购管理，就不能够明白采购管理工作的内容、职能和意义，就不能认清采购管理在企业中的地位和作用，也就不可能做好企业采购管理工作。

什么是采购管理?

所谓采购管理，就是指为保障企业物资供应而对企业采购进货活动进行的管理活动，是对整个企业采购活动的计划、组织、指挥、协调和控制活动。具体的采购管理，包括制订采购计划、对采购活动的管理、采购人员的管理、采购资金的管理、储运的管理、采购评价和采购监控，也包括建立采购管理组织、采购管理机制、采购基础建设等。

采购管理和采购不是一回事。采购是一种作业活动，是为完成指定的采购任务而进行具体操作的活动，一般是由采购员承担，其使命，就是完成采购科长布置的具体采购任务；其权利，只能调动采购科长分配的有限资源。而采购管理是管理活动，是面向整个企业的，不但面向企业全体采购员，而且也面向企业组织其他人员（进行相关采购的协调配合工作），一般由企业的采购科（部、处）长，或供应科（部、处）长，或企业副总（以下统称为采购科长）来承担；其使命，就是要保证整个企业的物资供应，其权利，是可以调动整个企业的资源。可见，采购管理与采购是有区别的。当然，采购员对于自己的采购业务，也需要进行管理。但是这种管理，就像一般的工人对于自己工作的计划安排一样，属于操作员的作业管理。而一般意义上的采购管理都是指站在企业的立场上、对整个企业采购活动的管理，包括对采购员和具体采购业务的管理。

虽然个人采购、一般家庭采购当中也有管理工作，但是那是非常简单的采购管理工作，人们习惯上一般也没有把它看成是一种管理工作，因此在日常生活中也没有采购管理的概念。而一般的集团采购，特别是如企业采购、政府采购、事业单位采购、军队采购等，由于采购量大、品种多、牵涉面广，事情复杂，都非常有管理的必要，都毫无例外地设有采购管理组织机构，进行认真的采购管理，而且企业越大，采购管理工作就越重要。因此，本书所谓采购管理，主要是讨论企业采购管理。

二、采购管理的案例

案例

荆门石化总厂的采购管理组织和职能

中国石化荆门石油化工总厂是隶属中国石油化工集团公司的国家特大型石油化工企业。其前身是始建于1970年的荆门炼油厂，1972年隶属石油部江汉石油管理局。1983年，划归中国石油化工总公司。企业占地面积11.67平方千米。总厂下设23个直属单位，14个机关处室。全厂职工人数上万人，现年原油加工能力达500万吨，已成为一个生产装置配套、加工手段齐全、工艺技术先进的现代化炼油化工企业。可生产燃料油、溶剂油、润滑油、蜡、沥青、焦六大类51种符合标准的石油化工产品。主要产品包括燃料油，润滑油，溶剂油，化工原料，石油液化气，石油蜡，石油焦，石油沥青和化工产品共九大类百余种产品。

荆门石化整个物资的供应，主要有生产用化工原材料、设备、生产备用件供应和原油供应两大块。原油供应一直以来是中石化统一调配，单独成系统封闭运行，这里不作讨论。供应处主要负责生产用化工原材料、生产设备、生产备用件的供应，其采购管理组织结构如图1-7所示。

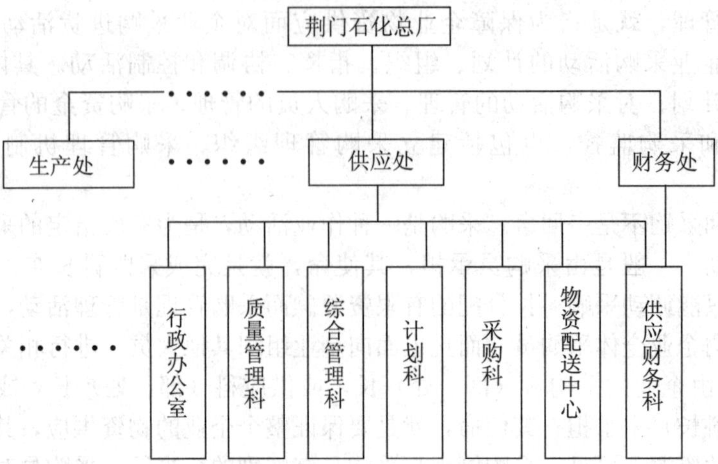

图 1-7　荆门石化总厂采购管理组织示意

由图 1-7 可以看出，供应处具体机构设置为：质量管理科、综合管理科、计划科、采购科、物配中心、行政办公室和供应财务科，分别承担以下的职能。

(1) 物资采购供应职能。主要由计划科、采购科、物配中心完成。

计划科面向公司所有需用品，包括化工、机电和材料三大类，负责制订各种物资采购计划；采购科主要根据所制订的采购计划进行采购实施，派采购员进行具体的采购活动；物配中心调度负责供应工作及物资的接收、入库、配送、发货等。包括两大库房（军马场库和五一桥库），下辖仓库管理班、综合管理班、起重班、运送班等班组。

(2) 物资管理及监督职能，由综合管理科、质量管理科等完成。它们主要负责采购计划的审核、供应商管理、合同管理、价格管理、进货质量检验等业务。

(3) 财务结算职能，结算付款业务由荆门石化财务处设立在供应处的供应财务科承担。财务科负责财务结算及相关单据的审核，人员属供应处管理，业务受财务处指导，便于对采购及付款业务更好地实施监控。

(4) 其他行政职能，由办公室承担，包括党政行政、劳资人事、职教、纪检、工会等项工作。

在中国石化总公司物资供应管理要求指导下，依据供、管分开原则和物资计划、采购、质量检验、结算付款、仓储配送等全过程各环节相互配合、相互制约运行机制的原则要求，把质量检验、结算付款纳入监督管理部门的范畴，从而建立更加科学有效的物资供应管理组织机构。组织机构主要以供应职能来设置业务职能科室，这样便于业务统一、相互监督。

三、采购管理的内容

采购管理的基本内容和模式如图 1-8 所示。

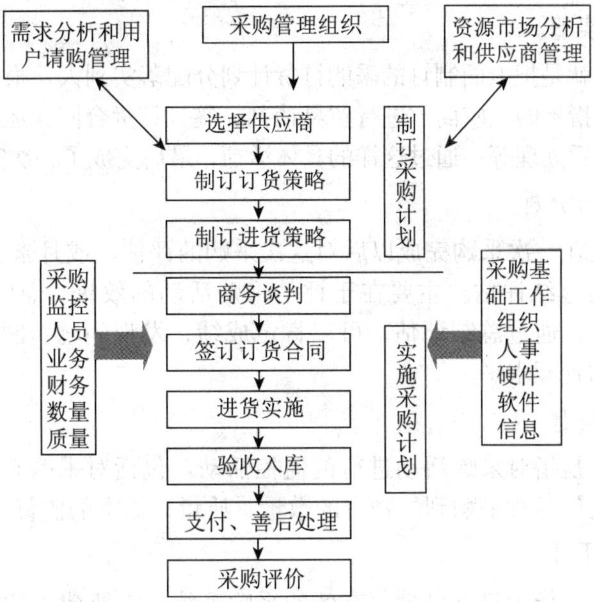

图 1-8 采购管理内容和模式

(一) 采购管理组织

采购管理组织，是采购管理最基本的组成部分，为了搞好企业复杂繁多的采购管理工作，需要有一个合理的管理机制和一个精悍的管理组织机构，还要有一些能干的管理人员和操作人员。

(二) 需求分析和请购管理

需求分析，就是要弄清楚企业需要采购一些什么品种、需要采购多少，什么时候需要什么品种、需要多少等问题。作为全企业的物资采购供应部门，应当掌握全企业的物资需求情况，制订物料需求计划，从而为制订出科学合理的采购订货计划做准备。

(三) 资源市场分析和供应商管理

资源市场分析，就是根据企业所需求的物资品种，分析资源市场的情况，包括资源分布、供求情况、供应商分布和竞争情况、品种质量、价格情况、交通运输情况等。资源市场分析的重点是品种分析和供应商分析。分析的目的，是为制订采购订货计划做准备。

由于企业的资源获取是一个长期持续的动态过程，所以我们和供应商打交道也是一个动态持续的过程，这里就有一个供应商关系管理的问题。我们要从企业发展的角度，选择分类处理好各种类型的供应商关系，建立起一个合适的供应链系统，为企业的资源获取创造一个友好的外部环境。

(四) 制订采购计划

制订采购订货计划，是根据需求品种情况和供应商的情况，制订出切实可行的采购订货计划，包括选定供应商、供应品种、具体的订货策略、运输进货策略以及具体的实施进度计划等，具体地解决什么时候订货、订购什么、订多少、向谁订、怎样订、怎样进货、怎样支付等这样一些具体的计划问题。为整个这次采购订货画一个蓝图。

（五）采购计划实施

采购计划实施，就是把上面制订的采购订货计划分配落实到人，根据既定的进度进行实施。具体包括去联系指定的供应商、进行贸易谈判、签订订货合同、运输进货、到货验收入库、支付货款以及善后处理等。通过这样的具体活动，最后完成了一次完整的采购活动。

（六）采购评估与分析

采购评估，就是在一次采购完成以后对这次采购的评估，或月末、季末、年末对一定时期内的采购活动的总结评估。主要在于评估采购活动的效果、总结经验教训、找出问题、提出改进方法等。通过总结评估，可以肯定成绩、发现问题、制定措施、改进工作，使我们不断提高采购管理水平。

（七）采购监控管理

采购监控管理，是指对采购活动进行的监控活动，包括对采购有关人员、采购资金、采购活动的监控，也包括对采购到的物资的数量、质量、成本的监督。

（八）采购基础工作

采购基础工作，是指为建立科学、有效的采购系统，需要建立的一些基础建设工作，包括管理基础工作、软件基础工作和硬件基础工作，具体如信息系统、人才队伍建设、组织结构、管理体制等。

从以上的讨论可以看出采购管理应考虑的问题如图 1－9 所示。

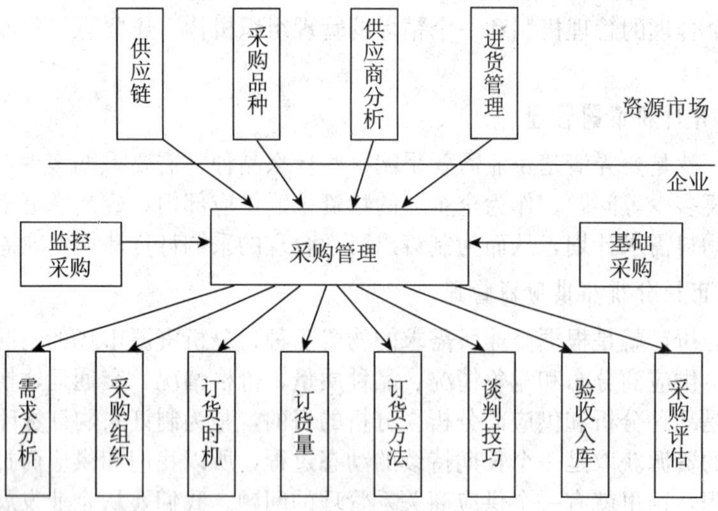

图 1－9 采购管理要考虑的问题

四、采购管理的目标

根据上面的分析，采购管理的基本目标，最起码有四个。

（一）保障供应好

采购管理最首要的目标，就是要做好保障物资供应的工作。而所谓保障供应好又有两个基本要求。

1. 保证不缺货

采购管理要根据企业的总体经营目标，建立起一个高效精悍的采购管理系统，科学制订采购战略和采购计划，安排好各项采购活动，保证把所需要的物资按时采购进来，及时地供应到生产生活的需求者手中，保证不缺货、保障生产和生活的顺利进行。这是采购管理最基本的目标。

2. 保证质量

保证质量，就是要保证采购的货物要能够达到企业生产所需要的质量标准，保证企业用之生产出来的产品个个都是质量合格的产品。保证质量，也要做到适度。质量太低，当然不行，但是质量太高，一是没有必要，二是必然价格高、增加购买费用，也是不合算的。所以要求物资采购要在保证质量的前提下尽量采购价格低廉的物品。

（二）费用最省

采购过程决定着产品成本的主体部分，涉及许多费用。一台汽车，如果其生产成本为5万元的话，则其生产过程中花费的生产费用大约只有1万元，占20%左右，而其余80%，4万元左右都是由采购过程造成的，包括原材料成本、采购费用、进货费用，库存费用、管理费用、资金占用费用等。因此，采购管理的好坏，一个重要的指标，就是看它能否把产品成本降低到最低的程度。所以采购管理的一个重要目标，就是要降低成本，使得总费用最省。

采购管理要做到费用省，可以从以下几方面努力。

1. 树立系统观点，追求总费用省

在物资采购中每个环节、每个方面都要发生各种各样的费用。购买时发生原材料的购买费用，进货时发生进货费用，检验入库时发生检验费用、入库费用，搬运时发生搬运费用、装卸费用，在仓库中储存保管时发生保管费用、管理费用，库存物资资金占用还需要付银行利息等。

采购管理降低费用，当然要尽可能降低各个环节的单项费用，但是更重要的是把采购管理看成是一个系统工程，统筹优化协调各个环节各个费用，以追求整个采购过程各个环节的总费用最省为目的。

2. 树立库存控制观点，进行适时适量采购，追求库存最小化

采购管理树立系统观点，还包括不能只关注采购过程的费用，还要关注库存过程发生的费用，因为库存是由采购造成的。

采购管理要降低库存费用，其根本途径，就是要把库存控制作为采购管理的基本原则，树立库存控制的观点，进行适时适量采购，追求库存最小化。

适时适量很重要。物资采购供应不是把货物进得越多越好，也不是进得越早越好。货物进少了不行，生产需要的时候，没有货物供应，产生缺货，影响生产；但是货物进得多了也不行，不但占用了较多的资金，而且还要增加仓储，增加保管费用，造成了浪费，使库存费用升高。因此要求采购适时适量，既保证供应，又使总成本最低。

为了实现适时适量采购，就要在物资采购的全过程中科学制订和合理采用各种各样的采购策略。这些采购策略运用得好，不但可以降低采购费用，还能够做到既保证供应，又能使得库存量最小、库存费用最省。

（三）供应链管理好

采购管理最经常的工作，就是要和供应商打交道。认真进行供应商管理，建立起一个

好的供应商队伍，是搞好采购的前提条件。而进行供应商管理最有效的途径就是建立供应链、进行供应链运作和管理。

搞好供应链管理的基本目标，一是要建立起一个合适的、有效率的供应链，二是要进行协调沟通、建立起友好协调的供应环境、保证供应链系统顺利运行。

1. 建立起一个有效率的供应链

首先，供应链系统是一个高度协调、友好合作的系统，因此选择合适的供应商很重要，不是盲目地把所有的供应商都不加区别地纳入供应链，而导致协调难度增大、管理成本增加、供应链负担增加、运作风险增大。其次，还要建立合适的供应链的结构组织，还要建立起合适的运行机制。只有这样才能够建立起一个有效率的供应链系统。

2. 供应链的有效操作、运行和控制

供应链建立起来以后，就要有效地运作起来，在运作中实现协调配合与控制，为企业采购建立起一个友好宽松的环境，大大提高采购效率、降低采购成本、实现共赢。

（四）信息管理好

能够及时掌握资源市场信息，并反馈给企业管理层，发挥信息的决策支持作用。建立起供应链管理信息系统，实现信息共享，为供应链的顺利运行提供信息支持。

五、采购管理的重要性

企业作为国民经济的一个基本细胞，承担着为社会提供产品或服务的功能。企业就是通过提供这种产品或服务而获得它在社会中的存在价值，从而得到社会的回报而生存和发展。因此，任何企业的基本职能，都是要根据自己的具体情况，形成自己的产品或服务，并提供给社会，为社会服务，从而在实现自己的价值中获得生存和发展。

但是，企业为不断形成自己的产品和服务，除了自己已有的人力、物力资源外，还需要不断地从市场获取各种资源，特别是各种原料、材料、设备、工具等，这就需要采购。或者叫做物资供应。而这方面的工作就是由采购管理来承担的。因此，从这样的观点看，可以把企业的基本职能分解成三块：一是物资采购，二是物资生产，三是物资销售。三者之中。物资销售最重要，它是企业直接向社会提供产品和服务，实现自己的价值。企业也只有有了销售收入，才有利润，再生产才可能持续进行，企业才能够生存和发展。生产是为销售服务的，没有生产，企业就不可能提供自己的产品去销售。而采购，则是为生产和销售二者服务的。没有采购，企业既不能生产自己的产品用于销售，也不能购进别人的产品用于销售。所以可以说采购是生产和销售的前提条件。无论什么企业，它可以没有生产，但是不可以没有采购，因而也就不可以没有采购管理。

其重要性表现在以下几个方面。

1. 物资采购为企业保障供应、维持正常生产、降低缺货风险创造条件

很显然，物资供应是物资生产的前提条件，生产所需要的原材料、设备和工具都要由物资采购来提供，没有采购就没有生产条件，没有物资供应就不可能进行生产。

2. 物资采购供应的物资的质量好坏直接决定了本企业生产的产品质量的好坏

能不能生产出合格的产品，取决于物资采购所提供的原材料及设备工具的质量的好坏。

3. 物资采购的成本构成了物资生产成本的主体部分

物资采购成本包括采购费用、购买费用、进货费用、仓储费用、流动资金占用费用以

及管理费用等。物资采购的成本太高，将会大大降低物资生产的经济效益，甚至亏损，致使物资生产成为没有意义的事情。

4. 物资采购是企业和资源市场的关系接口，是企业外部供应链的操作点

只有通过物资采购部门人员与供应商的接触和业务交流，才能把企业与供应商们联结起来，形成一种相互支持、相互配合的关系。在条件成熟以后，可以组织成一种供应链关系，那样就会使企业在管理方面、效益方面都登上一个崭新的台阶。

5. 物资采购是企业与市场的信息接口

物资采购人员虽然主要直接和资源市场打交道，但是资源市场和销售市场是交融混杂在一起的，都处在大市场之中。所以，物资采购人员也是和市场打交道的，对市场信息比较容易获得，是企业的市场信息接口，可以为企业及时提供各种各样的市场信息，供企业进行管理决策。

6. 物资采购是企业科学管理的开端

企业物资供应是直接和生产相联系的。物资供应模式往往会在很大程度上影响生产模式。例如，如果施行准时采购制度，那么，企业的生产方式就会改成看板方式，则企业的生产流程、搬运方式都要做很大的变革。再如，如果要实行供应链采购，则需要实行供应商掌握库存、多频次小批量补充货物的方式，这也将大大改变企业的生产方式和搬运方式。所以，如果物资采购提供一种科学的物资采购供应模式，必然会要求生产方式、物料搬运方式都作相应的变动，合在一起共同构成一种科学管理模式。而且这种科学管理模式是从物资采购供应作为开端而运作起来的。

小资料

计划体制下的采购和采购管理

中华人民共和国成立以后，一直到20世纪80年代末，都是一种计划经济体制。那个时候的国有企业都是一种计划经济采购模式。这种采购模式实际上是一种计划分配模式。即将所有各个企业明年的物资需求量收集齐，然后分别把它们都落实到各个生产厂明年各个月进行生产（当时叫做“排产”），这样就由生产厂分别和对应的需求厂签订供应计划合同，并最后由供应厂在明年各个月按合同要求进行供货。这样，需求厂也就完成了采购。

A公司是某市一家金属公司，主要承担某市所属的所有企业的金属材料（包括黑色金属和有色金属）的供应工作。它实际上是一家政企合一的企业，既有代替政府进行物资管理的职能，又有代替政府进行物资供应的职能。像钢材的采购就是这样进行的。

国家物资部每年年末（例如11月15日）要举办全国统一的下一年的钢材订货会。A公司代表本市去参加这次钢材订货会。由于准备工作量大，所以一般要提前一两个月就开始忙准备：首先是要市属各个企业报明年各个月的钢材需求计划，包括品种、规格、数量和特殊要求等。然后逐个收集这些计划予以汇总，包括按月品种规格汇总、年度品种规格汇总等。由于企业多、品种规格多、月份多，所以计算量大，用手工计算，很费时间，一个专门小组，大概要忙一两个月。汇总表出来后，装订成册，就可以去参加订货会了。由于是全国性订货会，参加人员很多，俗称“罗马大会”，有各个省市、地区、大企业的采购小组，也有供应商企业的订货工作小组。会场热闹非凡。会议首先要把各个采购商的需求收集起来统计汇总，然后根据各个供应商的生产能力进行排产，

制订各个供应商下一年各个月的生产计划。如果生产能力不够，或者某些品种规格生产不出来，则要在返回需求采购商那里进行会商变更，进行调剂。这样经过几个反复，最后得到一个供需平衡的产品分配计划和供应商生产计划。最后根据这个产品分配计划，由各个采购商直接和各个供应商签订采购供应合同计划。合同签订以后，采购任务才算完成，订货会才能够结束。

到了第二年，供应商就按会议上制订的生产计划进行生产，并且按照会议上制订出的钢材分配计划和订货合同，向各个采购商发货，或者由采购商拿着采购订货合同到供应商企业去提货。A公司也和其他采购商一样，每个月都会按采购合同收到各个供应商企业发来的钢材，进行日常经营活动。市属各个企业凭上一年报来的采购计划指标按月到A公司来购买钢材，用于自己企业的生产或经营活动。钢材在到达企业以后，支付货款，最后完成交易活动。

这种计划经济采购模式一直延续到20世纪90年代。1993年以后，我国基本上完成了由计划经济体制向社会主义市场经济体制的转变。企业开始脱离政府，成为独立经营、市场化运作的企业。这时，计划经济采购模式才逐渐转换成社会主义市场经济的采购模式。

第三节 采购管理与库存控制

采购管理不能够只管采购，还要关注库存，因为库存是由采购和生产共同形成的，并且对采购的决策有重大的影响。要不要采购，采购多少，都得先看看还有没有库存、有多少库存才能够决定。

一、什么叫库存

在生产企业，企业为了生产的需要，总需要有一部分物资处在生产准备状态，也就是处在一种暂时等待状态。处于这种等待状态的物资，就是库存物资。

生产企业的库存物资，有以下几种类型：

（1）原材料库存。原材料是从市场上采购回来准备用于生产，但是还没有用到生产上之前的暂时等待阶段。

（2）在制品库存。在制品是指在生产过程各个工序之间的临时储存的工件、物料等，上个工序加工完了，应该流到下一个工序，但是下一个工序还没有空出来，不能进入下一个工序的加工，不得不存放到仓库里，或者就存放在工位旁。所有各个工序都可能有在制品库存，一般都存放在在制品仓库中。这种在制品库存能够衔接上下工序，保障上下工序都能顺利进行。

（3）产成品库存。企业的产成品生产出来以后，应该推向市场，供应到用户。但并不是每件产成品一生产出来就能推向市场的，总要形成一定的批量以后，才一起推向市场。有的时候，市场上暂时没有需求，那就更要等待更长的时间。这种从生产出来起，直到推向市场之前的阶段的产成品，就是产成品库存。产成品库存衔接供需，保障生产和销售都能顺利进行。

在流通企业，物资购进来是为了销售出去。但是为了保证连续不断顺利地销售，需要有一部分物资处在暂时等待状态，就是流通企业的库存，或者叫流通库存。各种不同的流通企业都有不同的流通库存。例如批发企业商品库存、零售企业商品库存等，都是流通库存。这种流通库存的作用，就是可以保障后续销售的持续进行，保障流通各环节活动的顺利进行。

像这样在生产企业和流通企业中为准备生产和销售而有意识暂时存放的库存，都叫周转库存。这种库存的特点，是暂时存放，存放的目的是为了准备生产或销售，是为了衔接供需，缓冲供需之间在时间上的矛盾、保障供需各方都能顺利进行。

除周转库存之外，另外还有一类库存，是为了应付一些不确定性情况而有意识储备的库存，一般叫做安全库存。例如国家为预防灾荒、战争等不确定因素的发生而进行的粮食储备、钢材储备、麻袋储备等，就是一种安全储备。生产企业和流通企业中为预防一些随机性、偶然性因素的发生，也需要设立一些安全库存。安全库存的特点，一般存放期长，长期保存。存放的目的，是为了应付紧急的、意外的需求。一旦发生意外的、紧急的需求，可以从安全库存中予以满足。事后又将安全库存补足到额定水平。所以，安全库存要经常保持到额定值不变。例如国家为预防洪水，平时有意识地储存一定量的麻袋。这些麻袋平时一般是不动用的，是一种防洪安全储备，只有到了发洪水灾害时才紧急动用，保证了防洪需要。防洪完毕，需重新补足到额定储备。

二、为什么要库存控制

所谓库存控制，就是对库存量的控制。对采购管理来说，主要是指所采购进来的物品库存量的控制。

库存具有二重性。一方面，它是企业生产和生活的前提条件，没有库存，企业的生产和生活就不能正常进行；另一方面，库存也是一种负担，它需要占用企业大量的资金，耗费很高的成本。

企业库存的目的，是为了保障供应。库存的意义全在于此，且仅在于此。如果库存不能够用于供应，则它就是一种浪费，就是一种负担。企业希望最大地追求利润，就必须最大地消除浪费、最大地解除负担，就要最大地取消一切不必要的库存。

库存从价值形态上看是资金的占用或积压，它不但把大量的资金占用在那里暂时不能发挥效用，而且还要为这一笔资金花费相当的资金使用费用，即银行利息；库存从物质形态上看是一些物品，它们需要占用仓库进行存放，还要花费人力、物力、财力进行入库、出库和储存保管，这些都要构成仓储保管费用和管理费用；库存从风险上看是一种经营风险，库存可能存在滞销积压、过时报废、保管损耗等库存风险而造成经济上的损失。这些都是企业的费用或负担。库存量越高、库存时间越长，库存费用也就越大。所以从这个方面考虑，人们都希望库存不要大。库存越小，费用就越小。

但是库存又不能太小，太小则容易产生缺货，影响企业的正常生产或销售，影响人们正常的生活。从这个方面考虑，人们又不能够把库存设得太小。

结合这两个方面可以看出，企业的库存既不能够太大，太大了会造成沉重的负担。但又不能够太小，太小就会影响生产或生活。因此库存量必须进行控制。

根据企业具体的情况，库存在理论和实践上，都有一个最佳库存水平。在这个最合适的库存量水平上，既能够满意地满足物资需求，保障供应，又可以使得库存总费用最省。因此无论是生产企业、还是流通企业，都在千方百计地为维持这个最佳库存水平而工作。所有这些为追求最佳库存水平而进行的工作，都是库存控制工作。

这里要说明的是，所谓库存控制，主要是对周转库存而言的。安全库存虽然也有一个库存控制的问题，但是那只是一次性的计算出安全库存量的额定值就可以了。平时只要维护这个额定值，另外不需要进行什么工作。而周转库存就不同了，它的订货、进货、库存、销售的全过程都需要纳入到库存控制的机制中去。因此，从平时看，库存控制工作主要大量反映在周转库存中。

三、为什么采购管理要特别重视库存控制

采购管理最基本的职能是满足需求、保障供应。在企业中，一般的需求表现为两种形态：一是直接需求，二是间接需求。直接需求，即需求点的需求。这时不设仓库库存，采购进来的物资直接用于需求点的消耗。间接需求，即基于库存的需求。这时设有仓库库存，采购进来的物资先存入仓库，再通过仓库去供应各个直接需求，各个直接需求点都到仓库去获取自己需要的物资，采购不与直接需求打交道。这时库存消耗量就是采购的间接需求量。采购管理无论满足哪一种需求形态，都需要进行库存控制。

在直接需求的情况下，采购管理的任务，是要维持零库存运行，即把采购进货量控制在刚好能满足生产需求的程度，即刚好在需求发生的时候，把恰好需求的数量，送到需求的地点，不少送，也不多送，不晚送，也不早送，使得刚好能够满足需求，没有多余的库存。这样的零库存运作就需要进行库存控制。采购管理如果不进行库存控制，则这种零库存生产运作就不可能实现。

在间接需求的情况下，采购进来的物资是直接用于填充库存，通过仓库去满足用户的直接需求，因此就更需要重视库存控制。库存是由采购供应和库存消耗两个方面共同作用的结果，是一个动态变化过程。库存消耗是生产和生活的需要，是采购管理必须保障和满足的间接需求。因此采购管理的任务，就是要把库存量控制到既能满足用户的直接需求，又不使得库存水平太高的程度。这就需要进行库存控制。这种库存不能够太少，太少了则会对用户造成缺货。但是又不能够太高，太高就会造成库存成本太高，甚至造成亏本或损失。

所以采购管理应当全部承担起库存控制的任务，应当自觉地把库存控制作为自己的工作准则和基本工作。所谓工作准则，就是制定和实施物资采购工作的基本依据和工作好坏的判别标准。物资采购工作的好坏，就看能不能实现以最小的库存水平来保障企业的物资供应。物资采购管理部门是企业库存控制的核心和司令部。它应该在企业的库存控制中起决定性的作用。企业库存控制的水平和科学化的程度，主要取决于物资采购部门的工作。

采购管理是直接进行物资采购进货与库存管理工作的，由他们承担库存控制工作，不但有必要，而且也有可能。他们只要在采购管理工作中树立起库存控制的思想，针对各种具体的需求情况，科学地制订采购采购策略和采购计划，并在采购工作的各个环节认真实施和控制，就能够达到库存控制的目的。

本章练习题

一、名词解释

1. 需要，资源

2. 获取，采购

3. 采购管理，企业采购管理
4. 库存，周转库存
5. 库存控制

二、选择填空

1. （　　），是对（　　）获取的（　　）。能满足（　　）的东西叫做（　　）。

A. 需要　　B. 资源　　C. 需求　　D. 欲望

2. 对于这些需要的满足，就要（　　）。（　　）是（　　）方式的一种，是通过商品交易来（　　）资源的方式。

A. 获取　　B. 购买　　C. 租赁　　D. 赠送

3. （　　），主要是一个比较具体明确的商品交易活动的过程。而（　　），是从众多的对象中选择具体交易对象进行商品交易活动的过程。

A. 购买　　B. 采购　　C. 租赁　　D. 生产

4. （　　）和（　　）都是资源（　　）的方式。（　　）是用加工方式创造（　　）资源而（　　）是用商品交易方式购买（　　）资源。

A. 生产　　B. 采购　　C. 获取　　D. 销售

5. （　　），是对（　　）活动的（　　）。（　　）是作业活动，（　　）是管理活动。

A. 采购管理　　B. 采购　　C. 管理　　D. 活动

三、思考题

1. 采购有哪些类型，一般采购过程是什么样的？
2. 采购管理包括一些什么内容，要达到什么目标？
3. 说明企业采购管理对于企业的重要性。
4. 采购管理为什么要特别重视库存控制？

四、实训题

1. 调查一个企业的采购业务流程和采购管理的内容。
2. 根据案例说明计划经济体制下与市场经济体制下企业采购的区别。

第二章　企业采购管理组织

本章教学目的与要求

本章主要阐述企业采购管理组织机构设计和人力资源配置。探讨了几种典型的采购管理组织机构和采购管理机制、讨论了采购管理人员的素质以及设置采购管理组织的具体步骤。

通过本章学习，应当达到以下目的：

1. 掌握企业采购管理机制类型、采购管理组织的结构类型、考虑因素和设置步骤。

2. 理解采购管理岗位设置以及人员素质要求。

章首案例

某压力容器公司的采购管理组织

某压力容器公司是生产压力容器的，主要与油料贸易公司合作，为其进出口销售油品配套生产油箱、油桶等容器。由于油品进出口销售是一笔一笔的大单子，而每一笔单子所需要的容器的结构形状尺寸规格及生产的数量都不一样，所以每一笔单子所需要的油桶都需要单独设计、单独生产。但是它们的生产工艺大体是相似的：都有剪板、弯板、焊接、喷涂、封装、打印、标签等工艺。该公司的组织结构如图 2－1 所示。即整个公司分成五部一办：市场部、技术部、采购部、生产部、财务部和经理办。

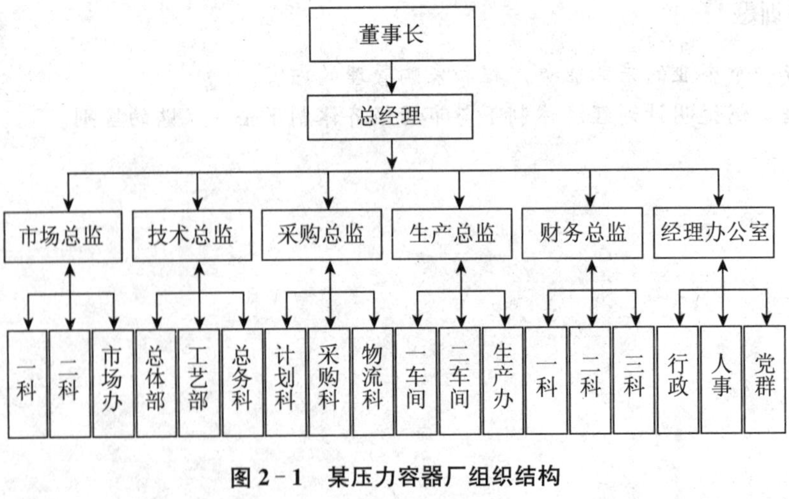

图 2－1　某压力容器厂组织结构

市场部负责找客户、接订单和销售服务。把订回来的一笔一笔的订单交给技术部。

技术部接到订单以后，进行订单分析和产品设计，包括总体设计和工艺设计，从产品的总成到零部件和原材料，以及加工所需要的设备、工具，还包括内外包装所需要的材料等，最后形成一个完整的物料需求清单，交采购部。

采购部又分为计划科、采购科和物流科。技术部送来的材料清单交到计划科。计划科进行分析（产品分析、需求分析、库存分析、资源市场分析、生产分析），制订采购计划和生产计划。采购计划交采购科去执行，生产计划则交到生产部去投产。

采购部的采购科接到计划科交来的采购任务单，就要安排采购员去实施采购，联系供应商，并签订采购合同。货物的进货运输和验收入库由物流科承担。

生产部根据采购部交来的生产计划安排生产，生产出来的产品交到采购部的仓库验收入库。

最后产品交付到用户也是由物流科进行配送，按时送到用户手中。

财务部则负责全公司的销售收入、采购支出等财务工作。其采购流程如图 2－2 所示。

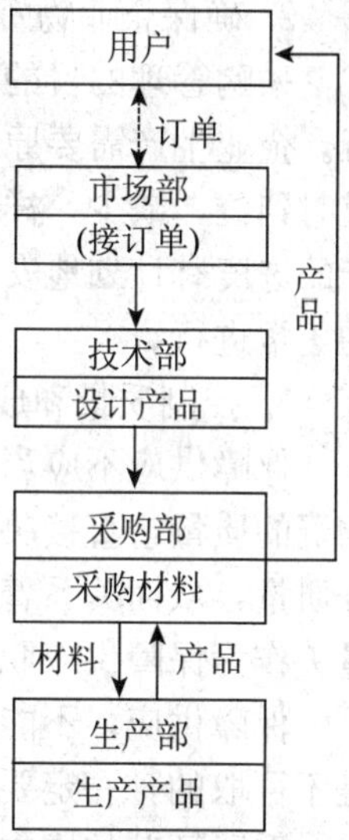

图 2－2 某厂业务流程

思考题：分析一下其采购管理组织的特点和采购管理机制。

第一节 采购管理组织

一、采购管理组织的概念、职能和重要性

（一）概念

组织，是把有关的人、事、物、财、信息等资源结合起来以协同有效完成特定任务的有机结合体。

企业采购管理组织，是企业采购工作有关的人、事、物、财、信息等资源结合起来为协调有效完成企业采购工作的有机结合体。其中有关资源包括：人（采购员、计划员、财务员、仓库保管员、运输人员、主管领导等）、事（请购、需求分析、制订采购计划、实施采购、运输进货、验收入库等）、物（商品、仓库、车辆、计算机、办公室等）、财（资金、成本、收入、利润等）、信息（请购单、物料清单、采购计划、采购合同、运单、入库单、资金等）。这些资源连接成一个互相协调配合的组织，专门承担企业的采购管理工作，这个组织，就是企业的采购管理组织。

（二）职能

企业采购管理组织，是企业采购供应工作的组织者和执行者，是企业采购供应工作的司令部。采购管理组织一般应当具有以下五个职能。

1. 确保企业采购工作顺利有效进行

采购管理最首要的职能，就是确保企业采购工作顺利有效进行。采购工作涉及多个方

面多个因素，需要统筹协调、进行计划、组织、指挥、协调和控制，这就是采购管理。

2. 确保企业物资供应

采购管理的目的，就是要确保整个企业的物资供应，保障企业生产和生活的正常进行。企业生产需要原材料、零配件、机器设备和工具，生产线一开动，这些东西必须样样及时到位，缺少一样，生产线就开动不起来。兵马未到，粮草先行，采购管理应当根据生产的进度有计划地安排好采购进货，适时适量地采购进货到位，才能保障企业生产和生活的正常进行。

3. 控制质量和成本

保障供应不应当只是物资的品种、时间和数量，还应当包括物资的质量。采购进来的物资的质量，直接决定着企业的生产质量和产品的质量，也关系着企业对产品消费者的服务质量，从而关系着企业在市场上的竞争力和生命力。所以采购管理一定要把把好物资质量关作为保障供应职能的重要组成部分。

保障供应，不能够盲目地保障，还要和控制成本结合起来，不顾成本地盲目保障供应是不可取的，一定要达到保障好与成本低的完美结合。

采购环节的成本构成了生产成本的主要部分。就汽车而言，原材料、零部件、设备、工具、能源等的购买成本应当占汽车总成本的80%以上。所以控制好原材料、零部件的采购成本，就能够显著地控制好产成品的总成本。因此，采购管理组织要把控制好采购成本作为自己最重要的职能之一。

4. 供应链管理

传统的采购管理，一般只注意到保障供应，把保障供应看成是采购管理唯一的职能，而不太注意供应商管理。但是随着企业竞争的激烈化，特别是20世纪90年代供应链的思想出现以后，人们逐渐认识到供应商管理的重要性，对采购管理的职能有了进一步的认识，即认为采购管理不但要把资源获取进来，保障供应，还应当有第二个重要职能，那就是供应链管理，特别是上游供应链的管理。

在市场竞争越来越激烈的社会，企业之间的竞争实际上就是供应链之间的竞争。企业为了最有效率地进行生产和销售，需要有一大批供应商企业的鼎力协助和支持，相互之间进行最好的协调配合。采购管理是直接和供应商打交道的。建立起和供应商的友好合作关系，对于采购管理来说，既有必要，又有可能。一方面，只有把供应商组织起来，建立成一个供应链系统，才能够形成一个友好的协调配合采购环境，保证采购供应工作的高效顺利进行；另一方面，在企业中只有采购管理部门具有最多与供应商打交道的机会，只有它们最有可能通过自己耐心细致的工作，通过和供应商的沟通、协调和采购供应操作，建立起友好协调的供应商关系，从而建立起供应链，并进行供应链运作和管理。

供应链管理的具体内容，就是要进行调查分析和选择好供应商，并分别分类管理，建立起协调合作的运行机制，组织和鼓励它们适时适量地为自己企业的生产和生活运行源源不断地提供各种物资资源。

5. 资源市场信息管理

采购管理不但要管好物资、管好供应商，还要管好资源市场信息，把资源市场信息管理作为自己的职能。资源市场信息，包括资源分布、供求情况、新产品、新技术、发展动向；还包括供应商的分布、实力、竞争状况等。它们不但对本企业的正常运行很重要，而且对企业的未来发展决策有很重要的参考作用。采购管理部门天天和资源市场打交道，除了是企业和资源市场的物资输入窗口之外，同时也应当是企业和资源市场的信息接口，应当随时掌握资源市场信息，并反馈到企业管理层，为企业的经营决策提供及时有力的支持。在市场竞争十分激烈的市场经济模式下，商战实际上就是信息战，谁抢先掌握市场信息，及时进行经营决策，谁就能够抓住商机，抢占竞争的优势地位，获得大发展。所以采购管理应当把资源市场信息管理作为自己的重要职能。

(三) 重要性

建立起一个完善的采购管理组织机构，是企业采购管理最重要的工作，对于企业采购管理有非常的重要性。

首先，企业采购管理组织，体现了一种适合企业具体情况的采购管理机制。采购管理组织结构一旦确定下来，采购管理的权限、职权范围、审批权限、工作内容也就一一规定下来了，有利于采购管理工作的顺利开展。

其次，采购管理组织的完善建立，就能够统一管理好全企业的采购工作。统筹规划、统一组织、分工负责、协调行动，可以保证企业采购业务工作高效有序地开展，为企业的正常运转提供有力的资源保障，对保障物资供应，保障产品质量、降低生产成本都有重要的意义。

建立起一个完善的采购管理组织，还有利于精简机构、缩短管理流程，做到分工明确、权责分明、事事有人管，可以提高采购管理水平和管理工作效率。

建立起一个完善的采购管理组织，还有利于深入探讨企业采购工作规律，开发科学采购方法，逐渐形成科学采购工作标准规范和规章制度，指导企业采购工作顺利开展，使企业采购工作走向科学化、高水平的健康发展轨道。

二、建立采购管理组织应考虑的因素

企业采购管理组织，视情况可以建也可以不建，可以建大也可以建小，取决于企业的具体情况和企业战略。建立一个合适的采购管理组织应该考虑的因素有以下四方面。

(一) 企业规模的大小和企业组织结构的复杂程度

如果企业规模小，可以不设专门的采购组织，由老板统一考虑经营和采购。企业规模越大，越需要有专门的采购管理组织。企业组织结构越复杂，也就越需要设立专门的采购管理组织，来统一管理企业采购工作。

(二) 采购品种的数量和性质

如果企业需要采购的品种少、数量不大、技术性不强，也不需要设立专门的采购管理组织。企业需要采购的品种越多、数量越大、技术性越强，就越需要设立专门的采购管理组织。

(三) 采购业务环节的复杂程度

如果企业采购的业务环节少、处理简单，也不需要设立专门的采购管理组织。企业采购的业务环节越多、处理越复杂，就越需要设立专门的采购管理组织。例如国际贸易跨国采购，一般都要设立专门的采购管理组织。

(四) 企业采购对于企业经营的重要程度

如果企业采购对于企业的成本效益影响不大，则企业也不需要设立专门的采购管理组织。如果企业采购对于企业的成本效益影响很大，就需要建立专门的企业采购管理组织。

三、企业采购管理组织基本类型

一般管理组织结构类型可以分成直线制、直线职能制、事业部制和矩阵制几种类型。它们各自有自己的特点，分别适用于不同的情况。一般要根据企业的具体情况选择合适的组织结构形式。例如原材料成本占产品成本的比重越大、产品质量越依赖于原材料质量，则越需要设立专门的采购管理组织。

（一）无采购管理组织

在一些组织结构简单、规模很小的企业（或企业中的独立经营组织），或者虽然企业规模较大，但是采购品种单一，或者虽然品种多，但是品种采购量小、技术性差、业务环节简单、不设采购管理组织对企业的成本效益影响不大的企业，都可以不设专门的采购管理组织，而直接由老板主管，或临时派采购员去进行采购。除了无采购管理组织的企业之外，大量的企业都是有采购管理组织的。这些采购管理组织又可以分成如下的类别。

（二）按采购管理机制分类

采购管理机制，就是指采购由谁管和管理谁的权利原则。按采购管理机制分，可以分成以下四类。

1. 生产导向的采购管理组织

生产导向的采购管理组织的基本特征就是生产管理部下设采购管理组织，与其他的生产计划、仓储、信息等并列，同归生产副总经理管，采购完全为生产服务。其原理如图2－3所示。

2. 销售导向的采购管理组织

销售导向的采购管理组织的基本特征就是企业基本上以销售为导向。在销售部下设采购管理组织，与其他的生产、仓储、财务、信息等并列，同归销售副总经理管，采购和生产完全为销售服务。其原理如图 2－4 所示。例如盒饭等个性化商品的订单式生产和销售就是这种情况。

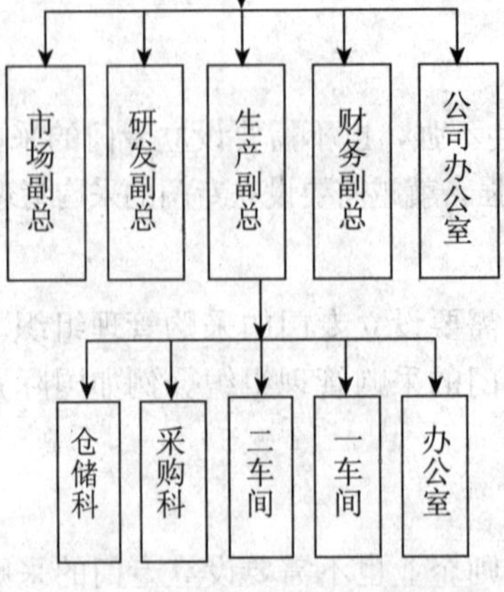

图 2－3　某公司生产导向采购管理组织原理

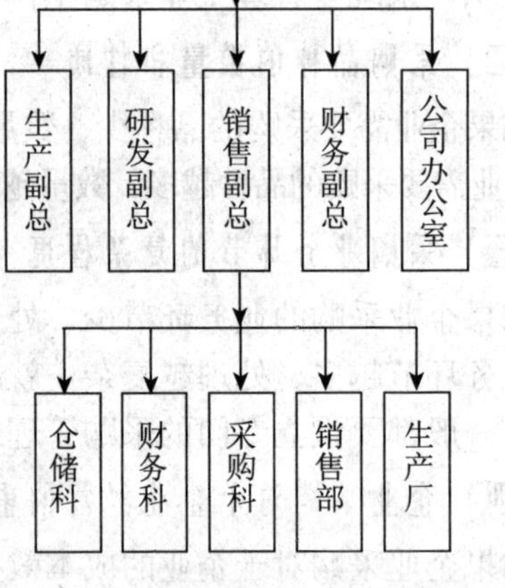

图 2－4　某公司销售导向采购管理组织原理

3. 采购导向的采购管理组织

采购导向的采购管理组织的基本特征就是以采购为导向，把采购作为关键业务、瓶颈业务，销售和生产都是不成问题的。这适用于那些品种不愁销售的企业。例如，食堂的粮食采购和蔬菜采购就属于这种情况，食堂饭菜的加工和销售都是不成问题的，重要的是要保证把它们采购回来，采购回来的东西都能够加工出来，并且销售出去。因此这样的企业要组织一个得力的采购部。在采购部下设计划、采购、仓储、调运、财务、信息等齐备的科室，同归采购副总管，采购副总和生产副总、销售副总并列，向总经理负责。其原理如图 2-5 所示。

4. 平行采购管理组织

平行采购管理组织，一般适用于中小型企业，需要采购的产品比较多、数量大、采购业务比较复杂、对企业比较重要的情况。它的基本特征就是成立采购科与其他的计划科、生产科、销售科、财务科、人事科等并列，同归总经理管。其原理如图 2-6 所示。

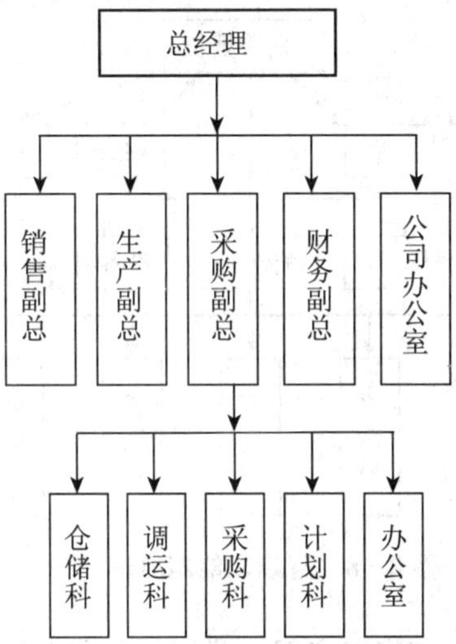

图 2-5 某公司采购导向采购管理组织原理

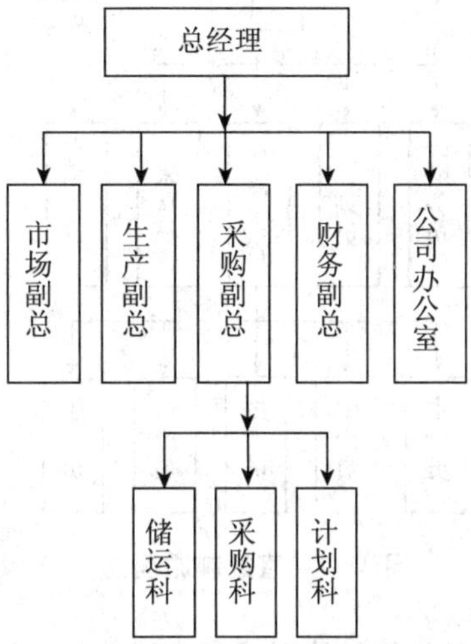

图 2-6 某厂平行采购管理组织原理

章首案例的采购管理组织就是一种平行的采购管理组织，它的采购总监是与生产总监、技术总监、财务总监、市场总监平行存在。

(三) 按组织结构形式分类

按组织结构形式分类，也可以分成四类。

1. 直线制

直线制是由一个上级直接命令指挥多个下级的一种组织结构形式。其原理如图 2-7 所示。这种组织结构形式的优越性就在于“直接命令”。它可以做到加强管理控制的强度、加强管理责任强度、实现交互而使管理更贴切现实、实现个性化管理。总的效果，就是可以最直接有效、提高管理效率。避免踢皮球、不负责任、擦边溜号等低效率的管理。

作为单独运用，它特别适合于小型个体企业、家长式的简单管理，一个老板直接指挥管理多个工人。他可以针对每个人的具体情况明确而具体的发布指令。你有不同意见，他还可以做解释说服的工作，使你心服口服地服从、明白无误地理解、不打折扣地执行、负责地完成他所下达的指令。

直线制有一个根本的弱点。就是受管理者本人能力、控制幅度的限制，其管理的人数、事情的多少、事情的复杂程度、管理指挥的智慧都是非常有限的。因此，直线制本身职能适合于小型组织。例如，一个采购供应科，采购科长管采购计划员、采购业务员、财务员等，就是一种直线制组织。

前面说的“无采购管理组织”形式，实际上是老板直接管理采购，也可以看成是一种直线制采购管理组织形式。

2. 直线职能制

职能制就是由若干个人互相协调地共同深入圆满地承担完成某一个职能的制度。例如，由若干人共同承担完成企业的计划管理工作，这就是计划管理职能科，简称计划科；另外几个人承担完成人事管理职能，组成人事职能科，等等。

直线职能制就是在直线制的基础上，再加上职能制，其原理如图 2-8 所示。

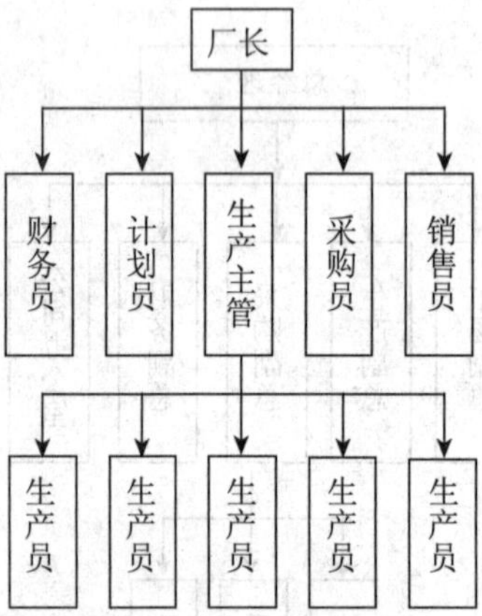

图 2-7　直线制原理

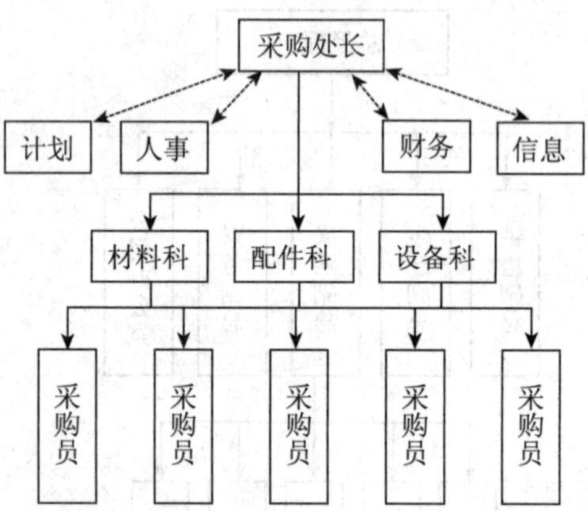

图 2-8　直线职能制原理

这种组织结构形式与直线制的组织形式相比，相当于多了一些职能科室等机构帮助上级来管理下级。例如采购处下设计划科，就是一个专门帮助采购处长制订计划的职能科室，它承担了制订计划整个过程的大量细致烦琐的工作，为采购处长制订采购处的采购工作计划。信息科为采购处长收集采购信息、进行采购统计等。计划科承担了采购处的计划职能，信息科承担了采购处的信息职能。他们只对采购处长负责，他们没有指挥下级的权力，但是可以对下级制订计划或者对执行计划方面的一些技术问题予以指导。他们向下发布什么文件，必须报同级的首长（这里就是采购处长）审批，以同级首长的名义向直线制下级发布。

直线职能制是在直线制的基础上加上职能制。它相当于直线制能力的扩大，能克服原来直线制管理者受个人能力限制而管理不宽、不细、不深入的缺点，能在职能人员的协助下，对下级管理得更宽、更细、更深入。因此，这种管理组织可以适用于任何大型的、复杂的管理系统。所以现在一般大企业的比较庞大的采购管理组织形式，例如公司采购处就可以采用直线职能制的组织结构形式。在公司级设立公司采购处，采购处下设各专业采购科（例如材料采购科、配件采购科、设备采购科等），各专业采购科又可以往下建立自己的直线制组织结构，这样形成一个多层次的直线制采购管理组织机构。然后为各层首长配备职能机构，例如为采购处长配计划科、人事科、财务科和信息科，为专业采购科经理配计划员、信息员等职能人员，协助首长处理某一方面的事务工作。这样就组成了一个直线职能制的采购管理组织。

3. 事业部制

事业部制就是以某项事业为核心组成的一个从决策到执行的全过程比较齐全、精悍、便捷、高效运行的管理系统。事业部制的基本特点是以事业为核心、管理决策程序小而全，因而运行效率高。这里所谓事业，是指某种专一化的业务职能，例如专营某种产品，或者专营某个市场，或者专司某种职能。例如采购部，就是专司采购管理的事业部。它是专门进行采购管理、包含采购有关的各种事务处理、审批、决策在内的一个小而全、效率高的处理组织机构。在这个机构内，权利相对集中，所有的采购事务处理、决策，全都可以在部内解决，避免了跨部处理、逐级上报审批等麻烦手续，可以节省大量处理时间、提高工作效率。事业部直接对公司全面负责。公司对事业部只进行事业部的发展方向、规模、业绩、主要财务、主要人事等进行大方向控制，不参与具体事物的管理和控制。

在采购部里面又可以根据采购品种大类的具体情况分成各专业采购部，例如材料采购部、配件采购部、设备采购部等。在各层还可以设职能机构，协助首长承担专业职能。这样组成一个事业部的采购管理组织结构，如图 2－9 所示。

4. 矩阵制

矩阵制是一种临时性联合组织机构。它是围绕给定的任务（一般是临时性的）由各个方面的人临时组合起来的一个管理组织机构。其基本原理如图 2－10 所示。

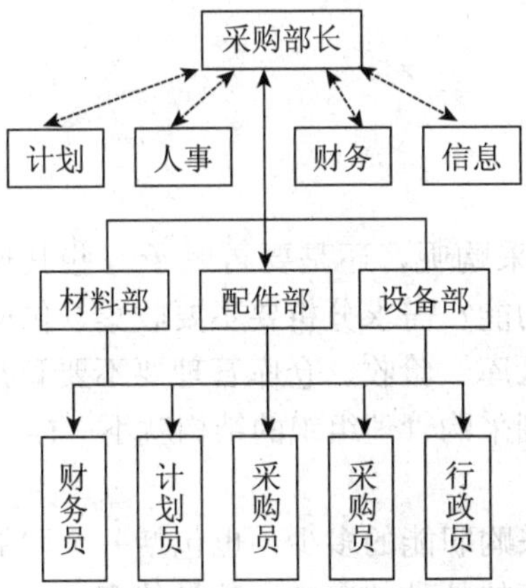

图 2－9 事业部制原理

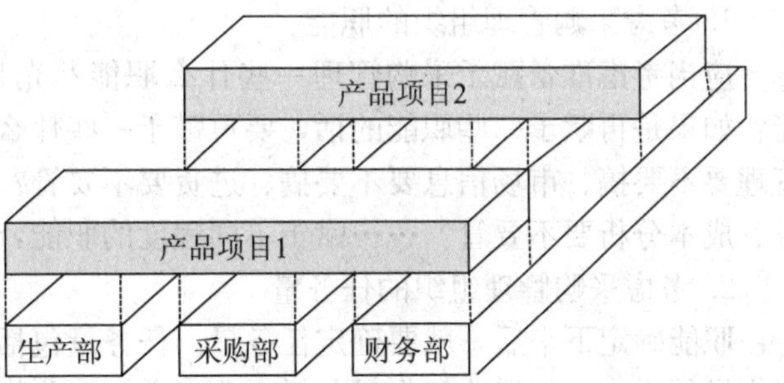

图 2－10 某包装箱厂矩阵制原理

案例

某包装箱厂矩阵制组织结构

某包装箱厂生产部分是按项目制组织生产的。全厂分成五个部：市场部、技术部、生产部、采购部和财务部。市场部统一开拓市场，接受包装箱订货单，技术部统一对所订的包装箱进行产品设计和工艺设计，形成产品的原材料、零部件清单。涉及包装箱生产的主要是三个部：生产部、采购部和财务部。这三个部按产品项目组成项目组。一个项目组的组成是根据特定产品项目的需要，分别从生产部、采购部、财务部临时抽取适量人员，在项目组内分别承担生产、采购和财务工作，直到项目完成交付以后再解散，各自回到原来的职能部门。回去以后，根据需要再去承接后面的项目。这样一个一个的项目组与相应的职能部门组织相互交错组成一种矩阵制结构组织。机动灵活、效率高，管理成本低。

矩阵制的优点，是任务目的性很强，机动灵活，为完成给定的任务组成一个高效率运作，且非常精干的组织。任务完成之后，又可以解散，实现了组织柔性化。提高了企业的运作效率、降低了运作成本。

以上是采购管理组织可以采用的几种组织结构形式，企业可以根据自己具体的情况选择合适的组织结构。

四、建立采购管理组织的一般步骤

（一）概述

建立企业采购管理组织，要根据企业的具体情况，深入分析企业采购管理的职能、任务与内容，根据精悍、精简和高效的原则，设立职能、岗位、责任和权力。再选择配备合适的人，建立起他们之间的关系，就组成了一个采购管理组织。

首先是要分析企业采购管理的职能、任务和内容。这在很大程度上取决于企业的决策层怎样看待采购管理的职能、任务和内容。不同的人对采购管理的认识程度不一样，决策的结果会有很大不同。

（二）一般步骤

建立采购管理组织一般要有以下六个步骤。

1. 考虑采购管理组织的职能

应当考虑准备赋予采购管理一些什么职能？光是采购呢，还是要再赋予一些其他职能？如果是再赋予一些职能的话，要再赋予一些什么功能？需求分析要不要收集、供应商管理要不要搞、市场信息要不要搞、进货要不要管？入库、验收、仓库管理要不要管？财务、成本分析要不要管？……赋予不同程度的职能，则采购管理组织的结构就不一样。

2. 考虑采购管理组织的任务量

职能确定下来后，就要确定任务量。任务量包括采购职能的多少，也包括一个职能下工作量的大小，如采购工作量包括企业内需要采购物资的品种的多少、数量的多少、空间范围的大小、工作的难易程度等。采购的品种越多、数量越多、采购空间范围越大、采购工作越复杂、越难，采购的工作量越大。另外还有供应商管理的工作量、进货的工作量、仓储管理的工作量、市场信息的工作量等。总的工作量越大，采购管理组织机构相应就要大一点。

3. 确定采购管理组织机制

所谓管理组织机制，就是指管理组织的权限范围、审批机制、组织结构机制等。例如，在组织结构机制上是采用直线制、直线职能制、事业部制还是矩阵制？在权限范围上，是采用副总经理负责制、部长负责制还是采购科（处）长负责制？在管理机制上，是基于采购、基于生产还是基于销售的管理机制。它们各有各的特点和好处，采用什么样的管理组织机制，效果都不一样。要认真研究企业的具体情况，根据企业具体情况做出合适的选择。

4. 设计管理作业流程

在确定了采购管理的职能、任务和管理机制之后，就要设计采购管理作业流程。要根据所确定的管理职能，每一个管理职能每一项任务要设计一个作业流程。这个作业流程还要进行充分论证，并且要进行流程优化分析。流程越短，以后工作也就越有效率。

5. 设定岗位

在确定了采购管理的职能、任务和管理机制，并确定了管理作业流程之后，就可以根据具体的管理职能、管理机制和管理任务的作业流程设定各个岗位。岗位的设置，要根据精简、科学、合理的原则，还要根据企业管理基础建设的情况和管理技术水平情况设置。

设置岗位，还包括对每个岗位责任和权力的设置，包括对每个岗位的人数、工作条件等的设置。一定要把这些都设计好，而且要形成文件，或者制定出管理规范，以便后面招聘岗位人员时作为招聘条件予以公布。

6. 为各个岗位选择配备合适的人

选择人是非常关键的一环，要非常慎重，特别是对各级的一把手要选择好。

选择人可以用不同的方法。对高级主管人员，一种是任命制，另一种是公开招聘制。任命制适合于对特定人物的录用。一般是对有多年实际经验、公认有显著管理才能的人，可以由公司董事会，或总经理，或上一级主管直接任命。但是任命制的毛病就是容易犯主观主义错误。要做到“公认”为好，不容易，因此要做到“公平”也不容易。相对来说，公开招聘制比较公开、公平、客观，容易招到有真才实学、有实际才干的人。对一般管理人员，一般采用考试录取的方式选择人。后面第二种方法，现在比较盛行。二者都是向社会公开招聘、考试录取。考试要考理论、考技术，还要考思想政治。要考书本理论知识，也要考察实际方面的知识和管理才能、活动能力等。在考试、考察的基础上，择优录取。好的可以担任主管工作，其次的，可以担任下属人员业务人员等。

当人员配备完成以后，把所配备的人、所规定的岗位职责、规章制度、管理职能、作业流程等结合起来，进行实施，就可以构建成一个有效的采购管理组织系统。

第二节 采购管理岗位设置

一、说明

首先要说明一下，严格说起来，这里不能叫“岗位”，因为所谓岗位，是能够至少容纳一个人工作的地方，也就是有一个工作量的问题。但是，工作量的大小显然取决于企业业务量的大小。同一份工作，在有的企业，不够一个人干的，但在另外一些企业可能需要几个人才能干完。则前者就不能称作岗位，而后者才能称作岗位。一般，一个岗位至少一个人，也可能有几个人。但是我们这里讨论岗位问题，就不取这种意思。我们这里所说的“岗位”，就是仅指可以容纳人工作的工种，而不管它能容纳多少人。

其次要说明的是，下面所说的岗位设置，是对于比较完整的采购管理功能来说的。这里不排除企业根据具体情况，因为采用不同的采购管理机制，采用不同的采购管理组织而设置的岗位可能有所增加或减少。

二、岗位设置

一般情况下，采购管理应当包含以下一些岗位。

（一）需求分析员

需求分析员们的基本职责就是通过预测分析或实际分析，从而明确：谁需要采购、采购什么、采购多少、采购的物品是用来干什么、什么时候需要、它有什么性能特点、对采购有什么要求等。

实际分析是指把各个单位上报的请购单或者采购计划进行的分析。预测分析是在用户没有请购单或者采购计划的情况下，根据他们历史上各个月的采购或消耗情况，主动替他们预测下个月或下一段时间他们需要采购订货的品种数量。

需求分析的结果形成需要获取的物料清单（Bill of Materials，BOM），包括生产清单和采购清单，分别按生产单位、按供应商等归并成一些类别，并分类说明生产要求或采购要求。

（二）资源市场分析与供应商管理员

市场分析员，这里主要是指资源市场的分析员。资源市场，包括可供利用的产品市场、供应商市场、供应的行业市场以及它们所处的环境市场。市场分析员要对资源市场的状况进行调查了解和分析掌握，掌握企业所需的物资资源在资源市场中的分布情况以及资源数量、价格、质量等情况，还要掌握供应商的生产能力、技术水平、产品质量、成本价格、市场信誉、运输能力、交通地理、进货成本等情况，特别对一些最重要的资源产品和最主要的供应商更要深入掌握、密切合作、建立起友好可靠的供需关系，有的最重要的供应商甚至要委派专门的联络管理人员以加强协调配合工作。

（三）仓储管理员

仓储管理员主要的职责是负责物资入库、出库和保管保养工作，即对采购回来（或生产出来）的物资进行保质保量及时验收入库、对生产人员（或外供客户）及时保质保量供应发货、对库存物资保管保养，并随时掌握库存物资的数量质量以及变化趋势，特别是当库存物资数量下降到订货点时要及时报告给采购计划员和其他有关人员，为采购提供有力的信息支持。

（四）采购计划员

采购计划员主要根据需求分析员、资源市场分析员与供应商管理员和仓储管理员所提供的信息，制订采购计划，并根据所制订的采购计划，分派采购任务到具体的采购员、规定采购时间和具体的供应商，下达具体的采购任务书。

采购计划员根据工作量的大小，可以是一个人（甚至计划员、需求分析员、资源市场分析员也可以合而为一，全由一个人承担），也可以是几个人（这时组成一个计划科或计划组）分工合作完成。

计划员还负责请购单、BOM 单、入库单、出库单等各种表格内容格式的设计。

（五）运输管理员

运输管理员，又叫进货发货管理员，主要职责就是负责进货和发货的运输管理，包括运输方式选择、车辆司机选择、运输时间控制、运输路线选择、运输跟踪、到货验收、成本核算、问题处理等。有的小公司，运输管理员就是司机本人，但是一些大的公司，运输管理员专门只制订出本公司的运输计划和运输任务，具体运输任务的实施是寻找和指令社会上的司机车辆去完成。

（六）质量管理员

采购质量，包括物资质量和工作质量两部分。物资质量是指采购回来的物资质量（或者生产出来的物资质量）要达到指定的质量标准。工作质量是指加工、运输、储存、包装工作的质量。质量管理员的主要职责，就是要保证所购进的产品质量符合要求。他们除了了解产品、懂得质量检验之外，还要懂得质量管理和控制。特别要注意制定质量标准和工作规范，通过这些标准规范的贯彻落实来达到质量监督和保证的目的。

（七）采购统计员

采购统计员的主要职责就是进行采购统计和分析，掌握采购业绩情况。采购统计员只有在比较大的企业里才有，因为有多个采购员和较多的采购业务量，所以就要有专门的采购统计员进行采购统计。如果企业小，采购员少，甚至只有一个采购员，那这时采购统计的工作就交给这个采购员承担了。

（八）财务管理与成本核算员

采购涉及资金运用和资金的流通，而且流通量大，专业性强，所以要设财务管理与成本核算员。他们的主要职责就是采购会计、采购成本分析、财务分析等。要分析出采购的经济效果，为采购决策提供信息支持。

（九）采购员

采购员是采购管理中最主要的岗位。采购员的职责是接受具体的采购任务、实施具体的采购工作，包括出差、联系供应商、洽谈订货、签订订货合同、保障合同实施等具体工作。

（十）采购谈判员

一般的采购管理组织不会设专职的采购谈判员，而由采购员承担采购谈判的工作。但是一些比较大型的、复杂的采购往往要设专职的采购谈判员，例如国际贸易、跨国采购、招标采购、采购索赔、事故认定等过程中，就需要设置专职的采购谈判员。采购谈判员要求不但是脑子灵活、巧嘴利舌、据理力争，还要求懂业务、懂法律、懂谈判策略。

（十一）采购管理主管

采购管理主管，一般是采购科长、部长或副总经理。他的主要职责是在其职能部门人员的协助下掌管全盘，对整个企业采购供应工作进行计划、组织、指挥、协调和控制，包括建立采购组织、聘请采购人员、建立起采购有关的基础条件，制订采购计划、实施采购计划、物资管理、采购监督和评价、供应链管理等。

（十二）秘书

秘书的主要职责是协助采购管理主管或者职能部门负责人处理一些行政事务工作，例如行政文书起草、传递和管理、行政事务处理及来宾接待等工作。根据企业大小、工作量的多少，视情况而适量设置或者不设置。

以上 12 种岗位的工作在每一个企业都毫无例外是存在的或者变相存在的，但是这 12

个岗位不一定个个都设有。有的是一个岗位有好几个人，有的是几个岗位一个人。其中基本的是采购员和采购管理员，其他的岗位人员则可能有，也可能没有。而采购员什么企业都必然有，在极端情况下，这个采购员还兼有计划员、统计员、需求分析员、资源市场分析员、采购谈判员、质量管理员、进货员甚至采购管理员等的工作。所以为简单起见，后面我们将把采购员和采购管理人员简称作“采购人员”。

小资料

草坪公司采购部副部长岗位职责说明书

一、职位名称：采购部副部长

直属上级：总经理。

二、职位概要：负责公司原辅材料的采购及供应商管理，确保企业所需物资的正常供应；协助研发品管部、车间开发新产品，节能降耗。

三、工作职责：

1. 主持本部门全面工作。

2. 制订采购方针、策略、制度及采购工作的程序及流程。

3. 根据公司销售计划、生产计划编制年度采购计划，经总经理批准后组织实施。

4. 协助生产部制定原料安全库存量。

5. 负责进行市场供求信息调查，并撰写相关调查分析报告，同时制定相应的采购措施，保质、优质、优价的进行采购。

6. 掌握公司采购物料的市场价格起伏情况和市场走势，加以分析并控制采购成本。

7. 负责供应商的筛选，比价、评价管理，建立供应商数据库，定期进行维护、更新。

8. 负责编制背胶车间原料及临时零星物品的采购明细。保证所购物品按时、保质、足量入库。

9. 对本部门所属员工的工作业务、工作技能、工作态度及工作行为等进行管理。

10. 完成上级交办的其他任务。

四、权责范围：

1. 对所属员工业务有管理、指导权。

2. 对所属员工工作有监督、检查权。

3. 对本部门日常工作有决策权。

4. 对所采购原料的价格、质量、数量负责。

草坪公司采购专员岗位职责说明书

一、职位名称：采购专员

直属上级：采购部副部长。

二、职位概要：负责所属业务范围内原材、物料的采购。

三、工作职责：

1. 业务范围。拉丝车间原材料及临时零星物品采购；生产系统劳保用品采购。

2. 物资采购。根据企业采购计划保质、保量、优价进行所属业物范围内原材、物料的采购，主要包括与供应商洽谈订货合同，经部长审定后签订订货合同并实施。

3. 所属业务范围内采购预算的编制及批准后的实施。

4. 负责业务范围内供应商的筛选，比价、评价管理，建立供应商数据库，定期进行维护、更新。

5. 协助本部门主管处理日常工作。

6. 领导交办的其他任务。

四、权责范围：

1. 所属业务范围内供应商的管理权。

2. 对所采购物品的价格、质量、数量负责。

第三节 采购人员的素质能力要求

一、采购人员的作用和重要性

长期以来，企业有一种重生产、轻采购的倾向，对采购人员的素质不太重视。以为采购人员就是出差买东西的，只要身体好、脑子嘴巴好使就行了。这种对采购员的职能作用和素质的认识是不正确的。

一个企业有四部分：销、产、购、管。产品销售不出去，一切免谈，所以营销人员重要；采购则次之，没有采购就没法生产，也就没办法销售；生产相对比较容易一点，虽然工作量大、人员多，但重要性靠后排；而管理人员是最重要的，因为他们要全面管理、综合指挥。

采购是企业所需各种资源的入口，也是资源市场的信息入口，也是企业供应链的操作和管理者，也是企业产品质量保障控制的关口，所以对于企业有极大的重要性，关系到企业能不能正常生产、能不能生产出高质量低成本的产品、能不能有一个好的外部环境条件进行生产的大问题。

采购员的工作，需要充分发挥自己的能力和智慧，独当一面，和社会各个方面的人、各方面的机构打交道，战胜利诱和威胁，巧妙运作和周旋，最后为企业低成本获取优势资源，来满足企业的生产和经营运作需要。因此，他们需要比别人具有更好的素质和能力。

二、采购人员的素质要求

为了做好采购管理，采购管理人员需要有一个好的素质，包括思想素质、心理素质、业务素质和身体素质。

（一）思想素质

采购人员长期肩负企业的重大使命，通过大量社会交往去操作完成复杂的采购专业性工作，身处大量经济利益博弈的前沿，直接接触经济利益，没有很好的思想素质，就不能胜任此项工作。采购员需要具备以下的思想素质。

1. 事业心、爱工作

采购人员首先要热爱自己的工作，有高度的事业心，一心一意要把自己的工作做好，在事业巅峰的攀登上孜孜不倦、坚持不懈、永不止步。这样的人做采购，即使开始时还不很熟练，但相信他以后会越做越好、好上加好，他的前途是美好的、让人放心的。

2. 责任心、爱企业

采购人员还需要有高度的责任心，爱企业、对企业负责。对企业交给自己的工作、无论大小，都当成自己的责任，都勇敢承担、不折不扣地去认真完成；对损害企业利益的行为、坚决抵制、坚决反对。

3. 不贪心、守道德

采购人员身处经济利益博弈的前线，但是要一心为企业谋利益，不要一心为自己谋利益，甚至损公肥私。要遵守做人的道德和采购员职业道德，做到公私分明，不贪图个人利益，不贪图不义之财、不正之财。

4. 不怕苦、能耐劳

采购人员要经常出差、辛苦奔波，常常碰到困难情况、忍饥挨饿，所以采购员需要有能够吃苦耐劳的决心和勇气。

（二）心理素质

1. 热心、开放

采购人员办事，都需要通过和人打交道。打交道的第一要务，就是要热心、开放。有一个热情的心态，包容的情怀，才会积极主动，才能受到对方的接受，这样才能够交谈得起来，从而达到共识和成功。

2. 细心、冷静

采购人员办事，大多是涉及多个方面的复杂事情或者紧急的情况，所以一定要细心、冷静，沉着操作，不懈地争取最后的成功。千万不可粗心大意、不可急躁马虎、不可意气用事、不可泄气放弃。

3. 耐心、克制

采购人员办事，可能会遇见暴躁的对手或者麻烦的情况，为了办好事、办成事，就一定要耐心和克制。耐心说服对方，克制自己的情绪，巧妙应对，把事情引向成功。

4. 恒心、坚定

采购人员说话和做事，一定要始终如一、持之以恒、永不放弃，不要朝三暮四、言而无信。要表现出大丈夫一诺千金、负责到底的风度。和这样的采购员打交道，才让人放心。

5. 信心、决心

采购人员对自己充满信心、对自己的企业充满信心，对采购活动有必胜的信心，并且有决心为此而不懈努力、不达目的决不罢休。

（三）业务素质

采购人员为了完成采购任务，需要有很好的业务素质，必须具备以下的业务知识。

1. 产品知识

采购人员必须了解采购品的品种规格、性能特点、用途、物流特性（包装、运输、储存特性等）。

2. 企业知识

采购人员必须了解本企业的状况，包括本企业的生产经营状况、采购品在本企业的用途和地位作用、采购目的以及采购规章制度。

采购人员还应尽可能了解采购品的生产商或供应商的情况。

3. 行业知识

采购人员应当了解本企业所在行业的状况，包括本企业在行业中的地位、市场占有率等。

采购人员还应尽可能了解采购品的生产商或供应商所在的行业的情况（生产商或供应商的数量、分布、实力、竞争态势等）。

4. 市场知识

采购人员应当了解采购品市场和供应商市场的状况，包括市场大小、地理位置、供需状况、运作规则、竞争态势、发展趋势等。

5. 社会知识

采购人员应当具有相当丰富的社会知识，包括：

（1）供应商和销售人员的销售心理知识；

（2）人文地理知识；

（3）人情风俗知识；

（4）名人趣事等。

以上这些知识是在和供应商接近以及采购谈判中为融洽气氛、察言观色、看透对方心思从而巧妙应对、谈判制胜所需要的。

6. 政治法律知识

采购和采购谈判是一种商业博弈。商业博弈要有一定的游戏规则，就是要服从政治法律制度。为了取得商业博弈的胜利，采购人员必须有充分的政治法律知识，根据政治法律规章制度进行合理合法的采购，才不会触犯法律，才能保证采购活动稳妥、顺利和成功。

7. 计算机和信息技术知识

8. 外语知识

9. 财务会计及金融知识

10. 外贸知识，特别是对于国际采购人员来说

（四）身体素质

采购人员经常要出差、辛苦奔波，常常会遇到困难挫折、遭受严重打击、有时甚至不能够正常生活、不得不忍饥挨饿。所以采购员必须要有一个坚强的身体做保证。采购人员的身体素质要求有：

1. 身体健壮，能够吃苦耐劳

2. 精神饱满，有奋斗精神

3. 脑子灵光，思维敏捷

4. 口齿伶俐，语言流畅

5. 相貌端正，和谐大方

三、采购人员的能力要求

采购人员应当具有以下的四个方面的能力。

（一）业务能力

采购人员首先要有很强的业务能力，具体包括：

1. 采购业务能力

熟悉产品、熟悉需求、熟悉市场、能独立进行采购操作：制订计划、选择供应商、询价洽谈、签订合同、进货监督、收货验收、货款支付、失误索赔，以及售后服务跟踪等。

2. 计算机操作和信息技术能力

现代社会是互联网和信息技术社会，购销经济活动和社会交往很多都是在网上进行，可以大大提高办事效率。所以计算机应当是现代采购人员的最基本的工具，现代采购人员应当非常熟悉、灵活运用计算机和互联网开展采购工作。

3. 外语能力

市场越来越国际化和全球一体化的今天，国际间交往融合是经常发生的，所以采购人员应当具备一定的外语能力。

(二) 交际能力

1. 热心、开放
2. 谦虚、礼貌
3. 善于言辞
4. 体恤别人
5. 反应敏捷

(三) 说服能力

1. 察言观色，洞察能力强
2. 见多识广，事例说服力强
3. 深入浅出，道理说服力强
4. 见机行事，应变能力强

(四) 创新能力

1. 善于总结，经验教训创新
2. 善于学习，借鉴发挥创新
3. 深入钻研，刻意改革创新
4. 逆向思维，异想天开创新

以上主要是针对采购人员中的采购员所需要具备的素质和能力进行讨论的。对于采购管理人员的素质能力要求，除了上述之外，还需要具有管理能力，即计划策划、组织指挥、协调控制方面的素质能力，这里不再扩展探讨。

当然，采购管理人员有好多种，不是所有的人员都要求有同样的素质。不同的人员应当有不同的素质要求。而且，各个企业的采购管理机制不一样，同一个职能人员，在不同的采购管理机制下的要求也不一样。具体到需求分析员、市场分析与供应商管理员、采购计划员、进货管理员、质量管理员、库存管理员、采购统计员、财务与成本核算员和采购员等，对他们的要求，除了以上素质以外，特别要在各自的专业方面有一个侧重的要求。对于秘书，可以按公务员的要求来考虑其素质。要求文书能力强、接待、事务处理能力强，脑子灵光、口齿伶俐、相貌端正等。

在所有的采购管理人员中，最重要的是要选好采购主管。它是采购管理班子中最重要的人，担负着企业整个采购管理的策划、决策工作，对企业的采购管理水平有着决定的作用。采购主管应当是在该企业的采购方面有多年的实际经验、对采购业务、采购市场比较熟、同时又对企业生产比较熟、还具有一定组织管理能力的人。也就是要既懂采购，又懂生产，还要有组织管理能力。

上面所述能力要求是对采购人员的一般要求。在具体的企业中，可以根据具体情况制定具体的标准。

案例

某企业制定的采购员素质标准

（一）采购主管的岗位素质主要要求

1.（与产品相关专业）大专以上学历，英语良好，25～40 岁。

2. 两年以上相关工作经验，善谈判议价。

3. 熟悉（与产品有关）物料行情。

4. 电脑操作熟练，熟悉 MRPn 电脑系统。

5. 熟悉供应商评估、考核，懂 ISO 9000 运作。

（二）采购主管助理的岗位素质主要要求

1. 大专以上学历，23～30 岁，英语良好。

2. 一年以上相关工作经验。

3. 电脑操作熟练，对 MRPn 有了解。

4. 懂 ISO 9000 运作，熟悉培训和有关文件编写。

（三）采购工程师的岗位素质主要要求

1.（与产品相关专业）本科以上学历，25～40 岁，英语良好。

2. 两年以上相关工作经验。

3. 懂相关电脑软件运用（视需要而定）。

4. 熟悉有关材料性能，能对物料进行分析和初步估价。

（四）采购员的岗位素质主要要求

1. 大专以上学历，23～30 岁，英语良好。

2. 一年以上相关工作经验，电脑操作熟练。

3. 懂 ISO 9000 及采购相关程序。

4. 对相关产品材料市场有一定了解。

（五）采购文员的岗位素质主要要求

1. 高中或中专以上学历，20～30 岁，能处理一般英文函件。

2. 电脑操作熟练。

3. 对 ISO 9000 有一定了解。

4. 有一定的报表统计知识。

资料来源：郭继伟．《货仓、采购、生管、物控管理实例与问答》，广州：广东经济出版社，2000。

合格采购员的素质与能力

采购员在一般人看来那可是“朝南坐的位置”，随之而来的诸如“拿回扣”、“弄提成”、“吃、喝、玩、乐”等不雅的词句都会出现在他们的头上，现实中这些情况可能确实存在，本人无法否定，但不会是普遍现象。本人有七八年的国际、国内采购经验，想跟大家一起探讨一下，到底什么样的采购员才是合格的采购员？什么样的采购员是优秀的采购员？

首先谈谈采购员所必须具备的几点基本素质。

一、外貌仪表

任何工作都会涉及这方面，仅仅是采购也许这不是最重要的一点，设想一名营销人员看见他所面对的采购员，无论是五大三粗、张牙舞爪还是风流倜傥、温文尔雅，他都必须面对。只不过作为企业对外的窗口，还是提倡不影响市容较好（其实这点还有很多讲究，由于时间关系在此不一一点析）。

二、三个能力

1. 语言能力：言语清晰、谈吐自如、条理分明、言简意赅。

2. 深入能力：即与各种不同人的沟通能力，使其对此项业务达到认知、认可并完全接受。

3. 理解能力：迅速学习技术、精通业务、融会贯通、灵活运用。

三、敬业精神

必须积极向上、乐观进取、勇于探索、不断增强自己接受新生事物的能力。

四、心态问题

对公司充满信心，对自己的能力充满信心。能不能成功，差别就在工作欲望。没有坚定的意念及不够积极的人，即使是拥有很高的学历，或是头脑很灵活，还是不能创造很好的业绩。而责任感的培养，必须要有强烈的“自己吃定了这行饭”的决心，才能逐渐拥有。才能全心全意地投入工作，以积极的态度即强烈的责任感，和百分之百的信心来开拓自己的工作领域。

上面谈的几点仅仅是做为一个采购员必须具备的几点基本素质与能力，只有拥有了上面这些你才可以晋升到合格采购员的位置。

资料来源：中发网，http：//news.cecb2b.com/，2008-07-25。

采购员的职责

采购员应尽可能学习和掌握丰富的商品知识，为公司的顾客提供商品的最大价值。

基本规定事项：

（1）作为采购部的员工必须对公司绝对忠诚。不接受厂商的回扣、旅游招待、赠品、宴会，违者将按公司有关规定处理。

（2）采购人员必须了解本部门的专业知识，避免采购假冒伪劣商品及被厂商蒙骗。

（3）采购人员必须具备丰富的商品知识，慎重选择商品，建立商品组织，控制商品结构，清除滞销商品，经常引进新商品，维持商品的快速周转及新鲜度。

（4）控制毛利，尽量达到目标毛利；创造销售业绩，完成目标值。

（5）采购人员必须考虑新商品的陈列问题，对正常陈列的商品要画出商品陈列图（MODULER），促销商品应注明其陈列方式。

（6）采购人员应密切注意市场行情的变化，掌握市场信息。

（7）采购人员应随时关注天气的变化，及时调节受影响的商品的库存。

（8）采购人员应经常深入卖场，了解商情、客情，以期创造最佳的销售业绩。

（9）采购人员应建立稳定的采购渠道，寻找充足的货源，避免脱销。

（10）采购人员必须适时开发新商品。

(11) 采购人员应经常做市场调查，掌握竞争对手的商品构成、价格策略、促销手段等。并采取相应对策。

(12) 采购人员应定期收集销售数据，分析销售状况，并及时做出整改措施。

(13) 采购人员应定期拟订促销计划，并策划实施。

(14) 采购应了解商品特性，并凸显其特性。

本章练习题

一、名词解释

1. 采购管理组织，生产导向采购管理组织，销售导向采购管理组织
2. 直线制，直线职能制，事业部制，矩阵制
3. 采购人员

二、选择填空

1. 企业采购管理组织，是企业采购工作有关的（　　）、信息等资源结合起来为协调有效完成企业采购工作的有机结合体。

A. 人　　B. 事　　C. 物　　D. 财

2. 企业采购管理组织的职能包括（　　），以及资源市场信息管理等。

A. 确保采购工作顺利有效进行　　B. 确保企业物资供应

C. 控制质量和成本　　D. 供应链管理

3. 在如下（　　）等的情况下，可以不设采购管理组织。

A. 组织结构简单、规模小的企业　　B. 品种单一

C. 采购量小　　D. 不设采购管理组织对企业影响不大

4. 采购计划员制订采购计划的主要依据有：（　　）。

A. 需求分析员的需求分析（BOM 分析）　　B. 仓储管理员的库存分析

C. 资源市场分析员的市场分析、供应商分析　　D. 采购谈判员的谈判经验

5. （　　）的特点，是可以最直接有效加强管理，因此它特别适用于人数很少的小企业、简单管理。

A. 生产主导的采购管理机制　　B. 销售主导的采购管理机制

C. 采购主导的采购管理机制　　D. 平行主导的采购管理机制

6. 采购科设在生产部下、采购由生产主管管理，这种采购管理机制是（　　）。

A. 直线制　　B. 直线职能制

C. 事业部制　　D. 矩阵制

三、思考题

1. 按采购管理机制分，企业采购管理组织有哪些形式类型，它们各适用于什么样的情况？

2. 按采购管理组织结构分，企业采购管理组织有哪些形式类型，它们各适用于什么样的情况？

3. 说明建立采购管理组织时应考虑一些什么因素？建立管理组织的一般步骤如何？
4. 采购管理有一些什么工作岗位？
5. 采购人员应当有一些什么素质能力要求？

四、案例分析

RT贸易公司的组织结构如图2-11所示。试根据其组织结构分析其采购管理机制和采购管理组织结构的形式。

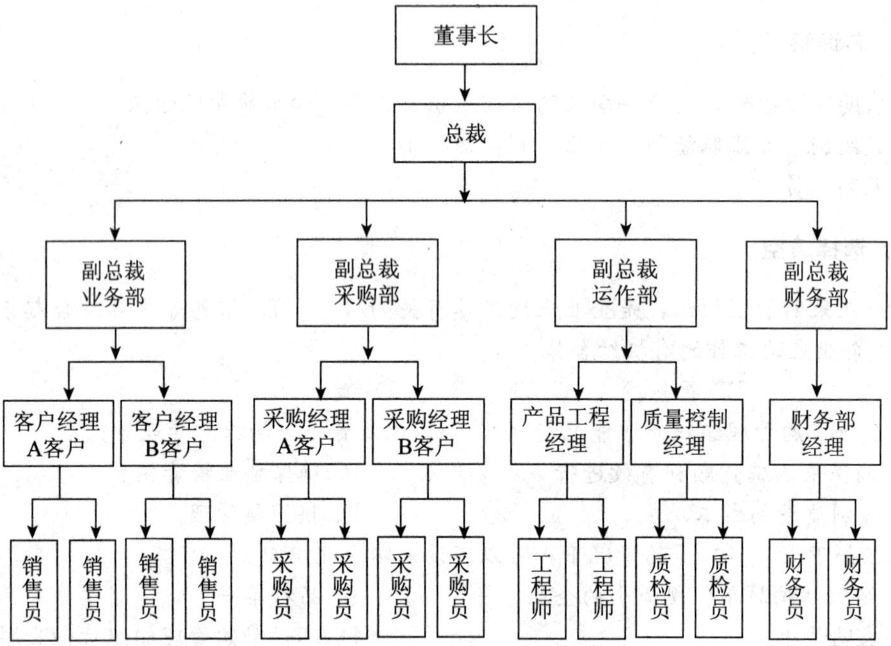

图2-11　RT贸易公司组织结构

第三章　采购申请与采购计划

本章教学目的与要求

这一篇章，整个讨论从采购申请单收集、到采购分析、采购计划制订、直到形成具体的采购任务单的全过程。一个完整的采购过程，可以分成两个阶段，第一个阶段就是采购计划制订，第二个阶段就是采购计划实施。本章主要讨论第一个阶段的全部工作——采购计划制订，包括收集采购申请单、进行采购分析，包括需求分析、资源分析，在此基础上进行采购策划和制订采购计划、最后根据采购计划分配采购任务，形成具体落实到人的采购任务单的全过程。采购计划实施，就是按照制订的采购计划和采购任务单具体开展活动，并直到最后圆满完成计划任务的过程。本章内容有：

1. 采购申请。
2. 采购需求分析。
3. 采购资源分析。
4. 采购计划制订和采购任务单形成。

通过本章学习，要求达到以下目的：

1. 掌握采购申请的重要性和具体的内容、格式要求。
2. 掌握采购需求分析内容和方法。
3. 掌握采购资源分析内容和方法。
4. 掌握采购计划制订的程序方式和内容以及采购任务单的形成。

章首案例

胜利油田物资分类分层采购管理

胜利油田物资采购分集团采购、统一组织采购、企业自购三部分。集团采购是指大宗通用和主要物资由集团公司集中采购；统一组织采购是在集团公司组织下，由供应处与供应商签订合同、结算；企业自行采购是指除集团采购、统一组织采购外的其他物资，由物资供应处组织采购或进行集中交易，集中交易目录以外的由各二级单位自行采购。目前，供应处正积极推行电子商务，尽快实行网上采购、网上结算，提高物资管理水平，以便更好地为油田生产建设服务。

为此，供应处制定了《关于规范物资采购与供应管理的通知》和《胜利石油管理局、胜利油田有限公司物资采购供应管理实施细则》。按照集团采购、统一采购、企业自购物资品种编制了采购目录，明确了采购权限和采购范围。其措施有：引入竞争机制发挥批量采购优势，实行招标、议标、电子商务采购的方式；对不符合招标条件的物资继续实行“合同会签制”，使采购业务公开、公正、透明；建立健全采购决策、采购权限、采购审批等制度，指定专门部门对采购计划和采购全过程进行审核和监督，更好地规范采购行为，降低采购成本。同时，财务部门制定了预付货款管理办法，通过采购过程中预付给生产厂商一定货款，获得较大幅度的降价待遇，取得较为可观的经济效益。

继中石化机关进行调整之后，股份公司成立了一个物资装备部，负责大宗物资和大型设备的集中采购，负责实施采购价格管理、物资储备调度管理和设备监督管理等职能，存续部分保留物资装备公司属流通企业。除胜利油田外，其余六个油田全都由中石化负责采购。因此，为了应对中石化的体制要求，保证供应处的资金采购权，供应处需要进一步提高管理水平，提高服务质量，保障物资供给。

2001 年，根据中石化集团公司和油田的统一要求，胜利油田积极推行了“归口管理、集中采购、统一储备”的物资供应管理新体制，实施新的物资供应价格体系，取消管理费，全年为油田降低生产成本 2 亿多元；同时，发挥集中、批量采购的优势，节约采购资金 1.06 亿元；强化质检力度，为油田避免经济损失 2.1 亿元。

降低物资采购成本是油田降本增效的重要途径。供应处认真研究新情况、新问题，树立新观念，实施制度创新、管理创新，强化招标、议标采购的管理。首先按各业务科室的年申请采购资金量和工作中的实际情况，制定招、议标订货指标，特别是制定了招标指标，量化到各业务科室，并切实做好考核工作。其次是加大宣传力度，充分利用油田局域网以及处电子商务大楼的显示屏等现代化宣传工具，公布招、议标订货的有关信息，收到了良好的效果。全年招、议标订货额达 56.5 亿元。

在自购物资采购资金使用上，供应处本着方便使用的原则，对二级供应站的采购工作严格把关，规范二级供应站自购物资集中交易行为，使资金核拨同各单位生产建设规模相适应，堵塞资金使用上的漏洞。为进一步加强自购物资集中交易管理工作、规范自购物资交易行为、维护市场秩序、保证自购物资质量、提高油田整体经济效益，供应处成立了胜利油田物资交易商场。交易商场的建成，为自购物资交易提供了良好的设施和环境。作为油田自购物资交易的主场所，商场内物资实行明码标价，自由选购，统一结算，为油田和供应商提供了良好的交易条件，为进一步做好自购物资管理工作创造了条件。2012 年自购物资集中交易额 2.64 亿元，集中交易达到 86％ 。

思考题：分析一下分类分层采购管理的利弊及适用于什么情况。

第一节 采购申请

一、采购申请概述

企业采购工作的第一步，就是采购申请。采购申请是采购的需求方向采购代理方提交关于请求采购物品的说明文件的过程。

企业采购，基本上是一种代理采购。企业采购与个人采购不同，个人采购基本上是一种自我采购，而企业采购基本上是一种代理采购。自我采购，自己想采购什么，想怎样采购，自己心知肚明，然后自己按照自己的想法去实施采购，不需要另外什么人用什么说明书去告诉你该采购什么、该怎样采购。代理采购则不同，需求方人员需要采购什么、需要怎样采购，都要明确无误地书面告诉采购代理方人员，这种书面的说明书，就是采购申请书。企业采购基本上是一种代理采购，企业采购管理科担任一种代理采购的角色。各基层单位是物品的使用者、消费者，但是不能够由他们个个都去采购自己需要的物品，而必须统一交由采购管理科去统一进行代理采购。因此各基层单位需要采购什么、怎样采购，都需要向采购管理科提交采购申请书予以说明。

由各个需要购买物品的部门向采购部门提出采购申请书，这些采购申请书必须具有严肃性和慎重性，不能够是非常随意的行为。因此采购申请书必须简明扼要、充分反映了采购需求、书中各项项目内容清晰完整、论证过购买确有必要性和可行性、而且经过领导审核批准。这样的采购申请书才是采购部门工作的基本依据，采购部门只有收到这些合理的采购需求，才能够合理分析制订采购计划，形成最后的采购任务，落实到具体的采购行动中去。如果采购申请书都是错的，则造成采购部门后续工作的错误。

其实，采购申请书，不仅仅承担着说明采购的作用，在代理采购中还承担着凭证与合同的作用。说明作用，就是需求方要通过采购申请书向采购代理方说清楚自己的采购需求：需要采购什么，需要怎样采购。凭证与合同作用，就是指采购申请书承担着采购需求方和采购代理方交易凭证的作用：代理方须按照凭证上的要求履行责任和义务，如有失误、或产生纠纷时，采购申请书将会作为处理事件的原始凭证，具有类似于合同的法律意义上的作用。

所以，采购申请书的作用至少有三条：

第一，用户明确无误地向采购部门说明自己需要买什么、买多少、用途及其他采购要求；

第二，向采购方说明这个购买是必要可行的、是受到各方允许的；

第三，书面文件，易于阅读审核。采购申请单也是用户向采购管理部门递交的采购申请凭证，是双方业务交割的法律依据。当万一发生失误纠纷时，处理纠纷要以此为物证依据。

所以采购申请书应当纳入采购活动的正式法律文件，要受到所有有关人员的重视、认真进行操作：

（1）妥善设计内容格式；

（2）填写采购申请书，要严肃谨慎，经过仔细调查研究，确认购买是既有必要而且可行的；

（3）认真填写各项内容，做到内容真实完整、准确无误、字迹清楚；

（4）是经过各级主管部门认真审核通过的，包括主管人、主管部门审核、库存审核、财务审核；

（5）妥善传递，一定要在给定的时间内送达指定的人手中。

二、采购申请书的内容格式

（一）基本内容

根据采购申请书的作用可以知道，采购申请书无论采用什么形式、无论繁简程度如何，以下几项基本内容必不可少：

（1）请购单位请购人（名称、联系方式）；

（2）请购品种、规格、型号；

（3）请购数量（包括申请数量、领导审批数量）；

(4) 需求时间;

(5) 品种的用途;

(6) 采购要求;

(7) 审批者审批意见(主管负责人、财务负责人等);

(8) 请购时间地点等其他有关信息。

(二) 常见形式

采购申请根据具体情况可以采用多种形式,包括有:

(1) 采购申请书(报告);

(2) 请购单;

(3) 请购计划(表);

(4) 采购物料清单(表);

(5) 物料需求计划(BOM 表)等。

(三) 几种情况下适用的形式

具体采购申请书采用什么内容格式视具体情况的不同而定,大致有以下几种情况。

1. 新购、贵重品

新购、特别是新购贵重品,一般都是新增投资项目,而且成本数额较大,所以一般非常慎重,一般要进行充分的可行性分析和成本效益分析,而且需要经过各级领导主管部门充分审核讨论定夺。所以采购申请书通常是以单独的采购申请报告的形式上交。采购申请报告一般文字较多,除了说清楚要购买什么品种、数量、购买要求之外,重点应放在为什么购买,购买后有什么用处和意义,以及购买成本效益分析、可行性分析等。而且还要留有各级主管领导的批示、包括财务主管部门的批示等。

2. 新购、一般品

新购、一般品,一般是不常发生的普通事项产生的购买。例如紧急发生的维修、临时的接待、庆典、临时加班的盒饭等的购买。这时的采购申请书可以采用采购申请单、请购单的形式。它们一般都是一些预先设计好的表格形式(具体又分为单一品种表格和多品种表格),必要的内容项目要求都设计好了,照表填写好,有关领导批示同意就可以了。

3. 例常、重复购买

这种例常、重复购买是最一般、最大量的情况,例如正常生产运行的生产企业,其不断消耗的原材料、零部件的补充购买、正常经营的商业企业,其不断销售减少的货物存量的补充进货购买,事业单位不断消耗的生活用品的补充进货购买等,都属于这种例常、重复购买。这种购买的特点,就是其购买的用途、必要性、可行性等的论证是没有问题的,不需要再那样关注了。而只重点关注品种规格数量多少就够了。另一个特点就是多品种购买或成套购买。这时的采购申请书一般采用请购单、采购计划表、请购物料清单的形式。

4. 专项采购

专项采购的特点,是带有很大的整体性,是一个整体项目所需的各种物料的整体采购,它的各个品种带有配套性、比例性。通常例如企业接收的整体生产项目、大修理项目等,都属于这种情况。这种采购申请书,通常采用物料清单(Bill of Materials,BOM)、采购计划表等形式。

所以采购单的内容格式设计要根据采购品品种的多少、重要性、贵重程度和复杂性程度不同可以有不同的内容格式。越是贵重、越是复杂、越是专业的东西，采购申请单就越复杂。

具体见示例 3－1～示例 3－6。

【示例 3－1】　采购申请报告（见图 3－1）

采购申请报告

三车间张主任：

为了迎接国庆，我们小组计划本周周六（9 月 25 日）加班，特申请采购盒饭 10 份（每份 10 元），届时请于中午 12 点送到 10 号楼 204 房间，特此申请。

此致！

三车间第一小组组长　王维国

2010 年 9 月 24 日

同意购买，请采购员办理，要求饭店于 9 月 25 日 12 点把 10 盒盒饭送到 10 号楼 204 室。

三车间主任　张强

2010 年 9 月 24 日

图 3－1　采购申请报告

【示例 3－2】　单项独立物品请购申请单

这种采购申请单用于申请单项独立物品。由申请人提出、主管领导批准，然后交采购管理科。如图 3－2 所示。

××公司采购申请单

申请单位＿＿＿＿＿＿＿＿　　年　月　日　　编号＿＿＿＿＿＿

品名		规格		数量	
用途					
特别说明				需用日期	
领导批示					

申请人

图 3－2　单项独立物品采购申请单

【示例 3－3】　多项独立物品采购申请单

这种采购申请单用于申请多项独立物品。一般是一个单位申请采购物品的汇总清单。可以由填表人填写，但是单位负责人必须审核签字，还要由主管领导批示后，然后交采购管理科。如图 3－3 所示。

××公司采购申请单

申请单位______　　年　月　日　　编号______

序号	品名	规格	单位	数量	用途	需用时间	备注
领导批示							

单位负责人　　填表人　　共　页　第　页

图 3－3　多项独立物品采购申请单

【示例 3－4】　同一产品相关多项原材料采购申请单

这种采购申请单主要用于同一个产品（或部件）的多项相关原材料的采购申请。它实际上是该产品（或部件）的物料需求清单，各种物料互相成一定比例，写在一起，方便计算和审核。可以由填表人填写，但产品组长必须审核签字，主管领导批示后，交采购管理科。如图 3－4 所示。

××公司材料采购申请单

申请单位______　　年　月　日　　编号______

产品名称		生产数量		开工日期				
序号	品名	规格	单位	单位用量	库存量	请购数量	标准数量	备注
领导批示								

产品组长　　填表人　　共　页　第　页

图 3－4　同一产品相关多项独立物品采购申请单

【示例 3－5】　多项无关物品采购申请单

这个请购单列出了多个品种，分别注明用途、数量和需用日期。其特点就是填写出了现有存货量和前几个月的销售量，它是用以计算月平均销售量，为审定计划采购量作参考的。如图 3－5 所示。

某瓷器公司请购单

日期______

品名	用途	数量			需用日期
		现有存货	前____月用/销量	计划请购	

申请人签章　　　　核准/不核准　　　　订单号码

图 3-5 多项无关物品采购申请单

【示例 3-6】 某半导体公司的请购单

某半导体公司的采购申请表如图 3-6 所示。半导体材料属于贵重性、专业性、复杂性很高的物品，所以采购申请单要求写得更清楚严格。除了品名规格严格说明之外，还有需求原因、参考厂商、预算计划、售后维护、承办人等多项说明，还有多层次的审核，即需要核决、财务、预算、审核、请购人等签字。

某半导体公司请购单

页次：______页之______

请购部门	计划编号	请购日期 年 月 日	需求日期 年 月 日	请购编号 —	采购专用栏 承办人	
项次	品名（中、英对照）及规格说明	数量	单位	预估金额	单价	总价
预算金额：	会计科目：	合　计				

图 3-6 某半导体公司请购单

(1) 需求原因简述：

(2) 参考厂商/代理商名称，地址或电话等：①______②______③______

(3) 以前曾有相同或类似的请购□否　□是（请购编号　　）

(4) □不指定厂商　□要指定厂商______理由如下：

(5) 是否属于现有财产设备的附属机件□否　□是

原有财产设备的财产编号：①______②______③______

(6) 需维护服务□否　□是

(7) 验收时间是否须超过七日以上□否　□是（请说明所需日数及理由）

(8) □有足够预算　□不足或无预算时需检送经核准的“预算流用/追加申请单”

申请金额		申请理由	
注意事项：1. 人事费不得流用　2. 资本支出与费用不得互相流用			
单位　项目	部门代号	计划代号	预算科目
自（支出单位）			
至（申请单位）			

(9) 其他

核　决	财务部	预算中心主管	审核人	请购人
				分机：

第一联：采购

图 3-6　某半导体公司请购单（续）

三、采购申请的审核

申请人要认真写好采购申请单。写好请购单以后，首先自己要好好审查一下，看看是否都认真写好了，有没有遗漏或错误。特别注意采购品种填写清楚了没有，要让外行人都能够看懂，不要产生歧义，不产生误会。

申请人填好采购申请单以后，在交给采购科之前还要经过有关方面的审核。主要的审核有：

1. 直接主管负责人和上级主管部门的审核

直接主管负责人例如组长、班长，无论采购什么，都需要征得直接主管负责人的同意并签署意见。直接主管负责人签字以后，要不要再往上级主管部门报告和审批，要根据采购物品的重要程度和数量金额多少等而定：越重要或数额越大，就越要征得更高的上级主管部门批准、直到总经理、董事会审批；越不重要、数额越少的，越不需要更高的上级批准。这个审核是最重要的审核，一般企业的采购无论购买量大小都必须有。只是审批到哪一级为止取决于购买量达到了哪一级权限而已。各个企业都规定了不同的审批权限。见示例 3-7 和示例 3-8。

【示例 3－7】 某塑胶公司采购金额额度审批权限范围规定（见表 3－1）

表 3－1 某塑胶公司采购金额额度审批权限范围规定

外　　购	2 万元以下 2 万元以上	经理决定执行 总经理决定执行
内　　购	2 万元以下 2 万～50 万元 50 万元以上	组长决定执行 协理决定执行 总经理决定执行

【示例 3－8】 某钢铁公司采购金额额度审批权限范围规定（见表 3－2）

表 3－2 某钢铁公司采购金额额度审批权限范围规定

金额额度	核定权限范围
4000 万元以上	工程暨采购审议委员会
1500 万～4000 万元	总经理/执行副总经理
600 万～1500 万元	业务副总经理/助理副总经理
100 万～600 万元	采购处长/副处长
50 万～100 万元	采购组长
10 万～50 万元	采购科长
10 万元以下	采购管理师

这个审查的目的是审查购买的必要性和可能性：有没有必要购买；符不符合本组、本班、本单位的生产、经营和发展计划；购买费用成本和供应商可不可以接受；在不在预算范围之内；有没有支付能力；有没有其他更好的替代办法等。

2. 财务部门和预算部门的审核

企业采购申请单还必须经过财务部门和预算部门的审核。审核的目的主要是看这一笔购买符不符合资金使用计划、符不符合预算计划、符不符合企业财务制度以及有没有支付能力等。因为购买就必须付钱的，这是一个硬条件，没有钱支付，即使主管负责人审核签字通过了也还是不能购买。所以这个审批甚至比前一个主管审批更具有制约性。

其中预算部门，有的企业单独设，有的企业没有单独设，而直接放在财务部门或者计划部门。所以这个预算审核就由财务部门或者计划部门代行。

以上审核，在小企业或者大企业的基层级，因为没有单设财务和计划、预算等机构，那就全都归由直接主管负责人审核签字了。

总之，只有通过以上审核签字认可的采购申请单才是既有必要又有可行性的采购申请单，才是有效合格的采购申请单。这样的采购申请单交到采购科，采购科才可以受理。否则，采购科可以不予受理。

当然，也有一些企业，把这些审核任务全都交给采购员去统一办理的，这样做也是可以的，可以节约领导的时间，提高了审批效率。但是，无论是谁办，审核内容不能少，上述的审核目的都要达到。

第二节　采购需求分析

一、采购需求分析概述

要进行采购，首先要分析、弄清我们所代理的全体需求者们究竟需求什么、需求多少、什么时候需要的问题，从而明确我们应当采购什么、采购多少、什么时候采购以及怎样采购的问题，从而得到一份确实可靠、科学合理的采购需求计划。我们把这个环节的工作，就叫做采购需求分析。需求分析的最终目的，就是要得到一份经过整理的、确实可靠、科学合理的采购需求计划，为后面制订采购计划、分派采购任务提供决策支持。

（一）常见的需求情况

需求分析是由采购科或者采购计划科来承担的，其通常面临有以下几种情况的需求分析：

（1）下面交上来很多的采购申请单，有的是一单一品，有的是一单多品，非常分散、非常多。需要采购科或采购计划科汇总整理出一份统一的需求计划。这是最普遍使用的情况。

（2）下面各个单位按照既定的生产计划平稳正常生产，需要正常补充生产所需要的原材料、零配件。这种情况下，需要根据生产计划进度和库存情况来制订物料需求计划。这个工作通常由生产计划科来完成，有的企业则是由采购科或者采购计划科来完成。这是正常稳定生产的生产企业的一般情况。

（3）下面各个单位每天每天都到仓库来领走物品，使得库存品种的存量每天每天消耗下降。采购科或者采购计划科要根据库存消耗情况及时提出补充库存的需求计划。这是一般仓库的情况。

（4）超市、商场里的货品由于每天每天销售，逐渐逐渐减少，到了一定时候需要补充货物。采购科或者采购计划科要根据卖场货品消耗情况及时提出补充货品的需求计划。这是一般超市、商场的情况。

（5）项目管理企业一个新项目的从无到有，需要通过研发、设计、制造到最后交付，整个项目所需要的物品的需求计划，通常由项目管理企业的设计组设计以后完成，交采购科或采购计划科。

（6）紧急采购需求。正常生产或销售的企业，碰到了意外事故，或是加急任务需要紧急采购，需要采购科或采购计划科例如紧急需求计划。

以上几种情况，有的企业存在其中一种，有的企业甚至存在其中几种。这时企业采购科或采购计划科都不但要各自做出需求计划，并且把它们按采购特征汇总成一个统一的需求计划。

需求分析可以很简单，也可以很复杂，取决于所面对的情况。

在极简单的情况下，需求分析是很简单的。例如，在单次、单一品种需求的情况下，需要什么、需要多少、什么时候需要的问题，非常明确。不需要进行复杂的需求分析，也就清楚了。我们通常的采购活动，有很多是属于这样的情况，以至于造成很多人不必要进行需求分析的错觉。

在较复杂的采购情况下，人们对需求分析的必要性是深有体会的。例如，一个汽车制造企业，有上万个零部件，有很多的车间、很多的工序，每个车间、每个工序生产这些零部件，都需要原材料、工具、设备、用品，在各个不同时间需求各个不同的品种。这么多的零部件，什么时候需要什么、需要多少，哪些品种要单独采购，那些品种要联合采购，那些品种先采购、那些品种后采购、采购多少，这些问题不进行认真地分析研究，就不可能进行科学的采购工作。

需求分析不但非常必要，而且是一项技术性很强的工作。

需求分析，涉及全厂各个部门、各个生产环节、各道工序，各种材料、设备和工具以及办公用品等各种物资，因此要有比较全面的知识。一要有生产技术方面的知识，要知道生产产品和加工工艺的知识、会看图纸。会根据生产计划以及生产加工图纸推算出物料需求量。二要有数理、统计方面的知识，会进行科学的统计分析。三要有预测方面和管理方面的知识，会发现需求规律，并根据需求规律进行预测。需求分析，还需要依靠企业各个部门，特别是管理部门的大力支持。

(二) 常见的需求分析方法

进行采购需求分析有多种方法。常见的需求分析方法有：

(1) 采购申请单统计分析法；

(2) 物料需求计划；

(3) 物资消耗定额；

(4) 需求预测；

(5) ABC 分析法等。

二、采购申请单统计分析法

由交上来的采购申请单进行统计分析而制订出需求计划是最简单的需求分析方法。大概分成以下几步：

(一) 审核订正

采购科对交上来的采购申请单首先的工作，就是审核。采购科长期进行采购工作，对于各个单位物品的消耗规律有一定的掌握，对于资源市场上产品的发展状况有一定的了解，对于库存情况、库存规律和库存控制有一定的掌握，对于采购业务情况非常熟悉，他们应该站在更高的层次上，考虑到采购的可行性、采购的价值和成本、库存控制等因素，对采购申请单进行一次全面审核。

采购科审核的具体内容：

(1) 审核申请单合不合格：格式是否正确；字迹是否清晰；内容是否完整；品种规格是否清楚；理由是否充分；审核手续是否到位；申请人、审核人信息是否完备正确。

(2) 结合自己所掌握的库存情况以及库存控制观点考虑申请单中的品种、数量是否合适：如果仓库里还有足够数量，或者有代用品，就可以不采购，或减少采购数量。

(3) 结合自己所掌握的资源市场情况考虑申请单中的品种、价格、供应商是否合适：是否有更新产品、是否有价格更低质量更好的商品、是否有更好的供应商。

(4) 结合自己所掌握的采购业务情况考虑申请单中的对采购的要求、采购到货时间是否合适：对采购要求是否现实可行、采购到货时间是否合理。

根据如上这些问题等的分析考虑，对所有采购申请书内容进行审核。如果有需要改正、变更、添加、删除、完善、废除等情况的，则应当和采购申请单位进行商榷，进行适当地处理。这样做是非常必要的，它可以最后地把好关，使得每一份采购申请单真正都成为合格的正确合理可行的申请单。

（二）分类汇总

经过审核订正而成为合格的正确合理可行的申请单，就可以进行分类汇总排列组合，形成统一的需求计划表。

分类汇总的目的，一是为形成一个有序的需求项目序列，便于查询管理。二是为形成采购计划做准备。因此，分类汇总的基本思路，一是按品种排序，求出各个品种的总需求量；二是按品种用户排序，求出每个品种有几个需求用户，每个用户需要多少；三是按品种供应商排序，看看每个品种有哪些供应商。需求计划表的基本内容格式如表 3-3 所示。

表 3-3　　××公司需求计划表

年　月　日

品名	规格	性能	用途	申请单位	需求数量	重要性类别	需用时间	拟定供应商	采购要求

这样分类汇总的结果，就把原来大量零散杂乱的采购申请单的需求一下子变得清晰、有序、直观明显的数据信息，不但让人一看就清楚，而且便于我们后面制订采购计划和采购计划的操作实施。

这样整理形成的一个统一的需求计划表就是一个科学合理正确可行的需求计划。这是我们需求分析最后需要得到的一个成果。这个需求计划就是我们下一步制订采购计划的依据。采购计划实际上就是将需求计划的每一项都落实到具体的采购人员、采购时间而成的一个计划。

分类汇总的方法，可以用人工分类汇总，更方便的是用计算机进行分类汇总。

1. 人工分类汇总

人工分类汇总，工作量大、烦琐复杂。具体做法如下：

（1）把所有的采购申请单按品种归并。不管这个品种有多少个规格、也不管每个品种规格有多个需求户，都把它们一起归并在这个品种里面。

（2）把每个品种里的所有采购申请单按该品种的规格排序，在每个规格里又按需求用户排序，排列好顺序后，求出各个需求户的需求总数以及每个规格的需求总数。

（3）把每个品种里按规格用户排好顺序的所有采购申请单装订成册（称为品种册），并求出这个品种的需求总数。在其封面上打出一个按品种规格顺序排列的一个统计表，见示例 3-9。

（4）把各个品种册按预定的品种序列顺序排序。

（5）把这样排好顺序的各个品种册封面上的需求量明细统计表依次抄列在一起，形成一个统一的有序排列的总需求计划表。

这就是人工分类汇总形成总需求计划表的一般做法，比较烦琐。

【示例 3－9】 某机械厂需求计划表（见图 3－7）

某机械厂需求计划表

2011 年 9 月

<table>
<tr><th>品名</th><th>规格</th><th>性能</th><th>用途</th><th>需求单位</th><th>需求数量</th><th>重要性类别</th><th>需用时间</th><th>拟定供应商</th><th>采购要求</th></tr>
<tr><td rowspan="7">圆钢</td><td rowspan="3">ϕ5</td><td rowspan="2"></td><td rowspan="2">零件加工</td><td>一车间</td><td>2 吨</td><td>B</td><td>2011. 10</td><td>武钢</td><td></td></tr>
<tr><td>二车间</td><td>3 吨</td><td>B</td><td>2011. 10</td><td>武钢</td><td></td></tr>
<tr><td colspan="3">合计</td><td>5 吨</td><td></td><td></td><td></td><td></td></tr>
<tr><td rowspan="3">ϕ6</td><td rowspan="2"></td><td rowspan="2">厂房扩建</td><td>一车间</td><td>3 吨</td><td>A</td><td>2011. 10</td><td>武钢</td><td></td></tr>
<tr><td>二车间</td><td>5 吨</td><td>C</td><td>2011. 10</td><td>武钢</td><td></td></tr>
<tr><td colspan="3">合计</td><td>8 吨</td><td></td><td></td><td></td><td></td></tr>
<tr><td colspan="4">合计</td><td>13 吨</td><td></td><td></td><td></td><td></td></tr>
</table>

图 3－7 某机械厂需求计划表

2. 计算机分类汇总

现在一般都采用计算机进行这项工作了。采购申请单用计算机进行分类汇总是很方便的，而且速度快得多、效率高得多。用基于数据库管理的计算机采购管理信息系统就可以进行这项工作，其工作原理如下：

（1）要建立起采购申请单数据库系统、品名代码、单位代码、供应商代码；

（2）然后将全部采购申请单录入到采购申请单数据库中；

（3）将所录入的全部采购申请单记录按品名代码＋单位代码排序汇总就可以得到像示例 3－9 那样的总需求计划表。

这就是计算机进行采购申请单分类汇总的原理。

（三）统计分析

在分类汇总之后得到了各个品种和品种类别的需求总量以及数量大小顺序。根据这个结果我们可以进行各种各样的统计分析。统计分析的目的，就是要根据需求计划表统计分析得出一些对制订采购计划有支持作用的信息。例如：

哪些品种需求量最大？哪些品种需求量最小？哪些品种需求量一般？

哪些属于重点物资？哪些属于一般物资？

哪些属于紧急需求？哪些属于正常需求？

哪些属于最重要的 A 类物资？哪些属于最不重要的 C 类物资？哪些属于一般重要的 B 类物资？

从而可以得出结论：

哪些需要单独采购？哪些需要联合采购？

哪些需要集中采购？哪些需要分散采购？

哪些需要紧急采购？哪些需要正常采购？

哪些需要重点采购？哪些需要一般采购？

根据这样的分析得出结论，我们就可以把它落实到需求计划表的每一个品种，并且分派落实到每一个采购员，形成采购计划。

三、物资消耗速率分析

（一）商业企业商品消耗分析

商业企业，如超市、百货、商店等企业，都是进行商品销售的企业。对这些企业进行需求分析，主要是要统计现在每天的销售量，求出库存消耗速率，再根据现有的库存消耗速率，就可以预测出下一阶段的货物需求量。如果能够求出过去几个月的销售量，并找出它们的变化规律，就大致可以预测出下个月货物需求量。下面分几种情况举例说明。

1. 销售速率平稳的情况

【示例 3－10】 销售速率平稳时的预测

某学校超市本周每天的牙膏销售量为 9、10、12、9、11、10、10 支，请预测下一周的牙膏需求量大致为多少？

解：本周每天的日销售量都不一样，但是大致平稳。为此求出每天的平均销售量作为日平均消耗速率。因为近期销售平稳，所以可以近似把本周的日平均消耗速率作为下周每天的平均日销售需求量，从而求出下周的销售需求量。

日平均消耗速率：

$$\overline{R}=\frac{R_1+R_2+R_3+R_4+R_5+R_6+R_7}{7}=\frac{9+10+12+9+11+10+10}{7}\approx 10$$

所以下周牙膏的销售需求量 $D=7\times\overline{R}=7\times 10=70$（支）

2. 销售速率平稳变化的情况

平稳变化的情况，包括平稳上升、平稳下降两种情况。所谓平稳变化，就是其环比大致相等。所谓环比，就是后项与前项之比。这样，如果能够求出平均环比比值，就可由前项预测出后项的销售需求量。

【示例 3－11】 销售速率平稳变化时的预测

某学校超市本周每天的牙膏销售量为 9、10、11、12、13、14、13 支，请预测下一周的牙膏需求量大致为多少？

解：本周每天的日销售量都不一样，但是大致平稳增长。为此求出每天的环比比值和日平均环比比值。有了这个平均环比比值，则知道了前项，就可以预测出后项的日销售需求量，这样就可以求出下周的销售需求量。

平均日环比 $\overline{\eta}=\frac{\eta_{21}+\eta_{32}+\eta_{43}+\eta_{54}+\eta_{65}+\eta_{76}}{6}=\frac{\frac{10}{9}+\frac{11}{10}+\frac{12}{11}+\frac{13}{12}+\frac{14}{13}+\frac{13}{14}}{6}=1.1$

所以下周每一天的销售需求量分别为：13×1.1＝14，14×1.1＝15，15×1.1＝17，17×1.1＝19，19×1.1＝21，21×1.1＝23，23×1.1＝25

所以下周牙膏的销售需求量 $D=14+15+17+19+21+23+25=134$

3. 销售速率不平稳变化的情况

销售速率不平稳变化，就是各个环比比值都不相等，有的甚至变化很大，没有规律。这时预测销售需求量，不能够用平均环比比值来测算，只能够用相邻的环比值来测算。例如，要预测第六项，就用第五项来乘以第六项的环比系数 η_{65}。

在销售速率不平稳变化的情况下，大量的做法是采用回归分析预测法，即如果销售速率的变化规律可以用某种函数关系来模拟，则我们就可以利用这个函数关系来求出任一时段的销售需求量。见示例 3－13。

（二）生产企业物料消耗分析

一般的生产企业在材料消耗上都有物资消耗定额管理，也就是为每一个产品或零部件制订一个合理的消耗定额。所谓物资消耗定额，是在一定的生产技术组织的条件下，生产单位产品或完成单位工作量所需要消耗的物资的标准量，通常用绝对数表示，如制造一台机床或一个零件消耗多少钢材、生铁，有的也可用相对数表示，如冶金、化工等企业里，用配料比、成品率、生产率等表示。

制订物资消耗定额，一方面为工人提高操作技术水平提出了一个标准，为物资节约提出了一个目标，另一方面也为物资采购提出了一个采购需求数量。

物资消耗定额根据物资的性质类别可以分为主要材料消耗定额、辅助材料消耗定额、零件材料消耗定额，燃料消耗定额、电力消耗定额、设备维修材料消耗定额、工具消耗定额等。按消耗定额的计算方法又可以分为技术分析法、统计分析法和经验估计法。下面只讨论物资消耗定额的计算方法。

1. 技术分析法

这是一种按产品结构设计、技术特点、加工设备和工艺流程来制定物资消耗定额的方法。这种方法比较科学、精确，但需要精确计算，工作量较大。适用于生产企业对产品的物料消耗制订定额。

技术分析法的基本原理步骤：

根据产品装配图求出产品的所有零部件；

根据每个零部件的加工工艺流程确定每个零部件的每道加工工艺；

对于每个零件，考虑从下料切削开始一直到最后形成零件净尺寸 Q 为止的所有各道切削加工的切削尺寸 q_i。每个零件的净尺寸 Q 加上所有各道切削尺寸留量之和，就是这个零件的物料消耗定额 G：

$$G=Q+\sum q_i \quad (i=1,2,3,4)$$

其中，切削消耗留量尺寸 q_i 包括有：

q_1：加工留量。选择材料直径、长度时，总是要比零件的净直径、净长度要大，大的部分就是加工切削的尺寸留量。加有加工尺寸留量后的零件材料就叫零件的毛坯。

q_2：下料切削留量。下料时，每一个零件的毛坯都是从一整段原材料上切断而得的。切断每一段毛坯都要切削损耗一个切口宽度的材料，这就是下料切削留量。一个零件的毛坯尺寸加上切口尺寸，就是零件的工艺尺寸。

q_3：夹头损耗。

q_4：残料损耗。一整段材料可能要切成多个零件毛坯。在切削多个毛坯时，总是需要用机床夹具夹住一头。如果最后一个毛坯不能掉头切削的话，则这个材料夹头部分就不能再利用而成为一种损耗，就是夹头损耗。也可能出现 n 个工艺尺寸不能刚好平分一整段材料而剩余一小部分不能利用，这就是残料损耗。夹头损耗和残料损耗都要分摊到每个零件上去计算物料消耗定额。

2. 统计分析法

这是一种根据以往生产中物资消耗的统计资料，经过分析研究并考虑到计划期内生产技术组织条件的变化等因素而制定定额的方法。采用这种方法时，需要有详细可靠的统计资料。例如我们要制定某种产品的物料消耗定额，我们可以根据过去一段时间的去仓库的领料记录和同期间内产品的产出记录进行统计平均，就可以求出平均每个产品的材料消耗量。这个平均消耗量就可以看成是该产品的物料消耗定额。

3. 经验估计法

这是一种根据技术人员、工人的实际生产经验，参考相关的技术文件和考虑到企业在计划期内生产条件的变化等因素制定定额的方法。这种方法简单易行，但科学性较差。

【示例 3－12】 物资消耗定额示例

一个锤子，由铁榔头和一个檀木木柄装配而成，檀木木柄净尺寸为 ϕ30 毫米×250 毫米，由一根直径 35 毫米的圆木加工而成，平均每个木柄下料切削损耗 5 毫米、长度方向切削损耗 5 毫米、外圆切削损耗 2.5 毫米、夹头损耗 30 毫米、平均残料损耗 10 毫米。铁榔头由 ϕ50 的 A4 圆钢材切成坯料经锻压加工而成。加工好的铁榔头净重 1000 克，锻压加工损耗 200 克、柄孔成型加工损耗 200 克、下料损耗 200 克、夹头损耗为 0，残料损耗为 0。求这种锤子的物资消耗定额。如果下个月需要加工 1000 个锤子，问需要采购多少物料。

解：计算资料和结果如表 3－4 所示。求出锤子的物资消耗定额为：ϕ35 檀木 0.3 米，ϕ50A4 圆钢 1.6 千克。月产 1000 个锤子，采购需求量为：ϕ35 檀木 300 米，ϕ50A4 圆钢 1600 千克。

表 3－4 物资消耗定额计算

产品名称			锤子		下月生产计划			1000	
材料名称	规格	计算单位	净重	下料损耗	加工切削损耗	夹头损耗	残料损耗	物资消耗定额	采购需求量
檀木圆木	ϕ35	米	0.25	0.005	0.005	0.03	0.01	0.3	300
A4 圆钢	ϕ50	千克	1	0.2	0.2＋0.2	0	0	1.6	1600

四、未来需求预测分析

（一）需求预测概述

在需求分析中也可以运用预测的办法来确定采购需求量。

预测的基本原理，就是根据企业过去的物资消耗情况找出企业物资的消耗规律，根据这个规律来预测未来企业物资的需求量。

因为采购管理部门长期承担企业各个部门的物资采购任务，所以对于企业例常物资各个月的消耗量，有非常具体的数据，因此完全可以根据这些数据，找出各个部门物资消耗的规律，根据这个规律来预测下一个月各个部门各种物资的采购需求量。

预测的方法有很多种，可以用判断分析预测法，也可以用时间序列分析法。因为在企业生产过程中时间因素影响比较明显，所以一般多用时间序列分析预测法。例如用简单平滑法、移动平均法、加权平均法、指数平滑法、回归分析法等。我们这里举一个一元回归分析预测的例子作一个简单说明。

（二）采购需求预测示例

【示例 3-13】

已知企业生产某种产品，过去 8 周领用某种钢材的记录数量如表 3-5 所示。

表 3-5　一元回归预测分析案例

周次	1	2	3	4	5	6	7	8
需求（吨）	5	7	8	10	9	12	11	13

我们希望预测第 9 周、10 周、11 周、12 周的需求量。

根据表 3-5 可以画出如图 3-8 所示的散点图，可以看出其规律近似一条直线。设之为$y=a+bx$。根据一元回归分析法，可以求出 a，b：

$$b=\frac{n\sum xy-\sum x\sum y}{n\sum x^2-(\sum x)^2}=\frac{8\times381-36\times75}{8\times204-36^2}=1.036$$

$$a=\frac{1}{n}(\sum y-b\sum x)=\frac{1}{8}\times(75-1.036\times36)=4.75$$

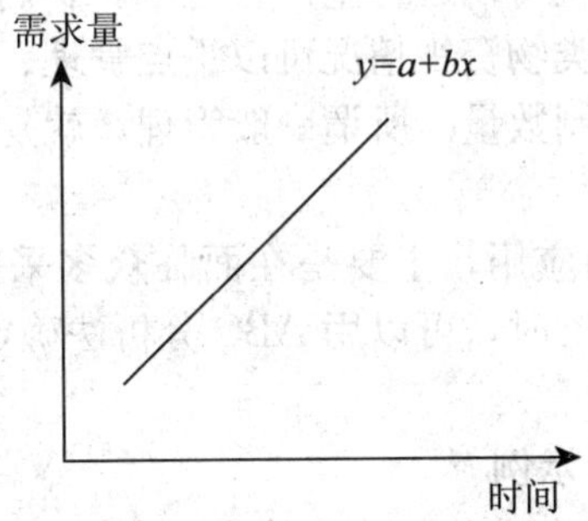

图 3-8　一元回归分析预测

所以，一元回归方程为：$y=4.75+1.036x$。

当 $x=9$ 时，$y=14$；$x=10$ 时，$y=15$；$x=11$ 时，$y=16$；$x=12$ 时，$y=17$。所以下一个月的采购需求量应为 $14+15+16+17=62$。

五、品种重要性分析

产品的重要程度一般由需求者论证确定，例如可以通过 ABC 分析法确定，也可以通过专家评分法来确定。

（一）ABC 分析

对于单一品种的采购，不存在重点选择的问题，因此不需要进行 ABC 分析。但是对于多品种采购而言，由于存在一个先采购什么后采购什么、重点保证采购什么的问题，所以在需求分析中就存在一个品种重要程度的分析和采购优先权分析的问题。为确定品种的重要程度，就要进行品种的 ABC 分析。

这时确定重要性的主要依据是：

（1）对于用户企业生产的重要性：例如，是用户企业生产所需的主要物资，或者是关键物资。

（2）是用户企业需求量最大的物资。

（3）是贵重物资。虽然需求量不大，但是很贵重。

把需求品按其重要程度不同分成 A、B、C 共三级。A 级最重要，占品种 10%左右；C 级最不重要，占品种 70%左右；B 级属于中等重要，占品种 20%左右。例如根据销售赢利能力将商场的商品分类，见表 3－6。

表 3－6　品种 ABC 分类

类别	物品特点	销售利润占总利润的比例	品种数占总品种数的比例	管理类别
A	价值高、销售额高、品种稀缺	70%左右	10%左右	重点管理
B	价值中、销售额中、品种较稀缺	20%左右	20%左右	根据情况定
C	价值低、销售额低、品种不稀缺	10%左右	70%左右	一般管理

在物资按重点分类以后，就可以进行重点管理了。我们对 A 类物资实行重点管理，对 C 类物资实行一般管理，对 B 类物资视情况可以重点管理、也可以一般管理。所谓重点管理，就是保障供应，又严格控制数量。所谓一般管理，就是不一定保障供应，不那么严格控制数量。

ABC 分析在采购管理中的应用，主要是在面临众多采购物资进行联合采购、且人力物力财力有限、需保证重点物资时，可以用 ABC 分析法确定重点管理的采购物资对象。

【示例 3－14】　ABC 分析示例

某公司经营的 45 个品种上个月的销售统计按从大到小的顺序排列如表 3－7 所示。前面 4 个品种，品种累计 8.88%，销售额累计 3025200 元，占 66.8%，划为 A 类；后面 32 个品种，品种累计 71.1%，销售额累计 516848 元，占 11.4%，划为 C 类；中间 9 个品种，品种占 20%，销售额占 21.8%，划为 B 类。A 类实行重点管理，严格保障供应不缺货，C 类实行一般管理，不一定严格保障供应。

表 3-7　　45 个品种按销售额大小的 ABC 分类

物料编号	品种（%）	品种累计（%）	单价（元）	销售量（件）	销售额（元）	销售累计（元）	销售累计（%）	分类
1	2.22	2.22	480	3280	1833600	1833600	66.8	A
2		4.44	470	1680	789600	2623200		
3	⋮	6.66	200	1060	212000	2835200		
4		8.88	8	23750	190000	3025200		
5	2.22	11.1	29	6000	174000	3199200	88.6	B
6		13.3	45	3820	171900	3371100		
⋮	⋮	⋮	⋮	⋮	⋮	⋮		
13		28.9	1.5	40000	60000	4012365		
14	2.22	31.1	10.2	4880	49776	4062141	100	C
15		33.3	11.25	37	41675	4103816		
⋮	⋮	⋮	⋮	⋮	⋮	⋮		
44		97.8	1.2	1838	1606	4527607		
45		100	1.0	1060	1606	4529213		

（二）专家评分法分析

【示例 3-15】　评分法示例

某车间为评价其五个品种的相对重要性，聘请了生产科长、采购员、车间主任、总工程师共四个专家，进行评分。评分小组首先确定了评价指标体系，共选定三个评价指标：①功能重要性；②获取难易度；③可代用程度。并制定出评分表和评分规则，分发给各位专家评分。假设其中车间主任填写的评分表如表 3-8 所示。

表 3-8　　用评分法评价五个品种的相对重要性

品　　种	A	B	C	D	E	评分合计
功能重要性	5	1	4	2	3	15
获取难易度	5	4	3	2	1	15
可代用程度	4	5	3	1	2	15
合　　计	14	10	10	5	6	45

在每个人都填好评分表后，再进行加权平均得出最后结果如表 3-9 所示。所以，五个产品的重要性顺序依次是：A、C、B、E、D。这就是最后的结果。

表 3-9　　用评分法评价五个品种的相对重要性（多人汇总表）

品　种	A	B	C	D	E	加权值
采购员	14	9	8	8	6	0.2
生产科长	12	8	10	7	8	0.2
车间主任	14	10	10	5	6	0.3
总工程师	10	9	12	6	8	0.3
评分加权平均	12.4	9.1	10.2	6.3	7.0	—

第三节　采购资源分析

一、概述

为制订采购计划，需要在采购需求分析的基础上，进行采购资源分析。采购资源分析，就是对可用于满足采购需求的所有可用资源进行的分析。采购资源分析的目的，就是要弄清楚为了满足采购需求，究竟应当动用什么样的可用资源、采用什么样的途径和方式、怎样组织调配，才能最有效、最节省地、最圆满地达到满足采购需求的目的？资源分析最直接的目的，就是为最后制订采购计划提供支持。

采购资源分析非常重要。它是制订采购计划的必由之路。面对庞大的需求计划，我们不能够盲目机械地行事。只有预先充分调查了解我们所有可能的资源条件情况，并把它们科学合理地组织分配去满足合适的需求，才能够制订出科学合理的采购计划。首先，我们要仔细分析确认哪些品种确实需要采购，而哪些品种不需要采购，而可以利用自己现有库存，或可以利用其他代用品，或可以利用自己生产来满足。其次，即使是需要采购的品种也需要进行分析，由于对于每个品种，其采购方法有多种，采购人员有多种、采购供应商也有多个、采购环境有不同，究竟每一个品种，怎样去采购、由谁去采购、向谁去采购，都有一个分析研究、组织调配、协调运用的问题。只有这些都进行了深入的分析研究，既充分发掘了可用资源，又进行了科学的调配运用，才能够制订出科学合理的采购计划，并落实到最后的采购任务分配当中去，才能够有的放矢地最有效地完成既定的采购任务，保障需求计划的圆满实现。

采购资源分析，包括内部资源的分析和外部资源的分析。

（一）内部资源分析

企业内部资源分析，就是针对采购需求，分析企业内部可以运用的内部资源条件以及必须遵守的内部约束条件，具体主要包括以下几方面。

（1）企业内部库存及代用可能性分析。

（2）企业自己生产可能性分析。

（3）企业采购计划分析：

①企业采购规章制度分析；

②企业采购人员分析；

③采购方式方法分析；

④采购资金条件分析；

⑤仓储运输物流条件分析；

⑥企业信息系统条件分析。

（4）企业经营管理状况分析：

①企业经营状况分析；

②企业管理状况分析。

（二）外部资源分析

外部资源分析，就是为了满足我们现有的采购需求，研究分析在我们面对的外部资源市场中有哪些可用的外部资源，怎样对它们进行选择、组织、调配运用，才能够更合理有效、更节省地达到满足我们的采购需求的目的。具体主要包括：

1. 可用品分析

（1）直接采购品分析。

（2）代用品分析。

2. 供应商分析

（1）产品分析。

（2）资质条件分析。

（3）服务条件分析。

3. 采购方法分析

（1）订货方式分析。

（2）进货方式分析。

（3）服务保障方式分析。

4. 市场环境条件分析

（1）市场交通状况分析。

（2）市场管理状况分析。

要充分调查了解各种资源的品种数量，比较分析各自的长处短处、优势劣势，以及如何把这些资源有效合理地应用于当前采购计划之中。

企业内部、外部资源的分析，既是充分挖掘调配可用资源，又是充分适应现有各种约束条件，所以通过充分的资源分析而制订出来的采购计划，既是科学有效的，又是合理可行的，能够达到科学采购管理的目的。

要注意的是，采购分析的各个项目分析不是彼此孤立的，而是相互联系、有一定的先后次序逻辑关系的。一般的规律是，先进行库存分析，再进行可代用性分析，再进行自己生产可能性分析，最后进行外部采购计划分析。采购分析的程序与内容如图 3－9 所示。

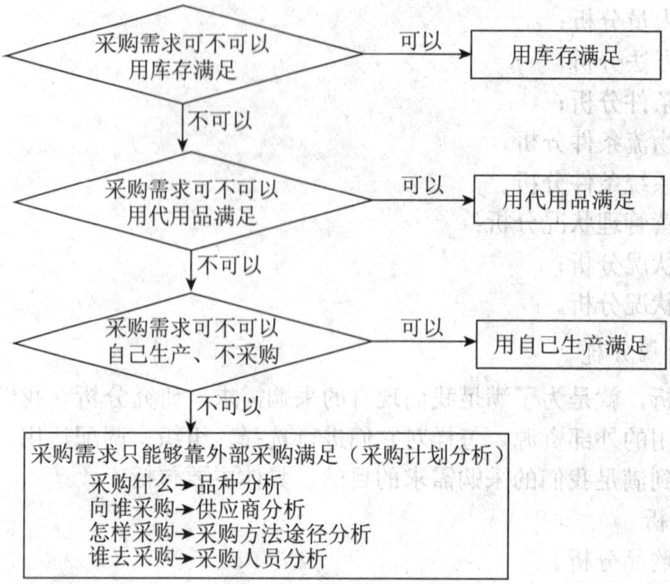

图 3－9　采购分析流程

二、企业内部资源分析

（一）品种库存分析及代用可能性分析

1. 品种库存分析

内部资源分析中品种库存分析尤其重要。采购管理中有一个原则，就是购买时要首先尽量挖掘利用企业现有库存，即考虑先尽量吃掉内部库存，内部库存不够的部分再考虑去外面采购。因此，在制订采购计划时必须进行品种库存分析。所以品种库存分析的目的，就是要弄清楚准备需要订货的物资品种，究竟现在在企业内部还有多少库存，这些库存能不能够用于补充采购需求？这些库存能够维持多久的供应？满足这一次需要还差多少？还需要到外面去采购多少？从而为采购决策和制订采购计划提供依据。

品种库存分析的内容，就是要逐个求出各个需求品种有没有库存存货。如果有库存存货，可不可以用于满足采购需求，可用多少，还需要采购多少。

品种库存分析的方法，针对不同情况有不同的做法。

（1）品种实物点数。品种实物点数，就是到仓库（商店是到卖场）具体点数现场还存放的商品货物的数量，就是该品种的库存量。这一般适用于那些小型、微型企业、个体摊贩，他们既没有台账，也没有计算机管理信息系统。所以求库存量的最好办法就是一个一个地数数清点。

（2）库存台账处理。绝大部分的企业都有库存台账，特别是库存流水明细账。每一次货品入库记录库存增加的数量，每一次货品领用出库记录库存减少的数量。每一期的期末库存余量都等于上一期的期末库存余量加上本期的库存增加量减去本期的库存减少量。本期的期末库存余量就是我们制订采购计划时需要用到的该品种的库存数量。它应该等于该品种在仓库中现在还实际存放的数量。

（3）计算机管理信息系统处理。如果有计算机管理信息系统，则计算机会自动处理、即时提供各个品种的库存余量数据，可以通过库存查询功能查出你所需要的库存品种的库存余量。

在求出各个品种的库存量之后，一般都可以用以冲抵计划需求量，从而求出采购计划量。但是也可能有例外情况，有的需求者的需求量不能够用，或不愿意用库存品种代替的，这些例外情况都要在品种库存分析中彻底解决。

2. 品种可代用性分析

品种在进行了库存分析之后，如果出现没有库存，或库存品种不够用的情况，则在考虑采购之前，还应当要先考虑可代用的问题。可代用性，就是指性能结构相近，可以用比较现成的代用品种来代替采购需求品种。进行代用性分析，就是要分析采购需求品种可不可以用代用品代替，可代替多少。

考虑代用，也是采购管理的重要原则。因为代用可以省去采购，获得达到既满足需要，又充分利用现有物资，又节省采购费用等多方面的好处。现今社会，科技发展很快，新技术、新材料、新产品层出不穷，产品更新换代很快。所以，随时注意找合适的代用品，不但可以降低采购成本，还可以达到产品更新、提高产品技术水平的效果。

当然，考虑代用性要注意效果和成本比较，如果采用代用品，不能够达到圆满的效果、不满足用户需要，或者虽然能够达到产品应有的效果、能够满足用户需要，但是所花费的成本太高，则都是不可取的。所以进行品种代用一定要进行分析比较，能够代用就代用，不能够代用也不要勉强代用，这是采购分析所必需具备的认真严肃态度。

（二）自生产可能性分析

对于具体的需求品种，在考虑购买之前，除了考虑库存和代用之外，还应该考虑自己生产的可能性。特别是对于那些采购比较难，或者是购买成本很高的品种，我们能不能不去采购、依靠我们自己把它生产出来？

这里就有一个生产可能性分析决策程序，如图 3－10 所示。首先考虑技术能力上能不能生产，如果没有生产能力，当然毫无疑问只能够采购。如果自己有生产能力，则还需要考虑生产成本高低问题。如果生产成本低于采购成本，则自己生产比采购更合算，当然决定自己生产；如果生产成本高于采购成本，这样采购更合算，当然决定不会自己生产，而决定采购。

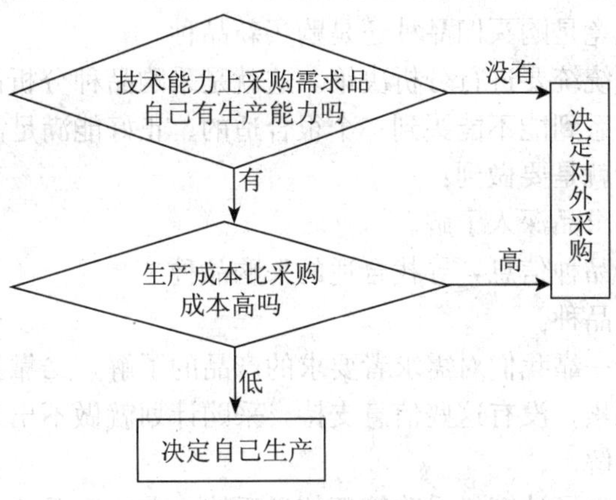

图 3－10 自生产可能性分析

（三）采购计划分析

在库存分析、可代用性、可自生产性分析之后，可以把采购需求计划中凡是能够用库存满足的、用代用品满足的以及可自行生产的各个品种扣除掉了，剩下的就是只能够通过对外采购才能够满足的品种了。接下来，就是要对这些需要采购的品种来进行采购计划分析。

采购计划分析就是对于真正要实行采购的品种进行的向谁采购、如何采购、谁去采购等进行的探讨分析和决策，并制订切实可行的采购计划的工作。采购计划分析也包括内部采购资源分析和外部采购资源分析。内部采购资源包括采购人员、采购方式、采购管理规章制度以及内部采购环境条件等。外部采购资源分析包括采购品种分析、供应商分析、采购方式分析、资源市场环境条件分析等。

内部采购资源分析中，采购人员分析是最重要的。采购人员分析的目的，是要充分了解采购人员队伍的状况、了解各个采购人员的知识、能力，为采购任务的科学合理分配、为最后制订完成采购计划提供依据。

采购方式分析，包括人员采购、招标采购、网上采购等方式，都需要有一定的内部条件，这些条件够不够，就决定了我们可以采用哪些采购方式。

其他内部资源条件分析也很重要，包括企业管理机构体制、规章制度、资金条件、生产状况、仓储条件等，都要进行分析。弄清楚企业的采购政策、发展规划、管理规章制度、支付能力、生产经营状况、仓储能力等方面的限制条件，并把它们落实到采购计划之中，才能够制订出一个科学合理、现实可行的采购计划来。

三、企业外部资源市场分析

（一）采购品种分析

品种分析，就是要确认需求品种、确定采购品种。这里有几种可能性：

（1）需求品种在市场上没有，这时该怎么办。

（2）需求品种市场上有，但是只有一家供应商，怎么办。

（3）需求品种市场上有，而且有多家供应商有，究竟向哪个供应商采购哪个品种。

（4）需求品种市场上有，而且有多家供应商有，但是，现在出现一种性能更好的新品种。在这种情况下，究竟是购买旧品种还是购买新品种。

所有这些问题必须统统要进行分析决策。这就是采购品种分析的任务。采购品种分析是非常重要的，直接关系到能不能买到一个很合适的、正好能满足需求者需求的商品。

因此采购品种分析就是要做到：

（1）对需求者的需求品深入了解。

（2）搜索资源市场品种信息，寻找合适的采购品种。

（3）决策确定采购品种。

要搞好品种分析，一靠我们对需求者要求的产品的了解，二靠我们平时对资源市场的调查了解掌握信息的积累，没有这些信息支持，采购计划就做不出来。所以，平时就要多对资源市场进行调查了解。

现在一般企业都建立了计算机采购管理信息系统。在这个系统中，一般可以建立起品种信息库，把对资源市场调查到的各个品种的信息都录入其中。日积月累，建立起这个庞大的资源市场品种信息库之后，我们进行采购品种分析就可以很方便地利用它进行品种搜索查找合适的购买品种。

（二）采购供应商分析

供应商分析的具体目的，就是要寻找确定采购计划中的采购供应商或供应商市场，为制订采购计划提供信息支持。特别是同一个产品有多家供应商，他们之间竞争激烈的情况下，进行供应商分析，对我们选择确定产品、选择确定供应商，更显得特别重要。

供应商分析的内容有：

(1) 对于给定的产品，有哪些直接产品供应商，他们各自的情况如何、实力如何，有哪些优势、劣势；有哪些特色，竞争态势如何，各自的发展趋势、发展前景如何。

(2) 对于给定的产品，有哪些替代产品供应商，他们各自的情况如何、实力如何，有哪些优势、劣势；有哪些特色，竞争态势如何，各自的发展趋势、发展前景如何。

(3) 对于给定的产品，有哪些改进产品供应商，改进在什么地方，他们各自的情况如何、实力如何，有哪些优势、劣势；有哪些特色，竞争态势如何，各自的发展趋势、发展前景如何。

供应商分析主要依靠自己所调查了解掌握的资源市场中的供应商信息来进行分析。没有对于资源市场供应商的充分了解和信息的积累，供应商分析是不可能的。所以我们平时就要注意加强对供应商的调查了解，积累信息，在计算机采购管理信息系统中建立起供应商信息库，把所有调查到的供应商信息及时录入其中。这样在制订采购计划时，可以利用它进行供应商信息搜寻统计分析，选择确定出合适的采购供应商，为制订采购计划提供信息支持。

因为供应商总是和品种联系在一起的，所以供应商分析往往都和品种分析结合起来进行。品种分析和供应商分析是资源分析中最重要的分析。

（三）采购方式分析

在品种分析、供应商分析之后，自然就要面临一个采购方式分析的问题。以前传统的采购方式一般都是采用人员采购的方式，即派采购员到供应商那里去洽谈订货然后再将采购到手的货物运回来。但现在随着社会和科技的发展，出现了一些新的采购方式，例如网上采购、招标采购、采购外包、代理采购等。这些采购方式各有特点和优点，并分别适用于不同的情况。我们要根据所需要品种的具体情况、供应商的具体情况来比较分析采用各种采购方式的可能性、优点和缺点，从而慎重选择合适的采购方式，达到确定或制订采购计划的目的。

具体采购方式的特点和优点等内容将在后面讨论，这里不多说。

（四）供应市场环境分析

供应商和采购方式确定以后，还要分析供应商所在的市场环境。供应市场环境分析就是要调查了解确认供应商所在的供应市场环境条件，包括地理位置、交通运输、经济状况、市场条件、管理状况、社会治安、竞争态势、风俗习惯等。供应市场环境分析的直接目的，就是为供应商选择和采购方案制定提供信息支持。

供应市场环境分析也可以和供应商分析结合起来进行，相互支持。供应商选定时既要考虑供应商本身，也要考虑其所在的市场环境条件。市场环境条件好，有利于更有效、更方便地开展采购工作。这样我们当然优先选择这里的供应商。

（五）其他资源条件分析

企业外部其他资源条件，包括供应链条件、第三方物流企业条件、资金市场、信息市场、技术市场、劳务市场条件等。对这些资源的分析，可以帮助我们考虑是否需要把我们的采购工作的部分或者全部外包给社会力量来承担，决定外包什么、怎样外包，从而为我们制订采购计划提供支持。

第四节　采购计划制订

根据需求分析和资源分析的结果，针对需求计划表就可以制订采购计划。

一、采购计划的内容

采购计划，就是要确定采购什么、向谁采购、如何采购、谁去采购的问题。

（一）采购什么

采购什么，就是采购的品种，包括品种的型号、规格、性能，用途、数量等。采购计划中确定的最后要进行采购的品种和数量，不完全是需求分析前需求计划中的品种和数量，而是需求计划表中经过库存分析、代用分析及自生产分析之后剩下来的品种和数量，这是真正要通过采购才能够满足需求的品种和数量。

（二）向谁采购

向谁采购，就是要确定拟向他进行采购的供应商，包括供应商市场。

供应商是和商品相对应的，确定了商品之后，才可能确定供应商。如果这种商品是独家生产，只有一个供应商，那么供应商就能够简单明确的确定。但是有的商品有多家生产厂家，甚至非常多的生产厂家，那就不能够在采购计划中很快明确确定是哪一家供应商，只能够大致确定供应商市场。

供应商的确定还要依赖于采购方式方法。例如人员采购确定现实供应商，招标采购确定供应商市场，而网上采购确定网上供应商市场。

选择确定供应商，主要靠平时的调查了解和资料积累。在制订采购计划时对它们综合分析、联合运用而确定。

（三）如何采购

如何采购，就是确定采购方法、订货策略、进货策略等。这是采购计划中最重要的内容，也是采购计划所要解决的根本问题。

采购方法有多种多样，选择什么样的采购方法，取决于品种属性（例如价值贵贱、数量多寡、技术高低）、需求属性（例如需求急迫和平稳）、市场属性（例如垄断和竞争）、供应商属性（例如数量多少、技术高低、实力强弱、距离远近、竞争性质等）、企业自身属性（例如企业实力、企业战略、管理系统、规章制度）、采购基础条件（运、储、资金、信息、人员等）、采购人员属性（例如素质、能力、年龄、职称、知识结构等）。

对企业采购而言，不外乎三类采购方法。

(1) 人员采购，就是派采购员到供应商企业去采购。这是最常用的采购方法。这一般是面对老关系的供应商，或者是寻找新供应商，或者新开发供应商。采购品种则可以是单一品种，也可以是多品种联合订购。其基本做法可以是应约参加订货会，或上门洽谈订货、签订订货合同，然后履行合同、进货入库。

(2) 招标采购，就是通过向目标供应商群体中发招标公告或招标书来征集供应商而进行的采购。这种方式通常是面对由多个供应商组成的供应商群体或供应商市场，通过竞争来征集选择最优的供应商、获得最优的采购方案。具体做法详见本书第八章。

(3) 网上采购，也就是电子商务采购，就是通过互联网网上虚拟市场进行的采购。这种方式通常是面对更广泛的未确定的网上供应商市场寻找合适的供应商洽谈贸易而进行的采购。具体做法详见本书第十一章。

究竟选用什么采购方法，要进行综合考虑，并写进采购计划中。

(四) 谁去采购

谁去采购，就是要确定采购人员。在采购品种、采购供应商和采购方法确定以后，就要确定采购人员。有的情况下，也有采购方法和采购人员是相结合考虑、同时确定的。

考虑由谁去采购，通常要考虑以下因素：

(1) 采购分层分级、分类分组、分轻重缓急。首先要把所有品种的采购根据其重要性分层分级、分轻重缓急：对于整个企业通用的、大宗的、重要度最高的、主干的品种，实行由厂部集中采购；在厂部采购人员有限时可以把那些只是个别基层单位使用的品种分散到基层各自采购；对于那些特别重要的品种或者紧急采购品种，则需安排专人紧急采购。为了减少工作量、提高采购效率，还要注意按物资之间的相关性将物资进行分类，同类产品往往联合在一起采购，或者需要有专门专业知识的采购人员或者专业采购组织才能够采购。例如计算机类、空调器类、钢材类等。有的类别里品种多，或者任务量特别大，这时可能还要分组，按品种或任务量分成更合适的品种小组或采购行动小组。

(2) 按采购方式方法分类分组。在分层分级的基础上，在各层各级又可以按采购方法分类分组。例如凡是人员采购的品种放到人员采购组，凡是招标采购的放到招标采购组，凡是网上采购的放到网上采购组。

(3) 最后把每个具体品种的采购任务分配落实到人。采购计划的最后，就是要把每个品种的采购任务确定落实到具体的采购人员。要根据采购方法的需要和采购人员的专业素质情况，选择合适的采购人员来承担该项采购任务，并且形成采购任务单，下达到各个小组各个人员。

二、采购计划的作用

采购计划，是企业全部采购工作集中组织策划书，是全部品种所有采购方案的集合，也是全部采购任务工作的分配和执行方案书。

根据采购计划书，可以直接形成：

(1) 各个层次各个部门各个人员所承担的采购任务。

(2) 各个该采购任务的采购方法、采购对象、所要达到的采购要求的说明。

(3) 各个采购任务之间的联合协调关系。

(4) 各个采购任务与相应的用户、供应商的对应关系。

三、采购计划的程序

企业采购计划的形成过程，是指从收集采购申请单开始，到需求分析、资源分析，再到计划分析，最后形成采购计划并根据采购计划形成采购任务单的全过程。可以分成五个步骤：

（1）采购申请单的审核：包括各个采购单勘误、确认和可行性分析。

（2）需求分析：包括采购申请单统计汇总、企业消耗需求计划、需求预测以及品种重要性分析。

（3）资源分析：包括库存代用分析、自生产分析和采购资源分析。

（4）采购计划分析：把内外采购资源与需求计划联系起来，组织指挥、协调配合，形成采购计划。

（5）根据采购计划形成采购任务单。

【示例 3－16】 某机械厂把 9 月底收集各个基层单位的采购申请单进行审核统计，形成需求计划表，再进行资源分析、采购计划分析之后，形成了采购计划表，如表 3－10 所示。并根据采购计划表给采购员李勇、刘林、王飞下达了采购任务单。

表 3－10 **某机械厂采购计划表** 2011 年 9 月 30 日

<table>
<tr><th>品种</th><th>规格</th><th>性能</th><th>用途</th><th>需求数量</th><th>重要度</th><th>需求时间</th><th>采购要求</th><th>拟定供应商</th><th>采购方法</th><th>采购人员</th></tr>
<tr><td rowspan="2">圆钢</td><td>φ5</td><td></td><td>加工</td><td>5 吨</td><td>B</td><td rowspan="9">2011.10</td><td rowspan="2"></td><td rowspan="5">武钢</td><td rowspan="5">人员采购</td><td rowspan="5">李勇</td></tr>
<tr><td>φ6</td><td></td><td>加工</td><td>8 吨</td><td>B</td></tr>
<tr><td rowspan="3">角钢
(mm×mm×mm)</td><td>20×20×2</td><td></td><td>加工</td><td>3 吨</td><td>B</td><td></td></tr>
<tr><td>20×20×3</td><td></td><td>加工</td><td>3 吨</td><td>B</td><td></td></tr>
<tr><td>25×25×5</td><td></td><td>加工</td><td>4 吨</td><td>A</td><td>急用</td></tr>
<tr><td rowspan="2">计算机</td><td>台式</td><td></td><td>办公</td><td>100 台</td><td>A</td><td>急用</td><td rowspan="2">电脑市场</td><td rowspan="2">招标采购</td><td rowspan="2">刘林</td></tr>
<tr><td>笔记本</td><td></td><td>办公</td><td>50 台</td><td>B</td><td></td></tr>
<tr><td>工作服</td><td>白大褂</td><td></td><td>劳保</td><td>100 套</td><td>B</td><td></td><td rowspan="2">网上市场</td><td rowspan="2">网上采购</td><td rowspan="2">王飞</td></tr>
<tr><td>洗涤液</td><td>瓶装</td><td></td><td>洗手</td><td>50 瓶</td><td>C</td><td></td></tr>
</table>

本章练习题

一、名词解释

1. 采购申请
2. 采购需求分析
3. 采购资源分析

4. 采购计划分析

二、选择填空

1. 采购申请书的作用有（　　）。

A. 采购物品说明　　B. 说明采购可行

C. 申请凭证物证　　D. 便于阅读审阅

2. 采购申请单的统计分析包括（　　）。

A. 审核订正　　B. 分类汇总　　C. 排列组合　　D. 统计分析

3. 采购资源分析包括（　　）。

A. 内部资源分析　　B. 外部资源分析　　C. 机会分析　　D. 风险分析

4. 采购计划的内容包括（　　）。

A. 采购什么　　B. 向谁采购　　C. 如何采购　　D. 谁去采购

三、思考题

1. 采购申请有哪些形式？采购申请书一般包括哪些基本内容？为什么采购申请单要进行审核，要审核哪些内容？

2. 采购需求分析的目的是什么？采购需求分析分析哪些内容？采购需求分析有哪些方法？

3. 采购资源分析的目的是什么？采购资源分析分析哪些内容？

4. 采购计划分析的目的是什么？采购计划分析分析哪些内容？

5. 制订采购计划有哪些工作？采购计划表包括哪些内容？采购计划有什么作用？

四、实训题

根据自己方便，选择一个超市（或一个生产企业原材料库）做两件事：

1. 对其商品销售消耗速率（或仓库库存消耗速率）进行分析。

2. 按消耗速率的大小将商品进行 ABC 分类，确定哪些是重点物资。

第四章　供应商选择与管理

本章教学目的与要求

供应商选择与管理是采购管理中最重要、最关键的工作之一。本章讨论供应商选择与管理的若干问题，包括供应商调查、供应商开发、供应商考核、供应商选择和供应商使用、激励与控制等方面的工作。通过本章的学习，学生应当掌握供应商选择和管理的基本方法，特别是供应商开发、考核和评价以及激励控制的基本方法。

章首案例

荆门石化供应商的管理对策

1. 对供应商进行分类管理

根据供应处目前供应商管理的实际情况，拟将供应商分成现有荆门石化供应商网络成员、网络外供应商、因技术要求临时选厂选型的供应商三类，并分别对它们进行管理。

(1) 对现有供应商网络成员，实行年度评审，优胜劣汰，实时更新《荆门石化供应商网络名录》。

(2) 网络外供应商要申请入网的，可按《荆门石化供应商入网审批程序》进行审批。

(3) 因技术要求临时选厂选型确定的供应商，属于"一次性订货"的，应在合同审批表中说明情况，由供应处业务职能科室领导、综合管理科长、主管处长审核批准。属于指定订货的，应在合同审批表中说明情况，附指定单位出具的相关材料，并由供应处业务职能科室领导、综合管理科长、主管处长审核批准。在这两类供应商中，属于国家名优企业的，或产品质量好、价格适中、售后服务好的企业，可推荐其入网。

2. 现有供应商网络成员的年度评价方法

对现有供应商网络成员，主要实行年度评价，一年一评，以供应商的产品质量、价格、售后服务、企业业绩四个方面为评价重点，以公平、公开、公正为原则，以《荆门石化现有供应商量化评价细则》为标准，按照百分制请各相关单位评分排名，实行末位淘汰制。

(1) 以各业务职能单位为主，根据供应商的产品质量、价格、售后服务、企业业绩这四个主要方面，对每个供应商逐项评分，认真填写《荆门石化供应商综合评价表》。

(2) 由供应处综合管理科组织召开供应处供应商管理委员会会议，根据相关单位的评分情况，集中评价供应商。根据评价结果，对现有供应商进行削减，修订《荆门石化供应商网络成员名录》，并报处长办公会审核批准。

(3) 向分公司各单位和供应商通报评价结果，评价资料记入供应商档案。

(4) 评价应在每年的2～3月进行，以便安排当年的采购工作。

3. 荆门石化供应商量化评价细则

细则分为三个部分，第一部分是基本分，第二部分是加分因素，第三部分是减分因素。

(1) 基本分获得条件

凡满足以下条件的供应商，获得基本分60分的，原则上可向其采购。不足60分的供应商，不得向其采购（低值易耗品除外）。

①企业具有法人资格，具备较强的资本实力和技术装备，具有良好的企业资质和信誉，获得20分。

②企业产品质量符合国家标准或分公司技术要求，具备严格的出厂检验手段，售后服务能满足分公司生产建设需要，获得20分。

③企业运输条件能满足分公司要求，保证及时到货，获得20分。

(2) 加分因素

在具备以上条件的同时，供应商能满足下列条件中的一条或多条的，按以下标准加分：

①企业获得ISO 9000质量体系认证证书的，加10分。

②企业产品质量在同行业中领先的，加2～10分。属于省优产品的，加2分；属于部优产品的，加5分；属于国优产品的，加10分。

③企业产品价格处于同行业平均水平或市场价格水平的，不加分；低于平均水平的，加2～5分；高于平均水平的，减2分。

④售后服务及时，服务质量好的，加3分。

⑤企业规模较大，自动化程度高，生产有序、经营平稳的，加2分。

⑥企业管理严谨科学，质量检测手段齐备严格，能有效降低生产经营成本，不断取得技术进步的，加3分。

⑦企业具有国际国内知名品牌和产品的，加2分。

⑧企业产品在石化行业的销售业绩较好的，加3分；在荆门石化销售业绩较好的，加5分；无销售业绩的，不加分。

(3) 减分因素

①供应商物资到货质量要求合格率为100，如有不合格品应立即退换。同批次物资不合格品率超过10%的，减10分。

②供应商产品安装使用后发现问题的，减15分；因严重质量问题造成停工抢修、但供应商在规定时间内到达现场服务的，减30分；造成严重不良后果的，取消供应商的供货资格。

③属于供应商的原因造成到货不及时的，减15分。

④用户反映质量问题并经查实的，减15分。

⑤供应商生产设备较差，技术进步缓慢，产品质量、性能已经落后的，减5分。

⑥售后服务不到位的，减5分；服务水平不高、有返修现象的，减3分；因返修延误生产工期的，减5分。

最后对上述三个部分的得分相加，得出供应商的综合评分。其中，综合评分低于60分的供应商，应从现有供应商名录中淘汰；如果综合评分都高于60分，则按分数高低对供应商进行排队，淘汰得分最低的若干个供应商。

4. 荆门石化供应商综合评价表

可根据上述量化细则制定供应商综合评价表，分发给各相关单位进行评分，评分后交到综合管理科进行综合汇总，作为对供应商进行评价的主要依据。

5. 网络外供应商入网审批程序

供应商入网主要分为自愿申请入网和推荐入网两种形式。

(1) 自愿申请入网审批程序

①自愿申请入网的供应商，应向综合管理科递交申请书及企业相关资料。

②综合管理科收集、调查供应商基本情况，审核供应商资质。

③在年度评价过程中，综合管理科根据对供应商调查了解的情况，提出拟同意入网的意见，并报处长办公会进行最后的审核。

④批准入网前，与供应商发生采购业务时，计划员、采购员应严格执行比价采购的有关规定，掌握供应商资质，全年累计订货不得超过两次。对属于临时性订货的申请入网供应商，计划员、采购员应严格考核到货物资质量及售后服务情况。

(2) 推荐入网审批程序

对产品质量好、价格合理、售后服务好、具有较高品牌知名度的企业，应采取推荐入网的形式，将其纳入供应商网络名录之中。

①各业务职能科室计划员、采购员应根据采购需要，确定一批推荐入网供应商，并认真审核供应商基本情况，对其真实性负责。

②各计划员、采购员向本科室主管领导呈报供应商推荐审批表，并附对该供应商的考察报告等资料。

③各业务职能科室领导应认真审核供应商推荐审批表，根据本科室业务实际，签署同意推荐与否意见，并将同意推荐的供应商的相关资料报综合管理科。

④综合管理科应根据供应商推荐审批表、供应商相关资料和供应处资源市场建设的需要，对推荐入网的供应商进行审核，必要时可以组织实地考察。

⑤综合管理科将推荐入网的供应商的相关资料呈报处长办公会进行最后的审核，通过的企业可正式纳入供应商网络名录之中。

思考题：分析一下荆门石化对供应商管理采取了哪些办法，有什么好处？

第一节　供应商管理概述

一、为什么要进行供应商管理

供应商，是指可以为企业生产提供原材料、设备、工具等资源的企业。供应商，可以是生产企业，也可以是流通企业。企业要维持正常生产，就必须要有一批可靠的供应商为企业提供各种各样的物资供应。因此供应商对企业的物资供应起着非常重要的作用，采购就是直接和供应商打交道而购买获取各种物资的工作。因此采购管理的一个重要工作，就是要搞好供应商管理。

所谓供应商管理，就是对供应商的了解、选择、开发、使用和控制等综合性的管理工作的总称。其中，了解是基础，选择、开发、控制是手段，使用是目的。供应商管理的目的，就是要建立起一个稳定可靠的供应商队伍，为企业提供可靠的物资供应。

供应商，是一种客观存在，而且构成了企业外部环境的重要组成部分，直接或间接地对企业经营造成重大影响。因为任何供应商，不管与企业有直接关系还是没有直接关系，他都是资源市场的组成部分。资源市场中产品品种、供应总量、供应价格、竞争态势、技术水平等，都是由资源市场的所有成员共同形成的。而我们企业的采购，都只能从这个资源市场中获取物资。所以，我们采购物资品种的质量水平、价格水平都必然受到资源市场每个成员的共同影响。

供应商的一个特点，他们都是一个与购买者独立的利益主体，而且是一个追求利益最大化为目的的利益主体。按传统的观念，供应商和购买者是利益相互对立的矛盾对立体，供应商希望从购买者手中多得一点、购买者希望向供应商少付一点，为此常常斤斤计较、甚至在物资商品的质量、数量上做文章，以劣充优、降低质量标准、减少数量，甚至制造假冒伪劣产品坑害购买者。购买者为了维护自身利益，需要花费很多人力、物力进行博弈竞争、讨价还价、物资检验等进攻或防范的工作，彼此相处总是一种提心吊胆、精密设防的紧张关系。这种紧张关系，对双方都不利。对购买者来说，物资供应没有可靠的保证、产品质量没有保障、采购成本大大提高，这些都直接影响企业生产和成本效益。

相反，如果我们找到了一个好的供应商，他的产品质量好、价格低，而且服务态度好、保证供应、按时交货，这样我们采购就可以非常放心，不但物资供应稳定可靠、质优价廉，准时供货，而且双方关系融洽、互相支持、共同协调，这样对我们的采购管理、对我们企业的生产和成本效益都会有很多好处。

为了创造出这样一种供应商关系局面，克服传统的供应商关系观念，我们有必要非常注重供应商的管理工作，通过多个方面持续努力，去了解、选择、开发供应商，合理使用和控制供应商，建立起一支可靠的供应商队伍，为企业生产提供稳定可靠的物资供应保障。可以说，搞好供应商管理也是我们采购管理当中最重要的工作之一，是现代采购管理的基础和前提。

二、供应商管理的几个基本环节

一般供应商管理应当抓好以下几个基本环节：

（1）供应商调查：供应商调查的目的，就是要了解企业有哪些可能的供应商，各个供应商的基本情况如何，为我们了解资源市场以及选择企业的正式供应商做准备。

（2）资源市场调查：资源市场调查的目的，就是在供应商调查的基础上，进一步了解、掌握整个资源市场的基本情况和基本性质。是买方市场还是卖方市场，是竞争市场还是垄断市场，是成长的市场还是没落的市场，资源生产能力、技术水平、管理水平以及价格水平等，为制定采购决策和选择供应商做准备。

（3）供应商开发：在供应商调查和资源市场调查的基础上，可能能够发现比较好的供应商，但是我们还不一定能马上得到一个完全合乎企业要求的供应商，还需要我们在现有的基础上继续进一步加以开发，才能得到一个基本合乎企业需要的供应商。将一个现有的原型供应商转化成一个基本符合企业需要的供应商的过程，就是一个开发过程。具体包括供应商深入调查、供应商辅导、供应商改进、供应商考核等活动。

（4）供应商考核：供应商考核是一个很重要的工作。它分布在各个阶段：在供应商开发过程中需要考核，在供应商选择阶段也需要考核、在供应商使用阶段还需要考核。不过每个阶段考核的内容和形式并不完全相同。

（5）供应商选择：在供应商考核的基础上，选定合适的供应商。因为供应商考核可以分布在各个阶段上，各阶段有不同的考核内容，所以供应商选择也有分布在不同阶段上的不同的供应商选择内容方法。

(6) 供应商使用：与选定的供应商开展正常的业务活动。

(7) 供应商激励与控制：在使用过程中的激励和控制。

第二节 供应商调查

供应商管理的首要工作，就是要了解供应商、了解资源市场，也就是要进行供应商调查。

供应商调查，在不同的阶段有不同的要求。供应商调查可以分成三种类型，第一种是初步供应商调查，第二种是资源市场调查，第三种是深入供应商调查。

一、初步供应商调查

所谓初步供应商调查，是对供应商的基本情况的调查。主要是了解供应商的名称、地址、生产能力，能提供什么产品，能提供多少，价格如何，质量如何，市场份额有多大，运输进货条件如何。

初步供应商调查的目的，一是为选择最佳供应商做准备，二是为了了解、掌握整个资源市场的情况，因为许多供应商基本情况的汇总就是整个资源市场的基本情况。

因此，初步供应商调查的特点，一是调查内容浅，只要了解一些简单的、基本的情况；二是调查面广，最好能够对资源市场中所有各个供应商都有所调查、有所了解，从而能够掌握资源市场的基本状况。

所以，初步供应商调查可以是比较粗浅的调查。初步供应商调查的基本方法，可以是直接调查，也可以是间接调查。直接调查一般可以采用访问调查法，即直接去调查供应商企业本身。通过访问该企业有关人员而获得其基本信息。这个方法能够获得比较真实可靠、比较新鲜及时的信息，但是比较费时费力费钱，特别是当距离远交通不便时，将会更加困难。间接法则比较简单方便，我们可以不直接接触供应商本身，而是通过第三者或者通过媒体或文献资料等侧面途径来了解该企业的基本信息。例如，可以访问其有关用户或主管部门，或者其他的知情人士，也可以查阅报纸、杂志、统计年鉴等文献资料，还可以通过网上调查、访问相关网站等，来间接了解该供应商的基本信息。

通过访问建立起供应商卡片。例如，供应商卡片格式内容可以如表 4 - 1 所示。

表 4 - 1 也可以作为调查表的形式，由供应商填写。

供应商卡片是一个很有用的文件，是采购管理的基础工作。我们在采购工作中，经常要选择供应商，就可以利用供应商卡片来进行选择。当然，供应商卡片也要根据情况的变化，经常进行维护、修改和更新。

在开展了计算机信息管理的企业中，供应商管理应当纳入计算机管理之中去。把供应商卡片的内容输入到计算机中去，利用数据库进行操作、维护和利用。计算机管理有很多优越性，它不但可以很方便地存储、增添、修改、查询和删除，而且可以很方便地统计汇总和分析，可以实现不同子系统之间的数据共享。计算机有处理速度快、计算量大、储存量大、数据传递快等优点，利用计算机进行供应商管理具有很多的优越性。

表 4-1　　　　供应商卡片

公司基本情况	名称					
	地址					
	营业执照号			注册资本		
	联系人			部门、职务		
	电话			传真		
	E-mail			信用度		
产品情况	产品名	规格	价格	质量	可供量	市场份额
运输方式		运输时间		运输费用		
备注						

在初步供应商调查的基础上，要利用供应商初步调查的资料进行供应商初步分析。初步供应商分析的主要目的，是比较各个供应商的优势和劣势，初步选择可能适合于企业需要的供应商。

初步供应商分析的主要内容包括：

(1) 产品的品种、规格和质量水平是否符合企业需要，价格水平如何，只有产品的品种规格质量水平适合于企业，才算得上企业的可能供应商，才有必要进行下面的分析。

(2) 企业的实力、规模如何，产品的生产能力如何，技术水平如何，管理水平如何，企业的信用度如何。

企业的信用度，是指企业对客户、对银行等的诚信程度。表现为供应商对自己的承诺和义务认证履行的程度，特别是像产品质量保证、按时交货、往来账目处理等方面能够以诚相待、一丝不苟地履行自己的责任和义务。

对信用度的调查，在初步调查阶段，可以采用访问法，从大众中得出一个大概的、定性的结论。在详细调查阶段，可以通过大量的业务往来，来统计分析供应商的信用程度，这时可以得到定量的结果。

(3) 产品是竞争性商品还是垄断性商品，如果是竞争性商品，则供应商的竞争态势如何，产品的销售情况如何，市场份额如何，产品的价格水平是否合适。

(4) 供应商相对于本企业的地理交通情况如何，进行运输方式分析、运输时间分析、运输费用分析，看运输成本是否合适。

在进行以上分析的基础上，为选定供应商提供决策支持。

二、资源市场调查

初步供应商调查是资源市场调查的内容之一，但资源市场调查不仅只是供应商调查。

(一) 资源市场调查内容

(1) 资源市场的规模、容量、性质。例如资源市场究竟有多大范围，有多少资源量、多少需求量，是卖方市场还是买方市场，是完全竞争市场、垄断竞争市场还是垄断市场，是一个新兴的成长的市场，还是一个陈旧的没落的市场。

(2) 资源市场环境如何。例如市场的管理制度、法制建设，市场的规范化程度，市场的经济环境、政治环境等外部条件如何，市场的发展前景如何。

(3) 资源市场中各个供应商的情况如何。也就是指我们前面进行的初步供应商调查所得到的情况如何。把众多的供应商的调查资料进行分析，就可以得出资源市场自身的基本情况，例如资源市场的生产能力、技术水平、管理水平、可供资源量、质量水平、价格水平、需求状况以及竞争性质等。

资源市场调查的目的，就是要进行资源市场分析。资源市场分析，对于企业制定采购策略以及产品策略、生产策略等都有很重要的指导意义。

（二）资源市场分析内容

(1) 要确定资源市场是紧缺型的市场还是富余型市场？是垄断性市场还是竞争性市场？对于垄断性市场，我们将来应当采用垄断性采购策略（例如合作伙伴制、长期合同制）；对于竞争性市场，我们应当采用竞争性采购策略，例如采用投标招标制、一商多角制（一个产品设多个供应商，根据各自质量价格服务水平的好坏设立 A 角、B 角、C 角，分别分配不同的采购量）等。

(2) 要确定资源市场是成长型的市场还是没落型市场？如果是没落型市场，则我们要趁早准备替换产品。不要等到产品被淘汰了再去开发新产品。

(3) 要确定资源市场总的水平，并根据整个市场水平来选择合适的供应商。通常，我们要选择在资源市场中处于先进水平的供应商、选择产品质量优而价格低的供应商。

三、深入供应商调查

深入供应商调查，是指对经过初步调查后、准备发展为自己的供应商的企业进行的更加深入仔细的考察活动。这种考察，是深入到供应商企业的生产线、各个生产工艺、质量检验环节甚至管理部门，对现有的设备工艺、生产技术、管理技术等进行考察，看看能不能满足本企业所采购的产品所应当具备的生产工艺条件、质量保证体系和管理规范要求。有的甚至要根据我们所采购原料的生产要求，进行资源重组并进行样品试制，试制成功以后，才算考察合格。只有通过这样深入的供应商调查，才能发现可靠的供应商，建立起比较稳定的物资采购供需关系。

进行深入的供应商调查，需要花费较多的时间和精力，调查的成本高。并不是所有的供应商都必需要进行的。它只是在以下情况下才需要：

(1) 准备发展成紧密关系的供应商。例如在进行准时化（Just in Time，JIT）采购时，供应商的产品准时、免检、直接送上生产线进行装配。这时，供应商已经成了我们企业一个生产车间一样的紧密关系。如果我们开始要选择这样紧密关系的供应商，就必须进行深入的供应商调查。

(2) 寻找关键零部件产品的供应商。如果我们所采购的是一种关键零部件，特别是如精密度高、加工难度大、质量要求高、在我们的产品中起核心功能作用的零部件产品，我们在选择供应商时，就需要特别小心，要进行反复认真地深入考察审核，只有经过深入调查证明确实能够达到要求时，才确定发展它为我们的供应商。

除以上两种情况以外，对于一般关系的供应商或者是非关键产品的供应商，一般可以不必进行深入的调查。只要进行简单初步的调查就可以了。

对于最高级的深入调查，在具体实施调查时，可以分成三个阶段。

第一阶段：通知供应商生产样品，最好生产一批样品，从其中随机抽样进行检验。如果抽检不合格，允许其改进一下，再生产一批，再抽检一次，如果还是不合格，则这个供应商就落选，不再进入下面的第二阶段。只有抽检合格的才进入第二阶段。

第二阶段：对于生产样品合格的供应商，还要进入供应商生产过程、管理过程进行全面详细考察，检查其生产能力、技术水平、质量保障体系、装卸搬运体系、管理制度等，看看有没有达不到要求的地方。如果基本上符合要求，则深入调查可以到此结束。供应商符合要求，可以中选。如果检查结果不符合要求，则进入下面第三个阶段。

第三阶段：对于生产工艺、质量保障体系、规章制度等不符合要求的供应商，要协商提出改进措施，限期改进。供应商愿意改进并且限期改进合格者，可以中选企业的供应商。如果供应商不愿意改进或者愿意改进但限期改进不合格者，则落选供应商。深入调查也到此结束。

第三节　供应商开发

一、供应商开发概述

供应商管理的一个重要任务就是要开发供应商。所谓开发供应商就是要从无到有地寻找新的供应商、建立起适合于企业需要的供应商队伍。

一批适合于企业需要的供应商是企业的宝贵资源。供应商适时适量地为企业提供物资供应，保证企业生产和流通的顺利进行，这是企业最大的需要。军队打仗需要粮草，企业生产需要物资，供应商就相当于企业后勤队伍。供应商开发和管理实际上就是企业后勤队伍的建设。

供应商开发是一个很重要的工作，同时也是一个庞大复杂的系统工程，需要精心策划、认真组织。

二、开发供应商的步骤

开发一个供应商，基本上要完成前述供应商管理全部七个环节的工作。具体来说，大体上要经过以下的几个步骤。

（一）需求分析、产品 ABC 分类

首先将采购物料分类，确定关键的重要的零部件、原材料及其资源市场。

（1）将主生产物料和辅助生产物料等按采购金额比重分成 A、B、C 三类，求出关键物资、重点物资，进行重点管理。根据物资重要程度决定供应商关系的紧密程度。对于关键物资、重点物资，我们要建立起比较紧密关系的供应商，对于非重点物资，我们可以建立起一般供应商关系，甚至不必建立起固定的供应商关系。

（2）按材料成分或性能分类，如塑胶类、五金类、电子类、化工类、包装类等，确定资源市场的类型性质。

（二）供应商调查

搜集厂商资料：根据材料的分类，搜集生产各类物料的厂家，每类产品在5～10家，填写在供应商调查表上。也可以编制供应商调查表，用传真或其他方式交供应商自己填写并反馈回来。

（三）资源市场调查

要走访供应商、客户、政府主管部门或经济统计部门，了解资源市场的基本情况。包括供应量、需求量、可供能力、政策、管理规章制度、发展趋势等。

（四）分析评估

(1) 成立供应商评估小组，由副总经理任组长，采购部、品质管理、技术部门经理及主管、工程师组成评估小组。

(2) 供应商分析：把反馈回来的供应商调查表进行整理核实，如实填写供应商资料卡。将合格厂商分类按顺序统计记录。然后由评估小组进行资料分析比较和综合评估，按A、B、C物料采购金额的大小，按供应商规模、生产能力等基本指标进行分类，对每个关键物资、重点物资初步确定1～3家供应商，准备进行深入调查。

(3) 资源市场分析：在供应商分析的基础上，结合资源市场调查的有关资料分析资源市场的基本情况，包括资源能力情况、供需平衡情况、竞争情况、管理水平、规范化程度、发展趋势等。并根据资源市场的性质，确定相应的采购策略、产品策略和供应商关系策略。例如对于垄断性市场，采用合作和据理谈判策略；对于竞争性市场，采用招标竞争策略等。

（五）深入调查供应商

对初步调查分析合格、被选定为被选供应商的1～3家供应商，要采取深入调查。深入调查又分成三个阶段：

(1) 第一阶段，送样检查。通知供应商生产一批样品，随机抽样检查。检查合格进入第二阶段。检查不合格，允许再改进生产一批送检，再抽检合格也可以进入第二阶段。再抽检不合格，供应商落选，到此结束。

(2) 第二阶段，考察生产工艺、质量保障体系和管理体系等生产条件是否合格。合格者中选供应商，到此结束。不合格者进入第三阶段。

(3) 第三阶段，生产条件改进考察。愿意改进并限期达到了改进效果者中选，不愿意改进或愿意改进但在限期内没有达到改进效果者落选。深入调查阶段结束。

（六）价格谈判

对送样或小批量合格的产品、材料，要评定品质等级，并进行比价和议价，确定一个最优的价格性能比。

进行价格谈判的指导思想，就是要合理，要“双赢”，自己不要吃亏，也不要让供应商吃亏，要考虑长远合作。大家都不吃亏，才能得到共同发展，才会有共同的长远合作和长远利益。要实事求是地进行计算，求出一个合理的价格。

价格谈判成功以后，就可以签订试运作协议，进入物资采购供应试运作阶段，基本上以一种供需合作关系运行起来。试运行阶段根据情况可以是三个月至一年不等。

（七）供应商辅导

价格谈好以后的试运行供应商，将与企业建立起一种紧密关系参与试运作。这时企业要积极参与辅导、合作。企业应当根据企业生产的需要，也要根据供应商的可能，来共同设计规范相互之间的作业协调关系，制定一定的作业手册和规章制度。并且为使供应商适应企业的需要，要在管理、技术、质量保障等方面进行辅导和协助。

（八）追踪考核

在试运作阶段，要对供应商的物资供应业务进行追踪考核。这种考核主要从以下几个方面进行考核。

（1）检查产品质量是否合格。可以采用全检或抽检的方式，求出质量合格率。质量合格率是用质量合格的次数占总检查次数的比值描述。

（2）交货是否准时。检查供应商交货是否准时？用误时的交货次数占总交货次数的比值来描述。

（3）交货数量是否满足。用物资供应满足程度或缺货程度来描述。

（4）信用度的考核。主要考察在试运作期间，供应商是否认真履行自己承诺的义务，是否对合作事业高度认真负责，在往来账目中，是否不欠账、不拖账。

信用度可以一般地用失信次数与总次数的比值来描述。这时，失信可以包含多种含义，例如没有履行事先的承诺，没有按约定按时交款或还款等，都是失信。

（九）供应商选择

以上指标每个月考核一次，一个季度或半年综合考核评分一次，各个指标加权评分综合，按评分等级分成优秀、良好、一般、较差几个等级。优秀者可以通过试运作，结束考核期，签订正式供需关系合同，成为企业正式的供应商，建立一个比较稳定的供需关系。其他的则不能通过试运作，应当结束考核、终止供需关系。

（十）供应商使用

当供应商选定之后，应当终止试运作期，签订正式的供应商关系合同，开始正常的物资供应业务运作，建立起比较稳定的物资供需关系。在业务运作的开始阶段，要加强指导与配合，要对供应商的操作提出明确的要求，有些大的工作原则、守则、规章制度、作业要求等应当以书面条文的形式规定下来，有些甚至可以写到合作协议中去。起初还要加强评估与考核，不断改进工作和配合关系，直到比较成熟为止。在比较成熟以后，还要不定期地检查、合作和协商，保持业务运行的健康、有序。

（十一）供应商的激励和控制

在供应商的整个使用过程中，要加强激励和控制，既要充分鼓励供应商主动积极地搞好物资供应业务工作，又要采用各种措施，约束防范供应商的不当行为给企业造成损失。保证与供应商的合作关系和物资供应业务健康正常进行，保证企业利益不受影响。

第四节 供应商考核

一、供应商考核指标体系

这里的供应商考核主要是指供应商签订正式合同以后正式运作期间供应商整个运作活动的全面考核。这种考核应当比试运作期间更全面。这个期间应该从哪些方面来对供应商进行考核呢？主要应从以下几个方面进行考核：

（一）产品质量

产品质量是最重要的因素，在开始运作的一段时间内，都要加强对产品质量的检查。检查可分为两种：一种是全检，另一种是抽检。全检工作量太大，一般可以用抽检的方法。质量的好坏可以用质量合格率来描述。如果在一次交货中一共抽检了 n 件，其中有 m 件是合格的，则质量合格率 p 可以用式（4-1）描述：

$$p=\frac{m}{n}\times 100\% \tag{4-1}$$

质量合格率 p 越高越好。

如果在 N 次的交货中，每次的产品合格率 p 不一样，则可以用平均合格率 $\bar{p}$ 来描述：

$$\bar{p}=\frac{\sum_{i=1}^{N}p_i}{N} \tag{4-2}$$

有些情况下，企业采取对不合格产品退货的措施。这时，质量合格率也可以用退货率来描述。所谓退货率，是指退货量占采购进货量的比值。如果采购进货 n 次（或件、个），其中退货 r 次（或件、个），则退货率 q 可以用式（4-3）表示：

$$q=\frac{r}{n}\times 100\% \tag{4-3}$$

退货率越高，表明其产品质量越差。

（二）交货期

交货期也是一个很重要的考核指标参数。考察交货期主要是考察供应商的准时交货率。准时交货率可以用准时交货的次数与总交货次数之比来衡量：

$$交货准时率=\frac{误时的次数}{总交货次数}\times 100\% \tag{4-4}$$

（三）交货量

考察交货量主要是考核按时交货量，按时交货量可以用按时交货量率来评价。按时交货量率是指给定交货期内的实际交货量与期内应当完成交货量的比值：

$$按时交货量率=\frac{期内实际完成交货量}{期内应当完成交货量}\times 100\% \tag{4-5}$$

也可以用未按时交货量率来描述：

$$未按时交货量率=\frac{期内未按时完成交货量}{期内应当完成交货量}\times 100\% \tag{4-6}$$

如果每期的交货量率不同，则可以求出各个交货期的平均按时交货量率：

$$平均按时交货量率=\frac{\sum 按时交货量率}{N} \tag{4-7}$$

考核总的供货满足率可以用总供货满足率或总缺货率来描述：

$$总供货满足率=\frac{期内实际完成供货量}{期内应当完成供货总量}\times 100\% \tag{4-8}$$

$$\begin{aligned}总缺货率&=\frac{期内实际未完成供货量}{期内应当完成供货总量}\times 100\%\\&=1-总供货满足率\end{aligned} \tag{4-9}$$

（四）工作质量

考核工作质量，可以用交货差错率和交货破损率来描述：

$$交货差错率=\frac{期内交货差错量}{期内交货总量}\times 100\% \qquad (4-10)$$

$$交货破损率=\frac{期内交货破损量}{期内交货总量}\times 100\% \qquad (4-11)$$

（五）供货的价格水平

考核供应商的价格水平，可以和市场同档次产品的平均价和最低价进行比较，分别用市场平均价格比值和市场最低价格比值来表示：

$$平均价格比值=\frac{供应商的供货价格-市场平均价}{市场平均价}\times 100\% \qquad (4-12)$$

$$最低价格比值=\frac{供应商的供货价格-市场最低价}{市场最低价}\times 100\% \qquad (4-13)$$

（六）进货费用水平

考核供应商的进货费用水平，可以用进货费用节约率来考核：

$$进货费用节约率=\frac{本期进货费用-上期进货费用}{上期进货费用}\times 100\% \qquad (4-14)$$

（七）信用度

信用度主要考核供应商履行自己的承诺、以诚待人、不故意拖账、欠账的程度。信用度可以用式（4-15）来描述：

$$信用度=\frac{期内失信的次数}{期内交往总次数}\times 100\% \qquad (4-15)$$

（八）配合度

主要考核供应商的协调精神。在和供应商相处过程中，常常因为环境的变化或具体情况的变化，需要把工作任务进行调整变更，这种变更可能要导致供应商的工作方式的变更，甚至导致供应商要做出一点牺牲。这时可以考察供应商在这些方面积极配合的程度。另外，如工作出现了困难，或者发生了问题，可能有时也需要供应商配合才能解决。在这样的时候，都可以看出供应商的配合程度。

考核供应商的配合度，主要靠人们的主观评分来考核。主要找与供应商相处的相关人员，让他们根据这个方面的体验为供应商评分。特别典型的，可能会有上报或投诉的情况。这时可以把上报或投诉的情况也作为评分依据之一。

二、案例①：供应商评估考核程序

下面引述郭继伟的一个案例，说明实际企业评估考核供应商的程序和方法，以供参考。

①节选，引自郭继伟．《货仓、采购、生管、物控管理实例与问答》，广州：广东经济出版社，2000。

案例

（一）目的

（1）对供应商进行评估考核和选择，以期寻求最佳的供应商。

（2）保证供应商具有提供满足本组织规定要求的能力，促使公司产品的品质得到稳定和发展提高。

（二）适用范围

适用于向本组织提供产品（外购、外协）及服务的供应商的评估考核及选择。

（三）职责

1. 供应商评估小组

（副总为组长，资材、品保、工程经理任副组长，采购、TQC科长、采购工程师、TQC工程师、开发工程师为小组成员）：

（1）对新供应商的调查与评估考核。

（2）主要材料价格估算。

（3）核准合格供应商名单。

2. 资材经理

负责供应商开发、评估、定期复核、比价议价、大宗订单的审核。

3. 采购科长

负责供应商资料的收集、协助资材经理对供应商进行评估、复核。

4. 技术经理

协同资材经理对供应商进行评估及定期复核。

5. 品保部

（1）品保经理：协同资材经理对供应商进行评估及定期复核。

（2）TQC科长：负责供应商来料各种品质数据之分析与审核。

（3）进料检验员（TQC）：负责对供应商的来料进行检验与试验并做成记录。

（四）定义

1. 采购经办部门

（1）运输、办公用品、非生产用料及生产性用料采购经办部门为采购部。

（2）仪器、设备的采购及仪器校正的服务采购经办部门为采购部。

（3）食堂等总务后勤物品采购为总务部，具体办法另行规定。

2. 品质验收部门

（1）生产用材料验收为TQC部。

（2）仪器设备验收为维修部或使用部门。

3. 数量验收部门

所有数量验收均为货仓部。

（五）程序要点

1. 供应商资料收集及初评

（1）采购科长主动开发且收集具有合作潜力的厂商相关资料，并记录于《厂商资料卡》内。

（2）资材经理根据《厂商资料卡》的内容评估其加工或接单能力，并参考以往业绩及业界风范等评定是否可列为开发或交易对象，不合格者予以淘汰。

2. 送样及试作订单

经初评合格后，由采购科长通知供应商送样或开列试作《订购单》呈经理核准后，通知送样或试作，以确定其接单能力，同时通知TQC主管。

3. 品质确认

(1) 试作加工后的产品均由TQC按《进货检验与试验控制程序》及《来料检验规范》的规定进一步确认产品品质，并做成记录。

(2) 无形劳务由需求部门主管确认。

(3) 品质不合格由TQC部门通知采购部，再通知供应商送样，重新确认其品质，若仍不合格则予以淘汰。

4. 品质保证能力及生产能力的调查

样品确认合格后，由采购评估小组到供应商生产工厂进行现场调查其品质保证能力，并记录于供应商评估表上，同时对其生产能力进行调查，并记录于生产能力调查表中，以确定其接单能力。

5. 询议价

资材经理征询供应商的报价，采购科长同时搜集相关同类产品价格资料，进行比价，有条件者可对供应商产品进行估价，掌握了一定资料后，由采购评估小组召集供应商进行议价，使公司接受的是一个较合理的产品价格。

6. 签订采购协议

评估及价格合理者，由采购科长与供应商拟订《采购协议书》，再由经理签名。

7. 登录列管

经采购评估小组评估合格者，由副总核准并列入合格供应商名册。

8. 供应商供货情况考核与定期复核

(1) 所有合格供应商每半年复核一次，复核时应由采购科长填写供应商考核表会同采购评估小组进行"价格"、"品质"、"交期交量"及"配合度"的考核，且评定等级呈副总经理核定。

(2) 经复核评定不合格者应由资材经理决定暂停或减少采购或外包数量，并通知该供应商进行改善，或由公司派员进行辅导。

(3) 采购部门人员加追踪评估供应商改善成效，成效不佳视情况要求该供应商于展延期内改善，否则予以淘汰。

(4) 复核为合格者，可继续登录于合格供应商名册内。

9. 记录维护

复核或评估供应商的记录均应由采购经办部门按品质记录控制程序的规定加以保存与维护。

(六) 相关文件

1. 进货检验与试验控制程序（略）。

2. 品质记录控制程序（略）。

(七) 支持性文件

1. 来料检验规范（略）。

2. 采购协议书（略）。

3. 厂商资料卡（略）。

4. 供应商评估表（略）。

5. 生产能力调查表（略）。

6. 供应商考核表（略）。

供应商考核可以制定一些考核表格。考核表格按评价指标和评分标准给出评分，如表4-2所示。根据这张汇总的考核表，就可以得出这个供应商的考核总分。

表4-2　　供应商考核表

供应商名称			联系人		
地址及邮编			电话		
项目	配分	考核内容及方法		得分	考核人
价格	最高分为40分，标准分为20分	根据市场最高价、最低价、平均价、自行估价制定出标准价格，标准价格对应分数为20分 每高于标准价格1%，标准分扣2分；每低于标准价格1%，标准分加2分 同一供应商供应几种物料，得分按平均价计算			
品质	30分	以交货批退率考核： 批退率＝退货批数÷交货总批数 得分＝30分×（1－批退率）			
逾期率	20分	逾期率＝逾期批数÷交货批数 得分＝20分×（1－逾期率） 另外：逾期1天，加扣1分；逾期造成停工待料1次，扣2分			
配合度	10分	1. 出现问题，不太配合解决，每次扣1分 2. 公司会议正式批评或抱怨1次扣2分 3. 客户批评或抱怨1次扣3分			
总　计					
备注	1. 得分在85～100分者为A级，A级为优秀供应商可加大采购量 2. 得分在70～84分者为B级，B级为合格供应商可正常采购 3. 得分在60～69分者为C级，C级为应辅导供应商，需进行辅导，减量采购或暂停采购 4. 得分在59分以下者为D级，D级为不合格供应商予以淘汰				

7. 合格供应商名册（略）。

第五节 供应商选择

一、供应商选择概述

供应商选择是供应商管理的目的，是最重要的工作。选择一批好的供应商，不但对于企业的正常生产起着决定作用，而且对企业的发展也非常重要。因此，我们要不惜下大力气采用各种方法选择好供应商。

实际上供应商选择，融合在供应商开发的全过程中。供应商开发的过程包括了几次供应商的选择过程，在众多的供应商中，每个品种要选择5～10个供应商进入初步调查。初步调查以后，要选择1～3个供应商，进入深入调查；深入调查之后又要做一次选择，初步确定1～2个供应商。初步确定的供应商进入试运行，又要进行试运行的考核和选择，确定最后的供应商结果。

一个好的供应商的标准，一是产品好，二是服务好。所谓产品好，就是要求产品质量好；产品价格合适；产品先进、技术含量高、发展前景好；产品货源稳定、供应有保障。所谓服务好，就是要求供应商在供货、送货方面能够及时、有很好的技术支持和售后服务，守信用、愿意协调配合客户企业。因此，一个好的供应商需要具备以下一些条件：

(1) 企业生产能力强。表现在：产量高、规模大、生产历史长、经验丰富，生产设备好。

(2) 企业技术水平高。表现在：生产技术先进、设计能力和开发能力强，生产设备先进，产品的技术含量高，达到国内先进水平。

(3) 企业管理水平高。表现在：有一个坚强有力的领导班子，尤其是要有一个有魄力、有能力、有管理水平的一把手；要有一个高水平的生产管理系统；还要有一个有力的、具体落实的质量管理保障体系。要在全企业中形成一个严肃认真、一丝不苟的工作作风。

(4) 企业服务水平高。表现在：能对顾客高度负责、主动热诚、认真服务，并且售后服务制度完备、服务能力强，愿意协调配合客户企业。

要选择出合乎这样要求的供应商，需要采用一些科学和严格的方法。选择供应商的方法，要根据具体情况采用合适的方法。常用的方法主要有两类：一是考核选择，二是招标选择。

二、企业供应商分类

供应商选择，还要考虑供应商的类型。供应商实际上可以分成不同的类型，对不同类型的供应商的选择方法也不一样。

供应商分类是指在供应市场上，采购企业依据采购物品的金额、采购商品的重要性以及供应商对采购方的重视程度和信赖的因素，将供应商划分成若干个群体。供应商分类是供应商关系管理的先行环节，只有在供应商细分的基础上，企业才有可能根据细分供应商的不同情况实行不同的供应商关系策略。企业可以按照以下几种方法进行供应商分类：

（一）按供应商的相对重要程度分类

供应商相对重要程度可采用矩阵分析法，如图 4－1 所示。依据供应商相对于本单位的重要程度和本单位相对于供应商的重要程度进行矩阵分析，可以把供应商分成四类：

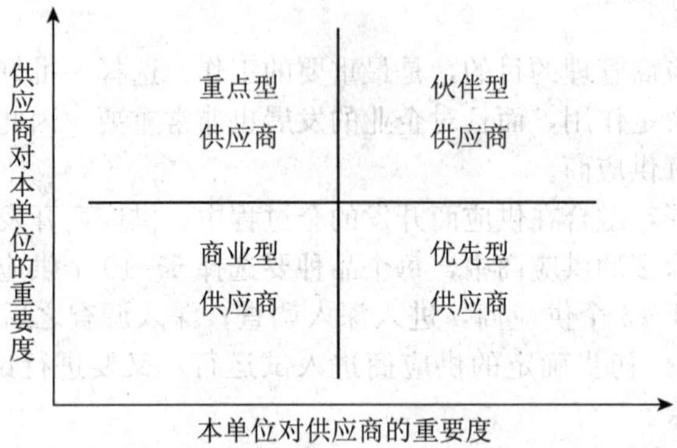

图 4－1　供应商相对重要度矩阵分析法

1. 商业型供应商

如果本企业认为该供应商的产品对本企业不重要，而且供应商也认为本企业的采购对于他们来说也不重要，那么这样的供应商就是本企业的商业型供应商。

2. 重点型供应商

如果本企业认为该供应商的产品对本企业非常重要，但供应商却认为本单位的采购对于他们来说不重要，那么这样的供应商就是本企业的重点型供应商。

3. 优先型供应商

如果本企业认为该供应商的产品对本企业不重要，但供应商却认为本企业的采购对于他们来说非常重要，那么这样的供应商就是本企业的优先型供应商。

4. 伙伴型供应商

如果本企业认为该供应商的产品供应对本企业非常重要，同时供应商也认为本企业的采购对于他们来说也非常重要，那么这样的供应商就是本企业的伙伴型供应商。

所以选择供应商、建立供应商关系，不但要考虑供应商对于自己的重要性，还要考虑自己对于供应商的重要性。根据这两个相对重要性，确定建立合适关系的策略。

（二）按采购物品的价值大小分类——二八法则

采用二八法则分类法。帕累托二八法则的基本思想是关键的少数和泛泛的多数：世上20％的人创造了世上 80％的价值，而世上 80％的人只创造了世上 20％的价值。供应商二八法则分类法，如图 4－2 所示，就是根据能够提供采购品价值比值的大小将供应商分成两大类：重点供应商和普通供应商。

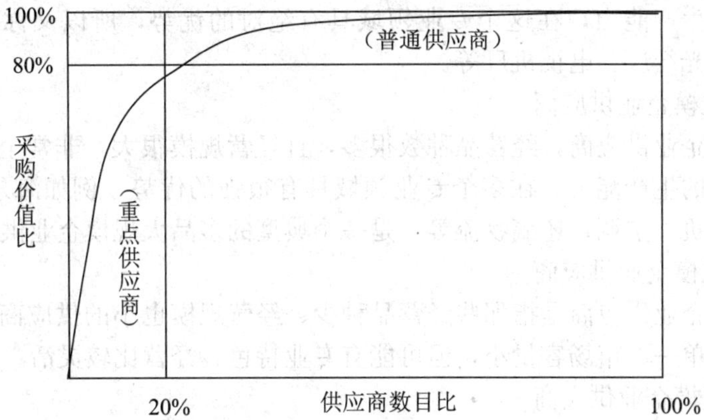

图 4-2 供应商二八法则分类法

1. 普通供应商

只能提供约占企业采购价值 20%的商品、大约占 80%数量的供应商。

2. 重点供应商

能够提供约占企业采购价值 80%的商品、大约占 20%数量的供应商。

因为少数约占 20%的重点供应商能够提供 80%的采购价值，所以我们要对这些重点供应商进行重点管理。而对大量的普通供应商进行一般管理。这样既实现了采购价值，又降低了供应商管理成本、提高了供应商管理效率。

在按二八法则进行供应商分类时，应注意几个问题：

(1) 二八法则分类的供应商并不是一成不变的，是有一定的时间限度的，随着生产结构和产品线调整，需要重新进行分类；

(2) 二八法则分类的目的，是要找出重点供应商，实现对重点供应商实行重点管理，既提高管理效率又降低管理成本。

(三) 按供应商的规模和经营品种分类

按供应商的规模和经营品种进行供应商分类，常以供应商的规模作为纵坐标，经营品种数量作为横坐标进行矩阵分析，如图 4-3 所示，把供应商分成四类。

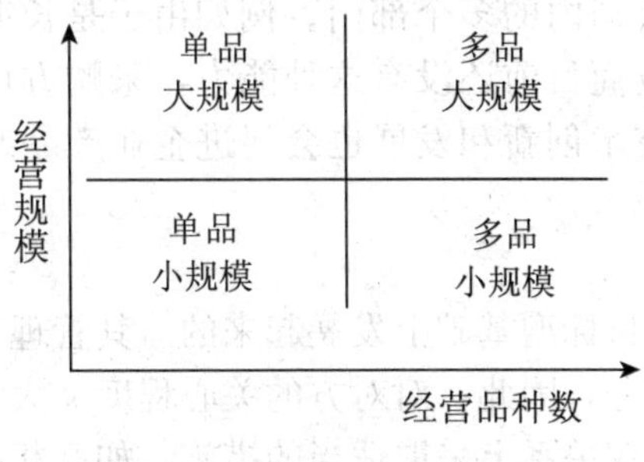

图 4-3 按经营规模品种分类

1. 单品大规模企业供应商

单品大规模企业供应商，经营品种数很少，但经营规模很大，非常专业，有很强的专业技术和很强的生产能力，在这个专业领域具有绝对的优势，所以又称专家级企业供应商。例如钢厂、光纤厂、电视机厂等。

2. 多品大规模企业供应商

多品大规模企业供应商，经营品种数很多，且经营规模很大，非常全面、有多方面的专业技术和很强的生产能力、在多个专业领域具有很强的优势。例如海尔，既搞洗衣机、又搞冰箱、电视机、空调，还搞物流等，是一个典型的多品大规模企业供应商。

3. 单品小规模企业供应商

单品小规模企业供应商是指那些经营品种少、经营规模也小的供应商。这类供应商虽然规模小、品种单一、市场容量小，但可能有专业特色、经营比较灵活。

4. 多品小规模企业供应商

多品小规模企业供应商是指那些经营品种多、经营规模小的供应商。这类供应商规模小、实力弱、市场容量小，但品种多而全、经营比较灵活。

企业购买专业大量产品，应当找少品大规模企业供应商。而购买小量特色产品，应当找少品小规模供应商。如果配套批发或集中批发多种商品，则应当找多品供应商。

（四）按与供应商的关系目标分类

企业与供应商之间的目标关系大致可以分为五种：短期目标型、长期目标型、渗透型、联盟型、纵向集成型。

1. 短期目标型

这种类型的最主要特征是双方之间的关系是交易关系，他们希望彼此能保持较长时期的买卖关系，获得稳定的供应，但是双方所做的努力只停留在短期的交易合同上，各自关注的是如何谈判，如何提高自己的谈判技巧，不使自己吃亏，而不是如何改善自己的工作，使双方都获利。供应一方能够提供标准化的产品或服务，保证每一笔交易的信誉。当买卖完成时，双方关系也终止了。对于双方而言，只有业务人员和采购人员有关系，其他部门人员一般不参与双方之间的业务活动。

2. 长期目标型

与供应商保持长期的关系是有好处的，双方有可能为了共同利益对改进各自的工作感兴趣。并在此基础上建立起超越买卖关系的合作。长期目标型的特征是从长远利益出发，相互配合，不断改进产品质量与服务水平，共同降低成本，提高供应链的竞争力。同时，合作的范围遍及各公司内的多个部门。例如由于是长期合作，可以对供应商提出新的技术要求，而如果供应商目前还没有这种能力，采购方可以对供应链提供技术资金等方面的支持。供应商的技术创新和发展也会促进企业产品改进，所以这样做有利于企业长远利益。

3. 渗透型

这种关系形式是在长期目标型基础上发展起来的。其管理思想是把对方公司看成自己公司的延伸，是自己的一部分，因此，对对方的关心程度又大大提高了。为了能够参与对方的业务活动，有时会在产权关系上采取适当的措施，如互相投资、参股等，以保证双方利益的一致性。在组织上也采取相应的措施，保证双方派员加入对方的有关业务活动。这样做的优点是可以更好了解对方的情况，供应商可以了解自己的产品在对方是怎样起作用的，所以容易发现改进的方向。而采购方也可以知道供应商是如何制造的，对此可以提出相应的改进要求。

4. 联盟型

联盟型是从供应链角度提出的。它的特点是从更长的纵向链条上管理成员之间的关系。在难度提高的前提下，要求也相应提高。另外，由于成员增加，往往需要一个处于供应链上核心地位的企业出面协调成员之间的关系，它常常被称为“盟主企业”。

5. 纵向集成型

这种形式被认为是最复杂的关系类型，即把供应链上的成员整合起来，像一个企业一样，但各成员是完全独立的企业，决策权属于自己。在这种关系中，要求每个企业在充分了解供应链的目标、要求，以便在充分掌握信息的条件下，自觉做出有利于供应链整体利益的决策。

要根据品种需求情况和市场竞争情况来确定究竟是短期目标还是长期目标型，是渗透型、联盟型还是纵向集成型。

三、供应商选择方法

供应商选择方法有很多种，这里主要讨论考核选择和招标选择两种。

（一）考核选择

所谓考核选择，就是在对供应商充分调查了解的基础上，再进行认真考核、分析比较而选择供应商的方法。

首先，是调查了解供应商。供应商调查可以分为初步供应商调查和深入供应商调查。每个阶段的调查对象都有一个供应商选择的问题，而且选择的目的和依据是不同的。

初步供应商调查对象的选择非常简单，选择的基本依据就是其产品的品种规格、质量价格水平、生产能力、地理位置、运输条件等。在这些条件合适的供应商当中选择几个，就是我们初步供应商调查的对象。

深入供应商调查对象的选择，一是根据我们自己产品的 ABC 分类确定的产品重要程度，二是根据供应商企业的生产能力水平的实际情况。对于我们企业的关键产品、重要产品，我们要认真地选择供应商。这些产品，或者是价值高，或者是精度高，或者是性能优越，或者是技术先进，或者是稀缺品，或者是我们企业产品的关键的、核心的零部件等。我们要对这些产品的供应商进行深入研究、考察考核，选择真正能够满足我们企业要求的供应商。对于那些不太重要的产品，例如普通的、供大于求的原材料、通用件、标准件、一般零部件等，可以不需要进行深入供应商调查。深入供应商调查对象的选择标准主要是企业的实力、产品的生产能力、技术水平、质量保障体系和管理水平等。深入供应商调查又分成三个阶段：

（1）第一阶段，送样检查。通知供应商生产一批样品，随机抽样检查。检查合格进入第二阶段。检查不合格，允许再改进生产一批送检，抽检合格也可以进入第二阶段。抽检不合格，供应商落选，到此结束。

（2）第二阶段，考察生产工艺、质量保障体系和管理体系等生产条件是否合格。合格者中选供应商，到此结束。不合格者进入第三阶段。

（3）第三阶段，生产条件改进考察。愿意改进并限期达到了改进效果者中选，不愿意改进或愿意改进但在限期内没有达到改进效果者落选。深入调查结束。可以采用评分等办法进行评定，考察考核合格，就被初步确定为企业的供应商。

初步确定的供应商还要进入试运行阶段进行考察考核，试运行阶段的考察考核更实际、更全面、更严格。因为这时直接面对实际的生产运作。在运作过程中，就要进行所有各个评价指标的考核评估，包括产品质量合格率、按时交货率、按时交货量率、交货差错率、交货破损率、价格水平、进货费用水平、信用度、配合度等的考核和评估。在单项考核评估的基础上，还要进行综合评估。综合评估就是把以上各个指标进行加权平均计算而得的一个综合成绩。可以用下式计算：

$$S=\frac{\sum W_iP_i}{\sum W_i}\times 100\% \qquad (4-16)$$

式中，S 为综合指标；P_i 为第 i 个指标；W_i 为第 i 个指标的权数，由人们根据各个指标的相对重要性而主观设定。我们把各个选定了的单项考核指标值与相应的权数值相乘再相加，就可以算出综合成绩值 S。用式（4－16）算出的 S 可以作为供应商表现的综合描述。这个值越高的供应商表现越好。

通过试运作阶段，得出各个供应商的综合评估成绩，基本上就可以最后地确定哪些供应商可以入选，哪些供应商被淘汰了。一般试运作阶段达到优秀级的应该入选，达到一般或较差级的供应商，应予以淘汰。对于良好级的供应商，可以根据情况，将其列入候补名单。候补名单中的成员可以根据情况处理，可以入选，也可以落选。

现在一些企业为了制造供应商之间的竞争机制，创造了一些做法，就是故意选两个或三个供应商，称作 AB 角或 ABC 角。A 角作为主供应商，分配较大的供应量；B 角（或再加上 C 角）作为副供应商，分配较小的供应量。综合成绩为优的中选供应商担任 A 角，候补供应商担任 B 角。在运行一段时间以后，如果 A 角的表现有所退步而 B 角的表现有所进步的话，则可以把 B 角提升为 A 角，而把原来的 A 角降为 B 角。这样无形中就造成了 A 角和 B 角之间的竞争，促使他们竞相改进产品和服务，使得采购企业获得更大的好处。

从以上可以看出，考核选择供应商是一个较长时间的深入细致的工作。这个工作需要采购管理部门牵头负责、全厂各个部门的人共同协调才能完成。当供应商选定之后，应当终止试运作期，签订正式的供应商关系合同，进入正式运作期，开始了比较稳定正常的物资供需关系运作。

（二）招标选择

选择供应商也可以通过招标的方式。招标选择是采购企业采用招标的方式，吸引多个有实力的供应商来投标竞争，然后经过评标小组分析评比而选择最优供应商的方法。

招标选择的主要工作，一是要准备一份合适的招标书，二是要建立一个合适的评标小组和评标规则，三是要组织好整个招标投标活动。

招标书是采购企业的一份目标任务书，也是一份招标操作说明书。作为目标任务书，其中有目标任务，也有对完成标的任务的一些要求。这些都是对供应商提出的要求，也就是企业选择目标供应商的一些标准。作为招标操作书，其中有关于本次招标操作的具体详细的操作方法、步骤和规则，告诉供应商如何一步步地参加投标活动。招标书是整个招标投标活动中由采购企业提供的最主要的文件，也是整个招标投标活动的核心和依据。因此，起草好一份合适的招标书，是搞好招标活动的一个关键环节。

招标活动的另一个关键环节就是要组织好评标。评标就意味着具体选择供应商。能不能选择一个好的供应商，关键就看评标活动的具体操作。要搞好评标活动，一是要组织一个好的评标小组，二是要拟定一个好的评标规则，三是要组织好评标活动。

在招标活动中，广大供应商的主要工作，一是起草自己的投标书参与投标竞争，二是参加招标会，进行自己的投标说明和辩论。评标小组根据各个供应商的标书以及他们的投标陈述，进行质询、分析和评比，最后得出中标的供应商。这样就选定了供应商。

第六节　供应商的使用、激励与控制

一、供应商使用

供应商经过考核成为企业的正式供应商之后，就要开始进入日常的物资供应运作程序。

进入供应商使用的第一个工作，就是要签订一份与供应商的正式合同。这份合同既是宣告双方合作关系的开始，也是一份双方承担责任与义务的责任状，也是将来双方合作关系的规范书。所以双方应当认真把这份合同书的合同条款协商好，然后双方签字盖章。协议生效后，它就成为直接约束双方的法律性文件，双方都必须遵守。

在供应商使用的初期，采购企业的采购部门，应当和供应商协调，建立起供应商运作的机制，相互在业务衔接、作业规范等方面建立起一个合作框架。在这个框架的基础上，各自按时按质按量完成自己应当承担的工作。在日后供应商使用的整个期间，供应商当然尽职尽责，完成企业规定的物资供应工作。采购企业的采购管理部门应当按合同的规定，严格考核检查供应商执行合同、完成物资供应任务的情况。既充分使用、发挥供应商的积极性，又进行科学的激励和控制，保证供应商的物资供应工作顺利健康地进行。

采购企业在供应商使用管理上，应当摒弃“唯我”主义，建立“共赢”思想。供应商也是一个企业，也要生存与发展，因此也要适当赢利。我们不能只顾自己降低成本、获取利润，而把供应商企业“耗”得太惨。因为害惨了供应商，会导致我们企业自身物资供应的困难，不符合我们企业长远的利益。因此我们的合作宗旨，应当尽量使双方都能获得好处、共存共荣。从这个宗旨出发，处理合作期间的各种事物，建立起一种相互信任、相互支持、友好合作的关系。并且把这个宗旨，这种思想落实到供应商使用、激励和控制各个环节中去。

二、供应商激励与控制

为了保证供应商使用期间日常物资供应工作的正常进行，要采取一系列的措施对供应商进行激励和控制。供应商激励和控制的目的，一是要努力充分发挥供应商的积极性和主动性，努力搞好自己所承担的物资供应工作，保证本企业的生产生活正常进行；二是要防止供应商企业的不轨行为，预防一切对企业、对社会的不确定性损失。

激励和控制往往是并存而不可分割的，一些激励措施可能同时又是一种控制措施。因此我们觉得对供应商的激励与控制应当注意以下一些方面的工作。

（一）逐渐建立起一种稳定可靠的关系

企业应当和供应商签订一个较长时间的业务合同关系，例如1～3年。时间不宜太短，太短了让供应商不太完全放心，从而总是对本企业要留一手，不可能全心全意为搞好企业的物资供应工作而倾注全力。只有合同时间长，供应商才会感到放心、才会倾注全力与企业合作，搞好物资供应工作。特别是当业务量大时，供应商会把本企业看作是它自己生存和发展的依靠和希望，这就会更加激励它努力与企业合作，企业发展它自己也得到发展，企业垮台它自己也跟着垮台，形成一种休戚与共的关系。但是合同时间也不能太长。这一方面是因为将来可能会发生变化，例如市场变化导致产量变化，甚至产品变化、组织机构变化等；另一方面也是为了防止供应商产生一劳永逸、铁饭碗的思想而放松对业务的竞争进取精神。为了促使供应商加强竞争进取，就要使供应商有危机感。所以合同时间一般以一年比较合适，说明如果第二年继续合作，可以再续签。第二年不合作，则合同终止。这样签合同，就是既要让供应商感到放心，可以有一段较长时间的稳定工作，又要让供应商感到有危机感，不要放松竞争进取精神，才能保住明年的工作。

（二）有意识地引入竞争机制

有意识地在供应商之间引入竞争机制，促使供应商之间在产品质量、服务质量和价格水平方面不断优化的努力。例如，在几个供应量比较大的品种中，每个品种可以实行 AB 角制或 ABC 角制。所谓 AB 角制，就是一个品种设两个供应商，一个 A 角，作为主供应商，承担 50%～80%的供应量；一个 B 角，副供应商，承担 20%～50%的供应量。在运行过程中，对供应商的运作过程进行结构评分，一个季度或半年一次评比，如果主供应商的月平均分数比副供应商的月平均分数低 10%以上，就可以把主供应商降级成副供应商、同时把副供应商升级成主供应商。与上面说的同样的原因，我们主张变换的时间间隔不要太短，最少一个季度以上。太短了不利于稳定，也不利于一旦偶然失误的供应商有机会纠正错误。ABC 角制则实行三个角色的制度，原理与 AB 角制一样，同样也是一种激励和控制的方式。

（三）与供应商建立相互信任的关系

疑人不用，用人不疑。当供应商经考核转为正式供应商之后，一个重要的措施，就是应当将验货收货逐渐转为免检收货。免检，这是对供应商的最高荣誉，也可以显示出企业对供应商的高度信任。免检，当然不是不负责任地随意给出，应当稳妥地进行。既要积极地推进免检考核的进程，又要确保产品质量。一般免检考核时间要经历三个月左右时间，在免检考核期间内，起初总要进行严格的全检或抽检。如果全检或抽检的结果，不合格品率很小，则可以降低抽检的频次，直到不合格率几乎降到零。这个时候，要组织供应商有关方面的人，稳定生产工艺和管理条件，保持住零不合格率。如果真能保持住零不合格率一段时间，这时就可以实行免检了。

当然，免检期间，也不是绝对的免检。还要不时地随机抽检一下，以防供应商的质量滑坡，影响本企业的产品质量。抽检的结果如果满意，则就继续免检。一旦发现了问题，就要增大抽检频次，进一步加大抽检的强度，甚至取消免检。通过这种方式，也可以激励和控制供应商。

此外，建立信任关系，还包括在很多方面。例如不定期地开一些企业领导的碰头会，交换意见，研究问题，协调工作，甚至开展一些互助合作。特别对涉及企业之间的一些共同的业务、利益等有关问题，一定要开诚布公，把问题谈透、谈清楚。要搞好这些方面的工作，需要树立起一个指导思想，就是“双赢”。一定要尽可能让供应商有利可图。不要只顾自己，不顾供应商的利益。只有这样，双方才能真正建立起比较协调可靠的信任关系。这种关系实际上就是一种供应链关系。我们的工作，实际上就是一种供应链管理的工作。

（四）建立相应的监督控制措施

在建立起信任关系的基础上，也要建立起比较得力的、相应的监督控制措施。特别是一旦供应商出现了一些问题，或者一些可能发生问题的苗头之后一定要建立起相应的监督控制措施。根据情况的不同，可以分别采用以下一些措施：

（1）对一些非常重要的供应商，或是当问题比较严重时，可以向供应商单位派常驻代表。常驻代表的作用，就是沟通信息、技术指导、监督检查等。常驻代表应当深入到生产线各个工序、各个管理环节，帮助发现问题，提出改进措施，确实保证把有关问题彻底解决。对于那些不太重要的供应商，或者问题不那么严重的单位，则视情况分别采用定期或不定期到工厂进行监督检查，或者设监督点对关键工序或特殊工序进行监督检查，或者要求供应商自己报告生产条件情况、提供制造过程中的检验记录，让大家进行分析评议等办法实行监督控制。

（2）加强成品检验和进货检验，做好检验记录，退还不合格品，甚至追究赔款或罚款，督促供应商改进。

（3）组织本企业管理技术人员对供应商进行辅导、提出产品技术规范要求，使其提高产品质量水平或企业服务水平。

本章练习题

一、名词解释

1. 供应商管理
2. 深入供应商调查
3. 供应商开发
4. 考核选择和招标选择
5. 商业型供应商和伙伴型供应商

二、选择填空

1. 供应商调查可以分成三种类型（　　）。

A. 初步供应商调查　　B. 资源市场调查
C. 环境调查　　D. 深入供应商调查

2. 初步供应商调查的目的（　　）。

A. 为选择供应商做准备　　B. 为调查资源市场
C. 为调查社会　　D. 为调查客户

3. 供应商选择的方式包括（　　）。

A. 考核选择　　B. 招标选择　　C. 定向选择　　D. 随机选择

4. 专业技术性强的产品大批量采购应当选择（　　）供应商。

A. 单品大规模　　B. 多品大规模　　C. 单品小规模　　D. 多品小规模

5. 大量品种大批量组配采购应当选择（　　）供应商。

A. 单品大规模　　B. 多品大规模　　C. 单品小规模　　D. 多品小规模

三、思考题

1. 为什么要进行供应商管理，供应商管理包括哪些环节？
2. 供应商调查分成哪几种类型，它们分别有什么不同？
3. 什么叫供应商开发，怎样进行供应商开发？
4. 怎样进行供应商考核，供应商考核指标主要有哪些？
5. 供应商选择的主要标准如何，怎样来认定供应商的类型，怎样选择供应商？
6. 应当怎样使用供应商，怎样对供应商进行激励和控制？

四、实训题

1. 选择一个生产厂，调查一下他们是怎样进行供应商选择和管理的。
2. 选择一个超市，调查一下他们是怎样进行供应商选择和管理的。

第五章 订货点采购与库存控制

本章教学目的与要求

本章主要讨论订货点采购与库存控制。这是属于一种比较传统的采购管理系统。它既是一种专门的采购系统，又是一种库存控制系统。因此，也可以说它是一种能够实现库存控制的采购系统。通过本章学习，应当掌握订货点采购与库存控制的原理和方法。

章首案例

小王考虑库存控制的订货点采购

小王是武汉某汽车制造厂的仓库管理员，专管为汽车装配线装配汽车提供发动机。近期公司生产 PICASSO 005 和 PICASSO 007 两种轿车，分别用 EW10J4 和 TU5JP4 两种发动机，前者是 2.0 升发动机，后者是 1.6 升发动机。现在公司实行连续均匀稳定地生产，日产汽车 40 辆，月产汽车 1200 辆。

小王每天都要不断地向装配线发动机装配点配送发动机，保障装配线装配发动机的需要。随着发动机配送的进行，仓库里发动机的库存每天每天逐渐减少。当库存小到一定程度，小王又要订货进货发动机，否则，库存发动机一用光，则无发动机往装配线配送，装配线就要停产，就会影响整个企业正常生产。

所以，小王的任务，就是每天保障发动机的供应，不断货，但是又要尽可能降低成本，使得库存水平最低。

小王以前一直按照传统的订货方法，即一个月订货进货一次，一个月需要 1200 台，所以一次进货 1200 台。因为一台发动机存放一个月的保管费是 100 元，所以 1200 台每月需要支付保管费 12 万元。

发动机生产厂在襄樊。仓库要向襄樊订货进发动机。仓库的订货提前期 10 天，也就是仓库向襄樊发动机厂发出订货，到襄樊发动机厂装好货物并运到武汉仓库，大概需要 10 天。一次订货，大概要花费订货费 4000 元。

小王觉得这样子订货采购，总的采购费用太高，想降下来。但是又不能降得太低，否则会产生缺货。结果进行了很多次改变试验，还是不知道要降低到什么时候才合适，最低的库存到底应该是多少？

思考题：替小王想想，他应该怎样做，才能够既达到保障供应又使库存量最小呢？

第一节 库存控制概述

小王所遇到的情况具有普遍性。仓库是这样，车间是这样，生产企业是这样，商场、超市等流通企业也是这样。凡是进、销（出）、存系统都需要在考虑库存控制的情况下处理采购订货问题。

一、企业以及其内部各个环节都是一个物资进销（出）存系统

企业可以分成两大类，一类是生产企业，另一类是流通企业。

生产企业，是进行产品生产的企业。他们利用各自的生产手段，把采购进来的原材料、零部件加工装配成产成品，然后把这些产成品销售给用户。其进，是采购进来原材料、零部件；其出，是销售出去产成品；其存，就是没有加工完的原材料和加工好没有销售出去的产成品。整个生产企业就是一个进销（出）存系统。

流通企业，是进行产成品转移的企业。他们把别人生产出来的产成品，转移或者帮助转移给另外的人。包括商业企业、物流企业等。其中商业企业，如商场、超市等，是他们分别利用营销手段或物流手段，将采购进来的产成品；转而销售给用户的企业；其进，是采购进来产成品；其出，是销售出去产成品；其存，就是采购进来了还没有销售出去或者没有转移出去的产成品。整个流通企业也是一个进销（出）存系统。

其实，不是只有企业才有进销（出）存系统，各个事业单位、团体，以及他们内部各个单元、环节都能够构成各自的进销（出）存系统。机关、学校、医院、军队以及他们单位内部的各个科室、车间、班组、甚至生产线的各个工位都可以构成各自的进出（销）存系统。

企业的进销存业务模式，都是一种基于库存的业务模式：创建库存、维持库存、销售库存。整个企业的全部工作就是靠建立和维持库存来赢得顾客、获得收入，从而获得生存和发展。这个时候的企业库存，不仅是企业生存的生命线，也是用户需求的保障器，也是企业效率运转的指挥棒。因此企业库存可以看成是一个蓄水池，顾客来了，需要水，企业就要开闸放水供应顾客，要不顾客就要渴死；库存水放得差不多了，就要开动整个企业去生产水或者采购水进来填充库存，而且这种生产或采购的速度，要妥善控制，以和库存的消耗速度相匹配。这种蓄水池的作用很大，它起到了衔接供需、保障生产和生活正常进行的作用。生产厂家生产出来的产品，如果不能够即时销售出去，就可以储存到仓库里，等待顾客往后慢慢来购买；顾客如果急需某种产品，而没有生产企业即时生产供应，则可以一方面，企业自身可以正常进货、正常生产——不管当时有没有发生客户需求。生产出来的产品多了、客户用不完就可以存起来，作为库存以满足以后客户的需求。另一方面，也保证了下游客户的正常消费。下游想消费的时候，可以从仓库里提货——不管企业在不在生产，仓库里总是有货供应的。这样既保证了企业正常生产，又保证了用户的正常消费。它衔接了供需、缓冲了供需脱节的矛盾，使企业的生产供应与客户的独立需求都能独立正常地进行。

二、为什么周转库存系统需要进行库存控制

库存有多种多样的形态。按库存储备的作用属性分，可以分成剩余储备、保障储备和周转储备。

剩余储备，是指人们生产或生活当中多余品的储存。现在人们富裕了，富余的东西很多，都需要一个存放的地方。有用的物品，如存款、余粮、旧衣被等，要分别存放到钱匣子、粮仓和衣柜中；也有没用的物品，如垃圾、废物等，要分别存放到垃圾箱、废品库

中。它们都是剩余库存。

保障储备，又称安全储备，是为防止日后意外事件造成的缺货、保障未来意外情况下的需要而进行的有计划的储备。人们现在虽然都富了，但是也难保证以后不发生意外事件而造成紧急缺货，例如意外发生的洪水、干旱、地震、疾病灾害、战争、恐怖、突发事件等，突然造成生活生产物资紧缺，为了应对这种紧急物资需求，人们平常就要有意识有计划地存储一些物资放到仓库中储存起来，正常时间内一般不动用，只有到发生了意外事件，才拿出来满足紧急需要。这种储存物资就是保障储备。

周转储备和以上两类储备不同。它们是为保障正常生产和生活顺利有效进行而设立的临时性储备。例如生产企业的原材料库存，就是为了供应生产环节的原材料需要而设立的临时储备。随着生产的进行，库存原材料陆陆续续走向生产线消耗掉而使得原材料库存逐渐减少。为保障后续生产能够继续进行，就必须要不断购进原材料来补充原材料库存的陆续消耗，原材料库存物资就是这样不断地出出进进流转着，在仓库里临时存放，等待着走向生产线。如果没有这些临时库存储备，生产线一开动，就没有原材料能够上线，生产线就开动不起来，整个生产就要停摆。又例如流通企业商品仓库以及卖场货架上的商品库存，也都是这样不断出出进进、等待销售的临时储备，没有它们，销售就会断档。可见，这种处在生产和流通各个环节的周转储备非常重要，它们是保障生产和流通正常进行的前提条件。

周转库存不但要保障生产和流通的正常进行，还要追求高效率和低成本，这也是企业效率运行的需要。为了降低成本、提高经济效益，周转库存必须保持一个合适的水平。库存量不能太小，因为库存量太小就可能产生缺货，不能够保障物资的需要，影响生产或销售的正常进行，直接影响企业的经济效益，这显然不好。但是库存量也不能太大，因为库存太大就占用仓库，占用保管人力物力，要多花费保管费用，增加成本；还可能存在超库风险。所以，企业的周转库存量不能过小，也不能过大，一定要适量。也就是说，周转库存一定要进行库存控制，才能使企业利润最大化。

三、库存过程概述

既然周转库存需要进行库存控制，那么我们从哪儿入手进行控制呢？这样我们需要研究一下库存过程本身，看它的哪些环节可以影响库存量的大小。

我们研究一下库存过程可以看出，一个完整的库存过程，可以包括以下四个过程：

（一）订货过程

一个库存过程的开始，总是先要采购订货。订货一般有一个时间过程，叫订货过程。所谓订货过程，是指从决定订货起，到出差订货或发出订货单，然后进行订货谈判，直到订货成交、签订订货合同为止的一段过程。订货过程实现了商品所有权的转移，即将一定批量的物资的所有权由供方转移到仓库手中的过程，因此订货过程是一个商流过程。订货过程在账面上增长了自己的库存量（称“名义库存量”）。

（二）进货过程

订货成交以后，就要进货。进货过程，就是把订货成交的货物用运输工具从供方所在地运进自己仓库的过程。进货过程是一个物流过程，即克服空间距离，将产品从供方转移到自己仓库里的过程。进货过程在实际上增加了自己的库存量。

（三）保管过程

物资入库后就进入了仓库的保管过程。所谓保管过程，就是从物资入库之日起，直到物资出库之日为止的时间阶段。在保管过程中，仓库要采用各种各样的保管措施手段，保持物资的数量、质量不变，即保持其使用价值不变。保管过程也是一个物流过程。

（四）销售出库过程

保管过程结束，物资就要被销售、领用而被出库，进入销售出库过程。销售出库过程是库存物资数量减少的过程。此过程既是商流过程，又是物流过程。因为这个过程既发生物资所有权的转移，又发生物资空间位置的转移。

四、库存费用概述

在库存全过程中，全部经营活动所发生的费用可以分为以下几类。

（一）订货费 c_0

订货费是指库存过程中为订货而发生的各种费用，包括差旅费，各种手续费，通信费，招待费以及因为订货而支付给订货人员有关费用等。订货费与订货次数成正比，而与每次订货量的多少无关。

（二）保管费 c_1

保管费是指库存过程中为库存货物的库内储存保管作业管理而发生的各种费用，例如，出入库时的装卸、搬运、验收、堆码检验费用，保管用具用料费用，仓库房租水电费，保管人员有关费用，保管过程中因货损货差等支付的费用，还包括被保管物资作为流动资金的积压应支付的银行利息费用等。显然，保管费用的大小与被保管物资数量的多少和保管时间的长短有关。

（三）缺货费 c_2

所谓缺货，就是当用户来买货时，仓库没有现货供应。缺货会造成缺货损失，也就是缺货费用。缺货对供应商对客户都会造成不同程度的经济损失。对供应商来说，失去了销售机会，减少了赢利收入；或违背了合同条约，遭受罚款；或加班加点，紧急补救；多次缺货，还会失去信誉、失去客户，从而失去市场竞争能力。对客户来说，增加了采购费用（需到别的地方采购），或停工待料，影响了正常的生产运营，甚至不得不停工改产。这些经济损失都可以折算为缺货费用。在最简单的情况下，可以认为缺货费与缺货量成正比，缺货量越大，缺货费越高。

（四）进货费与购买费 c_3

所谓进货费用，是将所订到的货物从对方仓库运到自己仓库所发生的费用。为了从供应商将所订的物资货物运到自己仓库，要经过包装、装卸、运输、中转等活动，途中还可能有货损货差情况等。这些运杂费之和，就是进货费用。它的特点是与进货的数量成正比。除进货费外，还有物资的购买费，用物资的购买单价 K 来表示。物资的购买成本也与购买物资的数量成正比。

进货费与购买费的共同特点，是其费用大小，都只与供应商在该期间内订货的总数量有关，而与该期间内分批次进货的次数和批量无关。因此，把这两项费用合起来称作固定费用。也是由于这样的原因，有时把它们合在一起考虑，统一用 c_3 或 K 表示。

（五）补货费 c_4

所谓补货，就是指用户来买货，仓库没有现货供应。但是，不能叫顾客空手回去，而是劝顾客仍然在这里订货，自己承诺马上去采购，待采购回来马上补货给顾客。这种先订货、后补货的做法，是很多经营者常用的做法。补货方式对经营者特别有利，它可以少占用库存、占用资金，因此经营成本特低、效益特高。但是要实现补货，也不那么容易：首先要有一批很信任自己的顾客。这就要求自己在经营时，有很好的客户关系，有很高的信誉。而要做到这一点，需要花费费用。例如平时花在顾客上的感情费用、优惠服务费用等。这些就构成了补货费用。例如免费送货、优惠价格、优越的售后服务等都是补货费用的具体表现形式。

相应地，由于订货费、保管费、缺货费和补货费这四项在该期间内的总费用都与该期间内分次进货的批次批量有关，批次批量不同，其总费用大小也不同。因此把它们称为可变费用。因为只有可变费用才与分次进货批量有关，在考虑计算分次进货批量时，只考虑可变费用，而不考虑固定费用。

由以上分析可知，库存过程的全部费用应当包括订货费、保管费、缺货费（补货费），以及进货费和购买费。在制定库存策略时，应综合考虑这些费用。

五、订货点库存控制的原理和方法

（一）库存控制原理

周转库存为追求效益，是要注意控制库存的。那么库存控制从哪里下手呢？由上面可知，库存过程的四个过程中，能影响库存量大小的有订货过程、进货过程和销售供应过程。订货过程、进货过程都使库存量增加，销售供应过程使库存量减少。所以要进行库存控制，既可以控制订货进货过程，也可以控制销售出库过程，都可以达到库存控制的目的。

但是，通过控制销售出库过程来控制库存，意味着要对用户的需求进行限制供应，这样自然会影响客户需求的满足度。这种情况一般适用于紧缺物资的进销存系统，适用于供不应求物资。这种控制方法显然是比较被动的，是没有办法的方法。

而通过控制订货和进货过程的方法来控制库存，是在保证用户需求的情况下，通过控制订货进货的频次和批量来达到控制库存的目的。由于它既保障了用户需要，又实现了低水平库存，降低了成本，所以它是积极的、可行的、主动的。但是它最适用于供大于求的市场。在现今的市场经济社会中，由于商品极大丰富，什么时候想订货，就能订到货，想订多少就可以订到多少。这就是典型的供大于求的市场，在这种情况下，我们完全可以采用这种办法来进行库存控制。

由于周转库存是由进货和出货轮番交替进行的过程，所以其库存曲线呈现出如图 5－1 所示那样锯齿般的波动性和周期性。销售出货是一个库存渐渐减少的过程，而订货进货是库存上升的过程。但是从决定订货到实际进货完毕，一般有一个过程，我们叫作订货提前期，用 T_K 表示。订货期期间的工作，包括订货决定、订货出差、订货洽谈、签订合同、运输进货、验收入库等。订货提前期内新订货物没有入库之前，仓库里却还是要维持正常的销售出库、库存照样在渐渐减少。我们把提前期内总的销售出库量叫作提前期需求量，用 D_L 表示。D_L 的大小，取决于其销售速率 R，也取决于提前期的长度 T_K，等于二者的乘积。

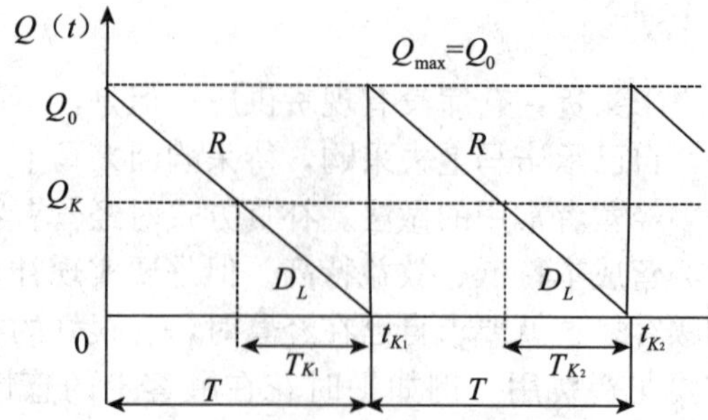

图 5-1　订货点原理

周转库存控制的原理，就是要设立一个订货点（用 Q_K 表示），其库存水平的大小，恰好能够满足订货提前期内的需求量。用公式表示，即：

$$Q_K = \text{“}D_L\text{”} \tag{5-1}$$

式中，“D_L”两边打上引号，表示它一般是一个随机变量，时大时小、没有一个固定的值，只有一个值域和发生概率。例如，如果“D_L”是服从正态分布的随机变量（如图 5-2所示），则它取值范围取决于两个特征参数：平均值 $\overline{D_L}$ 和标准偏差 σ_D。可以表示成

$$\text{“}D_L\text{”} \sim N（\overline{D_L}，\sigma_D）$$

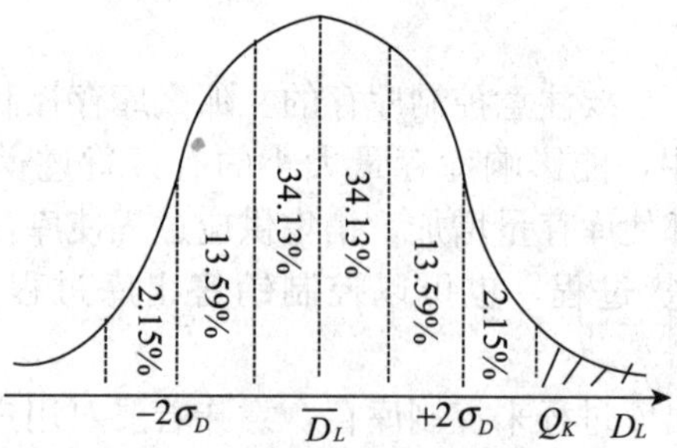

图 5-2　正态分布的提前期需求量 D_L

而“D_L”的大小又取决于需求速率 R 和订货提前期的长度 T_K，所以又可以表示成：

$$\text{“}D_L\text{”} = \text{“}R\text{”“}T_K\text{”} \tag{5-2}$$

式中，“R”和“T_K”也是随机变量。“R”$\sim N（\overline{R}，\sigma_R）$，“$T_K$”$\sim N（\overline{T_K}，\sigma_T）$。

但“D_L”也可以是常量固定值。因为常量固定值是随机变量的特殊情况，这时，

$$\text{“}D_L\text{”} = D_L = R \cdot T_K \tag{5-3}$$

这样根据布罗（1963）[①]，一般随机型正态分布情况下库存订货点可以由下式求出：

$$Q_K = \text{“}D_L\text{”} = \overline{D_L} + \alpha \cdot \sigma_D = \overline{R} \cdot \overline{T_K} + \alpha \sqrt{\overline{T_K}\sigma_R^{\ 2} + \overline{R}^2 \sigma_T^{\ 2}} \tag{5-4}$$

这正是随机型正态分布情况下订货点取值的判据法则。式中，$\overline{D_L}$ 为平均提前期需求量、$\overline{R}$ 为平均需求速率、$\overline{T_K}$ 为平均订货提前期的长度，σ_D 为订货提前期需求量的标准偏差，σ_R 为销售速率的标准偏差，σ_D 为订货提前期长度的标准偏差，α 为安全系数。而且有：

①Robert G. Brown，Smoothing and Prediction of Discrete Time Series，Prentice-Hall，1963，P366-7

订货提前期平均需求量：$$\overline{D_L}=\overline{R}\cdot\overline{T_K} \tag{5-5}$$

订货点库存量情况下的安全库存量：$$Q_S=\alpha\sigma_D=\alpha\sqrt{\overline{T_K}\sigma_R{}^2+\overline{R}^2\sigma_T{}^2} \tag{5-6}$$

因为确定型库存是随机型库存的特例，所以当令 $\sigma_D=0$，$\sigma_R=0$，$\sigma_D=0$ 时，$\overline{D_L}=D_L$，$\overline{R}=R$，$\overline{T_K}=T_K$，就可以得到确定型库存情况下的取值判据：

$$Q_K=D_L=RT_K \tag{5-7}$$

$$Q_S=0 \tag{5-8}$$

式（5－4）实际上还包含有三种特殊情况：

（1）当需求速率是一个确定的常数值，而订货提前期是随机变量，即"R"$=R$、$\sigma_R=0$ 时，则有：

$$Q_K=\overline{D_L}+Q_S=\overline{D_L}+\alpha\cdot\sigma_D=R\ (\overline{T}+\alpha\sigma_T) \tag{5-9}$$

（2）当订货提前期是一个确定的常数值，而需求速率是随机变量，即"T_K"$=T_K$、$\sigma_T=0$时，则有：

$$Q_K=\overline{D_L}+Q_S=\overline{D_L}+\alpha\cdot\sigma_D=\overline{R}T_K+\alpha\sqrt{T_K}\,\sigma_R \tag{5-10}$$

（3）当需求速率和订货提前期都不是随机变量，而是一个确定数值时，"R"$=R$、"T_K"$=T_K$、$\sigma_R=0$、$\sigma_T=0$ 时，则随机型需求库存系统完全变成了确定型需求库存系统，所以，确定型库存是随机型库存的一种特殊情况。其订货点变为：

$$Q_K=D_L=RT_K \tag{5-11}$$

以上是随机型正态分布情况下以及确定型情况下订货点的计算方法。

如果是随机型情况，但不是正态分布，而是非正态分布的情况则应该怎么确定订货点呢？所谓非正态分布的情况，包括泊松分布、负指数分布、任意分布等，在这些情况下都可以用下面的办法来求订货点：

$$Q_K=D_{Li}\ \Big|_{\,p=P\{D_L\leqslant D_{Li}\}=p_0} \tag{5-12}$$

或：

$$Q_K=D_{Li}\ \Big|_{\,q=P\{D_L>D_{Li}\}=q_0} \tag{5-13}$$

即订货点等于其中某个 D_{Li} 值，其条件是，这个值对应的库存满足率 p（即提前期需求量不大于该值的概率）等于给定的满足率值 p_0，或者其缺货率 q（即提前期需求量大于该值的概率）等于给定的缺货率值 q_0。

（二）基于订货进货控制的订货点采购策略方法

基于库存控制考虑，最基本的采购订货策略有两种，即定量订货法和定期订货法。它们都是订货点技术下的采购订货方法，但是各自的运行机制不同。定量订货法是基于物资数量的控制，而定期订货法是基于时间的控制。

定期订货法主要适用于重点物资、贵重物资、耐用商品、紧缺商品的采购订货，在ABC分类法中一般属于A类物资。对本企业很重要，不能够缺货，但市场上又不好买的商品，一般实施定期订货法以保证供应。为了保证供应，常常还和供应商签订了较长期的供需合同。

定量订货法主要适用于非重点物资、价廉、易耗，或市场上供大于求、不紧缺、随时随地都可以买得到的商品，在ABC分类法中一般属于C类物资。为了减少购买手续，常常还采用几个品种联合订货进行采购。

当然，如果不太在意这些区别，则两种方法也可以换用，同一种商品同一个供应商既可以用定期订货法，也可以换用定量订货法。

这两种方法具体按不同的需求对象、不同的经营方式可以化成不同的处理方法。各自按需求对象分，又分成确定型需求（需求速率是常数）和随机型需求（需求速率是变数）两种类型。

随机型库存模型系统按随机分布不同而分成正态分布和非正态分布两类模型。其中，所谓已知服务率，就是已知库存满足率，就是库存物资对于用户需求的满足程度。库存满足率 p 定义为订货提前期需求量小于等于订货点库存量的概率。可以由下式确定：

$$p=P\ \{D_L\leqslant Q_K\} \tag{5-14}$$

所谓缺货率，就是库存物资对于用户需求的不满足程度。在数学上，缺货率 q 用订货提前期需求量大与订货点库存量的概率来描述：

$$q=P\ \{D_L>Q_K\} \tag{5-15}$$

因为库存满足率与缺货率是互补的，即 $p+q=1$。P、p、q 都跟安全系数 α 有一一对应的关系，详见表 5-1，可以转换为安全系数 α。

表 5-1　　安全系数表

α	0.0	0.13	0.26	0.39	0.54	0.68	0.84	1.00	1.04	1.28
p	0.5	0.55	0.6	0.65	0.70	0.75	0.80	0.84	0.85	0.90
q	0.5	0.45	0.4	0.35	0.30	0.25	0.20	0.16	0.15	0.10
α	1.65	1.75	1.88	2.00	2.05	2.33	2.40	3.00	3.08	3.09
P	0.95	0.96	0.97	0.977	0.98	0.99	0.992	0.9987	0.9999	1.0000
q	0.05	0.04	0.03	0.023	0.02	0.01	0.008	0.0013	0.0001	0.0000

确定型库存模型是随机型库存的一种特殊情况，当随机变量取一个特定值不变，或者即使变也取其平均值时，这时的随机型库存就变成了确定型库存。

在确定型库存模型当中，又按经营方式和进货方式分成瞬时到货不允许缺货、持时到货不允许缺货、瞬时到货允许缺货、持时到货允许缺货、瞬时到货实行补货、持时到货实行补货六种模型。其中，不允许缺货是指库存量不能够等于 0 而造成缺货，像正常生产的原材料供应仓库和供应生活必需品的商店仓库就属于这种经营模式。允许缺货是指库存可以等于 0 而缺货，像非正常生产的原材料供应库和非生活必需品的供应库就属于这种经营模式。补货是指库存可以小于 0 而欠货经营，像一些预付款后配送供应的生产仓库和商业仓库就属于这种经营模式。所谓瞬时到货，就是所订货物一次全部到达，订货进货的时间长度等于 0，或即订即到、当天订当天到。所谓持时到货，就是订货进货的时间不等于 0，需要持续一个以上单位时间。

关于每一个模型的详细推导这里就不一一细说。有兴趣的可以参考有关书籍①。这里只列出一些应用。

除定量订货法和定期订货法之外，也还有其他一些方法。主要有价格折扣和联合订购。这些方法在方法原理上是对定量订货法和定期订货法的补充。下面几节分别说明其应用。

①王嘉霖、张蕾丽.《物流系统工程》，北京：中国物资出版社，1987 年。

第二节　定量订货法采购

一、定量订货法原理

定量订货法是一种基于数量控制的订货方法，它主要靠控制订货点和订货批量两个参数来控制订货进货，达到既最好地满足用户需求，又使经营总费用最低的目的。

定量订货法的原理是：预先确定一个订货点 Q_K，在库存消耗下降过程中随时检查库存，当库存下降到 Q_K 时，就发出一个订货批量 Q^*。见图 5－3。

图 5－3 中，在 01 时间段内，库存以（平均）R_1 的速率下降。在 t_{K_1} 点下降到预设的订货点 Q_K ，就发出一个订货批量 Q^* ，然后进入第 1 个订货提前期 T_{K_1}，T_{K_1} 结束，所订的货物批量 Q^* 到达，使库存升高到一个高峰，进入第 2 个库存阶段 12。在 12 段以（平均）R_2 的速率下降，到 t_{K_2} 点碰到 Q_K ，又发出一个订货批量 Q^*，然后进入第 2 个订货提前期 T_{K_2}，T_{K_2} 结束，新订的货物批量 Q^* 又到达，使库存升高到又一个高峰，进入第 3 个库存阶段 23。这样循环不止运行下去。运行结果，保障了供应不断货，又把库存水平控制在了最高库存 Q_{max} 以下。这就是定量订货法的操作模式。

从图中可以看出：

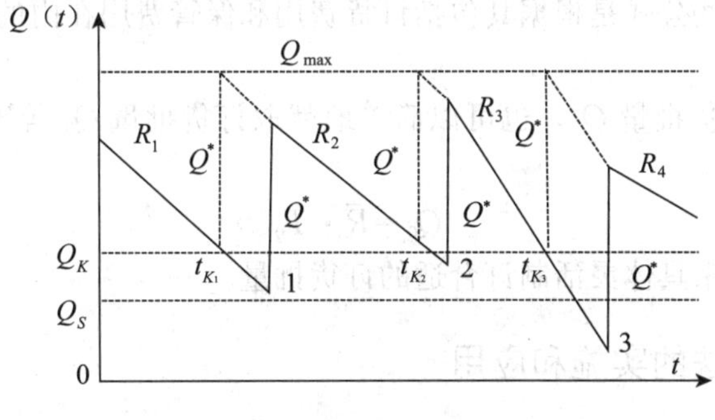

图 5－3　定量订货法原理

（1）订货点 Q_K 的大小包括了两部分：第一部分为 Q_S，第二部分为 $\overline{D_L}$ 。$\overline{D_L}$ 为平均的提前期需求量。Q_S 为安全库存量。$Q_K = \overline{D_L} + Q_S$。

（2）安全库存量 Q_S，是为了防止缺货、降低缺货率、提高库存满足率而特意设置的一个保险裕量。它就像设置了一个海水平面，整体地把库存曲线这个“大船”浮起来，使其凹凸不平的最底部不落在海底以下而搁浅（缺货，图中如果 $Q_S = 0$ 时的 3 点，其 D_{L3} 就会缺货），在整个库存中所有的需求量都得到了满足，没有出现缺货，都是由订货点库存量满足的。Q_S 越小，缺货量就越大。Q_S 越大，缺货率越小，满足率越高。实际生活中 Q_S 的大小，是根据主观上希望达到的库存满足率（或缺货率）而查安全系数表（详见表 5－1），得出相应的安全系数而由式（5－6）计算确定的。

（3）由于控制了订货点 Q_K 和订货批量 Q^* ，使得整个系统的库存水平得到了控制。最高库存量 Q_{max} 不超过 $Q_K + Q^*$ 。

二、定量订货法控制参数的确定

（一）订货点的确定

（1）对于正态分布，可以使用式（5－4）。

（2）对于非正态分布，可以使用式（5－12）或式（5－13）。

（二）订货批量的确定

在定量订货法中，对一个具体的品种而言，每次的订货批量都是相同的。所以对每个品种都要制定一个确定的订货批量。制定订货批量可以采用以下几种方法。

通常取订货批量为一个经济订货批量：

$$Q^*=\sqrt{\frac{2c_0R}{c_1}}\text{或}Q^*=\sqrt{\frac{2c_0R}{c_iK}}\text{或}Q^*=\sqrt{\frac{2c_0D}{c_iP}} \tag{5-16}$$

根据 $Q^*=RT^*$，可算得经济订货周期 T^*：

$$T^*=\sqrt{\frac{2c_0}{c_1R}} \tag{5-17}$$

式中，c_0 为一次订货费，R 为平均库存消耗速率，c_1 为单位物资单位时间的保管费，K 为单位物资的价值（单价），c_i 为保管费率，它和 c_1 的关系为：$c_1=K\cdot c_i$。D 为一段库存期间的需求总量，P 为这段保管期间保管物资总价值。这三个公式的意义是一样的。只是前二者是根据单位物资的保管费用算，后二者是根据保管费率算，而最后者是根据总量和总价值算而已。这些公式是根据其包括订货费用和保管费用在内的总和最小的原则算出来的①。

如果简单估算订货批量 Q_0，也可以简单地就取订货批量 Q_0 等于计划期 T_0 中的需求量大小，即：

$$Q_0=\overline{R}\cdot T_0 \tag{5-18}$$

或根据具体情况来具体灵活制订合适的订货批量。

三、定量订货法的实施和应用

（一）随机型库存模型

随机型库存中的 R、T_K、D_L 等都是变数，即随机变化的量，在一个分布值域中随机地取值。这里我们只讨论正态分布和任意分布两种情况。

1. 正态分布、已知服务率的库存模型

正态分布的随机变量取决于两个参数，一个是平均值，另一个是标准偏差。其累计概率就是库存满足率（或称服务率）p 和缺货率 q，由于二者互补（$p+q=1$），且都与安全系数 α 有一一对应关系，且由正态分布表确切地确定。因此这一类问题总可以通过已知的服务率或缺货率，查安全系数表（或正态分布表）求出安全系数，然后根据式（5－12）、式（5－13）和式（5－4）求出订货点和安全库存量，根据式（5－16）求出订货批量。

①王嘉霖、张蕾丽．《物流系统工程》，北京：中国物资出版社，1987。

【示例 5-1】 某金属公司销售钢材，过去 12 周，每周销售的钢材分别是 162 吨、173 吨、167 吨、180 吨、181 吨、172 吨、170 吨、168 吨、167 吨、174 吨、170 吨和 168 吨，且服从正态分布。他们向钢厂订购钢材，订货进货提前期为 1 周，一次订货费 1000 元，库存保管费每吨每月 10 元。要求库存满足率达到 98%，实行定量订货法采购，则应该怎样进行操作才使得总费用最省？

解：需求速率 R 是一个随机变量，订货提前期 T_K 是一个常量。为了计算订货点，先要对 R 和 T_K 进行处理。

$$R\text{的平均值}:\overline{R}=\frac{\sum_{i=1}^{12}R_i}{12}=171(\text{吨}/\text{周}),R\text{的标准偏差}:\sigma_R=\sqrt{\frac{\sum_{i=1}^{12}(R_i-\overline{R})^2}{12}}=5.23$$

所以 R 服从以 171 为平均值、5.23 为标准偏差的正态分布：$R\sim N$ (171，5.23)。

订货提前期是常数：$T_K=1$ 周。这样，$\overline{D_L}=\overline{R}T_K=171\times1=171$。再由题目要求库存满足率 $p=0.98$，由此查安全系数表得 $\alpha=2$。因而订货点：

$$Q_K=\overline{D_L}+\alpha\cdot\sigma_D=T_K\cdot\overline{R}+\alpha\sqrt{T_K}\cdot\sigma_R=1\times171+2\times\sqrt{1}\times5.23=183$$

而安全库存量 $Q_S=Q_K-\overline{D_L}=\alpha\cdot\sigma_D=\alpha\sqrt{T_K}\cdot\sigma_R=2\times\sqrt{1}\times5.23=10.46\approx10$

$$\text{订货批量}:Q^*=\sqrt{\frac{2c_0\cdot\overline{R}}{c_1}}=\sqrt{\frac{2\times1000\times171\times4}{10}}=370\ (\text{吨})$$

注意其中分子上的平均需求速率乘以 4 是把周需求量转化成月需求量，以便分母上的月保管费的时间单位一致。

所以，实施定量订货法取订货点 $Q_K=181$，订货批量 370 吨，随时检查库存，当库存下降到 181 吨时，就发出订货。这样可以达到库存满足率 98%，且总费用最省。

订货批量的求法，如果不知道 c_0、c_1，无法精确确定经济订货批量，则也可以大致估算。估算的基本依据，就是不小于订货提前期需求量。例如，本例中不小于一周的需求量(171 吨)。

【示例 5-2】 某公司为了制定定量订货法订货策略，特意统计了某种物资的订货提前期的销售量。发现它服从正态分布，平均值为 100 吨，标准偏差为 20 吨。订货提前期的长度平均为 10 天。如果一次订货费为 100 元，每吨物资保管 1 天需要 1 元。如果要保证库存满足率不小于 90%，则其定量订货法应当如何操作？

解：这个公司这种物资的订货提前期需求量服从正态分布，即：$D_L\sim N$ (100，20) 吨/期。订货提前期 $T_K=10$ 天，$c_0=100$ 元，$c_1=1$ 元/（吨・天），要求库存满足率 p 要达到 90%，也就是其安全系数 $\alpha=1.28$。则可以求出订货点 Q_K 为：

$$Q_K=\overline{D_L}+\alpha\cdot\sigma_D=100\times1.28\times20=125.6\approx126\ (\text{吨})$$

其订货提前期平均长度为 10 天，而平均提前期需求量为 100 吨，即平均每天需求 10 吨。又因为平均每吨物资每天的保管费为 1 元，一次订货费为 100 元。所以其订货批量：

$$Q^*=\sqrt{\frac{2c_0\overline{R}}{c_1}}=\sqrt{\frac{2\times100\times10}{1}}=44.7\approx45\ (\text{吨})$$

所以订货策略为：预先设定订货点 $Q_K=126$ 吨，$Q^*=45$ 吨，随时检查库存，当库存量下降到126吨，就发出订货，订货批量取45吨。

【示例5-3】 某商场以前各个月的电视机销售量是随机变化的，大概服从正态分布，平均值为50台，变化范围为±10台。电视机订货进货提前期的长度也服从正态分布，平均值为5天，变化范围为±1天，商场希望库存满足率达到95%，则商场实施定量订货法的订货点应取多少为好?

这个例子给出的情况是R和T_K都是随机变量，而且都服从正态分布。R的平均值为50台/月，标准偏差为10台/月，即：T_K的平均值是5天，标准偏差为1天。也就是：$R \sim N$ (50, 10) (台/月)，$T_K \sim N$ (5, 1) 天。

$$R \sim N\left(\frac{50}{30}, \frac{10}{\sqrt{30}}\right) = N(1.67, 1.8) \text{ (台/天)}$$

R和T_K的时间单位不一致，要化成一致。把R化成以天为单位：

注意，化标准偏差并不是除以30，而是除以$\sqrt{30}$。

要求库存满足率大于95%，由安全系数表（表5-1）可以查到$\alpha=1.65$，根据式（5-4）就可以求出定量订货法的订货点Q_K：

$$\begin{aligned} Q_K &= \overline{T_K} \cdot \overline{R} + \alpha \cdot \sqrt{\overline{T_K}\sigma_R^2 + \overline{R}^2 \sigma_T^2} \\ &= 5 \times 1.67 + 1.65 \times \sqrt{5 \times 1.8^2 + 1.67^2 \times 1^2} = 15.54 \approx 16 \text{ (台)} \end{aligned}$$

所以订货点取为16台。

2. 非正态分布、已知服务率的库存模型

非正态分布，包括泊松分布、负指数分布、任意分布等。它们的共同特点就是变量D_L的值与它相应的发生概率$P(D_L)$一一对应、且由一个概率分布表来描述。在这种情况下，已知服务率p，就是已知正向累计概率$\sum P(D_L)$；已知缺货率q，就是已知反向累计概率$\sum P(D_L)$。已知概率分布表，又已知累计概率，就可以按式（5-12）或式（5-13）来求订货点。

【示例5-4】 某公司面对的提前期需求量的概率分布如表5-2所示。如要求库存满足率不小于85%，则订货点应取多少？安全库存量应设置为多少？如果平均订货提前期为5天，一次订货费1000元，一件衣服一天的储存保管费用为1元。问订货批量取多少为好?

表 5-2

D_L	$P(D_L)$
30	0.025
40	0.100
50	0.200
60	0.350
70	0.200
80	0.100
90	0.025
Σ	1.000

表 5-3

D_L	$P(D_L)$	p	q
30	0.025	0.025	0.975
40	0.100	0.125	0.875
50	0.200	0.325	0.675
60	0.350	0.675	0.325
70	0.200	0.875	0.125
80	0.100	0.975	0.025
90	0.025	1.000	0.00
Σ	1.000	—	

解：首先，根据表中给出的概率表，求出正向累计概率，它就是库存满足率 p，写于表 5-3 的 p 所在的列中。再根据式（5-12），由表查出累计概率 p 不小于 85%所对应的提前期需求量 D_L 就可以取为订货点 Q_K。即：

$$Q_K = D_L \mid_{P\{D_L \leqslant Q_K\}=0.85} = 70$$

所以订货点应取 70。

再求安全库存量，由：

$$Q_K = \overline{D_L} + Q_S$$

$$\overline{D_L} = \sum D_L \cdot P(D_L) = 60$$

可得安全库存量：　$Q_S = 70 - 60 = 10$

由于平均订货提前期 $\overline{T_K} = 5$ 天，所以平均需求速率：$\overline{R} = \dfrac{\overline{D_L}}{\overline{T_K}} = \dfrac{60}{5} = 12$（件/天）

订货批量：　$Q^* = \sqrt{\dfrac{2c_0\overline{R}}{c_1}} = \sqrt{\dfrac{2\times 1000\times 12}{1}} = 155$（件）

所以，订货点取 70 件，订货批量取 155 件。每天销售时，随时检查库存，当库存下降到订货点 70 件时，就向供应商发出订货。订货批量取 155 件，可以使得库存满足率达到 85%以上。

（二）确定型库存模型

如需求速率 R 恒定、提前期的 T_K 长度恒定，就是确定性库存模型，此时，$Q_K = R \cdot T_K$，$Q_S = 0$。

1. 瞬时到货、不允许缺货库存模型

所谓瞬时到货，就是 $T_K = 0$，当天即订即到，订货进货时间不多于一天且整个订货批量全部到达，库存一下子升高一个批量。

模型原理图如图 5-4 所示。库存开始，订货进货批量 $Q_0 = Q^*$（经济订货批量），一次到达，库存升高到最大，$Q_{max} = Q^*$，然后以 R 的速率销售，直到 t_K 库存消耗完毕，$Q(t_K) = 0$，即发出订货进货，批量同样取 Q^*，即订即到，当天库存又升高到 $Q_{max} = Q^*$，又进入下一个周期，这样循环下去。

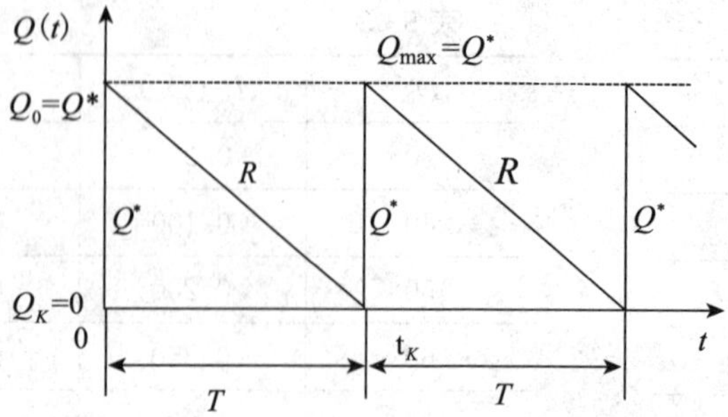

图 5－4 瞬时到货、不允许缺货的库存模型

由于订货提前期 T_K 为 0，所以订货点 Q_K 也为 0。整个系统的最经济运行全取决于订货批量的大小。订货批量太大太小，都会造成总费用过大，因此追求总成本最低而进行库存控制的关键就是慎重确定订货批量的大小。而经济订货批量正是根据系统总成本最小的原理而求得的。考虑一个周期的总平均费用：

一个周期的订货费： $C_0 = c_0$

一个周期的保管费： $C_1 = \overline{Q} \cdot T \cdot c_1 = \dfrac{Q_0}{2} \cdot T \cdot c_1 = \dfrac{RT^2 c_1}{2}$

平均总可变费用： $\overline{C} = \dfrac{C}{T} = \dfrac{C_0 + C_1}{T} = \dfrac{1}{T}(c_0 + \dfrac{RT^2 c_1}{2})$

上式对 T 微分，就可以求出经济订货周期 T^*： $T^* = \sqrt{\dfrac{2c_0}{c_1 R}}$

根据 $Q^* = RT^*$ 可以求出经济订货批量 Q^*： $Q^* = \sqrt{\dfrac{2c_0 R}{c_1}}$

这就是式（5－16），可见经济订货批量完全取决于订货费 c_0、保管费 c_1 和需求速率 R，所以可以用式（5－16）计算求出使得总成本最小的经济订货批量。知道经济订货批量就可以求出经济订货周期。还可以求出总平均可变费用 $\overline{C} = \sqrt{2c_0 c_1 R}$ 。

当然如果不需要那么精确计算，或者想精确计算却无从知道订货费 c_0、保管费 c_1 的精确数值，则也可以人为主观大略估算，用式（5－18）。

【示例 5－5】 某金属公司钢材仓库负责本地区几个机械厂的钢材供应。由于正常生产、需求速率均匀稳定。全年需要 3650 吨，日均 10 吨。如果一次订货费要 1000 元，瞬时到货，运进来的钢材每吨每天保管费 2 元，问分几次订货，每次订多少才使得总费用最省，总费用是多少？订货策略如何？

解：由题意可知：R＝3650 吨/年＝10 吨/天，c_0＝1000 元，c_1＝2 元/（吨·天）。

所以经济批量： $Q^* = \sqrt{\dfrac{2c_0 R}{c_1}} = \sqrt{\dfrac{2 \times 1000 \times 10}{2}} = 100$（吨）

年订货次数为： $n^* = \dfrac{R}{Q^*} = \dfrac{3650}{100} = 36.5$（次）

订货周期： $T^* = \sqrt{\dfrac{2c_0}{c_1 R}} = \sqrt{\dfrac{2 \times 1000}{2 \times 10}} = 10$ （天）

日均可变费用： $\overline{C} = \sqrt{2c_0 c_1 R} = \sqrt{2 \times 1000 \times 2 \times 10} = 200$（元/天）

年总订货费为：$C_0 = n \cdot c_0 = 36.5 \times 1000 = 36500$（元/年）

年总保管费为：$C_1 = \overline{Q} \cdot c_1 = \frac{Q^*}{2} \cdot c_1 = \frac{100}{2} \times 2 \times 365 = 36500$（元/年）

年总可变费用：$C = C_0 + C_1 = 73000$（元/年）

所以，该系统的采购策略是：取订货点 Q_K 为 0，订货批量为 100 吨，瞬时到货、不允许缺货，全年订货 36.5 次，年总变动成本 73000 元。

为了比较，用表 5－4 列出了不同的订货批量情况下的总费用。由表 5－4 可以看出订货批量无论高于或低于经济订货批量，其年总可变费用都要比经济订货批量的年总可变费用高。

表 5－4　不同订货批量下总费用的比较

订货批量 Q_0（吨）	年订货次数 n（次）	年订货费 C_0（元）	平均库存量（吨）	年保管费 C_1（元）	年总可变费用（元）
200	18.25	18250	100	73000	91250
160	22.81	22810	80	58400	81210
120	30.42	30420	60	43800	74220
100	36.50	36500	50	36500	73000
80	45.63	45630	40	29200	74830
60	60.83	60830	30	21900	82730
30	121.67	121670	15	10950	132620
10	365.00	36500	5	3650	368650

2. 持时到货、不允许缺货库存模型

所谓持时到货，就是 $T_K > 0$，订货进货时间需要一天以上且整个订货批量陆陆续续到达，库存渐渐上升到最大值。

模型原理图如图 5－5 所示。库存开始，订货进货批量 Q_0，由于持时到达，边进货边销售，库存是渐渐升高，合成上升速率等于 $p-R$（p 为货物进货速率，R 为销售速率）。到 t_{K_1} 点进货结束，库存升到最大 Q_1，然后库存因以 R 的速率销售而下降，当库存下降到订货点 Q_K 时，就发出订货 Q_0，$Q_0 = Q^*$，使得名义库存升高到 $Q_{max} = Q_K + Q^*$，然后进入订货提前期 T_K，T_K 结束，又进入下一个周期持时进货，这样循环下去。

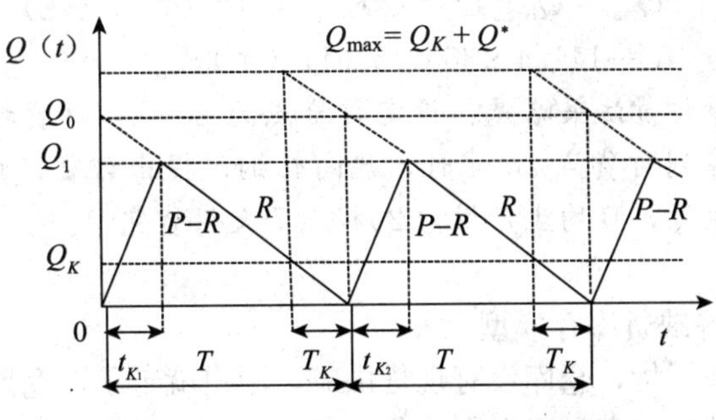

图 5－5　持时到货、不允许缺货的库存模型

这里，由于 T_K 大于 0，所以 Q_K 也大于 0。所以这时库存系统最优运行的关键是，既要注意订货点，也要注意订货批量。

（1）订货点： $Q_K=R\cdot T_K$

（2）订货批量：

如果简单估算 $Q_0=R\cdot T$ （T 为订货周期）

如果知道 c_0、c_1 和 R，则就要用经济订货批量 Q^*。根据总费用最省可算得：

经济订货批量： $$Q^*=\sqrt{\frac{2c_0R}{c_1}\cdot\frac{p}{p-R}}=\sqrt{\frac{2c_0R}{c_1(1-\frac{R}{p})}}$$

经济订货周期： $$T^*=\sqrt{\frac{2c_0}{c_1R}\cdot\frac{p}{p-R}}=\sqrt{\frac{2c_0}{c_1(1-\frac{R}{p})}}$$

最低平均可变费用： $$\overline{C^*}=\sqrt{2c_0c_1R\cdot\frac{p-R}{p}}=\sqrt{2c_0c_1(1-\frac{R}{p})R}$$

【示例 5-6】 某轧钢厂边生产边为某公司提供钢材。该公司需求速率均匀稳定，年订货总量 3650 吨，日均需求 10 吨/天。已知轧钢厂日轧该品种钢材生产供货能力 20 吨/天，每投产一个批量需要生产调整费用 1000 元，每吨钢材每天的保管费用为 2 元/（吨·天）。由于每次订货需要调整设备，所以为保证供应用户不缺货，用户向轧钢厂订货必须提前 2 天通知。问用户应如何订货，轧钢厂应如何安排投产批量，才能够使总费用最小？

由题知，进货速率 $p=20$ 吨/天，日销售速率 $R=10$ 吨/天，年需求总量 $D=3650$ 吨/年，批量订货费用 $c_0=1000$ 元/次，日均保管费用 $c_1=2$ 元/（吨·天）。订货提前期 $T_K=$ 2 天。

则用户的订货点应设为：$Q_K=RT_K=10\times2=20$（吨）

订货批量： $$Q^*=\sqrt{\frac{2c_0R}{c_1}\cdot\frac{p}{p-R}}=\sqrt{\frac{2\times1000\times10}{2}\cdot\frac{20}{20-10}}=141.4\text{（吨）}$$

订货周期： $$T^*=\sqrt{\frac{2c_0}{c_1R}\cdot\frac{p}{p-R}}=\sqrt{\frac{2\times1000}{2\times10}\cdot\frac{20}{20-10}}=14.14\text{（天）}$$

日均可变费用： $$\overline{C}=\sqrt{2c_0c_1R\cdot\frac{p-R}{p}}=\sqrt{2\times1000\times2\times10\cdot\frac{20-10}{20}}=141.4\text{（元/天）}$$

实际最高库存： $$Q_1=\frac{p-R}{p}\cdot Q^*=\frac{20-10}{20}\times141.4=70.7\text{（吨）}$$

名义最高库存： $Q_{\max}=Q_K+Q^*=20+141.4=161.4$（吨）

年总可变费用： $C=141.4\times365=51611$（元）

所以，系统的定量订货法策略是：设定订货点为 20 吨，订货批量为 141.4 吨，随时检查库存，当库存下降到订货点 20 吨时，就向轧钢厂提出订货，订货生产批量取 141.4 吨。轧钢厂边生产边供货，日均生产供货 20 吨。7 天供货完毕。

3. 瞬时到货、允许缺货库存模型

缺货，就是用户来买货，仓库没有现货供应，用户就走了，仓库丧失了这次销售赢利的机会。允许缺货，就是库存量可以在一段时间内为 0，可以不考虑保证供应。此时缺货费用是可以接受的。系统优化运行的原则是包括缺货费用、保管费用和订货费用在内的总费用最小。模型如图 5-6 所示。运行开始，瞬时到达一个批量 $Q_0=Q^*$，库存升到最高，然后按 R 的速率下降，到达 t_1 时刻库存到 0，进入缺货阶段，一直到订货周期 T 结束，新订货物到达，再进入下一个周期的循环。

由于瞬时到货，所以 $T_K=0$，$Q_K=0$。

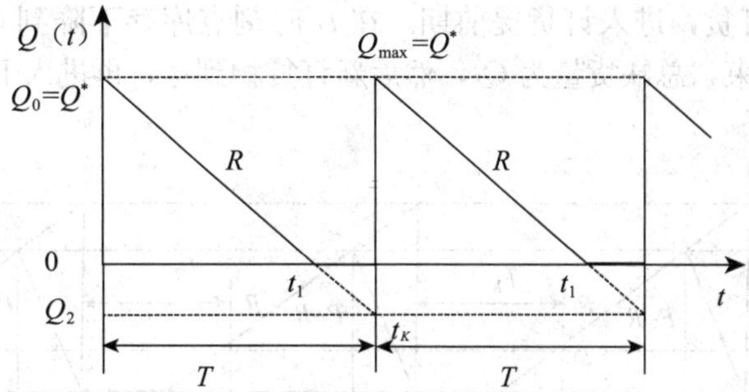

图 5-6 瞬时到货、允许缺货的库存模型

考虑一个周期 T 内发生的费用。

订货费：
$$C_0=c_0$$

保管费：
$$C_1=\overline{Q}\cdot t_1\cdot c_1=\frac{Q_0}{2}\cdot\frac{Q_0}{R}\cdot c_1=\frac{Q_0^2c_1}{2R}$$

缺货费：
$$C_2=\overline{Q_2}\cdot(T-t_1)\cdot c_2=\frac{Q_2}{2}\cdot\frac{RT-Q_0}{R}\cdot c_2=\frac{(RT-Q_0)^2c_2}{2R}$$

总平均费用：
$$\overline{C}=\frac{C}{T}=\frac{C_0+C_1+C_2}{T}=\frac{1}{T}\left[c_0+\frac{Q_0^2c_1}{2R}+\frac{(RT-Q_0)^2c_2}{2R}\right]$$

上式分别对 Q_0 和 T 求偏微分，就可以求出总费用最省时的 Q^*、T^*：

$$Q^*=\sqrt{\frac{2c_0R}{c_1}\cdot\frac{c_2}{c_1+c_2}}$$

$$T^*=\sqrt{\frac{2c_0}{c_1R}\cdot\frac{c_1+c_2}{c_2}}$$

总平均可变费用：
$$\overline{C}=\sqrt{2c_0c_1R\cdot\frac{c_2}{c_1+c_2}}$$

【示例 5-7】 某商场的运行采用瞬时到货、允许缺货的模式，缺货费用主要体现为销售利润损失。设其日均销售 $R=10$ 件/天，$c_0=1000$ 元，$c_1=2$ 元/（件·天），$c_2=1$ 元/（件·天），求其订货策略。

解：瞬时到货，订货点取 0。

订货批量：$Q^*=\sqrt{\dfrac{2c_0R}{c_1}\cdot\dfrac{c_2}{c_1+c_2}}=\sqrt{\dfrac{2\times1000\times10}{2}\cdot\dfrac{1}{2+1}}\approx58$（件）

订货周期：$T^*=\sqrt{\dfrac{2c_0}{c_1R}\cdot\dfrac{c_1+c_2}{c_2}}=\sqrt{\dfrac{2\times1000}{2\times10}\cdot\dfrac{2+1}{1}}=17.32\approx17$（天）

还可算得存货期 $t_1=6$ 天，缺货期 $T^*-t_1=11$ 天，之所以缺货期比存货期还长一倍，是因为缺货费用比存货费用少一倍。总平均可变费用为 115.47 元/天，比不缺货要省 1/3。

所以订货策略是：订货点取0，隔17天订一次货，订货批量取58件。存货销售6天，缺货11天。实行瞬时到货、允许缺货的运作模式。

4. 持时到货、允许缺货库存模型

持时到货、允许缺货的模型如图5-7所示。运行开始，进货速率 p 持时进货一个批量 $Q_0=Q^*$，库存按速率 $p-R$ 升高，到 t_1 点最高升高到 Q_1，然后按 R 的速率下降，到达订货时间点 Q_K 时就发出订货，进入订货提前期。在 t_2 时刻点库存下降到0，就进入缺货阶段，一直到订货周期 T 结束，总缺货量为 Q_2，然后新订货物到达，再进入下一个周期的循环。

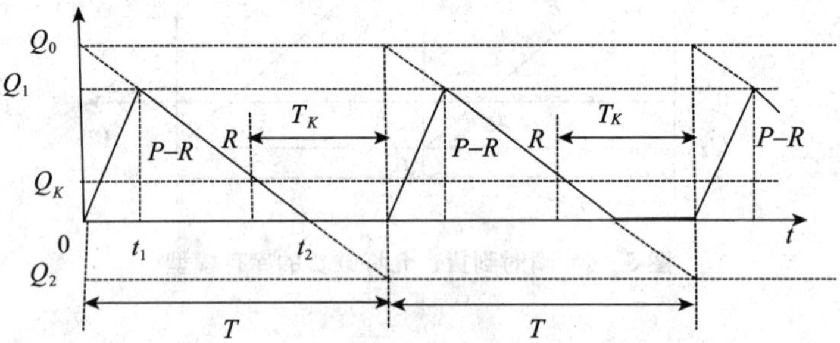

图5-7 持时到货、允许缺货的库存模型

由于持时到货，所以 T_K 大于0，这个时候订货点的确定，要根据具体情况灵活确定：当 $Q(t)\geqslant RT_K$ 时，取 $Q_K=RT_K$。当 $Q(t)<RT_K$ 时，Q_K 就取 $(T-T_K)$ 的时刻点。

考虑一个周期 T 内发生的费用。

订货费：$$C_0=c_0$$

保管费：$$C_1=\overline{Q_1}\cdot t_2\cdot c_1=\frac{Q_1}{2}\cdot\frac{Q_0}{R}\cdot c_1=\frac{Q_0^2c_1}{2R}\left(1-\frac{R}{p}\right)$$

缺货费：$$C_2=\overline{Q_2}\cdot(T-t_2)\cdot c_2=\frac{Q_2}{2}\cdot\frac{RT-Q_0}{R}\cdot c_2=\frac{(RT-Q_0)^2c_2}{2R}$$

总平均费用：$$\overline{C}=\frac{C}{T}=\frac{C_0+C_1+C_2}{T}=\frac{1}{T}\left[c_0+\frac{Q_0^2c_1}{2R}\left(1-\frac{R}{p}\right)+\frac{(RT-Q_0)^2c_2}{2R}\right]$$

上式分别对 Q_0 和 T 求偏微分，就可以求出总费用最省时的 Q^*、T^*：

$$Q^*=\sqrt{\frac{2c_0R}{c_1\left(1-\frac{R}{p}\right)}\cdot\frac{c_2}{c_1\left(1-\frac{R}{p}\right)+c_2}}$$

$$T^*=\sqrt{\frac{2c_0}{c_1\left(1-\frac{R}{p}\right)R}\cdot\frac{c_1\left(1-\frac{R}{p}\right)+c_2}{c_2}}$$

总平均可变费用：$$\overline{C}=\sqrt{2c_0c_1\left(1-\frac{R}{p}\right)R\cdot\frac{c_2}{c_1\left(1-\frac{R}{p}\right)+c_2}}$$

【示例5-8】 某商场仓库库存消耗速率均匀稳定，$R=10$ 件/天，实行持时生产进货、允许缺货，生产进货速率 $p=20$ 件/天。生产商一次批量投产调整费 $c_0=1000$ 元，保

管费 $c_1=2$ 元/（件·天），如果缺货，将产生缺货费用 $c_2=1$ 元/（件·天）。如果订货进货，要提前 2 天通知生产商。问仓库的订货策略如何？

解：仓库采用持时进货、允许缺货、定量订货方法。订货提前期 $T_K=2$ 天。

订货批量 Q^*：

$$Q^* = \sqrt{\frac{2c_0R}{c_1(1-\frac{R}{p})}\cdot\frac{c_2}{c_1(1-\frac{R}{p})+c_2}} = \sqrt{\frac{2\times1000\times10}{2\times(1-\frac{10}{20})}\times\frac{1}{2\times(1-\frac{10}{20})+1}} = 100\text{（件）}$$

订货周期 T^*：

$$T^* = \sqrt{\frac{2c_0}{c_1(1-\frac{R}{p})R}\cdot\frac{c_1(1-\frac{R}{p})+c_2}{c_2}} = \sqrt{\frac{2\times1000}{2\times(1-\frac{10}{20})\times10}\times\frac{2\times(1-\frac{10}{20})+1}{1}} = 20\text{（天）}$$

可算得进货时间 $t_1=5$ 天，最高库存 $Q_1=50$ 件。库存下降到 0 的时间 $t_2=10$ 天，开始缺货，此后接着是 10 天的缺货阶段。缺货期的第 8 天通知厂商新批量投产订货，缺货期第 10 天开始持时进货。第一个周期结束，第二个周期开始。（注意：这里因为整个周期的第 18 天的库存 Q_{18} 已经是 0，小于 $RT_K=10\times2=20$，所以订货点就取 $T-T_K=18$，即第 18 天这个时间点。）

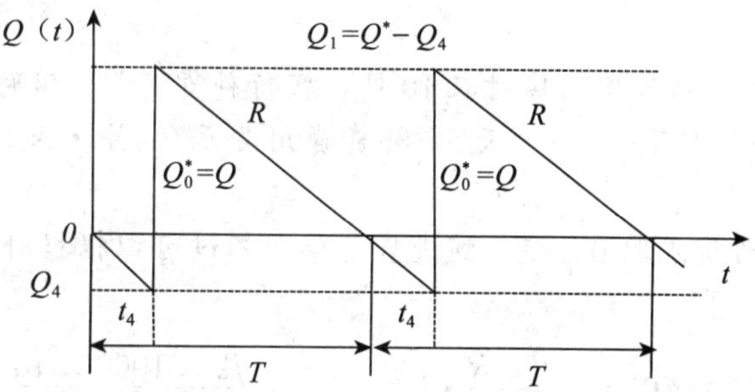

图 5-8 瞬时到货、实行补货的库存模型

5. 瞬时到货、实行补货库存模型

补货，就是用户来买货，仓库没有现货供应，但是用户没有走，仍然在这里订货，仓库没有丧失销售机会，而是答应赶紧进货，待进货以后赶紧补货给用户。这是一种先预订货物、然后补货送货的负库存经营活动。在这种情况下库存可以是负数、即可以欠账经营，是一种最节省的经营方式。模型原理如图 5-8 所示。运行开始，开始一段时间 t_4 内，以速率 R 接受预订货，负库存继续增长，并积累到达补货预订最大量 Q_4，t_4 结束发出一个订货批量并瞬时到达一个批量 $Q_0=Q^*$，先补货消除负库存，补货完毕再建立实库存，并升高到最高库存 $Q_1=Q^*-Q_4$，然后按 R 的速率下降到 0，第一个订货周期 T 结束，再进入下一个周期的补货订货循环。

由于瞬时到货，所以 $T_K=0$，$Q_K=0$。

考虑一个周期内的总平均可变费用。

订货费： $C_0=c_0$

保管费： $C_1=\overline{Q}\cdot(T-t_4)\cdot c_1=\frac{Q_1}{2}\cdot\frac{Q_1}{R}\cdot c_1=\frac{Q_1^2c_1}{2R}$

补货费：$$C_4=\overline{Q_4}\cdot t_4\cdot c_4=\frac{Q_4}{2}\cdot\frac{Q_4}{R}\cdot c_4=\frac{(RT-Q_1)^2c_4}{2R}$$

总平均费用：$$\overline{C}=\frac{C}{T}=\frac{C_0+C_1+C_4}{T}=\frac{1}{T}\left[c_0+\frac{Q_1^2c_1}{2R}+\frac{(RT-Q_1)^2c_4}{2R}\right]$$

令 $\frac{\partial\overline{C}}{\partial Q_1}=0,\frac{\partial\overline{C}}{\partial T}=0$，可以求出：

$$Q^*=\sqrt{\frac{2c_0R}{c_1}\cdot\frac{c_1+c_4}{c_4}}$$

$$T^*=\sqrt{\frac{2c_0}{c_1R}\cdot\frac{c_1+c_4}{c_4}}$$

$$\overline{C}^*=\sqrt{2c_0c_1R\cdot\frac{c_4}{c_1+c_4}}$$

$$Q_1=\frac{c_4RT}{c_1+c_4}=\frac{c_4Q^*}{c_1+c_4}$$

$$Q_4=RT-Q_1=\frac{c_1RT}{c_1+c_4}=\frac{c_1Q^*}{c_1+c_4}=\sqrt{\frac{2c_0R}{c_4}\cdot\frac{c_1}{c_1+c_4}}$$

$$t_4=\frac{Q_4}{R}=\frac{c_1T}{c_1+c_4}=\sqrt{\frac{2c_0}{c_4R}\cdot\frac{c_1}{c_1+c_4}}$$

【示例 5-9】 某商场日均销售衬衣 10 件，实行补货经营，瞬时进货到货。一次订货费用 1000 元、保管费用 2 元/（件·天），补货费用 2 元/（件·天），问这种情况下实行怎样的订货策略才最省？

解：瞬时到货，订货点取 0，随订随进货完毕。不过可以根据补货费用的情况实行适当的补货经营。

衬衣的经济订货批量 $Q^*=\sqrt{\frac{2c_0R}{c_1}\cdot\frac{c_1+c_4}{c_4}}=\sqrt{\frac{2\times1000\times10}{2}\cdot\frac{2+2}{2}}=141$（件）

衬衣的经济订货周期 $T^*=\sqrt{\frac{2c_0}{c_1R}\cdot\frac{c_1+c_4}{c_4}}=\sqrt{\frac{2\times1000}{2\times10}\cdot\frac{2+2}{2}}=14.1$（天）

其他可算出：最高库存量 $Q_1=70$ 件，补货量 $Q_4=70$ 件，补货期为 7 天。

6. 持时到货、实行补货库存模型

持时到货、实行补货也是一个负库存经营模型。模型原理如图 5-9 所示。每个库存周期 T 都分成二个阶段：0 至 t_1 负库存（补货运行）阶段和 t_1 至 t_2 正库存（不缺货运行）阶段。运行开始，先补货预订货物，预定销售速率为 R，累计预订量在时间 t_4 点达到$Q_4=RT_4$。Q_4 点实际上是这种情况下的订货点，在这一点必须开始持时订货进货。因为存在补货费用，它相对于保管费用的大小不同，应该有一个合适的大小，不是越多越好。设在 Q_4 点开始的进货的速率为 p，进货批量 Q_0，$Q_0=Q_{41}+Q_{01}$，在 t_4 至 t_1 段边进货边补货，还继续接受销售订货，由于进货速率 p 大于销售速率 R，所以负库存还是按速率 $p-R$ 升高而减少，到时间 t_1 点负库存消除完毕，库存变为 0，然后继续以 $p-R$ 的速率边进货边销售，逐渐建立和升高实库存，并在 t_3 点升高到最高实库存 Q_1，此后开始单纯销售，库存按 R 的销售速率下降，直到 t_2 时刻点库存下降到 0，第一个库存周期 T 到此结束，接着

再进入下一个周期 T 的补货预订货循环，以此类推下去。

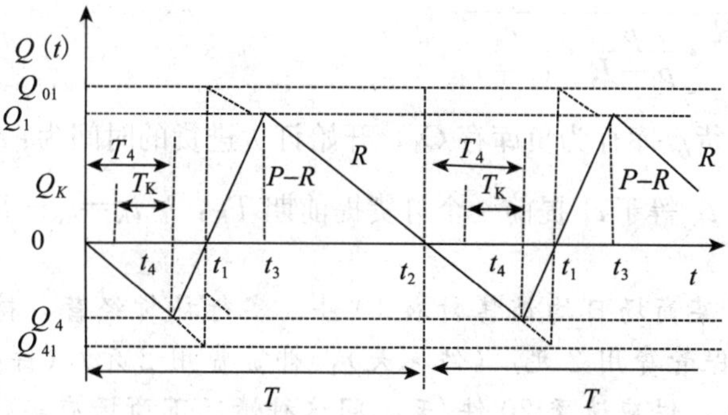

图 5－9 持时到货、实行补货的库存模型

首先设置订货点，取订货提前期为 T_K。在补货阶段 T_4 结束前 T_K 天发出持时供货的订货。

其次根据总可变费用（这里包括订货费、保管费和补货费）最省计算订货批量 Q^* 和订货周期 T^*，考虑一个周期内的总平均可变费用。

订货费：$C_0=c_0$

保管费：$C_1=\overline{Q}\cdot(t_2-t_1)\cdot c_1=\dfrac{Q_1}{2}\cdot(T-t_1)\cdot c_1=\dfrac{(p-R)R}{2p}\cdot(T-t_1)^2\cdot c_1$

其中 $Q_1=(p-R)(t_3-t_1)$，且 $p(t_3-t_1)=R(T-t_1)$

补货费：$C_4=\overline{Q_4}\cdot t_1\cdot c_4=\dfrac{Q_4}{2}\cdot t_1\cdot c_4=\dfrac{(p-R)\ R}{2p}\cdot t_1^2\cdot c_4$

其中 $Q_4=(p-R)(t_1-t_4)$，且 $p(t_1-t_4)=R\cdot t_1$

总平均费用：

$$\overline{C}=\frac{C}{T}=\frac{C_0+C_1+C_4}{T}=\frac{1}{T}\left[c_0+\frac{(p-R)\ Rc_1\ (T-t_1)^2}{2p}+\frac{(p-R)\ Rc_4t_1^2}{2p}\right]$$

令 $\dfrac{\partial\ \overline{C}}{\partial\ t_1}=0$，$\dfrac{\partial\ \overline{C}}{\partial\ T}=0$，可以求出：

$$Q^*=\sqrt{\frac{2c_0R}{c_1}\cdot\frac{p}{p-R}\cdot\frac{c_1+c_4}{c_4}}$$

$$T^*=\sqrt{\frac{2c_0}{c_1R}\cdot\frac{p}{p-R}\cdot\frac{c_1+c_4}{c_4}}$$

$$\overline{C}^*=\sqrt{2c_0c_1R\cdot\frac{p-R}{p}\cdot\frac{c_4}{c_1+c_4}}$$

其他参数还有：$t_1=\dfrac{c_1T}{c_1+c_4}=\sqrt{\dfrac{2c_0}{c_4R}\cdot\dfrac{p}{p-R}\cdot\dfrac{c_1}{c_1+c_4}}$

$$t_4=\frac{(p-R)t_1}{p}=\sqrt{\frac{2c_0}{c_4R}\cdot\frac{p-R}{p}\cdot\frac{c_1}{c_1+c_4}}$$

$$T-t_1=\frac{c_4T}{c_1+c_4}=\sqrt{\frac{2c_0}{c_4R}\cdot\frac{p}{p-R}\cdot\frac{c_4}{c_1+c_4}},\ Q_1=\sqrt{\frac{2c_0R}{c_1}\cdot\frac{p-R}{p}\cdot\frac{c_4}{c_1+c_4}}$$

$$Q_4=\sqrt{\frac{2c_0R}{c_4}\cdot\frac{p-R}{p}\cdot\frac{c_1}{c_1+c_4}},\ Q_{41}=\sqrt{\frac{2c_0R}{c_4}\cdot\frac{p}{p-R}\cdot\frac{c_1}{c_1+c_4}},$$

$$Q_{01}=\sqrt{\frac{2c_0R}{c_4}\cdot\frac{p}{p-R}\cdot\frac{c_4}{c_1+c_4}}$$

这种情况下的订货点库存为负库存 Q_4，开始订货进货的时间为：$t_4=\frac{p-R}{p}\cdot t_1$

发出订货的时间 t_K 等于 t_4 提前一个订货提前期 T_K： $t_K=t_4-T_K$

【示例 5-10】 某商场日均销售衬衣 10 件，实行补货经营，持时进货到货。一次订货费用 1000 元、保管费用 2 元/（件·天），补货费用 2 元/（件·天）。向供应商订货，订货提前期 2 天，供应速率 20 件/天。问这种情况下商场应实行怎样的订货运行策略其总费用才最省？

解：供应商持时供货，可以采用持时补货的定量订货运行模式。根据已知条件，可得：

订货周期：$T=\sqrt{\frac{2c_0}{c_1R}\cdot\frac{p}{p-R}\cdot\frac{c_1+c_4}{c_4}}=\sqrt{\frac{2\times1000}{2\times10}\cdot\frac{20}{20-10}\cdot\frac{(2+2)}{2}}=20$（天）

订货批量：$Q^*=RT^*=\sqrt{\frac{2c_0R}{c_1}\cdot\frac{p}{p-R}\cdot\frac{c_1+c_4}{c_4}}=\sqrt{\frac{2\times1000\times10}{2}\cdot\frac{20}{20-10}\cdot\frac{2+2}{2}}$

$=200$（件）

负库存补货时间： $t_1=\frac{c_1T}{c_1+c_4}=10$（天）

实库存供应时间： $T-t_1=20-10=10$（天）

最大实际库存量： $Q_1=\sqrt{\frac{2c_0R}{c_1}\cdot\frac{p-R}{p}\cdot\frac{c_4}{c_1+c_4}}=50$（件）

最大负库存量： $Q_4=50$ 件，这也是这种情况下的订货点库存。

最大负库存销售量： $Q_{41}=Rt_1=10\times10=100$（件）

最大正库存销售量： $Q_{01}=R(T-t_1)=10\times10=100$（件）

开始进货的时间：$t_4=\frac{p-R}{p}\cdot t_1=\frac{20-10}{20}\times10=5$（天）

发出订货的时间：$t_K=t_4-T_K=5-2=3$（天），即第 3 天发出订货，第 5 天开始进货，第 10 天补货完毕，消除负库存，开始建立正库存，边进货边销售，第 15 天正库存达到最大值 50 件，进货完毕，然后进入纯销售，到第 20 天，第一个库存周期结束，进入第二个周期。继续循环。

第三节 定期订货法采购

一、定期订货法原理

定期订货法是基于时间的订货控制方法，它设定订货周期和最高库存量，从而达到库存量控制的目的。只要订货周期和最高库存量控制得当，既可以不造成缺货，又可以达到节省库存费用的目的。

定期订货法的原理：预先确定一个订货周期 T 和一个最高库存量 Q_{max} ，周期性地检查库存，求出当时的实际库存量 Q_{K_i} 、已订货而还没有到达的物资量 I_i 以及已经售出但还没有发货的物资数量 B_i ，然后发出一个订货批量 Q_i 。这个第 i 次的订货量 Q_i 的大小，应使得订货后的“名义库存”升高到 Q_{max} 。

在这种情况下的库存量变化曲线如图 5－10 所示。图中表示的是一般情况：$R_1 \neq R_2 \neq R_3 \neq \cdots$ ，$T_{K_1} \neq T_{K_2} \neq T_{K_3} \neq \cdots$ 。在第一个周期，库存以 R_1 的速率下降。因为预先已经确定了订货周期 T ，也就是规定了订货时间。到了订货时间，不论库存量还有多少，都要发出订货。所以当到了第一次订货时间（A 点）时，就检查库存，求出当时的库存量 Q_{K_1} ，并发出一个订货批量 Q_1 ，使库存上升到 Q_{max} 。然后进入第二个周期，经过 T 时间又检查库存，得到此时的库存量 Q_{K_2} ，并发出一个订货批量 Q_2 ，使库存又上升到 Q_{max} 。如此重复。

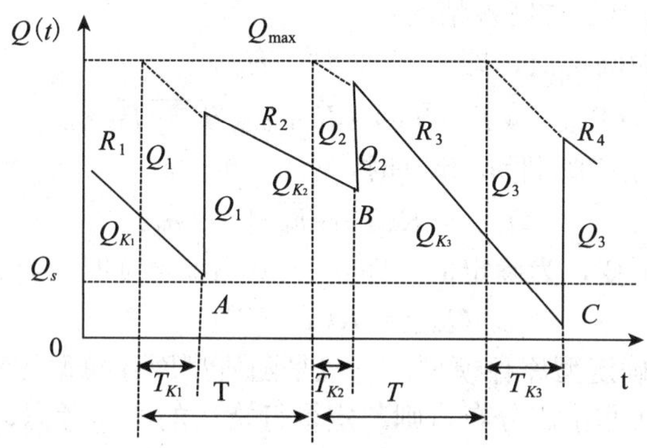

图 5－10　定期订货法原理

定期订货法是一种基于时间控制的订货方法。它主要是要确定一个订货周期 T 和一个最高库存量 Q_{max}。这个订货周期，就是控制库存的订货时机；这个最高库存量，就是我们控制库存的一个给定库存水准。然后每隔一个周期 T，就检查库存发出订货，订货量的大小，就是最高库存量与当时的实际库存量的差。

整个订货方法要解决三个问题。

（一）订货周期 T 的确定

定期订货法的订货周期 T 有多种确定方法。

（1）订货周期取人们习惯的日历时间单元，例如周、旬、月、季、年等。人们通常按这些时间单元安排生产计划，工作计划。取这样的时间单元可以跟生产计划、工作计划相契合，比较方便。

（2）订货周期取为供应商的生产周期或供应周期。有些供应商是多品种轮番批量生产，或是季节性生产，都有一个生产周期或供应周期。订货周期取与生产周期、供应周期一致，才能够订到货物。

（3）订货周期取经济订货周期。经济订货周期与经济订货批量一样，都是根据补允许缺货瞬时到货情况下总费用最省的原理计算出来的。如果经济订货周期（EOI）记为 T^* ，则 T^* 可以表示为：

$$T^* = \sqrt{\frac{2c_0}{c_1 R}}$$

（二）Q_{max} 的确定：

在定量订货法中，我们把订货提前期内的需求量作为制定订货点的依据。在定期订货法中，我们则是把订货周期和其后一个订货提前期合在一起，即 $T+T_K$ 的长度为一个时间单元，把 $T+T_K$ 期间内的需求量"D_{T+T_K}"作为制定 Q_{max} 的依据。如果"D_{T+T_K}"服从正态分布，则可以用下式求 Q_{max}：

$$“D_{T+T_K}” \sim N\left(\overline{D}_{T+T_K}, \sigma_{D_{T+T_K}}\right)$$

$$Q_{max} = \overline{D}_{T+T_K} + \alpha \cdot \sigma_{D_{T+T_K}} = \overline{D}_{T+T_K} + Q_S \quad (5-19)$$

式中，$\overline{D}_{T+T_K}$ 和 $\sigma_{D_{T+T_K}}$ 分别是订货周期与提前期的总需求量的平均值和标准差。

式（5-19）也可以写成"R"和"T_K"的表达式。运用公式：

$$Q_{max} = (T + \overline{T}_K) \cdot \overline{R} + \alpha\sqrt{(T + \overline{T_K})\sigma_R^2 + \overline{R}^2\sigma_T^2} \quad (5-20)$$

式（5-20）也包含有三种特殊情况：

（1）当 T_K 不变，为确定值，即 $\sigma_T = 0$ 时，有：

$$Q_{max} = (T + T_K) \cdot \overline{R} + \alpha\sqrt{T + T_K} \cdot \sigma_R$$

（2）当 R 不变，为确定值，即 $\sigma_R = 0$ 时，有：

$$Q_{max} = R(T + \overline{T_K} + \alpha \cdot \sigma_T)$$

（3）当 T_K、R 都不变，为确定值，即 $\sigma_R = 0$、$\sigma_T = 0$ 时，有：

$$Q_{max} = R(T + T_K)$$

上面这种情况就是确定型库存模型。它也是随机型库存模型的特殊情况。

如果"D_{T+T_K}"服从非正态分布，则与定量订货法的同样考虑，可以用下式求 Q_{max}：

$$Q_{max} = D_{T+T_K} \mid_{P\{D_{T+T_K} \leqslant Q_{max}\} = p_0}$$

或：

$$Q_{max} = D_{T+T_K} \mid_{P\{D_{T+T_K} > Q_{max}\} = q_0}$$

以上列出了各种情况下最高库存量的计算方法。我们要根据具体情况选用合适的计算方法来求最高库存量。定期订货法也可以用于确定型库存模型和随机型库存模型。确定型库存模型包括不允许缺货瞬时到货、不允许缺货持时到货、缺货瞬时到货、缺货持时到货、补货瞬时到货、补货持时到货六个模型和随机型正态分布、非正态分布的四个模型。各个模型的计算方法见表5-5。

表5-5　各种库存模型下定期订货法决策参数的确定一览表

模型		订货周期 T	最高库存量 Q_{max}
确定型模型	不允许缺货瞬时到货	$T^* = \sqrt{\dfrac{2c_0}{c_1R}}$，注1	$Q_{max} = R \cdot T$
	不允许缺货持时到货		$Q_{max} = R \cdot (T + T_K)$
	允许缺货瞬时到货	$T^* = \sqrt{\dfrac{2c_0}{c_1R} \cdot \dfrac{(c_1 + c_2)}{c_2}}$，注1	$Q_{max} = R \cdot T$

续 表

<table>
<tr><th colspan="3">模型</th><th>订货周期 T</th><th>最高库存量 Q_{max}</th></tr>
<tr><td rowspan="3">确定型模型</td><td colspan="2">不允许缺货持时到货</td><td>$T^* = \sqrt{\frac{2c_0}{c_1(1-\frac{R}{p})R} \cdot \frac{c_1(1-\frac{R}{p})+c_2}{c_2}}$，注1</td><td>$Q_{max}=R\cdot(T+T_K)$</td></tr>
<tr><td colspan="2">实行补货瞬时到货</td><td>$T^* = \sqrt{\frac{2c_0}{c_1 R} \cdot \frac{(c_1+c_4)}{c_4}}$，注1</td><td>$Q_{max}=R\cdot T$</td></tr>
<tr><td colspan="2">实行补货持时到货</td><td>$T^* = \sqrt{\frac{2c_0}{c_1(1-\frac{R}{p})R} \cdot \frac{(c_1+c_4)}{c_4}}$，注1</td><td>$Q_{max}=R\cdot(T+T_K)$</td></tr>
<tr><td rowspan="4">随机型模型</td><td rowspan="3">正态分布</td><td>已知服务率</td><td>$T^* = \sqrt{\frac{2c_0}{c_1 R}}$，注1</td><td rowspan="3">$Q_{max} = \overline{D_{T+T_K}} + \alpha \cdot \sigma_D$
$Q_{max} = \overline{R}\cdot(T+\overline{T_K}) + \alpha \cdot \sqrt{(T+\overline{T_K})\sigma_R^2 + \overline{R}^2 \cdot \sigma_T^2}$</td></tr>
<tr><td>已知缺货费</td><td>$T^* = \sqrt{\frac{2c_0}{c_1 R}}$，$q = \frac{c_1 T}{c_1 T + c_2}$</td></tr>
<tr><td>已知补货费</td><td>$T^* = \sqrt{\frac{2c_0}{c_1 R}}$，$q = \frac{c_1 T}{c_4}$</td></tr>
<tr><td colspan="2">任意分布</td><td>根据情况，分别同上</td><td>$Q_{max} = D_{T+T_K} \mid_{P\{D_{T+T_K} \leqslant Q_{max}\}=p}$
或：$Q_{max} = D_{T+T_K} \mid_{P\{D_{T+T_K} > Q_{max}\}=q}$</td></tr>
</table>

注1：分人为根据方便确定的订货周期、或自然日历周期、或产品出产周期

表中，T_K 为订货提前期；c_0 为订货费；c_1 为保管费；c_2 为缺货费；c_4 为补货费；p 为服务率；q 为缺货率。

(三) 第 i 次订货量 Q_i 的确定：

在定期订货法中，每次的订货量一般都是不一样的，跟每次订货时还剩下的库存量有关，认真说起来还与订货时是否有已订未到量和已经销出但是还未提货的数量有关。虽然 Q_{max} 大都一样，但是由于当时的实际库存量、已订未到量、已售出而未发货量不一样，所以每次的订货数量都是不同的。第 i 次的订货量由下式确定：

$$Q_i = Q_{max} - Q_{Ki} - I_i + B_i$$

式中，Q_{Ki}、I_i、B_i 分别是第 i 次盘点时求出的实际库存量、已订未到量和已售出尚未发货量。

二、定期订货法的应用

定期订货法最大的优点是管理人员不必每天都检查库存，只是到了订货周期规定要订货的时间，才检查库存，发出订货量。这就大大减轻了管理人员的工作量，而又不影响工作效果和经济效益。

另外，这种订货法能通过订货周期来控制库存，它可以合并订购或进货以减少费用；周期盘存也比较彻底、精确；由于是定期订货，所以能预先制订订货计划和工作计划。定期订货法还方便于实现多个品种联合订购。

定期订货法的主要缺点是安全库存量比定量订货法高，因为它的保险时间（$T+T_K$）较长，因此（$T+T_K$）期间的需求量也比较大，因而其标准偏差也比较大，所以安全库存量也就比较大。此外，它没有像定量订货法那样利用经济订货批量进行订货，因而也就不能发挥经济订货批量比较经济的优越性。

定期订货法的应用非常广泛而普遍。这是因为它非常符合人们生活工作的日历时间周期习惯。人们通常都是按年、月、周的日历周期单位来安排生产计划、工作计划和生活计划，因而自然也趋向于按年、月、周这样的自然时间周期安排订货计划，也就自觉不自觉地实施定期订货法。

定期订货法的应用类型也可以分为随机型和确定型两种。随机型是大量的，绝对的。因为生活当中的需求速率 R 和订货提前期的长度 T_K 一般都是随机变化的变量。确定型是相对的、局部的、近似的。因为 R 和 T_K 真正作为常量是不多的。但是由于确定型处理起来比随机型要简单，所以有时就尽量把随机型变量近似转化成确定型常量来处理。

（一）随机型库存模型

【示例 5-11】 某公司水泥用户需求服从正态分布。过去九个月的销售量分别是：11、13、12、15、14、16、18、17、19（吨/月）。他们向水泥厂订货进货，则订货提前期为1个月，一次订货费为 3000 元，1 吨物资一个月的保管费为 100 元。如果要求库存满足率达到 90%，根据这些情况应当如何制定定期订货法策略？又在实施定期订货法策略后，第一次订货检查时，发现现有库存量为 21 吨，已订未到物资 5 吨，已经售出但尚未提货的物资 3 吨，问第一次订货时应该订多少？

解：由题目可以得到如下信息："R"$\sim N(\overline{R},\sigma_R)$，$T_K=1$（月），为常数。$c_0=$ 3000 元，$c_1=100$ 元/（吨·月），$p=0.9$。第一次检查结果：$Q_{Ki}=21$ 吨、$I_i=5$ 吨、$B_i=$ 3 吨。（$i=1$）

要求定期订货法策略和第一次订货量。先求需求速率的平均值和标准偏差。

$$\overline{R}=\frac{\sum R_i}{9}=15(\text{吨}/\text{月})$$

$$\sigma_R=\sqrt{\frac{\sum\limits_i(R_i-\overline{R})}{9}}=1.8$$

再求订货周期 T^*：$T^*=\sqrt{\dfrac{2c_0}{c_1R}}=2(\text{月})$

由于 $p=0.9$ 时，$\alpha=1.28$，$Q_{max}=\overline{R}\cdot(T+\overline{T_K})+\alpha\cdot\sqrt{(T+\overline{T_K})\sigma R^2+\overline{R}^2\cdot\sigma_T{}^2}=49$

所以具体的定期订货法策略是，设置订货周期为 $T=2$ 个月，最高库存量 Q_{max} 为 49 吨。周期性地检查库存，发出订货。订货量的大小，使得订货以后的名义库存量达到 Q_{max}。所以第一次检查库存发出订货量为：

$$Q_{Ki}=Q_{max}-I_i+B_i=49-5+3=47\ (\text{吨})$$

【示例 5-12】 某种物资月需求量服从均值为 15、标准差为 $\sqrt{\frac{10}{3}}$ 的正态分布，$c_0=30$ 元，$c_1=1$ 元/（件·月），$T_K=1$ 月。实行定期订货，首次盘点得到 $Q_i=21.32$，$I_i=5$，$B_i=5$。如果要求库存满足率达到 97.7%，求订货周期 T 和最高库存量 Q_{max}。

解：库存满足率要达到 97.7%，则安全系数 $\alpha=2$。

订货周期 $T=\sqrt{\frac{2c_0}{c_1R}}=\sqrt{\frac{2\times30}{1\times15}}=2$（月）

最高库存量 $Q_{max}=\overline{D}_{T+T_K}+\alpha\cdot\sigma_{D_{T+T_K}}$

$$=15\times(2+1)+2\sqrt{(2+1)}\times\sqrt{\frac{10}{3}}=51.32\text{（件）}$$

首次订货的订货量 $Q_i=Q_{max}-Q_{Ki}-I_i+B_i=30$（件）

所以此种物资的订货策略为：每隔两个月检查一次库存，发出订货，订货量等于当时的实际库存量与最高库存量 51 的差值。例如第一次的订货量应为 30 件。

【示例 5-13】 某公司采用定期订货法，设定订货周期为 2 周，订货提前期也为 2 周，而公司的月需求量的概率分布如表 5-6 所示，如要求库存满足率不小于 85%，则其最高库存量应取多少？安全库存量应设置为多少？

解：首先，根据表中给出的概率表，求出累计概率。写于 p 所在的列中。这个累计概率就是各个月需求量的库存满足率。由表查出累计概率 p 不小于 85%所对应的月需求量 D_{T+T_K} 就可以取为最高库存量 Q_{max}。

表 5-6 公司月需求量的概率分布

D_{T+T_K}	P（D_{T+T_K}）	p
30	0.025	0.025
40	0.100	0.125
50	0.200	0.325
60	0.350	0.675
70	0.200	0.875
80	0.100	0.975
90	0.025	1.000
$\sum$	1.000	

因为：$Q_{max}=D_{T+T_K}\mid_{P\{D_{T+T_K}\leqslant Q_{max}\}=0.85}=70$

所以最高库存量应取 90。

求安全库存量，可由：

$$Q_{max}=\overline{D_{T+T_K}}+Q_S$$

和：

$$\overline{D_{T+T_K}}=\sum D_{T+T_K}\cdot P\left(D_{T+T_K}\right)=60$$

可以求得：　$Q_S=70-60=10$

这里要注意，一般来说，D_T 和 D_{2T} 的分布概率是不同的，D_{2T} 的分布概率一般等于 D_T 的二次“卷积”、D_{3T} 的分布概率一般等于 D_T 的三次“卷积”，如此类推。例如：如已知一周需求量的分布概率如表 5-7 所示的话，则 D 周可以表示成一个多项式：

$D_{周}=0.10X^0+0.4X^1+0.3X^2+0.2X^3$。

因此，

$D_{2周}=(D_{周})^2$

$\quad=(0.10X^0+0.4X^1+0.3X^2+0.2X^3)^2$

$=0.01+0.08X+0.22X^2+0.28X^3+0.25X^4+0.12X^5+0.04X^6$

则 D_2 周概率可以表示成表 5-8。

表 5-7　一周需求量的分布概率

D周	$P_{(D周)}$
0	0.1
1	0.4
2	0.3
3	0.2

表 5-8　D_2 周概率

D周	$P_{(D周)}$
0	0.01
1	0.08
2	0.22
3	0.28
4	0.25
5	0.12
6	0.04

（二）确定型库存模型

确定型定期订货法与确定型的定量订货法的处理方法基本上是一样的。因为我们在那里求出定量订货法的订货批量 Q^* 时，总是也求出了订货周期 T^*。这个 T^* 也就是确定型定期订货法的订货周期。它们之间唯一不同的是，那里是求订货点 Q_K，这里是求 Q_{max}。

1. 瞬时到货、不允许缺货定期订货库存模型

如图 5-11 所示，由于瞬时到货，所以 T_K 等于 0，又因为不允许缺货，所以订货批量和额定最大库存都要完全满足整个期间的顾客需求。所以瞬时到货、不允许缺货定期订货的参数设计为：

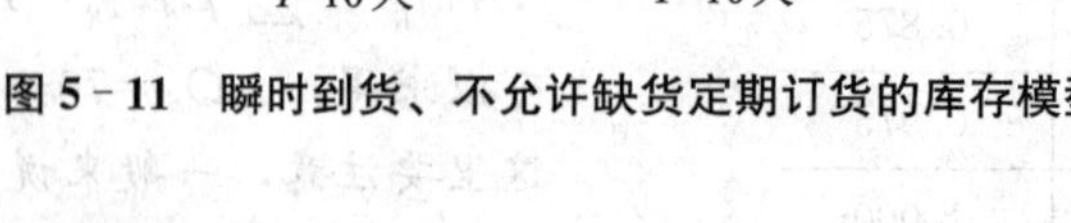

图 5-11　瞬时到货、不允许缺货定期订货的库存模型

订货周期 $T^*=\sqrt{\dfrac{2c_0}{c_1R}}$

最高库存 $Q_{max}=R\cdot(T+T_K)=R\cdot T=Q^*$。其中 $Q^*=\sqrt{\dfrac{2c_0R}{c_1}}$。

【示例 5-14】　在示例 5-5 中，如金属公司实施定期订货法，则应如何操作。

解：因为 $R=10$ 吨/天，$c_0=1000$ 元，$c_1=2$ 元/（吨·天），所以算出订货周期 $T=10$ 天。

又因为瞬时到货，$T_K=0$，所以 $Q_{max}=R\cdot(T+T_K)=Q^*=100$ 吨。

所以，其订货策略是：定期订货，订货周期为 10 天，额定最高库存为 100 吨，每隔 10 天检查库存，发出订货，订货批量的大小，使得订货以后的库存量达到额定的最大库存量 100 吨。由于瞬时到货，即订即到。所以如果是第 10 天订货，其订货批量就是 100 吨。如图 5－11 所示。

2. 持时到货、不允许缺货定期订货库存模型

如图 5－12 所示，由于持时到货，所以 T_K 大于 0，又因为不允许缺货，所以订货批量和额定最大库存都要完全满足整个期间的顾客需求。所以持时到货、不允许缺货定期订货的参数设计为：

订货周期 $T^* = \sqrt{\frac{2c_0}{c_1 R} \cdot \frac{p}{p-R}}$

最高库存 $Q_{max} = R \cdot (T + T_K)$

【示例 5－15】 在示例 5－6 中，轧钢厂连续销售、持时生产订货到货。销售速率 R＝10吨/天。持时供货速率 p＝20 吨/天，批量生产调整费用 c_0＝1000 元，每吨钢材每天的保管费用 c_1＝2 元/吨·天。订货提前期 T_K＝2 天，实施定期订货法，问应如何操作？

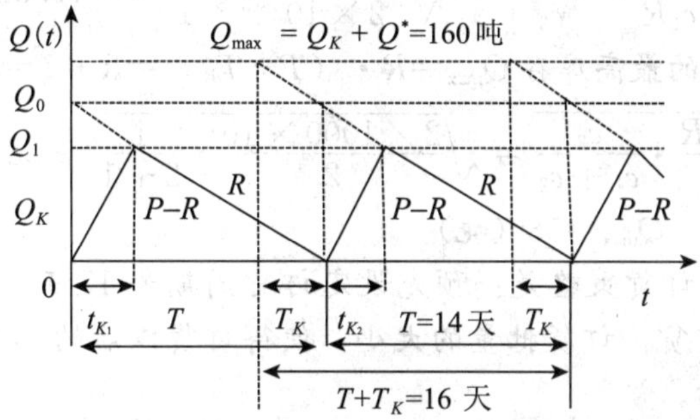

图 5－12 持时到货、不允许缺货定期订货的库存模型

解：这是持时到货、不允许缺货的库存模型，所以首先计算出其订货周期：

$$T^* = \sqrt{\frac{2c_0}{c_1 R} \cdot \frac{p}{p-R}} = \sqrt{\frac{2\times 1000}{2\times 10} \cdot \frac{20}{20-10}} = 14.14\ (\text{天})$$

因为 T_K＝2 天，所以定期订货法的最高库存设定为：

$$Q_{max} = R \cdot (T + T_K) = 10\times(14+2) = 160\ (\text{吨})$$

所以此时实施定期订货法，预先设定订货周期 14 天，最高库存 160 吨，每隔 14 天就检查库存，发出订货，订货批量的大小，使得订货以后的库存上升到预定的最高库存 160 吨。如图 5－12 所示。

3. 瞬时到货允许缺货定期订货库存模型

如图 5－13 所示，由于瞬时到货，所以 T_K 等于 0，又因为允许缺货，所以订货批量和额定最大库存都可以不完全满足整个期间的顾客需求。所以瞬时到货、允许缺货定期订货的参数设计为：

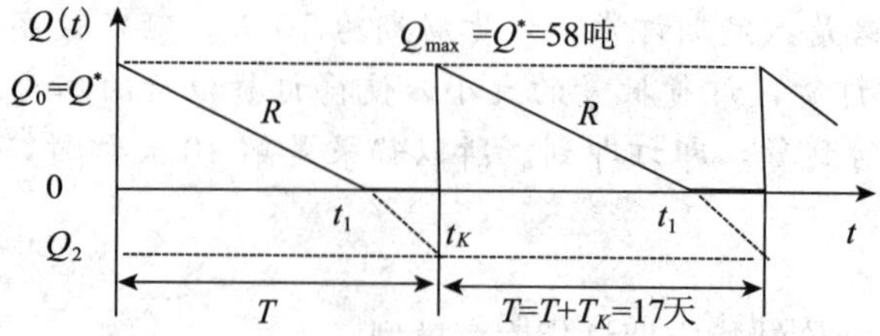

图 5-13 瞬时到货、允许缺货定期订货的库存模型

订货周期 $T^* = \sqrt{\frac{2c_0}{c_1 R} \cdot \frac{c_1 + c_2}{c_2}}$

最高库存 $Q_{max} = R \cdot (T + T_K) = R \cdot T = Q^*$

【示例 5-16】 在示例 5-7 中，某商场的运行采用瞬时到货、允许缺货的模式，其日均销售 $R=10$ 件/天，$c_0=1000$ 元，$c_1=2$ 元/（件·天），$c_2=1$ 元/（件·天），求定期订货法的订货策略。

解：由于瞬时到货，所以 $T_K=0$，$Q_K=0$。即订即到。

订货周期 $T^* = \sqrt{\frac{2c_0}{c_1 R} \cdot \frac{c_1 + c_2}{c_2}} = \sqrt{\frac{2 \times 1000}{2 \times 10} \cdot \frac{2+1}{1}} = 17.32 \approx 17$（天）

所以其定期订货法的最高库存 $Q_{max} = R \cdot (T + T_K) = R \cdot T = Q^*$

因为：$Q^* = \sqrt{\frac{2c_0 R}{c_1} \cdot \frac{c_2}{c_1 + c_2}} = \sqrt{\frac{2 \times 1000 \times 10}{2} \cdot \frac{1}{2+1}} \approx 58$（件）

所以，　　　　$Q_{max}=58$（吨）

所以定期订货法的订货策略是：预先设定订货周期为 17 天，最高库存 58 吨。每隔 17 天检查库存，发出订货，订货批量的大小，使得订货以后的库存达到额定的最高库存 58 吨。如图 5-13 所示。

4. 持时到货、允许缺货定期订货库存模型

如图 5-14 所示，由于持时到货，所以 T_K 大于 0，又因为允许缺货，所以订货批量和额定最大库存都可以不完全满足整个期间的顾客需求。所以持时到货、允许缺货定期订货的参数设计为：

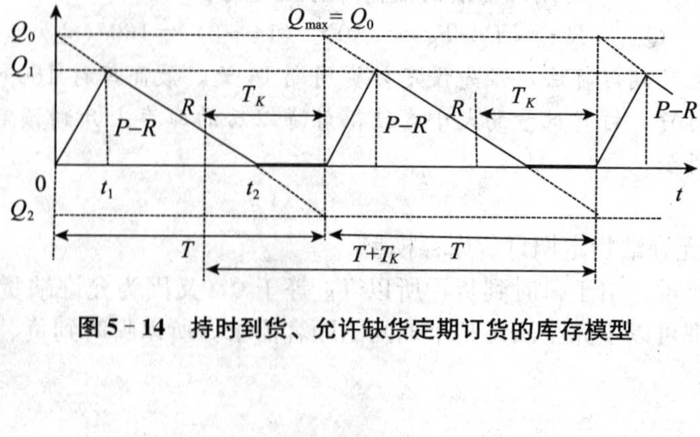

图 5-14 持时到货、允许缺货定期订货的库存模型

$$T^* = \sqrt{\frac{2c_0}{c_1(1-\frac{R}{p})R} \cdot \frac{c_1(1-\frac{R}{p})+c_2}{c_2}}$$

$$Q_{max}=R\cdot(T+T_K)=Q_0=Q^*=\sqrt{\frac{2c_0R}{c_1(1-\frac{R}{p})} \cdot \frac{c_2}{c_1(1-\frac{R}{p})+c_2}}$$

【示例 5-17】 在示例 5-8 中，某商场持时到货、允许缺货，$p=20$ 件/天，$R=10$ 件/天，$c_0=1000$ 元，$c_1=2$ 元/（件·天），$c_2=1$ 元/（件·天），$T_K=2$ 天。如果实施定期订货。则其订货周期 T 应设为：仓库采用持时进货、允许缺货、定量订货方法。订货提前期 $T_K=2$ 天。

$$T^* = \sqrt{\frac{2c_0}{c_1(1-\frac{R}{p})R} \cdot \frac{c_1(1-\frac{R}{p})+c_2}{c_2}} = \sqrt{\frac{2\times1000}{2\times(1-\frac{10}{20})\times10} \times \frac{2\times(1-\frac{10}{20})+1}{1}} = 20\text{（天）}$$

额定最高库存应设为：

$$Q_{max}=R\cdot(T+T_K)=Q_0=Q* =\sqrt{\frac{2c_0R}{c_1(1-\frac{R}{p})} \cdot \frac{c_2}{c_1(1-\frac{R}{p})+c_2}}=100\text{（件）}$$

所以其定期订货策略是预先设置订货周期 $T=20$ 天，额定最高库存 $Q_{max}=100$ 件，每隔 20 天，检查库存，发出订货，使得订货以后的库存量达到 $Q_{max}=100$ 件。

5. 瞬时到货、实行补货定期订货库存模型

如图 5-15 所示，由于瞬时到货，所以 T_K 等于 0，又因为实行补货，所以订货批量和额定最大库存都完全满足整个期间的顾客需求。因此瞬时到货、实行补货定期订货的参数设计为：

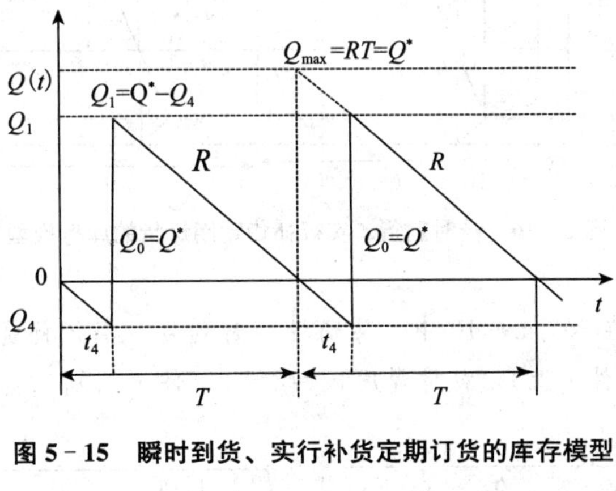

图 5-15 瞬时到货、实行补货定期订货的库存模型

订货周期 $T^* = \sqrt{\frac{2c_0}{c_1R} \cdot \frac{c_1+c_4}{c_4}}$

最高库存 $Q_{max}=R\cdot(T+T_K)=R\cdot T=Q^*$

$$Q^{*}=\sqrt{\frac{2c_0R}{c_1}\cdot\frac{c_1+c_4}{c_4}}$$

【示例 5-18】 在示例 5-9 中，某商场瞬时到货，实行补货，R=10 件/天，c_1=1000 元、c_0= 2 元/（件·天），c_4= 2 元/（件·天）。则其定期订货参数应如何设计？

解：瞬时到货，订货点取 0，随订随进货完毕。不过可以根据补货费用的情况实行适当的补货经营。

订货周期 $T^{*}=\sqrt{\frac{2c_0}{c_1R}\cdot\frac{c_1+c_4}{c_4}}=\sqrt{\frac{2\times1000}{2\times10}\cdot\frac{2+2}{2}}=14$（天）

额定最高库存 $Q_{\max}=R\cdot(T+T_K)=R\cdot T=Q^{*}$

衬衣的经济订货批量 $Q^{*}=\sqrt{\frac{2c_0R}{c_1}\cdot\frac{c_1+c_4}{c_4}}=140$(件)

即每隔 14 天检查库存,发出订货,订货批量要使得订货以后的库存达到 $Q_{\max}=140$ 件。

6. 持时到货、实行补货定期订货库存模型

如图 5-16 所示，由于持时到货，所以 T_K 不等于 0，又因为实行补货，所以订货批量和额定最大库存都完全满足整个期间的顾客需求。所以持时到货实行补货定期订货的参数设计如：

订货周期： $T^{*}=\sqrt{\frac{2c_0}{c_1R}\cdot\frac{p}{p-R}\cdot\frac{c_1+c_4}{c_4}}$

额定最高库存： $Q_{\max}=R\ (T+T_K)$

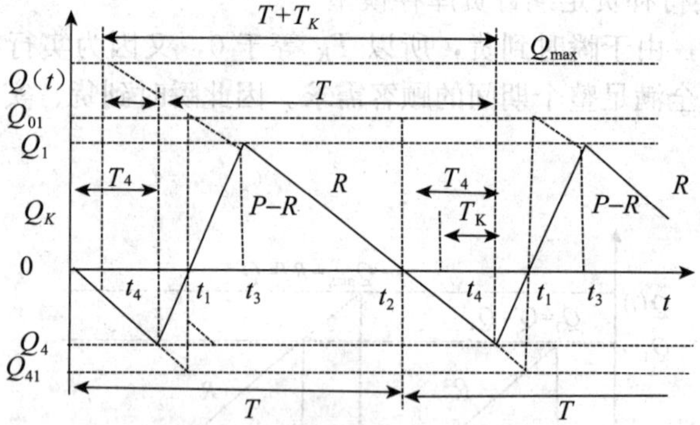

图 5-16 持时到货、实行补货定期订货的库存模型

【示例 5-19】 在示例 5-10 中，某商场持时到货，实行补货。R=10 件/天，c_0=1000 元、c_1= 2 元/（件·天），补货费用 c_3=2 元/（件·天）。T_K=2 天，p=20 件/天。则其定期订货策略：

订货周期 $T=\sqrt{\frac{2c_0}{c_1R}\cdot\frac{p}{p-R}\cdot\frac{c_1+c_4}{c_4}}=\sqrt{\frac{2\times1000}{2\times10}\cdot\frac{20}{20-10}\cdot\frac{(2+2)}{2}}=20$（天）

最高库存 $Q_{\max}=R\ (T+T_K)=10\times\ (20+2)=220$（件）

即设定订货周期 T=20 天，$Q_{\max}$=220 件，每隔 20 天，检查库存，发出订货，订货批量的大小等于当时的实际库存量与最高库存量 $Q_{\max}$=220 件的差值。

第四节　价格折扣和区段价格采购策略

一、价格折扣策略

(一) 价格折扣概述

所谓价格折扣，就是供应商规定的价格随订货批量变化的促销策略。销售批量的大小对供应商来说很重要。销售批量大，可以：

(1) 减少销售时间，减轻销售劳动量；

(2) 减少商品的保管费用；

(3) 减少多次零售磅秤的误差积累；

(4) 减少订货费用；

(5) 简化了包装装卸和检验的劳动量等；

(6) 提高了物资周转率和经济效益。

所以，为了谋求大销售批量的利益，供应商往往采用价格折扣的促销策略。

在供应商采取价格折扣的情况下，采购员是否一定要接受折扣呢？答案是：不一定。这要好好算一算，看一看是否真合算。有时可能合算，有时可能不合算。

如图 5-17 所示，设原来的价格为 K，一般用户在这种价格水平下采取按经济订货批量订货的对策。若供应商规定当订货批量大于等于 Q_1 时，价格取折扣 δ，即价格为 $(1-\delta)K$，这时采购员就需要确定，是接受折扣按 Q_1 订货，还是不接受折扣仍按原来的经济订货批量订货。这就是本节所要讨论的问题。

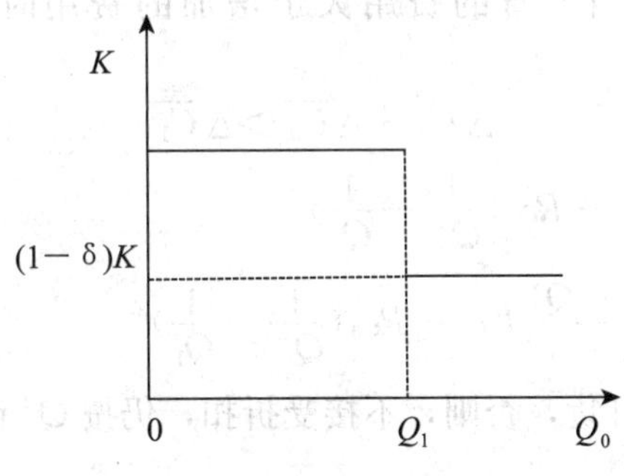

图 5-17　价格折扣原理

(二) 价格折扣采购策略

这里介绍选择采购批量的两种考虑方法：

1. 节约比较法

所谓节约比较法，就是比较折扣前后的费用，看接受折扣后是不是节省费用。如果节省费用，就接受折扣、按折扣点数量订货；如果接受折扣后费用反而升高，则不接受折扣、还按原来的订货批量订货。与折扣有关的费用有三项：订货费、保管费和购买费，现在分别考虑。

(1) 折扣后，购买费用的变化：

折扣前，$\overline{C_3}=K\cdot R$

折扣后，$\overline{C_3}=K(1-\delta)\cdot R$

折扣后，购买费用的降低：$\Delta\overline{C_3}=\delta K\cdot R$

(2) 折扣后，订货费用的变化：

折扣前，$\overline{C_0}=\dfrac{R}{Q^*}\cdot c_0$

折扣后，$\overline{C_0}=\dfrac{R}{Q_1}\cdot c_0$

折扣后，订货费用的降低：

$$\Delta\overline{C_0}=\frac{R}{Q^*}c_0-\frac{R}{Q_1}c_0=Rc_0(\frac{1}{Q^*}-\frac{1}{Q_1})$$

(3) 折扣后，保管费用的增加：

折扣前，$\overline{C_1}=\dfrac{Q^*}{2}c_1$ 或 $\overline{C_1}=\dfrac{Q^*}{2}Kc_i$

折扣后，$\overline{C_1}=\dfrac{Q_1}{2}c_1$ 或 $\overline{C_1}=\dfrac{Q_1}{2}K(1-\delta)c_i$

折扣后，保管费用的增加：$\Delta\overline{C_1}=\dfrac{Q_1-Q^*}{2}c_1$

或 $\Delta\overline{C_1}=\dfrac{Q_1(1-\delta)-Q^*}{2}Kc_i$

价格折扣，会减少一部分利润。折扣越大，减少的利润越多。对销售者来说，一个合适的价格折扣策略应当保证利润大于0。而对购买者来说，一个合适的价格折扣策略应当综合考虑三个方面，当节省的费用大于增加的费用时，就可以接受价格折扣。即当：

$$\Delta\overline{C_3}+\Delta\overline{C_0}>\Delta\overline{C_1}$$

或 $\delta KR>\dfrac{Q_1-Q^*}{2}c_1-Rc_0(\dfrac{1}{Q^*}-\dfrac{1}{Q_1})$

或 $\delta KR>\dfrac{Q_1(1-\delta)-Q^*}{2}Kc_i-Rc_0(\dfrac{1}{Q^*}-\dfrac{1}{Q_1})$

时，接受折扣，按 Q_1 订货，否则，不接受折扣，仍按 Q^* 订货。

2. 成本比较法

所谓成本比较法，就是比较折扣前后的总费用，看谁的总费用最省。如果接受折扣后总费用省，我们就接受折扣，按折扣点数量订货，否则我们不接受折扣，仍按原订货批量订货。总费用由订货费、保管费和购买费三部分构成。

折扣前 $\overline{C}(Q^*)=K_1R+\dfrac{R}{Q^*}\cdot c_0+\dfrac{Q^*}{2}c_1$

或 $\overline{C}(Q^*)=KR+\dfrac{R}{Q^*}\cdot c_0+\dfrac{Q^*}{2}Kc_i$

折扣后 $\overline{C}(Q_1)=K_2R+\dfrac{R}{Q_1}\cdot c_0+\dfrac{Q_1}{2}c_1$

或 $\overline{C}(Q_1) = K(1-\delta)R + \frac{R}{Q_1} \cdot c_0 + \frac{Q_1(1-\delta)}{2}Kc_i$

根据以上公式进行计算，并比较分析计算的结果进行订货批量决策。这两套公式的区别，就是保管费用的计算方法不一样：前一套公式中的 c_1 是以单位物资的保管费用来计算保管费的。而后一套公式是以保管费率来计算保管费的。

二、区段价格

所谓区段价格，也是一种价格折扣策略，是多个区段的价格折扣。供应商采用区段价格的目的，也是为了促销。不同的订货批量，采用不同的销售价格，批量越大，价格折扣越多，销售价格就越低。如图 5 - 18 所示。

面对这样的销售价格体系，采购者应当如何确定订货批量才能使总费用最小呢?

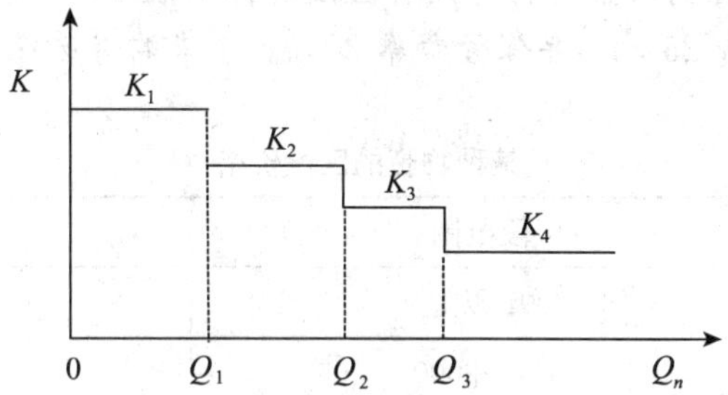

图 5 - 18 区段价格原理

区段价格的原理还是成本比较法，只是要进行多个区段的成本比较。为了减轻工作量，可以采用一些简化方法。具体分成以下几步：

第一步，整理资料，分清区段。要把各个区段的上下界点、区段价格认真整理清楚，最好画成数轴示意图，以达到直观明了的目的。如图 5 - 19 所示。要注意的是，界点值都是落在高区段中，采用高区段价格，不是落在低区段，不采用低区段的价格。假设一共有 n 个区段。

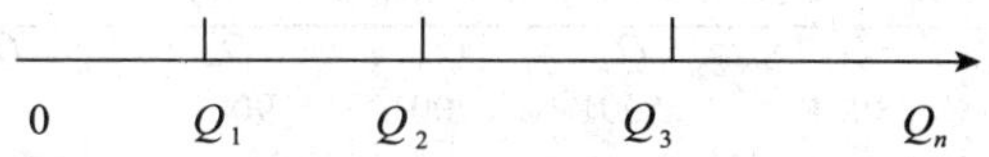

图 5 - 19 价格区段

第二步，求各区段的经济订货批量。

$$Q_i^* = \sqrt{\frac{2c_0R}{K_ic_i}} \qquad (i = 1, 2, \cdots, n)$$

第三步，从最高区段 n 开始，比较 Q_i^* 和 Q_{i-1}，如果 $Q_i^* < Q_{i-1}$，则 $i=i-1$，即转入较低区段（$i-1$）的比较；如在某个区段 i 的比较中有：$Q_i^* >= Q_{i-1}$，则取 Q_i^*，Q_i，Q_{i+1}，…，Q_n 各点中总费用 $C(Q_i^*)$，$C(Q_i)$，$C(Q_{i+1})$，…，$C(Q_n)$，其中费用最小的点对应的数量作为订货批量。如图 5 - 20 所示。

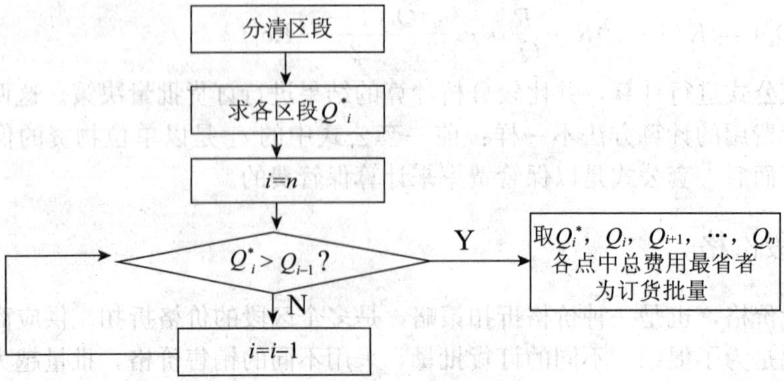

图 5-20　区段价格采购处理逻辑

【示例 5-20】　供应商对某种物资设有区段价格如表 5-9 所示。采购企业年需求量为 30000 件。每次订货费 25 元，年保管费率 20%。求采购者选择订货批量多大最合适？

表 5-9　某种物资的区段价格

序号	区段范围	区段价格
1	9001 以上	0.135
2	7001～9000	0.155
3	5001～7000	0.17
4	3001～5000	0.19
5	1～3000	0.21

可以分以下几步来处理。

第一步，画区段图、求出各个区段的经济订货批量。见图 5-21。

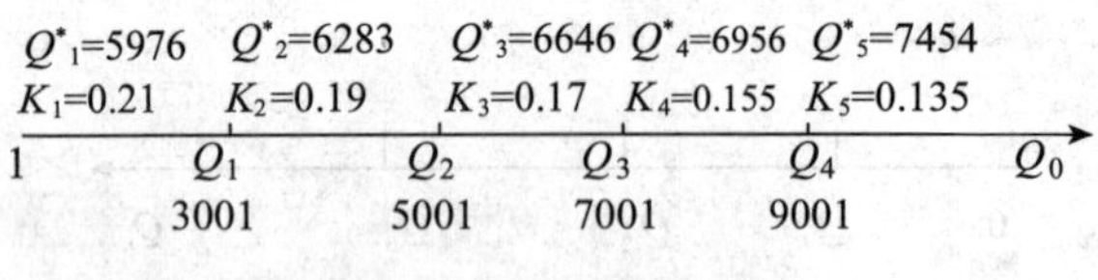

图 5-21　价格区段

第二步，计算各个区段的经济订货批量。各个区段的经济订货批量的计算公式如下：

$$Q_i^* = \sqrt{\frac{2c_0R}{K_ic_i}}\ (i=1,\ 2,\ 3,\ 4,\ 5)$$

计算结果填入图 5-21 各个相应区段中。

第三步，逐个区段比较。从最高区段 $i=5$ 开始，比较 Q_i^* 和 Q_{i-1}。当 $Q_i^* < Q_{i-1}$ 时，转第 $i-1$ 区段，直到 $Q_i^* > Q_{i-1}$ 时为止。这时比较 Q_i^*，Q_i，Q_{i+1}，…，Q_n 各点中总费用 $C(Q_i^*)$，$C(Q_i)$，$C(Q_{i+1})$，…，$C(Q_n)$，其中最小者所对应的数量为订货批量。在这里，因为 $Q_5^* < Q_4$、$Q_4^* < Q_3$、$Q_3^* < Q_2$，所以比较 $C(Q_3^*)$、$C(Q_3)$、$C(Q_4)$：

$\overline{C}(Q_3{}^*) = KR + \frac{R}{Q_3{}^*} \cdot c_0 + \frac{Q_3{}^*}{2} Kc_i = 5326$

$\overline{C}(Q_3) = K(1-\delta)R + \frac{R}{Q_3} \cdot c_0 + \frac{Q_3(1-\delta)}{2} Kc_i = 4865$

$\overline{C}(Q_4) = K(1-\delta)R + \frac{R}{Q_4} \cdot c_0 + \frac{Q_4(1-\delta)}{2} Kc_i = 4254$

因为 $C(Q_4)$ 最小，所以取 $Q_4 = 9001$ 作为最佳的订货批量。

这就是采购者在区段价格面前做出的采购批量决策的全过程。

第五节 多品种联合订购

一、概述

以上讨论的都是单一品种物料的采购问题，在实际工作中，大量出现的是多品种的联合订购，尤其是同类多品种、同城多品种的联合订购更是普遍。前者是指同类产品的多种不同规格型号，后者是指同一城市或同一地区生产或供应的多个品种。在这些情况下，实行联合订购可以大大节省订货费用。

联合订购问题按订购时间分为两类：第一类是同品种相同周期的联合订购；第二类是同品种不同周期的联合订购。

以下分别加以讨论。

二、不同品种相同周期联合订购

不同品种相同周期的联合订购的基本方法原理是把联合订购的各个品种归为一个组，作为一个整体综合考虑它们的库存费用和订货费用，求得使总费用最低的共同订货周期。

假设第 i 个品种的需求速率为 R_i，单位物资单位时间的保管费用为 c_{1i}，在联合订购中各自的订货批量为 Q_i，联合订购的一次订货费用为 c_0，联合订购的订货周期为 T。则第 i 种物资在 T 周期内的平均保管费用为：

$$\overline{C}_{1i} = \frac{Q_i}{2} c_{1i} = \frac{R_i T}{2} c_{1i}$$

各种物资单位时间的总保管费用等于各种物资保管费用之和：

$$\overline{C}_1 = \sum \frac{R_i T}{2} c_{1i}$$

T 期间的平均订货费用为： $\overline{C_0} = \frac{c_0}{T}$

所以 T 期间的平均总费用为：

$$\overline{C} = \overline{C_0} + \overline{C_1} = \frac{c_0}{T} + \sum \frac{R_i T}{2} c_{1i}$$

令： $$\frac{\mathrm{d}\overline{C}}{\mathrm{d}T} = -\frac{c_0}{T^2} + \sum \frac{R_i}{2} c_{1i} = 0$$

得共同的经济订货周期 T^* 和各种物资的订货批量 Q_i^*：

$$T^* = \sqrt{\frac{2c_0}{\sum R_i c_{1i}}} \quad (i=1, 2, \cdots, n)$$

$$Q_i^* = R_i\sqrt{\frac{2c_0}{\sum R_i c_{1i}}} \quad (i=1, 2, \cdots, n)$$

总平均费用为：

$$\overline{C^*} = \sqrt{2c_0 \sum c_{1i} \cdot R_i} \quad (i=1, 2, \cdots, n)$$

【示例 5-21】 A、B、C 三个品种联合订购，基本数据如表 5-10 所示。求联合订购的订货周期，各自订货批量和总平均费用。

表 5-10　　A、B、C 三个品种的基本数据

品种	R_i （件/年）	C_{1i} 元/（件·年）	C_0（元）
A	5000	0.50	—
B	3250	1.00	125
C	2900	0.75	—

解：为求各个品种的订货批量，先求 $\sum R_i c_{1i}$。

$$\sum R_i c_{1i} = 5000 \times 0.5 + 3250 \times 1.00 + 2900 \times 0.75 = 7925(\text{元}/\text{年})$$

这样共同的订货周期和各个品种相应的订货批量分别为：

$$T^* = \sqrt{\frac{2c_0}{\sum R_i c_{1i}}} = \sqrt{\frac{2 \times 125}{7925}} = 0.1776$$

$$Q_A^* = T^* R_A = 0.1776 \times 5000 = 888$$

$$Q_B^* = T^* R_B = 0.1776 \times 3250 = 577$$

$$Q_C^* = T^* R_C = 0.1776 \times 2900 = 515$$

$$Q^* = Q_A^* + Q_B^* + Q_C^* = 888 + 577 + 515 = 1980$$

$$\overline{C}^* = \sqrt{2c_0 \sum c_{1i} \cdot R_i} = \sqrt{2 \times 125 \times 7925} = 1403$$

这就是说，A、B、C 三个品种都以 0.1776 年的订货周期同时订货，A 的订货批量取 888 件、B 的订货批量为 577 件、C 的订货批量为 515 件，合计订货批量 1980 件。年均总可变费用 1403 元/年。

三、不同品种不同周期联合订购

不同品种不同周期的联合订购的方法原理，是设定一个基准周期 T，把各品种单独订购的经济订货周期都化成这个基准周期的简单倍数。以基准周期连续运行，在不同的基准周期实行不同品种的联合订购。每个品种都在自己的简单倍数所在的基准周期中联合订货。

设各品种的共同订货费为 C_{00}，各自订货费为 C_{0j}，保管费为 C_{1j}。计算步骤如下：

(1) 先求各自订货周期 T_j：$T_j^* = \sqrt{\frac{2c_{0j}}{c_{1j} R_j}}$

(2) 取 T_j 中最小的作为基准周期，其余都转化为其整数倍：

$$T_0 = \min\{T_j\}$$
$$T_j = [\alpha_j]T_0$$

其中，$\alpha_j = T_j/T_0$，$[\alpha_j]$ 为不大于 α_j 的整数。

(3) 求基准周期 T_0：$\overline{C}(T_0) = \frac{c_{00}}{T_0} + \sum \frac{c_{0j}}{T_j} + \frac{1}{2}\sum_{j=1}^{n} c_{1j} \cdot R_j \cdot T_j$

令：$\frac{\partial \overline{C}(T_0)}{\partial T_0} = 0$ 得：$T_0^* = \sqrt{\frac{2(c_{00} + \sum_j \frac{c_{0j}}{[\alpha_j]}}{\sum c_{1j}R_j[\alpha_j]}}$

特别地当 c_{0j} 都等于 c_0 时，则：$T^* = \sqrt{\frac{2(c_{00} + nc_0)}{\sum c_{1j}R_j}}$

(4) 求各自的订货周期： $T_j{}^* = [\alpha_j]\ T_0{}^*$

(5) 求总平均费用： $\overline{C}\ (T_0) = \frac{1}{T_0^*}\ (C_{00} + \sum_j \frac{C_{0j}}{[\alpha_j]}) + \frac{1}{2}T_0^*\ \sum_j C_{1j}R_j\ [\alpha]_j$

【示例 5-22】 同组五个品种实行联合订货，C_{0j}、C_{1j}、R_j 如表 5-11 所示，$C_{00}=40$ 元，求 T_0^* 和 $\overline{C}(T_0)$。

表 5-11 五个品种的 C_{0j}、C_{1j}、R_j

品　名	1	2	3	4	5
R_j（件/年）	100	80	100	25	15
C_{1j}（元/（件·年））	10	8	1	3	2
C_{0j}（元）	5	4	2	3.5	5
T_j（年）	0.1	0.11	0.2	0.31	0.58
α_j	1	1.1	2.0	3.1	5.8
$[\alpha_j]$	1	1	2	3	5

(1) 求 T_j：

$$T_1 = \sqrt{\frac{2C_{01}}{C_{11}R_1}} = \sqrt{\frac{2\times 5}{10\times 100}} = 0.10(\text{年})$$

$$T_2 = \sqrt{\frac{2C_{02}}{C_{12}R_2}} = \sqrt{\frac{2\times 4}{8\times 80}} = 0.11(\text{年})$$

$$T_3 = \sqrt{\frac{2C_3}{C_{13}R_3}} = \sqrt{\frac{2\times 2}{1\times 100}} = 0.20(\text{年})$$

$$T_4 = \sqrt{\frac{2C_{04}}{C_{14}R_4}} = \sqrt{\frac{2\times 3.5}{3\times 25}} = 0.31(\text{年})$$

$$T_5 = \sqrt{\frac{2C_{05}}{C_{15}R_5}} = \sqrt{\frac{2\times 5}{2\times 15}} = 0.58(\text{年})$$

(2) 求 α_j，$[\alpha_j]$：

$$\alpha_1=\frac{T_1}{T_0}=\frac{T_1}{T_1}=1.0 \qquad [\alpha_1]=1$$

$$\alpha_2=\frac{T_2}{T_0}=\frac{T_2}{T_1}=1.1 \qquad [\alpha_2]=1$$

$$\alpha_3=\frac{T_3}{T_0}=\frac{T_3}{T_1}=2.0 \qquad [\alpha_3]=2$$

$$\alpha_4=\frac{T_4}{T_0}=\frac{T_4}{T_1}=3.1 \qquad [\alpha_5]=3$$

$$\alpha_5=\frac{T_5}{T_0}=\frac{T_5}{T_1}=5.8 \qquad [\alpha_6]=5$$

(3) 求 T_0^*：

$$T^*=\sqrt{\frac{2(C_{00}+\sum_j \frac{C_{0j}}{[\alpha_j]})}{\sum_j C_{1j}R_j[\alpha_j]}}=0.22(\text{年})$$

(4) 求各自的订货周期：

$$T_j{}^*=[\alpha_j]\ T_0{}^*$$

算得：$T_1{}^*=0.22$ 年、$T_2{}^*=0.22$ 年、$T_3{}^*=0.44$ 年、$T_4{}^*=0.66$ 年、$T_5{}^*=1.1$ 年

(5) 求总平均费用：

$$\overline{C}(T_0)=\frac{1}{T_0^*}(C_{00}+\sum_j\frac{C_{0j}}{[\alpha_j]})+\frac{1}{2}T_0^*\sum_j C_{1j}R_j[\alpha_j]=480.79(\text{元})$$

本章练习题

一、名词解释

1. 库存，周转库存，保障库存，安全库存，中转库存，随机型库存，确定型库存，平均库存
2. 库存过程，订货过程，进货过程，保管过程，销售出库过程，物流过程，商流过程
3. 订货费，保管费，进货费，购买费，缺货费，补货费，总费用，平均总费用
4. 不允许缺货，允许缺货、实行补货，瞬时到货，持时到货
5. 订货点，订货量，订货批量，订货周期，订货提前期，平均提前期长度
6. 订货提前期需求量，订货周期加订货提前期需求量，订货点库存量，最高库存量
7. 需求速率，库存消耗速率，进货速率，出库速率，库存满足率，缺货率，服务率
8. 定量订货法，定期订货法，多品种联合订购，折扣定价订购策略，区段价格订购策略
9. 正态分布，任意分布，平均提前期需求量，标准偏差，安全系数，安全库存量
10. 价格折扣，节约比较法，成本比较法，折扣点，折扣率，联合订货周期，联合批量

二、选择填空

1. 一般对于重点物资、紧缺物资采用（　　）。

A. 定量订货法　　B. 定期订货法　　C. 联合订购法　　D. 合同订购法

2. 一般对于非重点物资、供大于求商品采用（ ）。

A. 定量订货法 B. 定期订货法 C. 联合订购法 D. 合同订购法

3. 某汽车制造厂去年12个月，每个月出产汽车的汽车数量都不一样，但是每个月里面的日产量都相同。则这个厂的汽车月产量是（ ），而每个月中的日产量却是（ ）。

A. 随机型变量 B. 确定型常量

C. 既是变量又是常量 D. 不是变量也不是常量

4. 某商场每天销售的商品数量金额都不相同。则这个商场的日销售量是（ ），而平均日销售量却是（ ）。

A. 随机型变量 B. 确定型常量

C. 既是变量又是常量 D. 不是变量也不是常量

5. 某商场每天销售的商品数量金额都不相同，但订货提前期的长度都一样，都等于2天。则这个商场的日销售量是（ ），订货提前期的长度是（ ），而提前期需求量是（ ）。

A. 随机型变量 B. 确定型常量

C. 既是变量又是常量 D. 不是变量也不是常量

三、思考题

1. 什么叫库存，库存有哪些种类，有哪些表现形式？
2. 为什么周转库存需要库存控制、而储备库存和中转库存不需要进行库存控制？
3. 库存过程包括哪些过程，其中哪些过程可以影响库存量的大小？
4. 库存过程发生哪些费用，它们分别怎样确定，哪些费用对库存控制有影响？
5. 库存控制的原理是什么，库存控制有哪些方法？
6. 定量订货法的原理如何，定量订货法的基本参数是什么，它们分别如何确定？
7. 为什么说确定型库存模型是随机型库存模型的特殊情况？
8. 确定型库存定量订货法包括哪些模型，其决策参数如何确定处理？
9. 什么叫价格折扣，在价格折扣情况下如何确定采购批量？
10. 什么叫区段价格，在区段价格情况下如何确定采购批量？
11. 什么叫多品种联合订购，多品种联合订购有哪些方法？

四、实训题

1. 调查一个企业的采购业务流程和采购管理的内容。

2. 某种物资各月的日平均库存量如表5-12所示。试求它在这一年的月平均库存量和年平均库存量。

表5-12 某种物资各月月平均库存量

月	1	2	3	4	5	6	7	8	9	10	11	12
日均库存	100	110	80	90	100	120	110	110	90	100	110	120

3. 某机电设备公司本月仓储费用实际支出为6000元。各类物资储存情况如下：

① 机械类：月初储存量600万元，月末储存量为0；

② 轴承类：月初储存量 300 万元，月末储存量为 100 万元；

③ 其他类：月初储存量 200 万元，月末储存量为 0。

求出各类物资应摊的仓储费用。

4. 某种物资订货前置期内的销售量服从正态分布，过去六个前置期内的销售量分别是 80、70、90、100、110、120 台，如果要保证用户满足率不小于 95，求订货点和安全库存量为多少合适？

5. 某种 C 类物资的销售速率和订货前置期均服从正态分布。销售速率 $R \sim N$（100，20）吨/月，订货提前期 $T_K \sim N$（30，10）天，要求库存满足率达到 90%。其一次订货费 100 元，每吨物资的月保管费为 10 元，求其订货策略。

6. 某商场对装饰布的需求属于 C 类非重点物资，其月需求量服从正态分布，均值为 20 吨/月，标准偏差为 3 吨/月。采购进货从发出订货单到收到订货货物的时间约为半个月，平均一次订货费为 200 元，一吨物资一月的保管费 20 元。要求库存满足率达到 84%，则应采取什么样的订货策略？

7. 设某种 A 类物资的销售速率服从正态分布。$R \sim N$（15，1.8）吨/月，$T_K = 1$ 月，$c_0 = 30$ 元，$C_1 = 1$ 元/（吨·月），如果订货周期为 3 个月，要求库存满足率达到 90%。求其订货策略。

8. 某汽车制造厂汽车装配生产的速度均匀稳定，平均每天生产 100 辆，其关键部件发动机的采购采用定期订货法，每个月订一次货，订货进货提前期为 10±2 天，如果要求库存满足率达到 99%，则其发动机保有的最高库存应取多少最合适？

9. 某汽车制造厂对汽车薄钢板的需求属于 A 类重点物资。其月需求量服从正态分布，均值为 20 吨/月，标准偏差为 3 吨/月。如果一个月订一次货，从发出订货单到收到订货货物的时间约为半个月，要求库存满足率达到 97%，则应采取什么样的订货策略？

10. 某物资订货提前期需求量的概率分布如表 5－13 所示。要求缺货率不大于 10%，求定量订货法的订货点。

11. 如果把表 5－13 中的 D_L 换成 D_{T+T_K}，也要求缺货率不大于 10%，求定期订货法的 Q_{max}。

表 5－13 某物资订货提前期需求量概率分布

D_L（吨）	$P_{(D_L)}$
5	0.02
10	0.10
15	0.18
20	0.40
25	0.18
30	0.10
35	0.02

12. 如果某商店年销售某种服装 10000 件，一次订货费为 100 元，每件服装的基本单价为 100 元，保管持有费率为 90%。如果服装生产厂实行价格折扣，规定：

① 采购批量达 500 件时，价格折扣 1%；

② 采购批量达 1000 件时，价格折扣 5%。

问在这两种情况下，该商场订货批量分别取多少最好？

13. 如果上题中，服装生产厂把两种情况联合起来，实行区段价格，如表 5－14 所示，则该商场订货批量取多少最好？

表 5-14 服装采购区段价格

区段	价格（元）
<500	100
500～1000	99
≥1000	95

14. 武汉某商场到上海联合订购 A、B、C 三种服装。这三种服装的销售速率、保管持有费如表 5-15 所示，到上海采购的一次订货费用为 1000 元。如果实行相同周期的多品种联合采购，则共同订货周期取多少？各自的订货批量取多少？

表 5-15 服装销售速率与保管持有费

服装品名	销售速率 R_i（件/年）	保管持有费 C_{1i}（元/（件·年））	一次订货费 C_0（元/次）
A	10000	100	
B	500	500	1000
C	100	1000	

15. 如表 5-16 所示的 A、B、C、D 和 E 五种服装实行不同周期的不同品种联合采购，共同订货费为 1000 元，各自的需求速率、保管费以及各自订货费如表 5-16 所示。则共同订货的基准周期取多少？各自的订货周期取多少？

表 5-16 服装销售速率、保管持有率与订货费

服装品名	销售速率 R_j（件/年）	保管持有费 C_{1j}（元/（件·年））	各自订货费 C_{0j}（元/次）	一次共同订货费 C_{00}（元/次）
A	10000	100	100	
B	500	500	200	
C	100	1000	300	1000
D	300	500	200	
E	400	500	200	

第六章 MRP 采购管理

本章教学目的与要求

本章的教学目的，就是要通过学习，掌握 MRP 采购这样一种重要的、先进的采购技术和操作方法。具体要求掌握以下几方面的内容：

1. MRP 的概念和原理。
2. MRP 采购的方法。
3. MRP 采购的优缺点和适用的环境条件。

章首案例

某电子设备公司的 MRP 采购

某电子设备公司是一个只有几十人的小公司，专门生产各种电子设备，包括各种电源箱，电控制器、小家电设备等，面向各个企业、商场以及社会家庭接受批量订货或单件购买。企业设市场科、技术科、采购科、生产科和办公室。市场科负责跑市场找用户接订单，技术科负责设计产品，采购科负责采购和储运，生产科负责生产，办公室负责行政人事和财务。

市场科 10 个业务员，都是懂电子的大学生，他们分布在各个省市地区，深入各个企业、建筑工地和社区，承接电源箱、电控箱、小家电的供货任务，签订供货合同或订货单。订单签订回来以后，统一交到技术科。技术科根据产品性能要求，进行电路设计、结构和装配设计、工艺设计和包装设计。技术科把设计结果交采购科。

采购科的任务很重，他们以市场部的订单产品需求数量和交货时间为准则，要分析技术科设计出来的产品结构零部件，根据库存情况和生产条件情况，分析哪些要自己生产，哪些要到外面去采购，自己生产还需要哪些设备、材料和工具，还要考虑产品的包装和送货需要一些什么东西，加在一起形成一个总的需求物料清单。并分别形成生产物料清单和生产计划，交生产科，也形成采购物料清单和采购计划，安排采购人员采购。由于情况复杂、品种多、计算量大，特别对于那些复杂产品，手工计算简直是不可能的，所以要采用计算机，运用 MRP 软件进行计算才行。采购科 MRP 采购运行的原理如图 6－1 所示。

采购科不只是发出物料生产和采购计划，还要验收生产出来和采购回来的入库产品，进行仓储管理，还负责把最后装配完成的产成品进行包装、运输送货给顾客，最终将这一个订单项目完成为止。

这是一个项目的完成过程。公司会有很多这样的项目，就是这样一个项目接着一个项目运行下去。

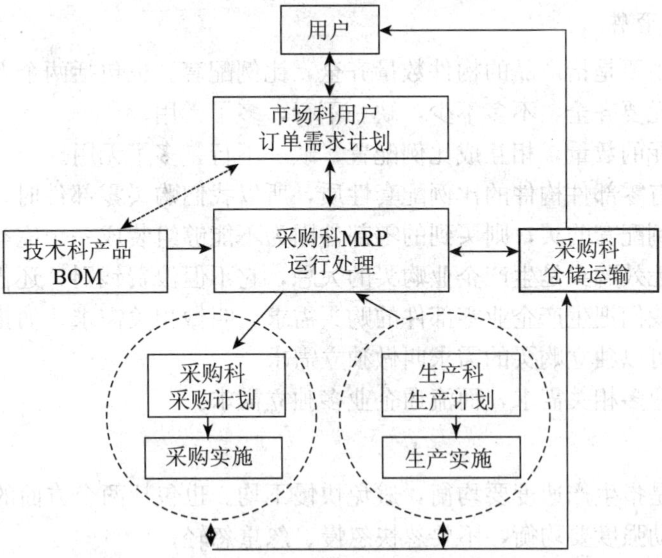

图 6-1 某电子设备公司 MRP 采购运行原理

思考题： 分析一下该电子设备公司 MRP 采购特点、优点和适用于什么情况。

第一节 生产企业的 MRP 采购

一、企业生产的特点

从产品经济的角度看，社会企业可以分为两类，一类是生产企业，另一类是流通企业。生产企业，是产品的生产者，是靠生产出新的产品、提供给社会以获得利润而维持企业生存发展的组织，是整个社会财富的创造者。流通企业是产品的转移分配者，把生产出来的产品分配到社会的千家万户需求者手中，保障社会生产和生活的产品需要。二者是社会中最众多最骨干的力量之一，是社会得以生存发展的经济支柱。

所谓生产产品，就是从无到有创造出来新产品。而很多产品都是由许多原材料、零部件加工装配而成的，而且产品生产过程本身也需要消耗能源、设备、工具、辅料及其他消耗品等。所以一个产成品的生产需要伴随众多物料的配套购买、筹集和消耗。

企业生产产品有如下特点：

（一）系统性

企业生产是一个系统工程。这表现在两个方面：

（1）产品对象是一个系统。特别是有着复杂结构的产品更是一个复杂的系统：一个产品由多个零部件构成，每个零部件本身又由多个零部件构成，这样构成一个多层级多单元的一个系统。它们相互区别又相互联系，共同协调地组成一个产品，缺一不可。

（2）加工系统本身也是一个系统。它由多个人、多台加工设备工具、多道加工工序以及能源、库存、搬运、辅料等构成，也需要相互配套、协调地运行才能够正常生产。

（二）比例配套性

比例配套性主要是指产品的构件数量齐全，比例配套。也包括两个方面的意思：

（1）构件单元要齐全，不多不少，缺一不行，多了无用。

（2）构件单元的数量，相互成比例配置，缺一不行，多了无用。

由于产品具有零部件构件的比例配套性质，所以我们购买零部件时，总是要成比例配套购买。不成比例配套购买，则买到的零部件因为不能够组装成一个完整的产品，所以就成了无效购买。无效购买是生产企业购买的大忌，它不但浪费钱财，还占用仓库，给企业造成负担。因此我们把生产企业零部件的购买需求，叫做相关需求。而把购买商品之间互相无关联、各自可以独立购买的需求叫做独立需求。

一般生产企业多相关需求，而流通企业多独立需求。

（三）均衡性

均衡性主要是指生产速度要均衡，避免快慢不均。也包括两个方面的意思：

（1）人的劳动强度要均衡，不要忽快忽慢、忽重忽轻；

（2）设备的负荷要均衡，不要忽快忽慢、忽重忽轻。

企业生产由于牵涉大量人和设备的使用，而从对人和设备健康安全使用的角度考虑，要尽量做到均衡生产，避免过快过慢的起伏波动生产。因为过慢过闲，会降低生产效率；而过快过急，会造成疲劳生产、影响身体健康，也影响产品质量；而忽慢忽快、起伏波动太大，就会折腾人和设备，破坏人的生活规律和设备使用守则、影响人的健康和设备安全。

（四）柔性

柔性就是指可以灵活变动性，也包括两个方面。

（1）生产的工艺流程程序、长短可以变换；

（2）生产的品种结构、规格可以变换。

生产企业是为市场需求服务的，要灵敏地适应市场需求。而市场需求是变的，它会随时间、空间和人员的变化而变化。特别是现在社会经济和人们生活水平都比较高，人们对商品的需求出现了多样化、个性化的倾向。所以企业为适应社会需求的变化，也需要在产品的多样化和个性化生产方面创造条件。这就要求我们的生产线具有高度的柔性。

二、生产企业生产采购的特点要求

以上分析的生产企业的特点，为生产企业采购提出了一些相应的要求。要求生产企业采购应当具备以下的特点：

（一）精准

生产的产品往往是一个结构件，甚至是一个复杂的结构件。据统计，一台汽车不包括螺钉螺帽有26000多个零部件，包括螺钉螺帽有32000多个零部件。数量多、结构复杂、尺寸精准，所以如果要生产或采购，对数量、结构、尺寸精度，都要求精准。否则，生产出来或采购回来，就没有用。造成无效生产、无效采购。

（二）系统

要注意产品的零部件系统以及生产系统的空间结构和时间结构的完整性、注意相互之间的协调配合，巧妙地运用资源，实现最低成本、最有效率的协调配合。

（三）配套

产品零部件要配套齐全，生产条件要配套齐全，缺一不行，多了无用。

（四）比例

产品零部件的数量相互成比例，生产人员设备等资源的数量也要相互成比例，这样才能够实现同步生产、并行作业，提高生产效率，降低生产成本，减少等待时间。

（五）合适

产品合适、数量合适、质量合适、价格合适。质量并不是越高越好，价格也不是越便宜越好，时间也不是越早越好，数量也不是越多越好。追求合适，就是追求质量不低也不高、价格不高也不低、到货时间不早也不迟、购买数量不多也不少。否则都是浪费。

（六）及时

送货要及时，否则会误工。最好是准时化送货，最大地降低库存（甚至实现零库存生产）、保障供应。

（七）应变

要灵敏适应市场变化。这就要求库存不要太大，生产具有柔性。

（八）和谐

要有一个友好的外部环境条件。保障企业在应变改革的时候有一个包括供应商在内的友好的外部环境的有力支持。

以上八大特点中，尤其重要的是前面四条：精准、系统、配套、比例。

三、生产企业运用订货点采购遇到的问题

生产企业用传统的订货点方法进行采购时，由于不能够弄明白各个零部件之间存在的比例关系，不可避免地存在很大的盲目性，结果造成有的零部件订多了、有的订少了，结果会造成有的大量库存、有的大量缺货。为了叙述的方便，下面将用“组件”来代表零件、部件、毛坯和原材料。说明订货点采购方法用于制造过程主要存在的问题：

（一）孤立性

由于订货点采购都是各个零部件的孤立采购，没有注意配套性、系统性、比例性，对企业产品存在的大量复杂的零部件比例情况不予考虑，因此不可避免地会造成采购时此多彼少、此迟彼早，因而造成有的产品高库存，有的产品高缺货。这种高库存高缺货并存的现象既浪费了采购资金，又不能保障供应，阻碍了生产的正常进行。

（二）不适应间断性突变需求

订货点采购一般适用于连续性渐变需求，不太适应间断性突变需求。而后者却是生产企业常常碰到的：有时候几周都没有订单，突然一周接到一个大订单。由于订货点采购常常是盲目地维持一定量的库存来迎合顾客的购买，而一旦好长时间没有人购买，就会造成这个库存长时间地维持而造成资金积压。而一旦突发一个高需求订单，现有库存往往又不够满足而造成缺货。例如，对某种零件需求可能出现如表 6－1 所示的三种情况。按经济订货批量（EOQ）公式，可以计算出经济订货批量，比如说为 50 件。这样，对于情况 1，

第一周仅需 20 件，若一次订 50 件，则余下 30 件还需存放 3 周，到第 4 周再消耗 20 件，余下的 10 件还需存放 4 周，而且还满足不了第 8 周的需要。因此在第 8 周前又要提出数量为 50 件的订货。对于情况 2，定货量不足以满足前三周的需要。对于情况 3，剩余的 30 件无缘无故地存放了 9 周，而且还不满足第 10 周的需要。靠经常维持库存来保证需要，是由于对需求的数量及时间不了解所致，盲目性造成浪费。

表 6－1　　对某零件的需求

周次	1	2	3	4	5	6	7	8	9	10
情况 1	20	0	0	20	0	0	0	20	0	0
情况 2	20	0	40	0	0	0	0	0	0	0
情况 3	20	0	0	0	0	0	0	0	0	40

（三）高库存与低服务水平

用订货点方法会造成高库存与低服务水平。由于对需求的情况不了解，只有靠维持高库存来提高服务水平。这样会造成很大浪费。传统的订货点方法使得低库存与高服务水平两者不可兼得，服务水平越高则库存也越高。而且服务水平达到 95％以上时，再要提高服务水平，库存量上升很快。从理论上讲，服务水平接近 100％，则库存量必然趋于无穷大(如图 6－2 所示)。

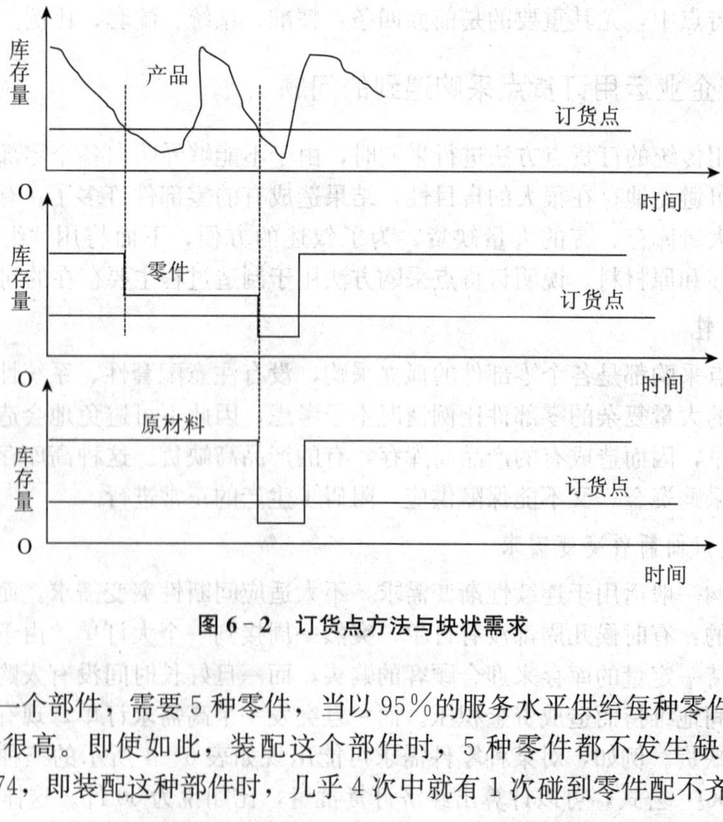

图 6－2　订货点方法与块状需求

如果装配一个部件，需要 5 种零件，当以 95％的服务水平供给每种零件时，每种零件的库存水平会很高。即使如此，装配这个部件时，5 种零件都不发生缺货的概率仅为 $(0.95)^5=0.774$，即装配这种部件时，几乎 4 次中就有 1 次碰到零件配不齐的情况。一台产品常常包含上千种零部件，装配产品时不发生缺件的概率就很低了。这就是采用订货点方法造成零件积压与短缺共存局面的原因。

订货点采购方法是用于处理独立需求、连续性渐变需求问题的，它不能令人满意地解决生产系统内发生的相关需求问题以及间断性突变需求问题，而且不容易实现低库存和高服务水平的兼得。于是，人们一直致力于寻找新的方法来实施生产企业的采购。

四、生产企业 MRP 采购的提出

生产企业具有系统性、比例配套性、均衡性和柔性的特点，说明其具有相关需求的特点。从而生产企业对其采购提出了特定的采购要求，要求其采购具有精准、系统、比例、配套、合适、及时、应变、和谐的特点，这些采购特点也是应相关需求的特点而提出来的。再加之企业在运用订货点采购时所碰到的问题，人们一直致力于探讨适用于生产企业相关需求的采购方法。终于在 20 世纪 60 年代诞生了 MRP 采购。

所谓 MRP 采购，就是利用 MRP 技术所进行的采购。所谓 MRP 技术，即 Materials Requirement Planning，就是物料需求计划技术。MRP 的提出总是与生产相联系，直接用于 MRP 生产。但是 MRP 的应用不仅仅只应用于生产制造过程，也可以应用于采购管理，叫做 MRP 采购。运行 MRP 的结果一方面是生成生产计划，另一方面就是生成采购计划。生产计划就投入生产车间进行生产，而采购计划则交采购部门去进行采购。所以 MRP 生产和 MRP 采购都是 MRP 技术的成果。本章教学的目的，就是要学生掌握 MRP 的原理、了解如何利用 MRP 制订采购计划和 MRP 采购的实施。

MRP 本来是生产企业用来制订物料需求计划、进行生产管理的一个应用软件。它不但可以制订出企业的物料投产计划，还可以用来制订外购件的采购计划，非常适合于在加工、制造、装配企业中使用，配合使用计算机，可以迅速制订出比较详细复杂的生产计划和采购计划。因此许多企业，都把使用 MRP 作为自己坚定不移的目标。这些使用 MRP 的企业，一般都能够获得比较好的效果。切实按照其制订的计划去执行，既可以保证产品在装配时不发生缺货、保障企业生产的正常进行，而且保证采购的产品库存量不高也不低、刚好可以满足生产计划规定的需要，不会造成库存积压也不会造成缺货。并且使得库存管理井井有条，节省保管费用，节省计划人员，等等。

第二节 MRP 原理

一、MRP 的思想原理

MRP 应用的目的之一是进行库存的控制和管理，按需求的类型可以将库存问题分成两种，独立性需求和相关性需求。独立性需求和相关性需求的概念是美国的 J. A. 奥列基博士（Dr. Joseph A. Orlicky）提出的，同时他还指出订货点法只适用于独立性需求的物资。

独立性需求是指将要被消费者消费或使用的制成品的库存，如自行车生产企业的自行车的库存。制成品需求的波动受市场条件的影响，而不受其他库存品的影响。这类库存问题往往建立在对外部需求预测的基础上，通过一些库存模型的分析，制定相应的库存政策

来对库存进行管理，如什么时候订货，订多少，如何对库存品进行分类等，这些内容在前面已经讨论过。

相关性需求库存是指将被用来制造最终产品的材料或零部件的库存。自行车生产企业为了生产自行车还要保持很多种原材料或零部件的库存，如车把、车梁、车轮、车轴、车条等。这些物料的数量需求彼此之间具有一定的相互关系，例如一辆自行车需要有两个车轮，如果生产 1000 辆自行车，就需要 1000×2=2000 个车轮。这些物料的需求不需要预测，只须通过相互之间的关系来进行计算。在这里自行车称为父项，车轮称为子项（或组件）。

20 世纪 60 年代计算机应用的普及和推广，人们可能应用计算机制订生产计划，美国生产管理和计算机应用专家 Oliver W. Wight 和 George W. Plosh 首先提出了物料需求计划（Material Requirement Planning)，IBM 公司则首先在计算机上实现了 MRP 处理。

MRP 基本的思想原理是，由主生产进度计划（MPS）和主产品的层次结构逐层逐个地求出主产品所有零部件的出产时间、出产数量。把这个计划叫做物料需求计划。其中，如果零部件靠企业内部生产的，需要根据各自的生产时间长短来提前安排投产时间，形成零部件投产计划；如果零部件需要从企业外部采购的，则要根据各自的订货提前期来确定提前发出各自订货的时间、采购的数量，形成采购计划。确实按照这些投产计划进行生产和按照采购计划进行采购，就可以实现所有零部件的出产计划，从而不仅能够保证产品的交货期，而且还能够降低原材料的库存，减少流动资金的占用。

MRP 的逻辑原理如图 6-3 所示。由图可以看出，物料需求计划 MRP 是根据主生产进度计划（MPS)、主产品的结构文件（BOM）和库存文件而形成的。

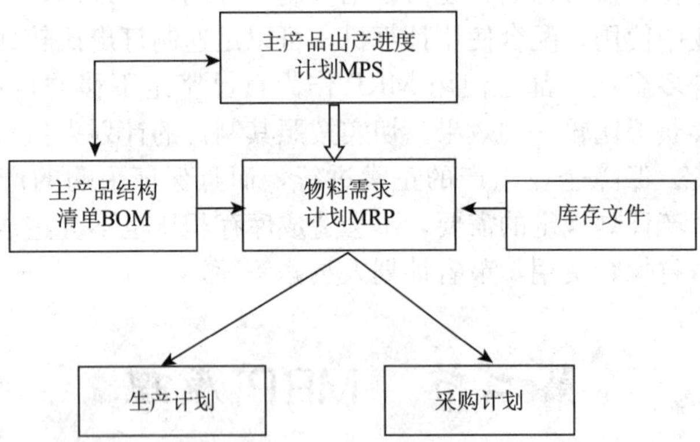

图 6-3 MRP 逻辑原理

主产品就是企业用以供应市场需求的产成品。例如，汽车制造厂生产的汽车，电视机厂生产的电视机，都是各自企业的主产品。

主产品的结构文件 BOM（Bill of Materials）主要反映出主产品的层次结构、所有零部件的结构关系和数量组成。根据这个文件，可以确定主产品及其各个零部件的需要数量、需要时间和它们相互间的装配关系。

主生产进度计划 MPS（Master Production Schedule)，主要描述主产品及其结构文件 BOM 决定的零部件的出产进度，表现为各时间段内的生产量，有出产时间、出产数量，或者装配时间、装配数量等。

产品库存文件，包括了主产品和其所有的零部件的库存量、已订未到量和已分配但还没有提走的数量。制订物料需求计划有一个指导思想，就是要尽可能减少库存。产品优先从库存物资中供应，仓库中有的，就不再安排生产和采购。仓库中有但数量不够的，只安排不够的那一部分数量投产或采购。

由物料需求计划再产生产品投产计划和产品采购计划，根据产品投产计划和采购计划组织物资的生产和采购，生成制造任务单和采购订货单，交制造部门生产，或交采购部门去采购。

二、MRP 采购的适用条件

(一) 相关需求

MRP 采购仅适合于相关的零部件的成套比例精准采购，不适合于独立需求采购。

(二) 确定性需求

MRP 采购仅适合于确定性需求，即需求品种需求数量需求时间都是确定数，不适合于随机性需求。

(三) 计算机处理

MRP 采购计算量大，需要计算机运用 MRP 软件进行处理。

(四) 标准化作业

MRP 采购处理，要求产品结构标准化、数据结构标准化和处理流程标准化。只有标准化的数据结构才能够进入计算机处理。

第三节 MRP 系统

一、MRP 的输入

MRP 的输入有三个文件。

(一) 主生产进度计划 (MPS)

MPS (Master Production Schedule)，一般是主产品的一个需求计划表，也就是主产品的产出计划表，它一般是根据社会订货单的汇总而形成的。主产品是企业生产的用以满足市场需要的最终产品，一般是整机或具有独立使用价值的零件、部件、配件等。它们一般是独立需求产品，靠市场的订货合同、订货单或市场预测来确定其未来一段时间（一般是一年）的总需求量，包括需求数量、需求时间等。把这些资料再根据企业生产能力状况经过综合调配平衡，把它们具体分配到各个时间单位中去。这就是主产品产出进度计划。这个主产品产出进度计划是 MRP 系统最主要的输入信息，也是 MRP 系统运行的主要依据。

主产品产出进度计划来自企业的年度生产计划。年度生产计划覆盖的时间长度一般是一年，在 MRP 中用 52 周来表示。但是主产品的产出进度计划可以不一定是一年，要根据具体的主产品的产出时间来定。但是有一个基本原则，即主产品产出进度计划所覆盖的时间长度要不少于其组成零部件中具有的最长的生产周期。否则，这样的主产品产出进度计划不能进行 MRP 系统的运行，因此是无效的。

例如有一个产品产出计划表如表 6－2 所示。

表 6－2　　产品 A 的产出进度

时期（周）	1	2	3	4	5	6	7	8
产量（件/周）	25	15	20	—	60	—	15	—

（二）主产品结构文件（BOM）

BOM（Bill of Materials）它不简单地是一个物料清单，它还提供了主产品的结构层次、所有各层零部件的品种数量和装配关系。一般用一个自上而下的结构树表示。每一层都对应一定的级别，最上层是 0 级，即主产品级，0 级的下一层是 1 级，对应主产品的一级零部件，这样一级一级往下分解，……，一直分解到最末一级 n 级，一般是最初级的原材料或者外购零配件。每一层各个方框都标有三个参数：①组成零部件名；②组成零部件的数量，指构成相连上层单位产品所需要的本零部件的数量；③相应的提前期，所谓提前期，包括生产提前期和订货提前期。所谓生产提前期，是指从发出投产任务单到产品生产出来所花的时间。而订货提前期是指从发出订货到所订货物采购回来入库所花的时间。提前期的时间单位要和系统的时间单位一致，也以"周"为单位。有了这个提前期，就可以由零部件的需要时间而推算出投产时间或采购时间。

例如图 6－4 给出了主产品 A 的结构树图。它由 2 个部件 B 和 1 个零件 C 装配而成，而部件 B 又由一个外购件 D 和一个零件 C 装配而成。A、B、C、D 的提前期分别是 1、1、3、1 周，也就是说，装配一个 A 要 1 周时间（装配任务要提前一周下达），装配一个 B 要提前 1 周下达任务单，生产一个 C 要提前 3 周下达任务单，而采购一个 D 要提前一周发出订货单。A 产品结构分成 3 层，A 为 0 层（$n=0$），B、C 为 1 层（$n=1$），D、C 为 2 层（$n=2$）。

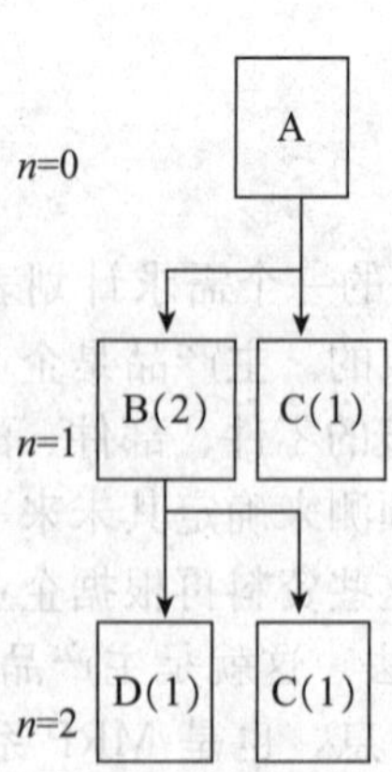

图 6－4　主产品 A 结构树

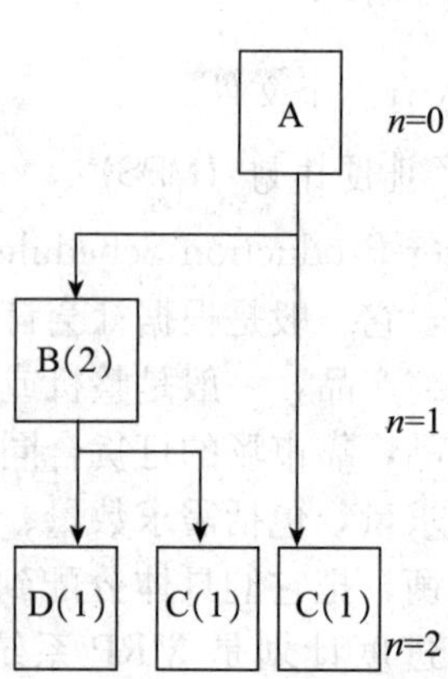

图 6－5　主产品 A 结构树调整

图 6－4 中的结构树虽然没有错，而且可以直观地看出主产品的结构层次。但是根据这个结构树，同样的零件 C 在不同的层次上要分别计算一次，容易造成混乱和重复计算，

给计算机运行带来麻烦。所以为了计算机计算的方便，常常把在几个层次上都有的同样的零部件，都统一取其最低的层次号，画到它所在的最低层上。如图 6－5 所示的 C 零件。这也是画主产品结构图的小技巧。

（三）库存文件

库存文件也叫库存状态文件。它包含有各个品种在系统运行前的期初库存量的静态资料，但它主要提供并记录 MRP 运行过程中实际库存量的动态变化过程。由于库存量的变化是与系统的需求量、到货量、订货量等各种资料变化相联系的，所以动态库存量反映和记录生产、采购活动的过程效果。库存文件主要包括现有库存量、期初库存量、在途库存量和期末库存量：

（1）现有库存量，指计划期开始之前所具有的库存量。一般 MRP 计划期的时间单位为 1 周，计划期的长度为 4 周（一个月）、8 周（二个月）或 12 周（三个月，一个季度）。现有库存量也就是计划期开始第 1 周的期初库存量。

（2）期初库存量，指计划期开始以后，每一个时间单元（即每周）开始时的库存量。每一周的期初库存量都等于上一周的期末库存量。

（3）在途库存量，又叫计划到货量，是指计划期开始之前就已经发出采购、确定要在计划期开始之后一定时间才能到达并参与经营、满足需求的货物数量。它们也可看作是一种库存量，称在途库存量，它们可以用来满足生产和装配的需求，并且会在给定时间点实际到货入库。

（4）期末库存量，是指计划期内每个计划时间单元（周）末的库存物资的数量。它是本期期初库存量经过 1 周的销售之后还剩下的物资数量。因此规定这里的期末库存量就是周末库存量。它在数值上等于：

本周期末库存量＝本周期初库存量＋本周在途库存－本周需求量

＝上周周末库存量＋本周计划到货量－本周需求量

各周的期末库存量反映未来可能的库存量，所以又叫做期望库存量。

表 6－3 给出了一个库存文件的例子。这是产品 A 的库存文件。根据主产品产出进度计划（见表 6－2）输入它在各周的总需要量，又输入它在各周的计划到货量（第 1 周、3 周、5 周、7 周分别计划到货 10 件、15 件、75 件、15 件），再输入产品 A 在 MRP 运行前的期初库存量（20）。这些就是关于产品 A 的 MRP 输入的全部资料。

MRP 输入完毕后，MRP 系统会自动计算出各周的期望库存量、净需求量、计划接受订货量和计划发出订货量，形成如表 6－3 所示的处理结果。

表 6－3　　产品 A 的库存文件和 MRP 处理结果

项目：A（0 级） 提前期：1		周次							
		1	2	3	4	5	6	7	8
总需要量		25	15	20	—	60	—	15	—
计划到货量		10	—	15	—	40	—	50	—
现有库存量	20	5	－10	－15	－15	－35	－35	0	0
净需求量		0	10	5	0	20	0	0	0

续 表

项目：A（0级） 提前期：1	周次							
	1	2	3	4	5	6	7	8
计划接受订货量	—	10	5	—	20	—	—	—
计划发出订货量	10	5	—	20	—	—	—	—

以上三个文件是MRP的主要输入文件。除此以外，运行MRP还需要有一些基础性的输入，包括物料编码、提前期、安全库存量等。这些在后面会说到。

二、MRP的输出

MRP输出，包括了主产品及其零部件在各周的净需求量，计划订货接受和计划订货发出三个文件。

（一）净需求量

净需求量，是指系统需要外界在给定的时间提供的给定物料的数量。这是物资资源配置最需要回答的主要问题，即到底生产系统需要什么物资，需要多少，什么时候需要。净需求量文件很好地回答了这些问题。不是所有零部件每一周都有净需求的，只有发生缺货的周才发生净需求量，也就是说某个品种某个时间的净需求量就是这个品种在这一个时间的缺货量。所谓缺货，就是上一周的期末库存量加上本期的计划到货量小于本期的总需要量。净需求量的计算方法是：

本周净需求量＝本周总需要量－本周计划到货量－本周周初库存量
＝本周总需要量－本周计划到货量－上周周末库存量

MRP在实际运行中，不是所有的负库存量都有净需求量的。求净需求量可以这样简单地确定：在现有库存量一栏中第一个出现的负库存量的周，其净需求量就等于其负库存量的绝对值。在其后连续出现的负库存量各周中，各周的净需求量等于其本周的负库存量减去前一周的负库存量的差的绝对值。

（二）计划接受订货量

它是指为满足净需求量的需求，应该计划从外界接受订货的数量和时间。它告诉人们，为了保证某种物资在某个时间的净需求量得到满足，人们提供的供应物资最迟应当在什么时候到达，到达多少。这个参数的用处，除了用于记录满足净需求量的数量和时间之外，还为它后面的参数“计划发出订货”服务，是“计划发出订货”的参照点（二者数量完全相同，时间上相差一个提前期）。计划接受订货的时间和数量与净需求量完全相同。

计划接受订货量＝净需要量

（三）计划发出订货量

它是指发出采购订货单进行采购或发出生产任务单进行生产的数量和时间。其中发出订货的数量，等于“计划接受订货”的数量，也等于同周的“净需求量”的数量。计划发出订货的时间是考虑生产或订货提前期，为了保证“计划接受订货”或者“净需求量”在需要的时刻即时得到供应，而提前一个提前期而得到的一个时间。即：

计划发出订货时间＝计划接受订货时间－生产（或采购）提前期
＝净需求量时间－生产（或采购）提前期

因为 MRP 输出的参数是直接由 MRP 输入的库存文件参数计算出来的，所以为直观起见，总是把 MRP 输出与 MRP 库存文件连在一起，边计算边输出结果。例如表 6－3 就列出了产品 A 的 MRP 运行结果。其运行过程如下：

首先根据 MRP 输入的库存文件计算出产品 A 各周的库存量。本周库存量＝上周库存＋本周计划到货订货－本周总需求。本周库存量都是指周末库存量，它可以为正数、负数和 0。

然后 MRP 系统就计算和输出各周的净需求量。只有那些库存量为负数的周才有净需求量。净需求量的计算方法是：第一次出现的负库存量（－10）的周（第 2 周）的净需求量就等于其负库存量的绝对值（10），其紧接在后面的负库存量的周（第 3 周）的净需求量就等于本周的负库存量（－15）减去上一周的负库存量（－10）所得结果的绝对值（5）。同样算出第 5 周净需求量为 20，第 4、6、7、8 周的净需求量为 0。

接着 MRP 系统就计算和输出计划接受订货量，它在数量和时间上都与净需求量相同，如表，第 2 周接受 10，第 3 周接受 5。计划接受订货量满足净需求量，而计划到货量满足部分总需要量。二者合起来，就完全满足了总需要量。

最后 MRP 系统就计算和输出计划发出订货量，它是把计划接受订货量（或净需要量）在时间上提前一个提前期（这里是 1 周）、订货数量不变而形成的，如表 6－4 所示，第 1 周发出 10 个的订货单，第 2 周发出 5 个订货单。这就是 MRP 最后处理的结果。它最后给出的是发出的一系列订货单和订货计划表。

三、MRP 处理过程

MRP 整个处理过程可以用图 6－6 所示的流程图表示。整个过程可以分成以下几步。

（一）准备

在运行 MRP 之前，要做好以下几个方面的准备工作：

确定时间单位，确定计划期的长短。一般计划期可以取 1 年，时间单位取为周，则计划期就是 52 周。当然时间单位也可以取天，计划期可以取任意的天数。在这里，我们取时间单位为周，计划期长度为 M 周。

（1）确定物料编码，包括主产品和零部件的编码。

（2）确认主产品产出进度计划 MPS，它被表示成主产品各品种的产出量。

（3）确认主产品的结构文件 BOM，它被表示成具有层级结构的树形图。由主产品（0 级）开始，逐层分解成零部件，直到最后分解到最低层（设为 n 级）——初级原材料或外购零配件为止。每个组成零部件都要标明零部件名称、单个上层零部件所包含本零部件的数量和本零部件的生产（或采购）提前期。每一层都要标明层号（也叫层级码）。

除了主产品（一般为独立需求）及其零部件（一般为相关需求）外，还有些辅助生产用品、维护、维修用品等需要外购的用品，可以作为独立需求按实际需要量直接列入 BOM 的最低层，参与共同的物料需求计划。

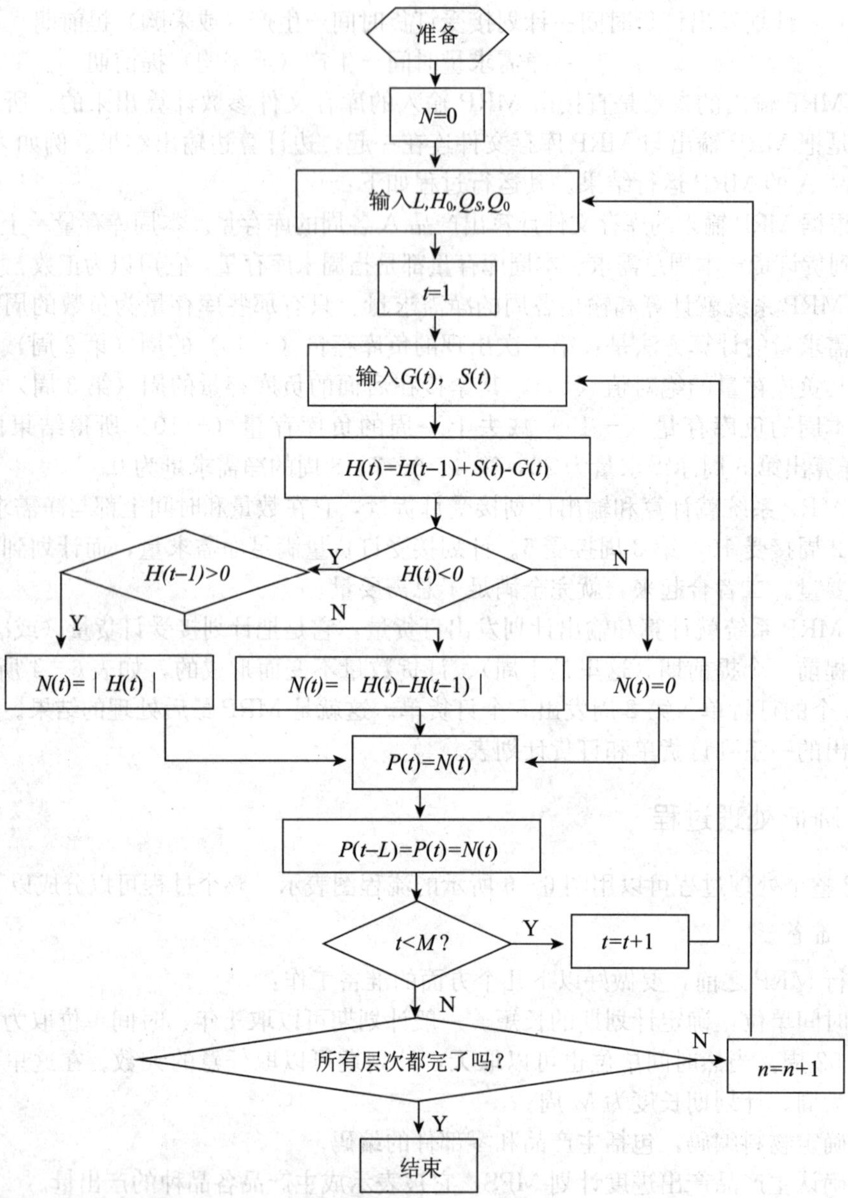

图 6-6 MRP 处理过程

（4）准备好主产品及其所有零部件的库存文件，特别是各自的期初库存量，计划到货量。有些物资，特别是长距离、难订货的物资还要考虑安全库存量、订货批量和订货点等。

（二）运行

首先从层级码等于 0 的主产品开始，依次取各级层级码的各个零部件，进行如下处理：

（1）输入提前期 L、期初库存量 H_0。（有些物资还要输入订货点 Q_K、订货批量 Q_0、安全库存量 Q_S 等。）

（2）对于每一个时间单位 t（周），输入或计算下列参数：

①输入或计算产出进度计划 $G(t)$；

②输入现有库存量 H（0）和在途库存量（即计划到货量）S（t）；

③计算库存量 H（t）：H（t）$=H$（$t-1$）$+S$（t）$-G$（t）；

④求出净需求量 N（t）：

当 H（t）$\geqslant 0$ 时，N（t）$=0$。

当 H（t）<0、H（$t-1$）$\geqslant 0$ 时，N（t）$=|H(t)|$；

当 H（t）<0、H（$t-1$）<0 时，N（t）$=|H(t)-H(t-1)|$；

⑤计算计划接受订货量 P（t）：P（t）$=N$（t）；

⑥计算并输出计划发出订货量 R（$t-L$）：R（$t-L$）$=P$（t）。

（3）输出计划发出订货量 R（$t-L$）。这是每一个零部件发出的订货单，包括订货数量、订货时间，包括交各车间加工制造的生产任务单，也包括交采购部门采购的采购订货单。它们按时间整理起来就是一个物料订货计划，也就是一个物料需求计划。

（三）案例

以表 6-2 作为主产品产出进度计划 MPS、图 6-4 作为主产品结构文件 BOM、表 6-3作为库存文件的产品 A 为例进行计算。时间单位为周，计划期长 8 周。其中相同的零部件取其最低层级码，构造新的结构图如图 6-5 所示。

先从层级码为 0 的主产品 A 算起。其提前期为 1 周，期初库存量为 20。根据其 G（t）、S（t）进行 MRP 运算，处理的结果如前面的表 6-3 所示。得出 A 产品的订货需求计划如表 6-4 所示，即第 1 周需要 10，第 2 周需要 5，第 4 周需要 20。

表 6-4　　产品 A 的订货计划表

项目：A（0 级） 提前期：1	周次							
	1	2	3	4	5	6	7	8
计划发出订货	10	5	—	20	—	—	—	—

再算层级码为 1 的部件 B。一个主产品 A 由 2 个部件 B 和一个零件 C 构成。B 的期初库存量为 10，提前期为 1 周。

根据表 6-4，产品 A 在第 1、2 和 4 周计划发出生产订货任务单，分别订 10、5、20 个产品 A，也就是要在第 1、2、4 周分别要 20、10、40 个 B 部件。由于 B 的期初库存量只有 10，而第 1 周总需要量需要 20，且订货提前期要 1 周。所以来不及按正常订货来满足，只有采取紧急订货，实现第 1 周计划到货量 10，来满足第 1 周总需要量。算出第 2、4 周的净需要量分别为 10 和 40。第 1、3 周分别计划发出订货量 10 和 40。计算结果如表 6-5所示。

表 6-5　　产品 B 的 MRP 运行结果

项目：B（1 级） 提前期：1	周次							
	1	2	3	4	5	6	7	8
总需要量	20	10		40				
计划到货量	10							

续 表

项目：B（1级） 提前期：1		周次							
		1	2	3	4	5	6	7	8
库存量	10	0	−10	−10	−50				
净需要量			10		40				
计划接受订货			10		40				
计划发出订货		10		40					

算完第1级，再算第2级（层级码 $n=2$）。第2级有一个外购件D和一个零件C。一个B由一个D和一个C构成。D提前期为1周。期初库存量为5，第1周计划到货量10，同样计算得到表6-6。第2周发出采购订货单35件。

再算第二级的另一个零件C。其期初库存量为0、提前期为3周。第1周计划到货量70。一个A由一个C、一个B由一个C构成。由表6-5可知，第1、3周分别需要B部件10件和40件，因此需要C也为10和40件。又由表6-4可知，产品A第1、2、4周分别发出订货10、5、20件，因而需要C也为10、5、20件。这样C的总需求量合起来为：第1周20，第2周5，第3周40，第4周20。同样，计算的结果如表6-7所示。第1周就要发出C零件的生产订货任务单15件。

根据以上的运行，可以得出为按计划产出产品A而需要的物料订货计划，或者物料需求计划，如表6-8所示。

表6-6　　产品D的MRP运行结果

项目：D（2级） 提前期：2		周次							
		1	2	3	4	5	6	7	8
总需要量		10		40					
计划到货量		10							
库存量	5	5	5	−35	−35	−35	−35	−35	−35
净需要量				35					
计划接受订货				35					
计划发出订货			35						

表6-7　　产品C的MRP运行结果

项目：C（1级） 提前期：3		周次							
		1	2	3	4	5	6	7	8
总需要量		20	5	40	20				
计划到货量		70							
库存量	0	50	45	5	−15	−15	−15	−15	−15

续 表

项目：C（1级） 提前期：3	周次							
	1	2	3	4	5	6	7	8
净需要量				15				
计划接受订货				15				
计划发出订货	15							

表 6-8　出产 A 所需要的物料订货计划

物料	周次							
	1	2	3	4	5	6	7	8
B	10		40					
C	15							
D		35						

第四节　MRP 采购实施

一、采购计划的确定

在上一节中我们已经通过 MRP 系统的运行结果确定了所需物料的计划发出订货的订货量和订货时间。这就是订货计划，也就是采购计划。根据这个计划规定的时间发出订货，订货量取计划中规定的订货量，则经过一个采购提前期，采购回来的物资刚好可以赶上这一周的需要。例如根据表 6-7，经过 MRP 计算的结果，物品 C 在第 1 周，有一个计划发出订货量 15 件。则根据这个计划实施采购，第 1 周就要出差去采购，采购量为 15 件。由于 C 的采购提前期为 3 周，即经过 3 周，也就是第 4 周，15 件物品 C 就应该到货，正好满足第 4 周的净需求量 15。表 6-8 列出了产品 A 的各个零部件（B、C、D）的采购计划。

表 6-8 的计算结果没有错，可以照它执行，达到恰好满足需要，又库存量最小的目的。但是在实际生活中，执行这样的采购计划可能会有一定困难。这主要是没有一个固定的订货批量，订货量时大时小，无论是包装还是运输，都不太方便，有些甚至不能实现。因为供应商的商品通常都是整箱整包地包装好了的，一般不拆开零卖，要买就买一个包装单元。也就是说，采购的数量要受供应商包装单元的约束。同样，运输要受运输单元的约束。所以我们的采购数量最好是一个整数，是包装单元的整数倍。所以我们的采购数量应当按固定订货批量进行采购。这样我们就要使用按固定订货批量处理的 MRP 计算模型。

按固定订货批量处理的 MRP 计算模型的原理见表 6-9。

在表 6-9 中，产品 E 设定了固定订货批量 150，订货点为 60，订货提前期 3 周。它在第 2 周有一个 150 的在途到货，计划期期前库存量 100。根据各周需求量的情况，可以计算出各周的订货后库存量。所谓订货后库存量，是指把本周计划订货到货量考虑进来，用于销售之后还剩下的库存量，它等于：

本周订货后库存量＝上周订货后库存量＋本周在途到货量＋本周计划接受订货量－本周需求量

其中，本周计划接受订货量是这样确定的：判断上周的订货后库存量加上本周的计划在途到货量再减去本周需求量，是否等于小于 0。如果等于小于 0，则就把计划接受订货量等于一个订货批量，否则计划接受订货量就等于 0。例如，表 6－9 中的第 5 周，因为第 4 周的订货后库存量 50 加上第 5 周的计划在途到货量 0 再减去第 5 周的需求量 60，等于－10，小于 0，所以取第 5 周的计划接受到货量为一个订货批量 150。同理，第 8 周的计划接受到货量也为一个订货批量 150，而其余各周的计划接受到货量为 0。

表 6－9　　　　采购计划的确定计算表

项目：E（1级） 订货点：60 订货批量：150 提前期：3周		周次							
		1	2	3	4	5	6	7	8
总需要量		60	40	60	40	60	40	60	40
计划在途到货			150						
订货后库存量	100	40	150	90	50	140	100	40	150
计划接受订货						150			150
计划发出订货			150			150			

求出了计划接受订货量之后，就可以得出计划发出订货量。计划发出订货量就等于计划接受订货量提前一个订货提前期而得到。例如第 5 周有一个 150 的计划接受订货量，把它提前一个订货提前期 3 周，即在第 2 周就有一个 150 的计划发出订货量。这意味着，应当在第 2 周就出发去采购一个批量 150，则经过一个订货提前期，即到第 5 周，这个 150 的订货批量就能运进自己仓库，来参加对于第 5 周需求量的满足。同理，对应第 8 周的计划接受订货量 150，应该在第 5 周发出一个 150 的计划发出订货量。所以表 6－9 的最后一行，实际上就是得出的采购计划。

本例是定量不定期，当然也可以是定期不定量，如果由 MRP 确定的计划订货量十分稳定，可以采取定期定量的采购。

二、MRP 采购的优缺点分析

（一）MRP 采购的优越性

（1）化难为易，使复杂产品整套零部件有序投产与采购成为可能。可以说它是具有众多层级、众多零部件构造的复杂产品精准生产与采购的必由之路。例如一台汽车，几万个零部件，要确定这么多零部件各自的从属关系、比例数量、投产时间和采购时间，用人工计算简直是不可能的。只有采用计算机计算才可能实现。

(2) 速度快、计算量大，减轻人的劳动。由于计算机计算速度快、计算量大，才能够使得这个复杂的工作得以轻松完成，大大减轻了人的工作量和劳动强度。只要把数据输进去，计算机很快就能够输出复杂的结果。

(3) 精细、准确。不管是多么复杂的产品，也不管是多么细小的零部件，都可以做到毫无遗漏地包含在计划之中。而且所形成的计划是一个前后衔接、有序进行的动态计划，谁先谁后，时间进度、产品数量——明白、精确，绝无差错。

(4) 效率高。正是由于利用计算机进行了精确的计算和计划，使得千千万万所有需要采购的物资能够适时适量发出生产和采购，并适时适量地到达需要它们的地方，不但正好满足加工和装配的需要，保障生产线有条不紊地正常运行，还大大减少库存，降低成本，提高了生产效率和采购效率。通过对使用 MRP 的企业调查显示，这些企业库存水平平均降低 20%～40%，与此同时减少零部件缺货 80%。

(5) MRP 采购的原理也适用于中小企业和简单产品。也不是只有复杂产品才可以用，更不是非计算机就不能用。一些中小型企业、比较简单的产品，几十个零部件也可以运用 MRP 的原理进行手工计算制订出投产计划和采购计划。例如章首案例中的小小的电子设备厂就是采用手工计算的 MRP 采购计划进行采购的。他们运用产品结构树毫无遗漏地确定出产品的全部零部件，得出所有零部件和原材料的清单文件 BOM，然后根据生产提前期和采购提前期分别制订出投产计划和采购计划。

(6) MRP 采购除了能有效地编制生产和采购计划、提高生产和采购效率之外，还有利于促进企业提高管理水平。因为实行 MRP 采购，采用计算机处理，必然要求数据规范化、流程规范化、操作规范化，要求时间观念强、人员素质高，这些都要求企业加强系统化、信息化、规范化管理，提高企业素质和管理水平。所以必然要求企业具有更高的管理水平。

(二) MRP 采购的缺点

(1) 比较复杂烦琐，令人见之头麻；

(2) 需要计算机处理；

(3) 处理过程对人的透明度低、人为的主观参与及干预不太方便。

三、MRP 采购计划的实施

以上的 MRP 采购计划的制定实际上还只是完成了采购的一部分工作，即需求分析和制定采购计划。剩下的工作就是采购计划的实施。包括以下几个步骤：

(1) 资源市场的调查；

(2) 寻找供应商；

(3) 询价及洽商；

(4) 签订采购合同；

(5) 进货运输；

(6) 验收入库；

(7) 货款结算；

(8) 善后处理等工作。

这些都与一般采购方法差不多，这里就不一一赘述。

实施 MRP 采购除了具有上述这些步骤外，还必须有一定的基础条件，最为重要的基础条件有两点，一是企业实施了 MRP 管理系统，二是企业有良好的供应商管理。

本章练习题

一、名词解释

1. MRP，BOM，MPS
2. MRP 技术，MRP 采购，MRP 生产，MRP 计划
3. 相关需求，独立需求，净需求
4. 系统性，比例配套性，均衡性，柔性
5. 现有库存量，期初库存，在途库存量，期末库存量，期望库存量

二、选择填空

1. 一般所谓（　　），就是利用 MRP 技术所进行的采购。
A. MRP 采购　　B. MRP 生产　　C. MRP 技术　　D. MRP 计划
2. 一般企业生产的特点是（　　）。
A. 系统性　　B. 比例配套性　　C. 均衡性　　D. 柔性
3. 生产企业采购八大特点要求中，尤其重要的是（　　）。
A. 精准　　B. 系统　　C. 配套　　D. 比例
4. 生产企业运用订货点采购所碰到的问题主要有（　　）。
A. 孤立性　　B. 不适应间断性突变需求
C. 高库存地服务水平　　D. 运作麻烦
5. MRP 采购适用的条件包括（　　）。
A. 相关需求　　B. 确定型需求　　C. 计算机处理　　D. 标准化作业

三、思考题

1. 说明 MRP 采购的原理。
2. 说明 MRP 的输入、输出文件。
3. 说明 MRP 处理的过程。
4. 说明 MRP 采购的实施步骤。

四、实训题

设产品 A 的主需求文件和主产品结构文件分别如表 6－10 和 图 6－7 所示，图中 LT 是订货提前期。又知道 A、B、C、D、E、F 的现有库存量分别为 10、8、7、6、5、4，计划到货量分别为 5、4、3、2、1、6，都是第 1 周到货，其中 B 和 E 在第 2 周还分别有 10 和 8 的社会维修订货量，试根据这些条件用 MRP 求出物料需求计划。

表 6－10　　产品 A 的出产进度表

时期（周）	1	2	3	4	5	6	7	8
产量（件/周）	25	15	20	0	60	0	15	0

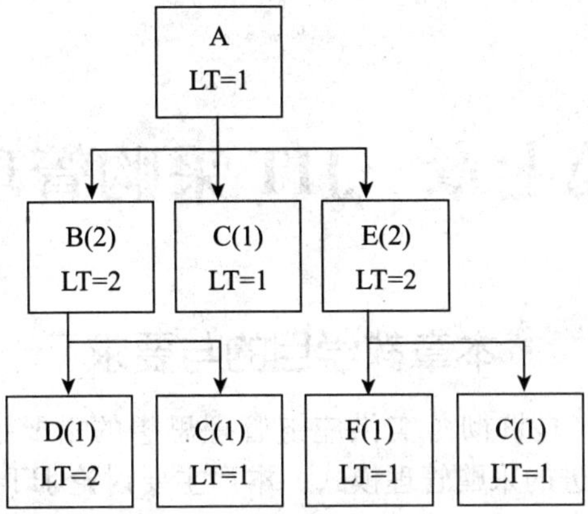

图 6－7　产品 A 结构树

第七章 JIT采购管理

本章教学目的与要求

JIT采购（准时采购）是贯彻落实供应链管理思想的重要手段。它能最大地降低库存、消除浪费，是一种先进的采购管理模式。本章主要讨论JIT采购的产生，JIT采购的原理、特点以及JIT采购实施的有关问题。本章的教学目的与要求：

1. 了解JIT采购的产生，理解其对供应链管理的意义。
2. 掌握JIT采购的原理与特点。
3. 理解JIT采购的实施条件，掌握其实施的步骤。

章首案例

海尔物流管理的“一流三网”

2001年3月31日正式启用的海尔国际物流中心坐落在海尔开发区工业园，由国家“863计划”项目海尔机器人有限公司整合国内外资源建设而成。海尔国际物流中心高22米，拥有18056个标准托盘位，其中原材料9768个，成品8288个，包括原材料和产成品两个自动化物流系统。采用世界上最先进的激光导引技术开发的激光导引无人运输车系统、巷道堆垛机、机器人、穿梭车等，全部实现现代物流的自动化和智能化。海尔物流创新实施了“一流三网”的同步管理模式，被中国物流与采购联合会授予首家“中国物流示范基地”。

海尔物流管理的“一流三网”充分体现了现代物流的特征：“一流”是以订单信息流为中心；“三网”分别是全球供应链资源网络、全球用户资源网络和计算机信息网络。“三网”同步运行，为订单信息流的增值提供支持。主要为了实现以下四个目标：

（1）为订单而采购，消灭库存。在海尔，实施过站式物流管理模式，所有采购与制造必须按单，这样使呆滞物资降低90%，仓库面积减少88%，库存资金减少63%。海尔国际物流中心货区面积7200平方米，但它的吞吐量却相当于普通平面仓库的30万平方米，同样的工作，海尔物流中心只有9人，而一般仓库完成这样的工作量至少需要上百人。

（2）全球供应链资源网的整合使海尔获得快速满足用户需求的能力。海尔通过整合内部资源优化外部资源，使供应商由原来的2200多家优化至721家，建立起强大的全球供应链网络，有力地保障了海尔产品的质量和交货期。海尔在开发区和胶州建立了工业园，并先后引进爱默生等国际化供应商投资建厂，不但实现了JIT采购与配送，也将最先进的技术带给了海尔，并实现为当地政府的招商引资。

（3）以三个JIT的速度实现同步流程。由于物流技术和计算机信息管理的支持，海尔物流通过3个JIT，即JIT采购、JIT配送和JIT分拨物流来实现同步流程。目前通过海尔的BBP采购平台，所有供应商均在网上接单，并通过网上查询计划与库存，及时补货，实现 JIT 采购；货物入库后，根据看板管理 2～3 小时送料到工位，实现 JIT 配送。通过海尔全球配送网络将满足用户个性化需求的定制产品送达用户手中，目前海尔在中心城市实现 8 小时配送到位，区域内 24 小时配送到位，全国 4 天以内到位形成全国最大的分拨物流体系。

(4) 计算机网络连接新经济速度。在企业外部，海尔通过 CRM 和 BBP 电子商务平台的应用实现了与用户的零距离。目前，海尔 100%的采购订单由网上下达，使采购周期由原来的平均 10 天降低到 3 天；网上支付已达到总支付额的 80%，实施以信息代替库存，达到零营运资本的目的。

思考题：分析一下海尔的订单采购和 JIT 采购的特点、优点和适用于什么情况。

资料来源：中国物流与采购网，www.chinawuliu.com.cn/。

第一节 JIT 采购的产生

一、JIT 和 JIT 生产

(一) JIT

JIT，Just in Time，准时化，是一种追求“活动非常准时”的管理思想。由日本丰田公司首创。这种管理思想可以用在各个方面的活动，形成了各个不同方面的准时化管理。

最初，JIT 只是作为一种减少库存水平的管理方法，而今，它已成为一种管理哲理。这种管理哲理的精髓，就在于它的“非常准时化”、“最大地消除浪费”的思想。现在越来越多的管理者，把这种管理思想运用到企业生产经营的各个领域，形成各个领域的准时化管理方法。因此，在最早的 JIT 生产的基础上，又逐渐出现了 JIT 采购、JIT 运输、JIT 存储以及 JIT 预测等新的应用领域。实际上，现在 JIT 应用已经形成了一个庞大的应用体系。

(二) JIT 生产

JIT 生产，准时化生产方式，最早是起源于日本丰田汽车公司的一种生产管理方法。它的基本思想是“彻底杜绝浪费”、“只在需要的时候，按需要的量，生产所需要的产品”。这也就是 JIT 的基本含义。这种生产方式的核心，是追求一种无库存生产系统，或是库存量最小的生产系统。为此而开发了包括“看板”在内的一系列具体方法，并逐渐形成了一套独具特色的生产经营系统。

丰田汽车公司的创始人丰田喜一郎最早在汽车生产中提倡“非常准时”的管理方法。具体实现这种想法，经过长期反复的试验，最后具体建立起这种体系的人，是大野耐一。他毕业于名古屋工业大学，曾在丰田纺织公司工作。1943 年到丰田公司以来，担任丰田公司的副总经理，为实现丰田喜一郎的“非常准时”的想法曾下了苦心。1947 年以后，他分阶段地进行探索试验，逐步形成起来一套完整的体系，就是人们常说的“丰田生产方式”。按大野耐一的说法，“简单贯串这种生产体系的中心思想，是‘彻底杜绝浪费’的思想”。

丰田汽车的零组件管理方式叫做准时化（Just in Time）管理方式，又叫做“看板管理方式”。把制造一部车所需的两万个零组件浓缩为最小极限的构想。即把当前所需装配的必要量视为一个单位，从而在盛装这个单位的箱子上面贴以明信片大小的传票，传票上记载何时生产、生产多少、运往何处等作业指示。装配工厂在将零组件用尽时，空箱送往零组件工厂。零组件工厂则根据看板上的指示，生产和装入给定的品种、给定的数量、在给定的时间送到给定的地点。丰田汽车工厂率先采用这种作业方式，使库存下降到通常的五分之一。

实施看板方式最重要的关键是要使生产有秩序不零乱。从协助工厂运来的零组件材料由丰田的各个制造工厂予以加工，最后用来装配汽车。因此要求装配生产线作业平稳化，新产品要不断地出厂，否则工厂的生产计划无法进行。看板方式的生产，不要求生产过多，而是按计划生产所需要的东西，要多少就生产多少，不少生产也不多生产，各现场自我约束，要什么东西自动地向关系工序索取。这样各个工序既保证了需要，也没有多余的，最大地实现了节约。

这是一种逆向管理。丰田汽车的装配工作，不是一种预测生产，而是一种订单生产。由销售公司订货多少，就生产多少，由需求通过看板来拉动供应。以订单上需要的汽车数量为前提，由最末端的工序开始，每一个工序通过看板分别向其前端工序依次索取所需要数量的零组件，并且要求他们按给定的时间给定的数量及时送达本工序满足本工序的装配需要。这样一级一级把所有能够满足需要的工序都拉动起来分别满足各自的装配需要，就使得总装产品按时装配完成，做到了高效率，又做到了最节省。这种由需求拉动供应的计划方法，又叫做拉动式计划方法。JIT 生产，就是一种拉动式生产，或者拉动式计划生产。相应地，人们把 MRP 那种由主产品总供应一步步推进到各个层级零部件需求的计划方法，叫做推进式计划方法。

JIT 是日本工业竞争战略的重要组成部分，它代表着日本在重复性生产过程中的管理思想。通过 JIT 思想的运用，日本企业管理者将精力集中于生产过程本身，通过生产过程整体优化，改进技术，理顺物流，杜绝过量生产，消除无效劳动和浪费，有效利用资源，降低成本，完善质量，达到以最少的投入实现最大产出的目的。

二、JIT 采购的产生与思想原理

（一）JIT 采购的产生

日本企业在国际市场的崛起，引起西方企业界的普遍关注。追本溯源，西方企业家认为，日本企业在生产中采用 JIT 管理思想，是其在国际市场上竞争取胜的基础。因此，20 世纪 80 年代以来，西方经济发达国家十分重视对 JIT 的研究，并将它运用于生产管理。据有关资料，1987 年已有 25%的美国企业应用 JIT，到现在，绝大多数的美国企业已在应用 JIT。

就是在这种背景下，就有许多企业试探着把 JIT 的管理思想运用到采购，就形成了 JIT 采购。

（二）JIT 采购的思想原理

JIT 采购，又叫准时化采购，就是按照著名的准时化生产的管理思想演变而来的一种采购方式。它的基本思想是：在合适的时间、把合适的物品、以合适的数量、供应到合适的地点，最好地满足用户的需要。其中心意思围绕着以下几个基本原则：

1. 变用户主动采购为供应商主动供应

JIT 采购不再是用户主动型，而是供应商主动型，是供应商主动地按照用户所需要的时间把用户所需要的品种按用户所需要的数量送到用户所需要的地点。不再劳累用户操心，最有效地满足用户的需要，给顾客最大的支持和方便，能够获得顾客最大的满意。

2. 合适的物品

供应商送去的货品应当是“合适”的。所谓合适，就是品种规格合适，是顾客正好需要的正品，不错、不坏，也不过好，正好适合顾客的需要，不是废品、不是次品、不是伪劣假冒，但也不是超高质量、超豪华装饰，质量正好适合。

3. 合适的数量

合适的数量，就是顾客需要的数量，不少也不多，是“合适”的。少了不能够满足顾客的需要，不行；但多了也不行，多了就增加了顾客的库存保管，让顾客遭受费用损失。不多不少，正好满足顾客需要的数量。

4. 合适的时间

合适的时间，就是用户需要的时间。不要晚，也不要早。晚了，不能够按时保障供应，影响用户的生产，不好；但早了也不好。早了，就增加了用户的库存保管，给顾客造成麻烦和费用损失。不晚不早，正好是顾客需要的时间送到。

5. 合适的地点

合适的地点，就是正好是用户需要的地点。货物到了装配点以后，就直接上了装配线进入装配。不要让顾客再进行二次搬运。

这种采购方式，实际上就是面向需求的、供应商主动送货的方式。至于付款结算，可以根据双方方便，定期结算或按次结算都可以。

准时化采购也和准时化生产一样，不但能够最好地满足用户的需要，而且可以最大地消除库存、最大地消除浪费。

第二节 JIT 采购的原理、特点和优点

一、对传统采购的简评

传统采购，包括前面所说的订货点采购，都是一种基于库存的采购，采购的目的都是为了填充库存，以一定的库存来应对用户的需求。虽然这种采购也极力进行库存控制，想方设法地压缩库存，但是由于机制问题，其压缩库存的能力是有限的。特别是在需求急剧变化的情况下，它们常常导致既有高库存又出现缺货的局面。高库存增加了成本，缺货则直接影响生产、降低服务水平。

库存，是生产的条件，又是生产的负担。作为生产的条件，它是为生产提供物资准备，生产一开始，就需要成套的原材料，这些原材料不可能即时从远方的供应商手中供货，所以需要从企业的库存中进行供应。而且，供应商离得越远，则本企业生产需要准备的库存就越高。从这一点看，库存是生产所必需的，是生产正常进行的前提条件，为了保障生产正常进行，必须维持一定的库存量。这些库存量是衔接供应商的“供”与本企业生产之“需”的纽带，是保障企业正常生产的条件。但是，库存量又占用资金、占用仓库、占用保管器具，需要花费管理费用。这就增加了生产成本，成为生产的负担。而且库存量越高，则需要花费的保管费用也就越高，企业生产的负担也就越重。

为此，人们在采购中一直在进行一种持续的、无休止的努力，就是要做到既能保证企业生产的物资需要，又要使得企业库存无限最小化。20世纪90年代，受准时化生产管理思想的启发，准时化采购应运而生。

二、JIT采购的原理

当年，丰田公司的大野耐一创造JIT生产方式，是在美国参观超级市场时受超级市场供货方式的启发而萌生的想法。美国超级市场除了商店货架上的货物之外，是不另外设仓库、设库存的。商场每天晚上都根据今天的销售量来预计明天的销售量而向供应商发出订货。第二天清早供应商按指定的数量送货到商场，有的供应商一天还分两次送货，基本上按照用户需要的品种、需要的数量、在需要的时候、送到需要的地点。所以基本上每天的送货刚好满足了用户的需要，没有多余、没有库存、也没有浪费。大野耐一就想到要把这种模式运用到生产中去，因而产生了准时化生产。

实际上，超级市场模式，本来就是一种采购供应的模式。有一个供应商、有一个用户，双方形成了一个供需“节”，如图7-1所示。在这个供需节中，需方是采购方，供应商是供应方。采购方向供应商发出订货，供应商应当根据需方的订货，送货到需方。具体在超级市场模式下，超级市场是需方，供应商给超级市场进行准时化供货，它们之间的采购供应关系，也就是一种准时化的采购模式。

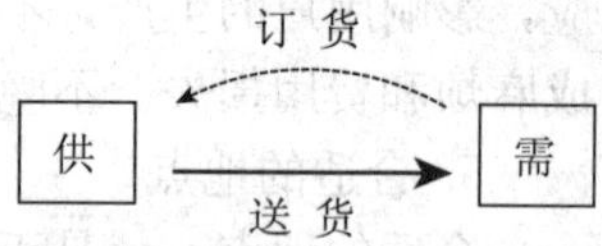

图7-1 供需“节”

(一) JIT采购的原理主要表现在以下几个方面

(1) 与传统采购面向库存不同，准时化采购是一种直接面向需求的采购模式。它的采购送货是直接送到需求点上；

(2) 用户需要什么，就送什么，品种规格符合用户需要；

(3) 用户需要什么质量，就送什么质量，品种质量符合用户需要，拒绝残次品和废品；

(4) 用户需要多少，就送多少，不少送，也不多送；

(5) 用户什么时候需要，就什么时候送货，不晚送，也不早送，非常准时；

(6) 用户在什么地点需要，就送到什么地点；

(7) JIT采购是一个期间持续行为，每天每天都这样持续送货，一直到这次采购合作期结束；

(8) JIT采购双方已经不是对立博弈关系，而是一种协调合作、共命共赢的关系。

(二) JIT采购的内涵

(1) JIT采购把原来烦琐的用户采购程序改变成了主动送货的程序，是对传统采购的一次革命性变动。这样变动的结果，极大地方便了用户，做到了既很好地满足了用户的需求，又使得用户的库存量最小，用户不需要设库存。就超市而言，就只在货架上有一点临时的存放，以满足当天的销售之用，一天销售完毕，这些临时存放就消失，库存完全为零，真正实现了零库存。就装配生产线而言，就只是在运转的生产线旁边有一些临时堆放，来满足装配需要，一天工作完、生产线停止时，临时堆放的零部件全用光，生产线边的库存也为零，也不要另设仓库来存放货品，也真正实现了零库存。

（2）好像JIT采购只关注了物流送货问题，没有关注商流和信息流的问题。实际上商流和信息流都是产生的。因为JIT采购不像传统采购，传统采购是一次性的行为，JIT采购是一个长期行为，少则一个月，多则一年，甚至若干年。在这一个采购合作期开始之前，有一个寻找合作供应商、洽商、考核、签订合作合同的工作，这算一次商流。合同生效、合作期开始以后运作的整个长期过程，基本上都是供应商送货的物流运作。期间内可能有定期的费用结算支付，一月一次，或一年一次。所以商流相对于物流来说，显得很少，好像就只看到供应商每天每天送货的物流。至于信息流是完全伴随物流而产生的，主要是通过送货看板实施的。

（3）看板在JIT采购中起了特别重要的作用，以至于人们常常把JIT生产、JIT采购简单地说成是“看板管理”。可以说，看板，作为一个“信息卡”，在JIT采购中起了一个“司令部”和一个“指挥棒”的作用。看板，既是作业命令，又是业务凭证。只有得到看板，才能够开展指定的工作，众多的看板，就指挥众多的人开展众多指定的工作并且在指定的时间送到指定的地点。每一个人每一个单位都根据所持有的看板数来计算工作量和业绩。所以，每一块看板都是一个指挥棒，众多的看板就构成一个司令部。看板流就是JIT系统中的信息流，是JIT系统运转的神经中枢指挥系统。

（4）JIT采购实施的关键，是供应商关系角色的转变：由传统的博弈对手变成了任劳任怨的合作伙伴。可以说，由传统采购转变成JIT采购，最吃亏的是供应商，最捡便宜的是用户。供应商完全要根据用户需要的时间把需要的品种需要的数量送到需要的地点，要实行小批量多频次的送货，保障用户的需要。而用户对此什么都不用管，只要专注于他自己的经营就可以了。这样的合作伙伴不是随便就可以找到的，要经过耐心的寻找、细心的培养和真诚的合作才能够炼成的。而一旦炼成了，JIT采购也就基本能成了。

（5）不是什么产品什么情况都适合于JIT采购的。产品应是大批量持续消费的，一次性消费、珍稀紧缺产品用JIT采购完全没有必要。相互距离很近、可以实行同步生产、及时供货的供应商才可能开展JIT采购，相距很远，不能够同步生产、即时供货的企业没有必要开展JIT采购。因为开展JIT采购的基本原则，就是不要另设仓库，实行零库存经营。如果相距很远，不能够同步生产，就不能够小批量多频次送货，只能够大批量少频次送货。而大批量少频次送货，必然需要仓库，储备库存。而这样，就失去了JIT采购（零库存）的意义。

所以JIT采购模式，用在合适的情况下，是一种非常好的具有革命意义的采购方式。

三、JIT采购的特点

JIT采购的特点主要表现在以下几个方面，如表7－1所示。

（一）零库存

传统采购都是基于库存的采购，采购回来都是为了补充库存的。而JIT采购都是追求无库存经营的，也就是自己对该产品不另设仓库，不另设仓库库存。只在需求点为需用设立一些少量临时库存，以满足当时的需用，需用一结束，临时库存也就没有了。该企业即使有仓库、有库存，那也是没有开展JIT采购的产品的。凡是开展JIT采购的产品都是没有仓库库存的，否则就不叫JIT采购。

（二）面向需求

传统采购都是基于库存的采购，而JIT采购都是基于需求的采购。采购回来是直接放到需求点直接进入需求消费的。如果没有消费需求，也就没有 JIT 采购。消费需求一结束，JIT 采购作业也就结束了。

（三）拉动式计划作业

JIT 都是拉动式计划、拉动式作业。都是需求方向供应方发出看板，指令计划供应方将自己需要的物品在指定的时间供应到指定的地点。供应方是被拉动，才产生供应作业行动的。

（四）供应商主动

传统的采购，都是用户主动。而 JIT 采购的整个过程，除了开始时用户主动寻找供应商、洽谈、培育、签订合同时是用户主动之外，在合同实施的整个长过程中，都是供应商按照用户的需要主动进行送货作业的。

（五）看板管理

传统的采购，都是用传统手段进行信息传输的。而 JIT 采购却是用直观可见的看板流作为手段进行信息传输的，所以又被称为看板管理。看板既是指挥棒，传达工作指令，又是业务凭证，可以作为工作考核的依据。众多的看板合起来，就成为整个 JIT 系统运行的司令部，看板流成为整个系统运行的血脉和神经中枢。

（六）供应商友好关系

传统的采购，用户和供应商是一种利益冲突关系，你收得越多，我亏损越大。而 JIT 采购则需要供应商主动围绕用户的需要进行多方面的配合，有些甚至敢冒暂时亏损的风险。一般认为，JIT 采购，供应商是最被动最吃亏，而用户是最主动最捡便宜，这是有一定道理的。没有供应商的主动配合，JIT 采购就搞不成。所以 JIT 采购的关键就是要建立起供应商友好关系。要通过寻找、选择、培育、考核、洽谈、激励、共赢等多种方式途径着力构建起友好的供应商关系，为 JIT 采购系统打牢坚实的基础。

（七）期间持续行为

传统的采购，大多是一次性行为，我买你卖，完了就完了。而 JIT 采购却是一种期间持续行为，少则一月，多则几年、十几年，长期合作。每天都按合同执行送货作业，保障用户生产线正常运行。哪一天不运行，用户就得停产。

（八）特色运作

其他，JIT 采购有许多自己独特的运作特色。如表 7－1 所示。

1. 供应商少，甚至单源供应

单源供应指的是对某一种原材料或外购件只从一个供应商那里采购；或者说，对某一种原材料或外购件的需求，仅由一个供应商供货。JIT 采购认为，最理想的供应商的数目是：对每一种原材料或外购件，只有一个供应商。因此，单源供应是 JIT 采购的基本特征之一。

传统的采购模式一般是多头采购，一个产品同时找几个供应商供应，各自按质量价格和服务的好坏分配不同的购买比例。引起他们之间的竞争，使自己获得最大的利益。下次你变好了，我就把最大购买量转让给你。JIT 采购采取单源供应的原因，一是供应商改造成本大，基本上要把供应商改造成一个与本企业需求点同步生产的附属车间，专心致志面对本需求点运作；二是运作场所限制，一个需求点不可能同时容纳多个供应商出出进进送货；三是产品限制，JIT 采购的产品必须是精心培育、反复考核合格且免检的产品。供应商越多，产品的不合格风险越大。

表 7-1　　JIT 采购与传统采购运作特色的区别

项目		JIT 采购	传统采购
立基		基于需求	基于库存
追求		零库存	高库存
主动类型		供应商主动型	用户主动型
推动形式		需求拉动式	供应推进式
信息形式		看板流	通常信息流
供应商关系		供应商友好关系	供应商博弈关系
作业持续性		期间持续性行为	一次性行为
运作特色	采购批量	小批量，送货频率高	大批量，送货频率低
	供应商选择	长期合作，单源供应	短期合作，多源供应
	供应商评价	质量、交货期、价格	质量、价格、交货期
	检查工作	逐渐减少，最后消除	收货、点货、质量验收
	协商内容	长期合作关系、质量和合理价格	获得最低价格
	运输	准时送货、买方负责安排	较低成本、卖方安排
	文书工作	文书量小	文书量大
	产品说明	供应商革新、强调性能宽松要求	买方关心设计、供应商没有创新
	包装	小、标准化容器包装	普通包装、无特别说明
	信息交流	快速、可靠	一般要求

2. 小批量多频次送货

小批量多频次送货是 JIT 采购的一个基本特征。因为 JIT 采购是面向需求点消费过程的送货，当时消费多少就送多少，当然，不能够少送，少送不能够保障满足需要。但也不能够多送，因为多送就造成了库存，不符合 JIT 采购的本意要求。所以为了不造成过量库存，又要保障持续供应，所以必须小批量多频次送货。而传统的采购是面向库存的送货，仓库大得很，采购得多多的，放到仓库里存着，可以减少采购次数，这样子省事。他们当时还没有库存控制的思想，所以自然选择大批量少频次的采购送货。

3. 供应商选择

由于 JIT 采购采取单源供应，因而对供应商的合理选择就显得尤其重要。因此 JIT 采购的供应商选择要经历一个寻找、初选、考察、洽商、培育、考核、二选、试运行、考核、定选、签订合同这样一个长期而复杂的过程。即对于初步选定的供应商，需要考察他的生产条件和管理状况，如果基本条件合格，就要和他洽谈是否真愿意接受改造培育成为 JIT 采购供应商，如果愿意就要完全按照需要改造成与需求点完全同步运作的附属车间的模式，改造完之后要进行运行，再进行考核，考核不合格，再继续改造、运行，如果考核合不了格，就放弃，考核合格的就算二选选定。二选选定的企业就要进入试运行阶段，半年或者一年，按照JIT采购送货的模式与需求点进行业务接触磨合，边运行边改进。如果试运行失败，改进无望，还是要放弃。只有试运行成功，才能够最后选定，并签订JIT采购合同。这时供应商才算选定了。

在传统的采购模式中，供应商是通过价格竞争而选择的，供应商与用户的关系是短期的合作关系，当发现供应商不合适时，可以通过市场竞标的方式重新选择供应商。这比JIT采购简单得多。

4. 交货准时性

JIT采购的一个重要特点是要求交货准时，这是JIT采购的最基本的条件。传统采购有好多对准时交货没有要求，即使有些传统采购也要求准时交货，但是也不能够与JIT采购的准时交货相提并论。JIT采购是分秒级，而传统采购则是日月级的。例如汽车装配线，是按节拍运行的。三分钟装一辆车，所有各个部件的装配点，必须在三分钟内装配完毕。如果送货耽误1分钟，整个装配任务就不能够按时完成，装配线就得停止运转。

为了实现准时交货，不但要抓好运输，还要抓好生产、包装、装运等各个环节，要真正实现同步作业。

5. 采购质量

实施JIT采购后，要保证采购品是百分之百的合格品。因为时间很紧凑，而且直接进入需求消费，想检验都没有时间检验，因此产品质量必须是完全放心、可以免检的产品。传统采购虽然也强调质量合格，但是因为完全有时间检验，检验不合格，可以退赔，有补救的余地。

6. 信息交流

JIT采购的信息交流要求很高很及时，而且主要靠看板。供应与需求双方信息高度共享，保证供应与需求信息的准确性和实时性。由于双方的战略合作关系，企业在生产计划、库存、质量等各方面的信息都可以及时进行交流，以便出现问题时能够及时处理。只有供需双方进行可靠而快速的双向信息交流，才能保证所需的原材料和外购件的准时按量供应。同时，充分的信息交换可以增强供应商的应变能力。所以，实施JIT采购，就要求供应商和制造商之间进行有效的信息交换。信息交换的手段除看板以外，还包括电报、电传、电话、信函、卫星通信、文件、图片、资料、凭证等。现代信息技术的发展，特别是互联网提供的一些信息交流平台，为有效的信息交换提供了强有力的支持。

7. 可靠的送货和特定的包装要求

由于JIT采购中，双方高度重视送货，特别是供应商主动配合，再加上JIT的看板管理和送货机制保证，使得交货失误和送货延迟发生的可能性降到了最小。因此，JIT采购为可靠的送货创造了最好的条件。

JIT采购对货品的包装也提出了特定的要求。JIT采购中的包装一般是个性化的。最适合给定的产品，最适合开箱和重复使用。既可提高运输效率，又能保证交货的准确性。

四、JIT采购的优点

依据JIT采购的原理，一个企业中的所有活动只有当需要的时候才接受服务，才是最合算的，即只有在需要的时候，才把需要的物品、需要的数量，提供到所需要的地点，才是最节省、最有效率的。因此，JIT采购是一种最节省、最有效率的采购模式。

（一）最节省

JIT 采购实现了用户方最大的节省。

（1）省去了采购进货。JIT 采购变用户主动为供应商主动，省去了许多原来必须要由用户承担的麻烦的采购和进货的程序工作。传统的采购中，都是一次性行为，每次库存货物用完了，都要进行一次采购进货，重新进行寻找供应商、讨价还价、签订合同、货物检验、运输进货、入库验收等一整套烦琐而每项都不轻松的采购进货程序，费神费力费钱财。现在 JIT 采购是一个长期持续的行为，采购一次签订合同以后，长时期用户就不用管了，每天都由供应商送货上门，保障供应。

（2）零库存，节省仓库和储存保管。JIT 采购供应商送货是小批量多频次送货，正好满足需要，又没有多余，所以实现了零库存，不需要另设仓库，不需要烦琐的储备保管系统，大大节省了投资、节省了人力物力。

（3）送货直到需求点可以节省搬运。传统采购是面向库存，送货是送到仓库。需求点需要消费的时候，再从仓库提货出来搬运到需求点，在需求点消费。JIT 采购供应商送货是直接送到需求点，不但省去了仓库，而且省去了从仓库到需求点繁重的搬运工作，大大节省了人力物力。

（4）节省了管理工作量。JIT 采购中，把原来需要烦琐而严格计算的 MRP 计划转变成简单直观的 JIT 计划，大大节省了计划工作量。在运行过程中，把简单直观的看板流代替了烦琐的层层工作任务安排、传达、监督，大大节省了管理工作量。

（二）最有效率

JIT 采购不但实现了最大的节省，而且实现了高效率。

（1）供应商主动进货，熟门熟路，比用户自己去进货更有效率。

（2）供应商只用将需要的品种需要的数量在需要的时候送到需要的地点，省去了那些没有必要的环节、设施设备和多余的东西，没有给用户添加一点多余的负担，让用户能够百分之百地专心于自己的装配工作，可以大大提高工作效率。最大的节省就能带来最大的效率。

（3）看板传递，直接方便，代替以前烦琐的层层传达，大大提高了管理效率。

（三）看板直观，直接，简便有效

JIT 采购中的看板是最大的特色，作为信息传递的手段，不但直观、而且简便、直接。人人都能够看懂，可以很方便地直接传达到相关人手中，而且很容易地为当事人所接受，比那些层层传达的计划任务书、进度表报等等更有效率。

（四）拉动式管理创新

JIT 采购中拉动式管理模式也是一种很有效率的创新。人们已经习惯于以前那种由上到下层层推进的管理模式，JIT 采购中采用的由下到上逐级拉动的管理模式给人们一种新的感受，就是简便、高效。人们甚至可以不去管整个生产系统有多么复杂的流程和多么玄妙的比例数量和时间进度关系，你只要从最末端的产成品产出工序开始，需要什么、需要多少，什么时候需要向你的供应工序发看板就行了。各个工序都这么做，就能够一下子把众多无序的生产工序串并联成一个最有效率的有序生产运作系统。比那种光靠计划部门冥思苦想、闭门造车方便有效多了。

（五）供应商友好关系

JIT 采购中，供应商友好关系也是一个重要的特色，供应商长期为用户精心组织送货，任劳任怨、孜孜不倦地保障供应、保障用户生产正常运行，为用户提供了强有力的支持。这种供应商友好关系的建立为企业的生存发展创造了很好的外部条件。

（六）JIT 采购对供应链管理的意义

JIT 采购还对企业加强供应链管理有着重要的意义。JIT 采购链接了友好供应商，结成了友好关系，使供应商实现了准时化、同步化运作，专心致志地为企业生产提供高质量的服务。这就是一种很理想的供应链关系。JIT 采购为供应链的形成提出了要求，又为供应链运作创造了条件。JIT 采购策略体现了供应链管理的协调性、同步性和集成性，供应链管理需要 JIT 采购来保证供应链的整体同步化运作。

五、JIT 采购已经取得的成果

总之，JIT 采购是关于物资采购的一种全新的思路，企业实施 JIT 采购具有重要的意义。根据资料统计，JIT 采购在以下几个方面已经取得了令人满意的成果：

（1）大幅度减少原材料和外购件的库存。根据国外一些实施 JIT 采购策略企业的测算，JIT 采购可以使原材料和外购件的库存降低 40%～85%。原材料和外购件库存的降低，有利于减少流动资金的占用，加速流动资金的周转，同时也有利于节省原材料和外购件库存占用的空间，从而降低库存成本。

（2）提高采购物资的质量。一般来说，实施 JIT 采购，可以使购买的原材料和外购件的质量提高 2～3 倍。而且，原材料和外购件质量的提高，又会导致质量成本的降低。据估计，推行 JIT 采购可使质量成本减少 26%～63%。

（3）降低原材料和外购件的采购价格。由于供应商和制造商的密切合作以及内部规模效益与长期订货，再加上消除了采购过程中的一些浪费（如订货手续、装卸环节、检验手续等），就使得购买的原材料和外购件的价格得以降低。例如，生产复印机的美国施乐（Xerox）公司，通过实施 JIT 采购策略，使其采购物资的价格下降了 40%～50%。

扩展阅读

看板管理的原理

JIT 采购是一种先进的管理理念，优势明显，但怎么把它实施和操作起来呢？如果没有一个具体的实施方法，则 JIT 采购的特点和优点体现不出来，再先进的理念也是没有用的。

幸而找到了一个既简单方便又适用的实施操作的技术，这就是看板管理技术。下面讨论这种实施 JIT 采购的看板管理技术。

所谓看板，就是一张信息卡片，又称为要货指令。在看板上记录着商品号、商品名称、供应商和需求点（取货地、送货地）、生产或要货数量、所用工位器具的型号，该看板的周转张数等，以此作为取货、运输、生产的凭证和信息指令。由需求方向供货方发出看板，就是向供应商发出什么时间把什么品种、什么规格、什么数量，从什么地方送到什么地方的指令。看板可以用不同的材料做成，可以用纸片、塑料片甚至金属片。上面有孔，可以挂在看板牌上，也可以放在看板袋里。

看板，根据其服务对象分，可以分为生产看板和运输看板。生产看板主要用在生产循环圈中，运输看板主要用在运输循环圈中。生产看板循环圈，是从生产的产成品工位到其前面各个工序以及原材料库的看板循环，主要利用看板指挥其前面各个工序的生产数量和生产时间、索要零部件或工件、原材料。运输看板循环圈是指从生产部门的产成品到用户需求点的看板循环，主要是用户需求点向产成品供应点索要产成品的看板循环。它们的应用原理都一样，我们这里只讨论从客户需求点到供应商产成品的运输循环。其原理如图 7-2 所示。

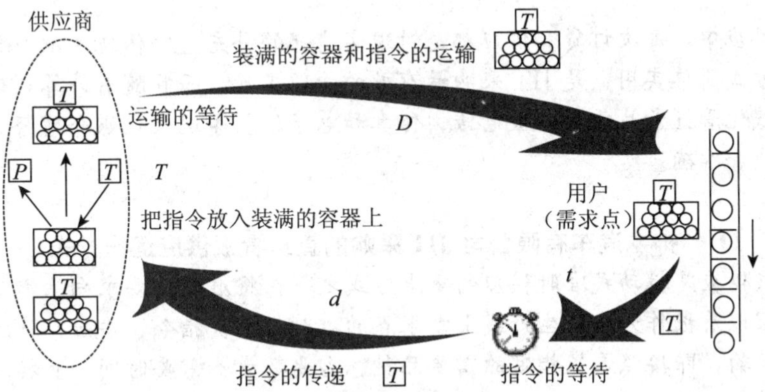

图 7-2　运输看板运行原理

在图 7-2 中，用户与供应商进行着 JIT 采购运作，并实行运输看板操作。供应商直接小批量多批次地送货到用户的生产线需求点。货物以货箱为单位，直接用叉车装运到用户需求点。操作原理如下：当用户在生产线上消耗完一个货箱的货物后，就在空箱上挂上一块看板，由叉车取走，直接运到供应商的产成品供应处去要货。供应商按看板指定的需要品种、需要数量备货（或生产）、装货，装货完毕，叉车司机再按看板给定的时间准时运送到用户需求地、供用户继续使用消耗。叉车由用户处离开时又把放在旁边的空箱连同挂在其上的要货看板一起又送到供应商处进行下一次的备货、装货和运输，这样循环不止，直到用户需求点完工为止。如果用户什么时候不发出要货看板，则供应商的供应（或生产）也就自然停止。在实际操作时，用户处积累的空箱可能不止一个，可能有多个，这时候也可能一次要取多个看板，发出多个货箱的要货指令。这样，一个看板循环过程中的时间构成如下。

（1）$t_{等}$：用户处空箱看板的等待时间，它等于货物用完、货箱腾空开始，直到叉车司机把它取走之间的时间间隔，如果是多个空箱一起取走，则是这多个空箱的平均等待时间。因为一般叉车司机是按一定的频率 F 送货的，这样相邻两次送货之间的时间间隔是 $1/F$。

（2）$t_{传}$：看板卡的传递时间，它等于空箱看板从用户运送到供应商处的传送时间。

（3）$t_{装}$：看板空箱在供应商处的装货停留时间，它等于空箱看板送到供应处开始，直到叉车司机把装满货物后的货箱连同其上的看板起运出发之间的时间间隔。一旦空箱看板指令送到供应商处的存储点，就被贴在一箱满容器上，这时这箱装满零件的容器和看板卡就准备好了，可以运往用户了。

(4) $t_{运}$：叉车司机将装满货物的容器和看板从供应商运送到用户需求地的运输时间。

这样，如果用户需求地对于商品的日消耗量为R，每个货箱中商品的数量是m，叉车司机日运送频次为F，则在两次交货之间用户消耗所需的包装容器的数量M为：

$$M=\frac{R}{m}\cdot\frac{1}{F}+1$$

看板循环里包装容器和看板卡的总数量N为：

$$N=\frac{R}{m}\cdot(t_{等}+t_{传}+t_{装}+t_{运})+1$$

在看板供应中，每次订货和供应都是对现实消耗的补充。它体现了准时化采购的基本原则。这种方式简单实用，是JIT采购最有效的管理工具，而且随着计算机通信技术的发展，传统的纸化看板卡片已大多被电传、传真和电子信箱等现代化媒介所替代，使得看板供应更为迅速和准确。

【示例7-1】　神龙汽车有限公司JIT采购的直送看板供应运作方式

直送看板供应是拉动式准时供应的重点方式之一，将准时化要求向上游延伸至供应厂商：用户厂家以看板作为自己生产线上需求点的准时化要货指令，供应厂商按照看板指令实施生产或运输，即按照看板指定的需要品种、需要数量、需要时间，直接送至用户生产线的需求点进行生产消耗，不是运到用户的仓库进行存储。这样利用看板实现了从供应厂商供应点直接到用户生产线的消耗点的直送供应，从而减少了存储点和存储量，降低了用户的库存成本，也降低了供应厂商的库存成本，同时发挥看板的现场自动微调功能以平顺排产、运输与仓储作业，减低调度协调难度和工作量，提高系统化管理水平。

采用直送看板供应的前提性条件：

(1) 人员素质：直送看板供应运行涉及的相关人员经过必要培训，了解看板知识和运行规则，具备看板管理必备的素质和责任心。

(2) 质量保证性：质量保证在供应商处完成，用户和供应商都对产品质量有足够的信任和信心，直送看板零件达到质量免检水平，只有合格的产品才能挂看板卡片。

(3) 技术经济性：应优先选择A类物资，其单件零件占用的资金、面积、容器等制造资源较多。

(4) 包装特性：标准化耐久容器；容器体积大，装载数量少。

(5) 运输特性：每次运输批量较小，日运输频次不少于一次，供应商供应点在50千米范围内。

(6) 管理保证性：用户及其供应商愿意和能够实现准时化生产或运输管理，有一个直送看板供应的归口管理和仲裁部门，签订一份直送看板供应合同/协议。

神龙汽车有限公司是由法国雪铁龙汽车公司与中国东风汽车公司集团合资，注册10亿人民币，投资百亿人民币，于1992年5月18日成立的一个轿车生产企业。1995年9月8日，神龙公司武汉工厂总装车间第一辆富康车下线。中、法两国企业间人员、技术交往不断增多，雪铁龙公司在汽车工业领域的先进管理经验，包括物流管理在内，越来越多地被中方人员学习、引入和应用。1998年年初，神龙公司相关部门决定试行部分外协件的 JIT 采购，进行直送看板供应。

第一个选为 JIT 采购试点的外协件为汽车座椅。之所以选择座椅，是因为：

(1) 座椅供应商云鹤座椅厂距离神龙很近，就在神龙公司旁边。

(2) 根据以前较长期的合作，发现该厂产品质量稳定，服务态度好。

于是经过协商谈判，双方签订了座椅直送看板采购供应的合同协议，开始了 JIT 采购的直送看板供应的运作。

神龙富康轿车成套座椅价值 4100 元；采用专用耐久容器盛放，每个容器盛放 2 套座椅；供应商为云鹤座椅厂，距神龙公司总装车间约 1 千米；运输工具为 3 吨东风轻卡，每车运送 9 个容器；神龙公司总装车间实行五天两班制生产，日产 214 辆，日有效工时 15.5 小时；云鹤座椅厂施行五天单班制生产，但仓库发交和运输作业时间与神龙总装车间同步，当时神龙公司仓库座椅库存水平为 240 套左右。

针对以上情况，首先进行了初步设计。

设计要点如下：

(1) 描述座椅厂为神龙公司总装车间实行座椅直送看板供应的流程。

(2) 进行工时分析，确定工时参数。

(3) 看板计算。

(4) 确定重要控制点和作业点。

(5) 提出看板样本，见图 7-3。

图 7-3 运输看板

(6) 提出看板运行所需要的人员、设备、物品、面积、环境配套等资源需求。

经过设计，得到座椅直送看板供应流程的一般性描述，见图 7-4。

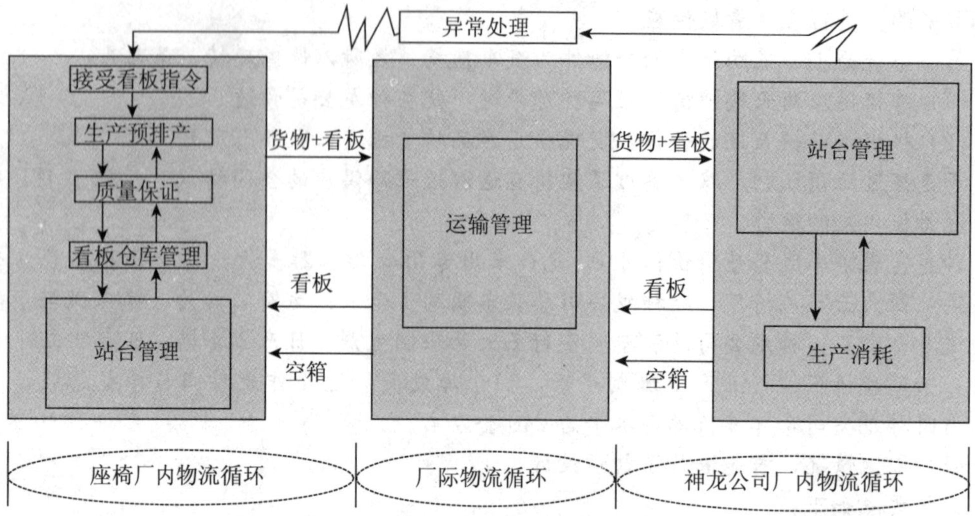

图 7－4 直送看板供应流程

经过严谨的设计和精心准备，座椅直送看板供应运行情况效益非常好，尤其是经济效益十分显著。座椅平均库存水平降到 24 套左右，为原来库存水平（240 套）的 10%，同比降低了 90%，减少库存资金占用 88.56 万元。

第三节 JIT 采购的实施

一、JIT 采购的实施条件

成功实施 JIT 采购策略，需要具备一定的前提条件，我们认为下面的这些条件是实施 JIT 采购最为基本的条件。

(1) JIT 采购最适合于需求量大而持久又不愿意设立仓库库存，或者需求量虽小但要求很紧急准时的情况。凡是需求量小或者不要求紧急准时的，或者需求量大而持久但是愿意设立仓库库存的，实行 JIT 采购就失去了意义。

(2) 供应商和用户企业相距遥远，不能够实行同步作业、必须设立仓库库存的也不必要实行 JIT 采购。只有相距比较近，能和需求点实行同步作业、可以实现无库存经营的，才可以实施 JIT 采购。

(3) 要有友好而有实力的供应商。JIT 采购策略的推行，有赖于用户和供应商之间建立起长期的、互利合作的新型关系，相互信任，相互支持，共同获益。供应商的生产能力、质量水平和管理水平以及愿意协调配合、坚决支持用户并乐意为用户服务，是选择 JIT 供应商的基本标准。

(4) 供应商的作业必须能同需求点同步作业，协调运行。

(5) 注重基础设施的建设。供应商企业实力、装运送货系统、业务交界系统以及看板系统是实施 JIT 采购的基础设施，要使得 JIT 采购正常运行，必须注重这些基础设施的建设。

(6) 健全 JIT 采购管理组织。采购管理组织应当包括供应商的代表，共同管理整个

JIT 系统的运行，协调有关方面的行动，随时解决处理碰到的问题。

(7) 用户与供应商实现数据共享、责任共担、互利共赢。

(8) 以看板流为主体的信息系统的建设。

(9) 加强学习和培训。JIT 采购是一个新鲜事物，不但存在现有的问题需要认识和解决，还会不断出现新的问题，所以全体人员必须加强学习和培训，才能够使得 JIT 运行越来越完善。

二、JIT 采购的实施步骤

前面分析了 JIT 采购法的特点和优点，从中我们可以看到，JIT 采购方法和传统的采购方法有一些显著差别，要实施 JIT 采购法，以下四点是十分重要的。

——看板管理是 JIT 采购最实用最有效的手段；

——选择最佳的供应商，并对供应商进行有效的管理是 JIT 采购成功的基石；

——供应商与用户的紧密合作是 JIT 采购成功的钥匙；

——卓有成效的采购过程质量控制是 JIT 采购成功的保证。

在实际工作中，如果能够根据以上四点开展采购工作，那么就可能成功实施 JIT 采购。

想要成功实施 JIT 采购策略，除了要具备一定的前提条件外，还必须遵循一定的科学实施步骤。在实施 JIT 采购时，大体上可以遵从下面的这些步骤：

(1) 创建 JIT 采购班组。JIT 采购班组的作用，就是全面处理 JIT 采购有关事宜。一是要制订 JIT 采购的操作规程，协调企业内部各有关部门的运作、协调企业与供应商之间的运作。JIT 采购班组除了采购科有关人员之外，还要有本企业以及供应商企业的生产管理人员、技术人员、搬运人员等共同组成。一般应成立两个班组，一个是专门处理供应商事务的班组，该班组的任务是培训和指导供应商的 JIT 采购操作、衔接供应商与本企业的操作流程、认定和评估供应商的信誉、能力，与供应商谈判签订准时化订货合同，向供应商发放免检签证等。另外一个班组是专门协调本企业各个部门的 JIT 采购操作、制订作业流程、指导和培训操作人员，并且进行操作检验、监督和评估。这些班组人员，对 JIT 采购的方法应有充分的了解和认识，必要时要进行培训。

(2) 制定计划，确保 JIT 采购策略有计划有步骤地实施。要制定采购策略，以及改进当前采购方式的措施，如何减少供应商的数量、供应商的评价、向供应商发放签证等内容。在这个过程中，要与供应商一起商定 JIT 采购的目标和有关措施，保持经常性的信息沟通。

(3) 精选少数几家供应商建立伙伴关系。供应商和制造商之间互利的伙伴关系，意味着双方之间充满了一种紧密合作、主动交流、相互信赖的和谐气氛，共同承担长期协作的义务。在这种关系的基础上，发展共同的目标，分享共同的利益。

当然，这种互利的伙伴关系的建立需要经过长期的工作，要求双方有坚定的决心和奉献精神；同时，一个企业只能选择少数几个最佳供应商作为工作对象，抓住一切机会加强与他们之间的业务关系。

(4) 进行试点工作。先从某种产品或某条生产线的试点开始，进行准时零部件或原材料的准时化供应试点。在试点过程中，取得企业各个部门的支持是很重要的，特别是生产部门的支持。通过试点，总结经验，为正式的 JIT 采购实施打下基础。

（5）搞好供应商的培训，确定共同目标。JIT 采购是供需双方共同的业务活动，单靠采购部门的努力是不够的，需要供应商的配合，只有供应商也对 JIT 采购的策略和运作方法有了认识和理解，才能获得供应商的支持和配合，因此需要对供应商进行教育培训。通过培训，大家取得一致的目标，相互之间就能够很好地协调，做好采购的准时化工作。

（6）给供应商颁发产品免检证书。在实施 JIT 采购策略时，核发免检证书是非常关键的一步。颁发免检证书的前提是供应商的产品百分之百的合格。为此，核发免检证书时，要求供应商提供最新的、正确的、完整的产品质量文件，包括设计蓝图、规格、检验程序以及其他必要的关键内容。

有些公司在核发免检证书的初始阶段，只发放单件产品的免检证，但是最终目标还是为了发放供应商的免检证，并完全免除采购物资中常规产品的进货检查。达到这个目标后，就只需对尚未获得免检证的新产品和新零件进行进货检查，直到它们也达到免检要求为止。最后，所有采购的物资就可以从卸货点直接运至生产线使用。

（7）实现配合节拍进度的交货方式。向供应商采购的原材料和外购件，其目标是要实现这样的交货方式：当企业正好需要某物资时，该物资就运抵卸货月台，并随之直接运至生产线，生产线拉动它所需的物资，并在制造产品时使用该物资。

（8）继续改进，扩大成果。JIT 采购是一个不断完善和改进的过程，需要在实施过程中不断总结经验教训，从降低运输成本，提高交货的准确性，提高产品的质量，降低供应商库存等各个方面进行改进，不断提高 JIT 采购的运作绩效。

扩展阅读

国内外 JIT 采购实践情况分析

为了对 JIT 采购的目的、意义和影响 JIT 采购的相关因素有一个初步的了解，美国的加利福尼亚州立大学的研究生做了一次对汽车、电子、机械等企业的经营者 JIT 采购的效果问卷调查，共调查了 67 家美国公司。这些公司有大有小，其中包括著名的 3COM 公司、惠普公司、苹果计算机公司等。这些公司有的是制造商，有的是分销商，有的是服务业，调查的对象为公司的采购与物料管理经理。调查的有关内容见表 7－2～表 7－5。

表 7－2　JIT 采购成功的关键因素

问题	肯定回答（%）
和供应商的相互关系	51.5
管理的措施	31.8
适当的计划	30.3
部门协调	25.8
进货质量	19.7
长期的合同协议	16.7
采购的物品类型	13.6
特殊的政策与惯例	10.6

表 7－3　JIT 采购解决的问题

问题	肯定回答（%）
空间减少	44.8
成本减少	34.5
改进用户服务	34.5
及时交货	34.5
缺货问题	17.2
改进资金流	17.2
提前期减少	10.3

表 7－4　实施 JIT 采购困难的因素

问题	肯定回答（%）
缺乏供应商的支持	23.6
部门之间协调性差	20.0
缺乏对供应商的激励	18.2
采购物品的类型	16.4
进货物品质量差	12.7
特殊政策与惯例	7.1

表 7－5　与供应商有关的 JIT 采购问题

问题	肯定回答（%）
很难找到好的供应商	35.6
供应商不可靠	31.1
供应商太远	26.7
供应商太多	24.4
供应商不想频繁交货	17.8

从以上调查报告不难看出以下几个方面的结论：

(1) JIT 采购成功的关键是与供应商的关系，而最困难的问题也是缺乏供应商的合作。供应链管理所倡导的战略伙伴关系为实施 JIT 采购提供了基础性条件，因此在供应链环境下实施 JIT 采购比传统管理模式下实施 JIT 采购更加有现实意义和可能性。

(2) 难找到“好”的合作伙伴是影响 JIT 采购的第二个重要因素，如何选择合适的供应商就成了影响 JIT 采购的重要条件。在传统的采购模式下，企业之间的关系不稳定，具有风险性，影响了合作目标的实现。供应链管理模式下的企业是协作性战略伙伴，因此为 JIT 采购奠定了基础。

(3) 缺乏对供应商的激励是 JIT 采购的另外一个影响因素。要成功地实施 JIT 采购，必须建立一套有效的供应商激励机制，使供应商和用户一起分享 JIT 采购的好处。

(4) JIT 采购不单是采购部门的事情，企业的各部门都应为实施 JIT 采购创造有利的条件，为实施 JIT 采购而共同努力。

这是国外企业实施 JIT 采购的情况，我国的采购情况如何？图 7－5 是 1998 年时，我们对我国企业采购管理现状的调查结果，图中显示了不同的企业供应商的供货准时率情况。

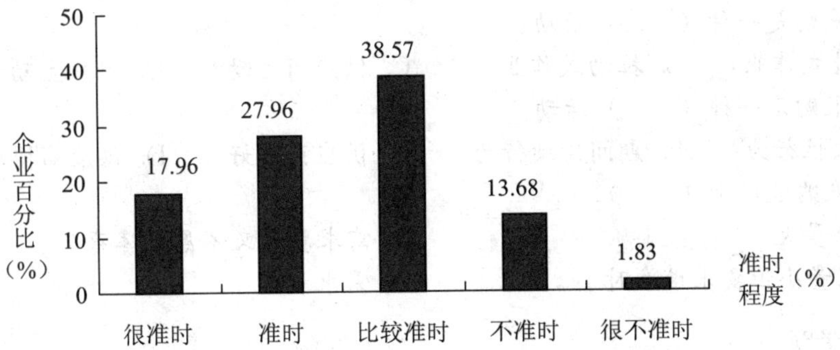

图 7－5　我国企业供应商的供货准时率

从图 7－5 看出，有 17.96%的企业认为供应商供货很准时，27.96%的企业认为供应商供货准时，38.57%的企业认为供应商供货比较准时，13.68%的企业认为供应商供货不准时，1.83%的企业认为供应商供货很不准时。大部分企业对供应商的供货准时情况反映较好，只有少数企业认为供应商供货不准时。

虽然我国企业对交货准时情况的评价还不错，但从总体来看，我国企业实施JIT采购的数量还不是太多，水平还不够高，有待于进一步加强。

实行JIT采购，效益非常好，操作非常简便，但是基础工作要求高，对人员的素质要求高、对管理水平要求高，所以要开展JIT采购，需要从基础工作抓起，逐步创造条件，争取早日开展起JIT采购。

资料来源：马士华.《供应链管理》. 北京：机械工业版社，2000。

本章练习题

一、名词解释

1. JIT，JIT生产，JIT采购
2. 看板，看板管理
3. 拉动式计划，推进式计划
4. 零库存，无库存经营
5. 供应商主动型，用户主动型
6. 供应商友好关系，供应商博弈关系
7. 期间持续行为，一次性行为
8. 单源供应，多源供应

二、选择填空

1. JIT采购是（　　）的行为。
A. 面向库存　　B. 面向需求
C. 既面向库存又面向需求　　D. 面向社会
2. JIT采购是追求（　　）。
A. 企业零库存　　B. 该产品零库存　　C. 企业高库存　　D. 该产品高库存
3. JIT采购是一种（　　）活动。
A. 推进式作业　　B. 拉动式作业　　C. 供应商主动型　　D. 用户主动型
4. JIT采购是一种（　　）活动。
A. 一次性行为　　B. 期间持续行为　　C. 供应商友好　　D. 供应商博弈
5. JIT采购适用于（　　）。
A. 需求量大　　B. 需求量大又不愿设库存
C. 需求量小但要求很准时　　D. 需求量小

三、思考题

1. JIT采购的原理是什么？
2. 为什么说JIT采购模式用在合适的情况下是一种非常好的具有革命意义的采购方式？
3. JIT采购的特点有哪些，它与传统采购有哪些区别？
4. JIT采购有哪些优点？

5. JIT 采购主要适合于什么情况？
6. 实施 JIT 采购的基本条件有哪些？实施步骤是怎样的？

四、实训题

阅读章首案例，并进一步查阅相关资料，考察海尔是如何开展 JIT 采购的。

第八章　招标采购

本章教学目的与要求

招标采购是一种使用越来越广泛的采购方法。它不仅是政府采购的主要方式，也是许多企业进行大型采购时经常采用的方式。本章简要介绍招标采购的基本过程、招投标文件的主要内容等。本章的教学目的与要求：

1. 了解招标采购在我国的发展历程，理解其优越性及适用范围。
2. 掌握招标采购的基本过程。
3. 掌握招标采购中招标文件、投标文件的主要内容。
4. 理解评标考核指标体系的确定，了解《招标投标法》的主要内容。

章首案例

招标采购，公司受益

某有限公司始建于1950年，至今已发展成为一个融冶镏金、化工于一体的大型股份制企业。主要产品有锐钛型钛白粉、硫酸、氧化铁红、钴盐系列产品等。2001年实现产值1.8亿元，销售收入1.5亿元，利税2400余万元，已成为本地区的一支重要经济力量。

为了增强企业发展后劲，壮大企业实力，公司经过深入细致的市场调查和分析，决定投资2亿人民币新建一条年产1.5万吨的镏金红石型钛白粉生产线。本项目已获国家经贸委批准，已被列入国家“双高一优”项目计划，并被列入省重点工程。

本项目投资大，设备种类和数量多，仅大型主体设备投资就达3000多万元。为了保证项目合理、健康、高效地建设，根据国家有关法规文件的规定，公司决定所有设备均以招标的方式进行采购。为了能使这一方式真正发挥作用，公司经过考察和咨询，将本项目设备的招标工作委托给某国际招标公司和某市机电设备招标中心，由他们全权操作本项目设备的招投标工作。这家国家招标公司是中国机电设备招标中心的全资子公司，具有国家经贸委授予的甲级机电设备招标代理机构资格。该机电设备招标中心是某市唯一一家合法的机电设备招标机构，有着丰富的机电设备招标经验。

2001年11月，该公司与中招国际招标公司和某市机电设备招标中心签订了委托合同，招标工作正式启动。双方经过多次协商和讨论，确定设备招标分批进行。第一批大型设备的招标技术资料于2001年12月全部确定，其中包括风扫磨，高压电器设备，空压机等30多台套大型设备。开标时间定于2002年2月3日。为保证招标工作的公正、公开和合理性，由招标中心聘请的专家和本公司的专家组成了专家组，并聘请了公证人员对整个招标过程进行监督和公证。整个过程严格按招投标程序进行，经过投标、开标、唱标、议标、证标等一系列程序，本着“相同的质量和服务，价格低的优先；相同的价格和质量，服务好的优先”的原则，经过综合评定，最终确定了设备中标厂家。因为此过程合法、合理、公开、透明，彻底杜绝了“关系和后门”。所以，不但中标企业欢天喜地，而且落标企业也心服口服。

本项目第二批大型设备的招标工作也由该国际招标公司和某市机电设备招标中心操作，招标程序与第一批相同。设备有转窑、桥式吊钩起重机等10多台设备。于2002年2月30日开标，经过一系列工作，中标企业也顺利确定。

通过以上两次设备招标，企业真正感受到了招投标制度给企业所带来的便利和好处。首先，设备的招标采购委托给招标中心进行运作，企业节省了人力、物力、精力。其次，招标中心对整个招标过程按法律法规运作，依据公开、公正、公平的原则进行招标，增加了设备采购过程中的透明度，杜绝了设备采购过程中可能出现的拉关系、走后门等不正之风，保证了所采购的设备的质量，最大限度维护了企业利益，同时也维护了投标企业的合法权益。

因为招标是按国家的有关法律进行的，所以通过招投标，企业可享受国家有关的优惠政策，这对企业减少投资促进项目的建设大有好处。

最重要的一点是通过招标，可使企业货比多家，不但质量做到优中选优，而且价格方面通过设备厂家的相互竞争，可以使企业享受到最优惠的价格。通过这两次招标，预算价为1160万元的设备，最终以970万元成交，仅此就为企业节省200余万元，这大大减少了企业的投资。

思考题：分析一下招标采购的特点、优点和适用于什么情况。

资料来源：易迈管理学习网，http：//www.mba163.com/。

第一节　招标采购概述

一、概述

所谓标，就是标书，就是任务计划书、任务目标书。招标，就是招收能最好地完成给定的任务计划、达到给定任务目标的人（或企业）。所谓招标采购，就是通过招标方式寻找最好的供应商进行采购的采购方法。

招标投标在我国发展历史不长，起源于20世纪80年代。从80年代初开始，我国先后在国家基本建设项目、机械成套设备、进口机电设备、科研课题、出口商品配额、项目融资等领域推行招标投标制度。我国原国家计委、建设部、铁道部、电力部、广电部、国内贸易部、外贸部等先后制定了一系列的招标投标的条例、规章、制度、法律等，规范招标投标制度。例如，1984年原国家计委与建设部发布了《建设工程招标投标暂行规定》、1997年国家计委制定并发布了《国家基本建设大中型项目实行招标投标的暂行规定》，1985年以来，有关部门先后发布了《申请进口机电设备国内招标暂行办法》、《机电设备招标投标指南》和《机电设备招标投标管理办法》，1995年国内贸易部发布了《建设工程设备招标投标管理试行办法》。特别是1999年，国家计委受全国人大和国务院的委托，牵头起草了我国第一部综合性的《招标投标法》，统一指导我国包括企业采购在内的各个行业的招标投标活动，保证我国招标投标活动的正常进行。《中华人民共和国招标投标法实施条例》又于2011年11月30日经国务院第183次常务会议通过，自2012年2月1日起施行。

从招标投标业务活动看，建设工程招标投标较多一些，开展得较早。在采购领域，机电设备的招标采购走在前头，企业一般的物资采购中使用招标投标的方式相对比较少一点。最近几年兴起的政府采购，为招标采购提供了一个广阔的市场。因为政府采购的批量大、要求公开、公正和公平，因此随着政府采购的广泛开展，招标采购将有一个较大的发展。

二、招标采购的基本过程

招标采购可以分成两种方式：公开招标采购和邀请招标采购。公开招标采购，是指采购者（招标人）以招标公告的方式公开广泛邀请不特定的投标者进行竞标从而选择供应商进行采购。邀请招标采购，是指采购者（招标人）以投标邀请书的方式有选择地邀请特定的投标者进行竞标来选择供应商进行采购，又叫做定向选择招标采购。二者除邀请方式不同以外，其他步骤都大体相同。

招标采购是一个复杂的系统工程，它涉及各个方面各个环节。一个完整的招标采购过程，基本上可以分为五个阶段。

（一）策划

招标活动，是一次涉及范围很大的大型活动。因此，开展一次招标活动，需要进行很认真的周密策划。招标策划主要应当做以下的工作。

招标策划要对招标投标活动的整个过程作出具体安排，包括对招标项目进行论证分析、确定采购方案、编制招标文件、制定评标办法、组建评标机构、邀请相关人员等。主要程序如下。

1. 制定总体实施方案

即对招标工作作出总体安排，包括确定招标项目的实施机构和项目负责人及其相关责任人、具体的时间安排、招标费用测算、采购风险预测以及相应措施等。

2. 项目综合分析

对要招标采购的项目，应根据采购计划、采购人提出的采购需求（或采购方案），从资金、技术、生产、市场等几个方面对项目进行全方位综合分析，为确定最终的采购方案及其清单提供依据。必要时可邀请有关方面的咨询专家或技术人员参加对项目的论证、分析，同时也可以组织有关人员对项目实施的现场进行勘查，或者对生产、销售市场进行调查，以提高综合分析的准确性和完整性。

3. 确定招标采购方案

通过进行项目分析，会同采购人及有关专家确定招标采购方案。也就是对项目的具体要求确定出最佳的采购方案，主要包括项目所涉及产品和服务的技术规格、标准以及主要商务条款，以及项目的采购清单等，对有些较大的项目在确定采购方案和清单时有必要对项目进行分包。

4. 编制招标文件

招标人根据招标项目的要求和招标采购方案编制招标文件。招标文件一般应包括招标公告（投标邀请函）、招标项目要求、投标人须知、合同格式、投标文件格式五个部分。

5. 组建评标委员会

（1）评标委员会由招标人负责组建。

(2) 评标委员会由采购人的代表及其技术、经济、法律等有关方面的专家组成，总人数一般为五人以上单数，其中专家不得少于 2/3。与投标人有利害关系的人员不得进入评标委员会。

(3)《政府采购法》以及财政部制定的相关配套办法对专家资格认定、管理、使用有明文规定，因此，政府采购项目需要招标的，其专家的抽取须从其规定。

(4) 在招标结果确定之前，评标委员会成员名单应相对保密。

6. 邀请有关人员

主要是邀请有关方面的领导和来宾参加开标仪式，以及邀请监督机关（或公证机关）派代表进行现场监督。

以上的策划活动有很多技巧。因此，有一些企业为了慎重，特意请咨询公司代理进行策划。

(二) 招标

在招标方案得到同意和支持以后，就要进入实际招标操作阶段。招标的工作主要有：

(1) 发布招标公告（或投标邀请函）。公开招标应当发布招标公告（邀请招标发布投标邀请函）。招标公告必须在财政部门指定的报刊、媒体或网站发布。

(2) 资格审查。招标人可以对有兴趣投标的供应商进行资格审查。资格审查的办法和程序可以在招标公告（或投标邀请函）中载明，或者通过指定报刊、媒体发布资格预审公告，由潜在的投标人向招标人提交资格证明文件，招标人根据资格预审文件规定对潜在的投标进行资格审查。

(3) 发售招标文件。在招标公告（或投标邀请函）规定的时间、地点向有兴趣投标且经过审查符合资格要求的供应商发售招标文件。

(4) 招标文件的澄清、修改。对已售出的招标文件需要进行澄清或者非实质性修改的，招标人一般应当在提交投标文件截止日期 15 天前以书面形式通知所有招标文件的购买者，该澄清或修改内容为招标文件的组成部分。

(三) 投标

投标人在得到招标书以后，如果愿意投标，就要进入投标程序：

(1) 编制投标文件。投标人应当按照招标文件的规定编制投标文件，投标文件应载明的事项有：投标函；投标人资格、资信证明文件；投标项目方案及说明；投标价格；投标保证金或者其他形式的担保；招标文件要求具备的其他内容。

(2) 投标文件的密封和标记。投标人对编制完成的投标文件必须按照招标文件的要求进行密封、标记。这个过程非常重要，因为密封或标记不规范被拒绝接受投标的例子不少。

(3) 送达投标文件。投标文件应在规定的截止时间前密封送达投标地点。招标人对在提交投标文件截止日期后收到的投标文件，应不予开启并退还。招标人应当对收到的投标文件签收备案。投标人有权要求招标人或者招标投标中介机构提供签收证明。

(4) 投标人可以撤回、补充或者修改已提交的投标文件，但是应当在提交投标文件截止日之前书面通知招标人，撤回、补充或者修改必须以书面形式。

这里特别要注意的是，招标公告发布或投标邀请函发出之日到提交投标文件截止之日，一般不得少于 20 天，即等标期最少为 20 天。

（四）评标

1. 举行开标仪式

招标人应当按照招标公告（或投标邀请函）规定的时间、地点和程序以公开方式举行开标仪式。

开标仪式的基本程序是：

（1）主持人宣布开标仪式开始（需简要介绍招标项目的基本情况，即项目内容、准备情况等）。

（2）介绍参加开标仪式的领导和来宾同志（来自单位、职务、身份等）。

（3）介绍参加投标的投标人单位名称及投标人代表（这里需要对所招标项目作进一步介绍：如招标公告发布的时间、媒体、版面；截止什么时间有多少家供应商作出了响应，并提交了资格证明文件；有多少家供应商购买了招标文件；在投标截止时间前有多少家供应商递交了投标文件，等等），在介绍投标人及其代表时，应按照递交投标文件的顺序介绍，先介绍投标人单位名称，接着介绍其代表人姓名、职务、身份。

（4）宣布监督方代表名单（监督方代表所在单位、职务、身份）。

（5）宣布工作人员名单（工作人员所在单位及在开标时担负的职责：主要是开标人、唱标人、监标人、记标人）。

（6）宣读有关注意事项（包括开标仪式会场纪律、工作人员注意事项、投标人注意事项等）。

（7）检查评标标准及评标办法的密封情况。由监督方代表、投标人代表检查招标方提交的评标标准及评标办法的密封情况，并公开宣布检查结果。

（8）宣布评标标准及评标办法。由工作人员开启评标标准及评标办法（须在确认密封完好无损的情况下），并公开宣读。

（9）检查投标文件的密封和标记情况。由监督方代表、投标人代表检查投标人递交的投标文件的密封和标记情况，并公开宣布检查结果。

（10）开标。由工作人员开启投标人递交的投标文件（须在确认密封完好无损且标记规范的情况下）。开标应按递交投标文件的逆顺序进行。

（11）唱标。由工作人员按照开标顺序唱标，唱标内容须符合招标文件的规定（招标文件对应宣读的内容已经载明）。唱标结束后，主持人须询问投标人对唱标情况有无异议，投标人可以对唱标作必要的解释，但所作的解释不得超过投标文件记载的范围或改变投标文件的实质性内容。

（12）监督方代表讲话。由监督方代表或公证机关代表公开报告监督情况或公证情况。

（13）领导和来宾讲话。按照开标仪式的程序安排，参加开标仪式的领导和来宾可就开标以及本次采购过程中的有关情况发表意见、看法，提出建议（此部分程序可以提前在开标程序的第三步进行）。也可以安排采购人代表发言，由采购人代表向有关方面作出承诺。

（14）开标仪式结束。主持人应告知投标人评标的时间安排和询标的时间、地点（询标的顺序由工作人员用抽签方式决定），并对整个招标活动向有关各方提出具体要求。

2. 评标

开标仪式结束后，由招标人召集评标委员会，向评标委员会移交投标人递交的投标文件。评标应当按照招标文件的规定进行。评标由评标委员会独立进行评标，评标过程中任何一方、任何人不得干预评标委员会的工作。评标程序：

(1) 审查投标文件的符合性。

(2) 对投标文件的技术方案和商务方案进行审查，如技术方案或商务方案明显不符合招标文件的规定，则可以判定其为无效投标。

(3) 询标。评标委员会可以要求投标人对投标文件中含义不明确的地方进行必要的澄清，但澄清不得超过投标文件记载的范围或改变投标文件的实质性内容。

(4) 综合评审。评标委员会按照招标文件的规定和评标标准、办法对投标文件进行综合评审和比较。综合评审和比较时的主要依据是：招标文件的规定和评标标准、办法，以及投标文件和询标时所了解的情况。这个过程不得也不应考虑其他外部因素和证据。

(5) 评标结论。评标委员会根据综合评审和比较情况，得出评标结论，评标结论中应具体说明收到的投标文件数、符合要求的投标文件数、无效的投标文件数及其无效的原因，评标过程的有关情况，最终的评审结论等，并向招标人推荐1～3个中标候选人（应注明排列顺序并说明按这种顺序排列的原因以及最终方案的优劣比较等）。

(五) 定标

1. 审查评标委员会的评标结论

招标人对评标委员会提交的评标结论进行审查，审查内容应包括评标过程中的所有资料，即评标委员会的评标记录、询标记录、综合评审和比较记录、评标委员会成员的个人意见等。

2. 定标

招标人应当按照招标文件规定的定标原则，在规定时间内从评标委员会推荐的中标候选人中确定中标人，中标人必须满足招标文件的各项要求，且其投标方案为最优，在综合评审和比较时得分最高的。

3. 中标通知

招标人应当在招标文件规定的时间内定标，在确定中标后应将中标结果书面通知所有投标人。

4. 签订合同

中标人应当按照中标通知书的规定，并依据招标文件的规定与采购人签订合同（如采购人委托招标人签订合同的，则直接与招标人签订合同）。中标通知书、招标文件及其修改和澄清部分、中标人的投标文件及其补充部分是签订合同的重要依据。

以上是一般情况下的招标采购的全过程。在特殊的场合，招标的步骤和方式也可能有一些变化。

三、招标采购的优越性

招标采购是在众多供应商情况下选择最优供应商的有效方法。它有很多优越性：

1. 它体现了公开、公正和公平

它的操作过程全部公开，接受公众的监督，防止了暗箱操作。这样做，使所有投标者放心，不必走歪门邪道、费心思精力用于探听信息，只需专心致志搞好投标业务，提高了投标质量。同时信息公开，也可以防止舞弊行为、行贿受贿和腐败违法，维护了公平和公正。保证了整个活动的正常进行。

2. 它体现了竞争

招标活动是若干投标人的一个公开竞标的过程，是一场实力的大比拼。利用竞争机制，才能够调动众人的积极性和智慧，才造成一种力争上游的局面，才使得投标活动生气勃勃，提高了投标的水平和质量。

3. 它体现了优化

由于投标竞争比较激烈，众多的投标者通过竞争最后只能有一个中标者，平等竞争、方案优越者才能取胜。所以，每个投标者必然会调动全部的智慧、竭尽全力制定和提供最优的方案参与竞争。所以可以说每个投标者提供的方案都是各自的最优方案。而评标小组又在这些方案的基础上，进一步分析比较选出更优的方案。因此，这就保证了最后的中标方案是在集中了众多投资者集体智慧的基础上所形成的最优方案。

四、招标采购的适用情况

招标采购一般是一项比较庞大的采购活动，牵涉面广、费时间、费精力、成本高。因此并不是什么情况都要用招标投标的方法。即使采用，也不是那么频繁使用，一般只适宜于比较重大的项目，或者影响比较深远的项目。例如以下情况：

（1）寻找比较长时间的持续物资供应商，例如新企业开业，寻找未来的长期物资供应伙伴时采用招标方式。

（2）寻找一次比较大批量的物资供应商。

（3）寻找一项比较大的建设工程和物资采购供应商等。

而对于小批量物资采购、或者比较小的建设工程，一般少用招标方式，因为这样做成本太高、不合算。我国招标投标法规定，在中华人民共和国境内进行下列工程建设项目包括项目的勘察、设计、施工、监理以及与工程建设有关的重要设备、材料等的采购，必须进行招标：①大型基础设施、公用事业等关系社会公共利益、公众安全的项目；②全部或者部分使用国有资金投资或者国家融资的项目；③使用国际组织或者外国政府贷款、援助资金的项目。

【示例 8-1】 车辆采购案例

一、案例背景

2001 年 10 月中旬，××局与新区采购中心联系，委托采购中心对该局 20 辆公务用车进行招标采购。

二、招标准备工作

第一步，由××局报送所需采购车辆的具体型号，项目经办人对定点采购积累的车型、价格等信息进行了核对。考虑到该项目具有一定批量且××局需求比较紧迫等原因，确定采用邀请招标方式。

第二步，新区采购中心办公室提供了 A、B、C、D 共 4 家供应商。

第三步，制作招标文件。招标文件包括投标邀请、投标方须知、招标要求、合同条款、附件等内容。本次招标共分为两包，第一包为 18 辆 Q 型轿车；第二包为 2 辆 B 型轿车和新区一家单位的 1 辆 P 型轿车。这样分包旨在使供应商在具有竞争力的车型上充分发挥优势。

第四步，确定评标原则。由于车辆具体型号、配置等都已经确定，所以采用符合性检查基础上的最低价中标法，由各包报价最低的供应商中标。

三、招标过程

截至2001年10月30日下午4点，4家供应商前来购买标书。2001年11月2日该项目正式开标，4家供应商投标。开标后采购中心和××局代表进行了询标，在不对标书实质性内容作出改动的前提下要求供应商澄清了有关细节性问题。在符合性检查的基础上，根据最低价中标的原则，第一包A公司中标，第二包B公司中标。××局本次车辆采购预算约为500万元，实际采购金额为470.42万元，节约率为5.9%。

四、决标后的插曲

决标后，C公司销售代表前往采购中心，出示了制造商“×××汽车制造股份有限公司”的“限价令”，A公司的报价在制造商的限价之下，而A公司是C公司的分销商，根据“限价令”C公司不得向A公司供货。采购中心认为这是汽车制造、销售厂商之间的内部协议，不影响本次招标结果，届时A公司如不能按时供货将承担违约责任，并由侯选的C公司自然替补。A公司通过与各方进行沟通后，最终如期履约，决标后的插曲告一段落。

五、本次采购工作的体会

1. 指定品牌对招投标的影响

《招投标法》第二十条规定：招标文件中不得有要求或者标明特定的生产供应者以及排斥潜在投标人的具体内容。一旦确定品牌，采购机构很难有效组织招投标，并且会被供应商投诉。事实上，指定品牌人为地造成了单一来源采购的局面，竞争仅局限于同一品牌的不同代理商，还会遇到生产商“限价令”以及类似不利于购买方的举措，其弊端是非常明显的。

2. 中标通知书的法律效力

中标通知书一经发出就具有法律效力，签订合同或协议只不过是明确细节问题以及具体操作方式。招投标文件的有效期是事先约定的，只有通过签订合同明确招投标文件作为合同的组成部分，招投标文件的内容才能继续生效。按规定招标人和中标人应当自中标通知书发出之日起30天内，签订买卖合同或工程承包的书面合同。

3. 招标文件应当规范

招标文件的规范性和质量直接决定了采购工作的效果。招标文件的基本条款和格式应当固定，在此基础上根据项目的实际情况加入相应的内容，防止标书中出现漏洞。应当对各类物品的招标文件（包括合同、中标通知书等）进行系统的总结，参考相关资料后进行修正，并由法律专家把关，形成规范的格式化文本，相信会对提高采购工作的质量和效率产生事半功倍的效果。

4. 对供应商的管理应当加强

本案例中所邀请的四家供应商存在微妙的关系，C公司是×××汽车制造股份有限公司在当地的三家总代理之一，A公司是C公司的分销商；B，D公司又是×××公司在上海另外一家总代理的分销商。如果事先知道这种错综复杂的关系，直接邀请三家总代理前来竞标可能会取得更好的效果。对于邀请招标、询价等采购方式，供应商资质、信用的高低从某种程度上讲直接决定了采购工作的成败。

第二节 招投标文件

在招标采购中，招标方与投标方的交流主要是通过招投标文件来进行的。做好招投标文件，对于顺利开展招标采购活动至关重要。本节主要讨论招投标文件的主要内容。

一、招标文件

招标文件是供应商准备投标文件和参加投标的依据，同时也是评标的重要依据，因为评标是按照招标文件规定的评标标准和方法进行的。此外，招标文件是签订合同所遵循的依据，招标文件的大部分内容要列入合同之中。因此，准备招标文件是非常关键的环节，它直接影响到采购的质量和进度。

招标文件没有一个完全严格不变的格式，但是一般一个完整的招标文件应当包括以下五个基本部分：招标公告（投标邀请函）、招标项目要求、投标人须知、合同格式、投标文件格式五个部分。在实际的招标采购中，这五个方面的内容都比较复杂，因此一份招标文件有时长达几十页甚至上百页。下面对这五个方面的内容做一个简单的介绍。

（一）招标公告（投标邀请函）

国家发展计划委员会2000年公布的《招标公告发布暂行办法》要求招标公告应当载明的内容包括：招标人的名称和地址、招标项目的性质、数量、实施地点和时间、投标截止日期以及获取招标文件的办法等事项。

招标人或其委托的招标代理机构应当保证招标公告内容的真实、准确和完整。

（二）招标项目要求

这是招标文件中非常重要的一部分，这一部分应当详细说明招标的目标任务。

如果目标任务是单纯的物资采购任务，那么这里就应当需要采购物资的一览表，以及供应商所应当承担的服务项目要求，以及所提供的物资要求等。

如果目标任务是寻找长期合作的物资供应商，例如实施准时化采购系统等，就需要详细说明合作项目的内容、本企业和供应商企业相互应当承担的基本任务和责任要求，保障措施等。

如果目标任务是开发一个建设工程项目，例如开发计算机管理信息系统，就需要详细说明功能、技术规格及数据处理方面的要求。

这里的目标任务的技术水平和控制指标要求，需要既有先进性又有可能性。其先进程度，应该是国内同行业中的先进水平。没有先进性，竞标就失去了意义。但是这种先进性，又不能高不可攀，它必须是人们通过努力能够达到的水平。否则引不起人们竞争的兴趣。而这个合理水平的掌握，需要招标方认真调查国内外情况，通过技术的、经济的分析来确定。这是起草招标文件的一大难点。

目标任务是一个标的，要求投标方能够实现这个标的，并且提出实现这个标的的技术方案和技术路线。

（三）投标人须知

投标须知，就是建立起一些在整个招标投标过程中的共同的概念和规则，把它明确地写出来，作为招标文件的一部分，以期形成共识，作为今后双方行为的依据，并且声明未尽事项的解释权归谁所有，以免今后引起争议。

投标须知的一些主要内容基本上是一些招标投标的一些基本规则、做法标准等。这些内容基本上都可以从招标投标法中找到依据（不可以与招标投标法相抵触）。但是可以根据自己的具体情况具体化、实用化，把它一条条列出来提供给投标方，作为与投标方的一种约定做法。本节后面我们就列出了一份投标文件中的一个投标须知文件，供参考。

（四）合同格式

有的招标文件把这一部分又叫做商务条款。基本内容就是购销合同、任务内容明细组成、描述方式、货币价格条款、支付方式、运输方式、运费、税费处理等商务内容的约定和说明等。

（五）投标文件格式

有的招标文件把这一部分叫做“附件”。这一部分很重要，就是要告诉投标者，他们将来的投标文件应该包括哪些部分，每部分的格式应当如何。

二、投标文件

投标文件是投标者投标的全部依据，也是招标者招标所希望获得的成果，是投标者智慧与技术的载体。投标者应当集中集体的智慧，认真准备一份高水平的投标文件参加投标。

投标文件要根据招标文件要求提供的内容和格式进行准备。一般应当包括以下基本组成部分：投标函；投标人资格、资信证明文件；投标项目方案及说明；投标价格；投标保证金或者其他形式的担保；招标文件要求具备的其他内容。这些内容通常可以分为经济部分、商务部分和技术部分等。由于招标采购的内容有货物、工程和服务，因此针对不同的采购内容，投标书的具体内容会有所差别。下面以项目采购为例说明投标文件的内容。

（一）商务部分

这一部分的内容主要是证明企业和项目部组成人员的材料。具体包括：

（1）投标函及投标函附录；

（2）法定代表人身份证明或附有法定代表人身份证明的授权委托书；

（3）联合体协议书；

（4）投标保证金；

（5）资格审查资料；

（6）投标人须知前附表规定的其他材料。

投标人须知前附表规定不接受联合体投标的，或投标人没有组成联合体的，投标文件不包括上述（3）所指的联合体协议书。

（二）经济部分

这一部分主要是投标报价。除此外还包括已标价的工程量、拟分包项目情况。

(三) 技术部分

主要包括施工组织设计、施工方案、专项方案；项目管理机构及保证体系；工作程序与保证措施等。有的工程项目将经济部分与商务部分合并，称为商务标。

在这一部分，根据需要应附下列图表：

(1) 拟投入本项目的主要施工设备表；

(2) 拟配备本项目的试验和检测仪器设备表；

(3) 劳动力计划表；

(4) 计划开、竣工日期和施工进度网络图（或横道图）；

(5) 施工总平面图（现场临时设施布置图表并附文字说明，说明临时设施、加工车间、现场办公、设备及仓储、供电、供水、卫生、生活、道路、消防等设施的情况和布置）；

(6) 临时用地表。

小资料

电梯设备招标文件范本

封面

××市×××××××××××楼电梯设备采购招标

招标文件

招标编号：××××××××

××市××采购中心

××××年×月×日

招标文件目录

1. 招标邀请函
2. 招标项目要求
3. 投标方须知
4. 投标文件格式
5. 开标和评标须知
6. ××市××采购合同

招标邀请函

经研究决定，就××市×××××××××楼配置的电梯设备及安装调试服务进行公开招标采购，欢迎国内有供货能力的商家参加投标。

1. 招标编号：×××××××××

2. 招标项目名称、数量（见表 8－1）

表 8－1 招标项目名称、数量

名称	型号规格	数量（台）	选用品牌
乘客电梯	8层 8 站/载重 1000 千克，速度 1.5 米/秒	2	上海三菱、广州奥的斯、广州日立
杂梯	3层3站/载重200千克，速度0.4 米/秒	1	上海三菱、广州奥的斯、广州日立

3. 供应人的资格要求：凡国内具有独立法人资格，有以上设备生产、销售、安装能力的，并具有较强的经济实力、良好信誉和售后服务能力的商家，均可参加投标。

4. 购买标书时间和地点：于____年____月____日至____日下午____时止到××市××采购中心购买招标文件和投标书。本标书售价____元，售后不退。

联系人：×××

联系电话：________________；传真：________________。

5. 购买标书时，必须携带单位营业执照副本（原件）和复印件（加盖单位公章）、法人委托书、公司介绍、企业资质证书原件及复印件、近三年完成类似项目业绩。

6. 投标截止及开标时间：年____月____日上午____时。

7. 开标地点：____________________。

8. 投标方应于____年____月____日前向招标方提供投标保证金____元。（如用电汇请在用途栏内注明“××采购中心投标保证金”字样）

投标保证金汇至：

银行账号名称：

银行账号：

开户银行：

××市××采购中心

____年____月____日

招标项目要求

1　本次采购的项目为××市××××××××××楼配置的电梯设备及安装调试服务，详见《招标货物一览表》。

2　投标方要求为具有独立法人资格，有电梯设备生产、销售和施工安装能力的，并具有较强的经济实力、良好信誉和售后服务能力的单位。

3　投标方须提供现货、全新、符合国家质量检测标准或具有中国商检部门合格证明的电梯设备（包括零部件），并符合《招标货物一览表》中要求的规格型号和技术性能，随机持有产品合格证书、保修卡。

4　投标方均须负责安装调试工作，并免费提供一年维修保养期（设备另有超过一年质保规定的，按原规定执行）。

5　采购合同由中标单位与使用单位签订。

6　交货地点和时间：按《招标货物一览表》要求执行。

7　特殊条款（货款结算方式）

7.1　在合同签订后10天内支付合同设备总款的10%作为定金；

7.2　货物送达验收合格后10天内付货物总价的80%；

7.3　其余款项在保修期满后，10天内付清；

7.4　货款由××市××××单位统一支付。

招标货物一览表（见表8-2）

表8-2　招标货物一览表

名称	型号规格	数量（台）	选用品牌
乘客电梯	8层8站/载重1000千克，速度1.5米/秒	2	上海三菱、广州奥的斯、广州日立
杂梯	3层3站/载重200千克，速度0.4米/秒	1	上海三菱、广州奥的斯、广州日立

1. 交货时间：本次采购的电梯设备必须在____年____月____日前安装完工并经验收交付使用。具体时间由业主按基建施工计划，进度另行通知。交货地点：××市×××××××××楼工地。

2. 乘客电梯要求：（略）

3. 杂梯要求：（略）

4. 投标方须根据招标货物要求进行方案的设计，并附进口部件清单。

5. 投标报价精确到元。

投标方须知

1　适用范围

1.1　本招标文件仅适用于本次招标采购所叙述的货物和服务。

2　定义

2.1　“招标方”系指组织本次招标的××市××采购中心。

2.2　“投标方”系指向招标方提交投标文件的供应商。

3　合格的投标方

3.1　具有中国独立法人资格和独立承担民事责任的能力；

3.2　遵守国家法律、行政法规，具有良好的信誉和商业道德；

3.3　承诺履行中华人民共和国与采购有关规定；

3.4　具有履行合同的能力和良好的履行合同记录；

3.5　良好的资金、财务状况；

3.6　产品及生产所需装备符合中国××规定的相应技术标准和环保标准；

3.7　没有违反××采购法规、政策的记录；

3.8　法人代表及财务主管在本次投标前五年内没有刑事××记录，没有行贿受贿或者偷税漏税等欺诈行为；

3.9　没有发生重大经济纠纷及走私××记录。

4 投标费用

4.1 无论投标过程中的作法和结果如何，投标方自行承担所有与参加投标有关的全部费用。

5 投标报价

5.1 投标报价以×××为结算货币，须包括途中运输费用、安装调试费用和税费(水、电、土建修补由使用单位提供)。投标报价为最低、最终报价。

5.2 投标方应在投标书的《开标一览表》上写明投标货物的单价和投标总价。如果单价与总价有出入，以单价为准。

6 投标方资格的证明文件

6.1 投标方必须提交证明其有资格进行投标和有能力履行合同的文件，作为投标文件的一部分。

7 投标保证金

7.1 投标保证金为投标文件的组成部分之一。

7.2 投标方应在____年____月____日 时前向招标方提供投标保证金____元。

7.3 投标保证金应以银行保函或支票形式提交。

7.4 未按规定提交投标保证金的投标，将被视为无效投标。

7.5 未中标的投标方的保证金，在开标后7日内退还。

7.6 中标的投标方的投标保证金转为履约保证金，在安装调试验收合格后7日内退还。

8 投标有效期

8.1 投标文件从开标之日起，投标有效期为30天。

9 投标文件的密封和标记

9.1 投标方应将投标文件正本和副本各一份分别用信封密封，并标明招标编号、投标货物名称及“正本”或“副本”。

9.2 为方便开标唱标，投标方应将正本的投标书和《开标一览表》单独密封于一小信封内，并在信封上标明“开标一览表”字样，然后装入招标文件的正本密封袋中。

9.3 每一密封信封上注明“于____月____日前不准启封”的字样。

10 递交投标文件的截止时间

10.1 开标地点即为投标文件的递交地点，招标方在开标开始前30分钟不接收投标文件。

10.2 开标时间即为投标截止时间，招标方将拒绝在投标截止时间后收到的投标文件。

11 开标××中，向投标方宣布开标、评标办法。

投标文件格式

投标书

致：××市××采购中心

根据贵方为____________项目的投标邀请____________(招标编号)，签字代表____________(全名、职务)经正式授权并代表投标方____________(投标方名称、地址)。

（1）开标一览表

（2）货物简要说明一览表

（3）资格证明文件

（4）由____________________（银行名称）出具的投标保证金支票，金额为____________________元。

据此函，签字代表宣布同意如下：

1. 所附投标报价表中规定的应提供和支付的货物投标总价为（注明币种），即（大写）。

2. 投标方已详细审查全部招标文件，我们完全理解并同意放弃对这方面有不明及误解的权利。

3. 投标方将按招标文件规定履行合同责任和义务。

4. 其投标自开标日起有效期________个工作日。

5. 如果在规定的开标时间后，投标方在投标有效期内撤回投标，其投标保证金将被贵方没收。

6. 投标方同意提供按照贵方可能要求的与其投标有关的一切数据或资料，理解贵方不一定要接受最低价的投标或收到的任何投标。

7. 与本投标有关的一切正式往来通信请寄下示地址。

地址：____________________ 邮编：____________________

电话：____________________ 传真：____________________

投标方名称：____________（公章）

投标方代表姓名、职务：____________________

投标日期：________年______月______日 全权代表签字：____________________

开标一览表（见表 8－3）

投标方名称：______________________________

招标编号：____________________

表 8－3 开标一览表

名称	型号规格	投标单价	数量（台）	投标总价	安装完工时间总计
乘客电梯	8 层 8 站/载重 1000 千克，速度 1.5 米/秒	×××	2	×××	
杂梯	3 层 3 站/载重 200 千克，速度 0.4 米/秒	×××	1	×××	

投标方代表签字：________________职 务：________________

日 期：________________

备注：1. 投标报价以×××为结算单位，投标单价包括电梯设备的价款、途中运输、安装调试、税费等所有费用；2. 此表与投标书正本一同装在一单独的小信封内密封后再放于投标文件正本封件中；3. 此表在不改变表式的情况下，可自行制作；4. 此表“安装完工时间”是指交货、安装完毕所需时间。

货物简要说明一览表（见表8－4）

表8－4　　货物简要说明一览表

投标方名称：________________

序号	设备名称	型号及配置	数量	性能说明	备注

投标方代表签字：____________________

关于资格的××函

××市××采购中心：

关于贵方__________年______月______日第________________（招标编号）投标邀请，本签字人愿意参加投标，提供招标货物一览表中规定的____________________（货物名称），并证明提交的下列文件和说明是准确和真实的。

1. 由____________________签发的我方工商营业执照副本复印件（加盖公章）一份。

2. 其他资格文件。

3. 本签字人确认资格文件中的说明是真实的、准确的。

单位的名称和地址，受权签署本资格文件人：

名称：____________________签字：____________________

地址：____________________传真：____________________

邮编：____________________电话：____________________

投标保证金保函

开具日期：____________________

致：××市××采购中心

为招标编号____________________的货物的投标提供的投标保证金。本保函作为____________________（以下简称“投标方”）对招标编号为____________________的投标邀请提供____________________（货物名称）的投标保证金。____________________（开具银行名称）无条件地、不可撤销地具结保证本行或其后继者和其受让人，一旦收到贵方提出的下述任何一种事实的书面通知，立即无追索地向贵方支付总额为____________________保证金：

a. 从开标的日期和时间起到投标文件有效期满前，投标方撤回投标或：

b. 在收到中标通知后，投标方未能按中标通知书规定的时间和地点与买方签订合同：或本保函自开标日起30个日历日内有效，除非贵方提前终止或解除本保函。如贵方和投标方同意延长有效期，投标方须通知本行。

出证银行名称：______________

签 字：______________

公 章：______________

开标和评标须知

1 开标

1.1 招标方在招标文件规定的时间和地点公开开标，投标方须派代表参加。

1.2 开标时，招标方将查验投标文件密封情况，确认无误后拆封唱标。唱标内容为投标文正本中“开标一览表”内容，以及招标方认为合适的其他内容并记录。

2 评标小组

2.1 招标方将根据招标采购货物的特点组成评标小组。其成员为：市纪委、市财政局、审计局、技术监督局、技术专家、用户等代表组成。评标小组对投标文件进行审查、质疑、评估和比较。

2.2 投标方如对本次组成的评标小组成员有异议，请在15分钟内向招标方书面提出。

2.3 询标期间，投标方法人代表或法人委托人必须在场。

3 对投标文件的审查和响应性的确定

3.1 开标后，招标方将组织审查投标文件是否完整，是否有计算错误，要求的保证金是否已提供，文件是否恰当地签署。如果单价与总价有出入，以单价为准；若文字大写表示的数据与数字表示的有差别，则以文字大写表示的数据为准。若投标方拒绝接受上述修正，其投标将被拒绝，但修正的前提是投标人不得改变因其投标文件编写不完整，借评标过程中澄清、说明的机会改变投标文件的实质性的内容，如：投标报价、主要技术参数、交货或竣工日期等主要内容。

3.2 如果确定投标方无资格履行合同，其投标将被拒绝。

4 评标原则和方法

4.1 评标小组将遵循公开、公平、公正的原则，对投标者提供货物的技术性能、交货期限、状态、售后服务、资信情况、履约能力等进行综合分析考评，以合理低价法分别对招标项目作出评标结论。如另制订评审标准的，在开标前一并宣读。

4.2 招标方不接受低于成本的投标报价，也不接受招标项目范围内的捐赠。

4.3 在开标、投标期间，投标人不得向评标小组成员询问评标情况，不得进行旨在影响评标结果的活动。

4.4 为保证定标的公正性，在评标过程中，评标成员不得与投标人私下交换意见。在招标工作结束后，凡与评标情况有接触的任何人不得也不应将评标情况扩散出评标成员之外。

4.5 评标小组不向落标方解释落标原因，不退还投标文件。

5 中标通知

5.1 评标结束后，由××市××采购中心签发《中标通知书》。

5.2 《中标通知书》将作为签订合同的重要依据。中标方按指定的时间、地点与使用单位签订合同。

××市××采购合同

（略）

第三节 评标体系

一、评标概述

评标是招标采购中的关键环节。评标的根本目的，就是选中真正最优的技术方案投标方，为自己带来最大的效益。

招标方将根据招标任务的特点组建评标小组（或委员会），评标小组成员五人以上，为表决方便，应取单数。其成员中，有投标方企业的人员，也要有一定数量的由技术、经贸、法律等方面的专家。评标小组根据公正、公平、公开原则对所有投标方的投标文件进行审查、质疑、评估、比较，并把最后的评比结果交给招标方。

二、评标考核指标体系的确定

评标系统是招标方根据自己的利益和客观、公正、公平的原则自主建立的。确定评标考核指标体系是整个评标的关键，评考指标体系设置的科学、合理与否，在很大程度上将直接影响招标活动的顺利进行。因此，评考指标体系的确定，不能仅仅局限于投标单位的资格条件、经验、规模、服务和财务能力等，既要考虑到各方面的综合因素，又要便于操作。

在实际评标过程中，常用的评考指标体系有：投标商品的价格、技术性能、质量水平、交货期、付款条件、售后服务、资信及履约能力、合作精神和其他优惠条件等。根据具体情况可以在其基础上适当增加或减少。

要评价一个方案的好坏，不是只看某一个指标，而是要看各个指标的综合效果。这就要把每个指标的评价结果“加”起来求出一个总评价值，也就是总成绩。但是在评价指标体系的多个评价指标中，不是每个指标的重要性都是同等重要的。有的指标明显重要一些，有的就不那么重要。所以，为了表示各个指标的不同重要性，应当分别赋予每个指标不同的权值，把各个指标进行加权求和得出综合评价值。

确定评价指标体系、定义各个指标的含义以及判别标准，以及各个指标的相对重要程度，是一个非常重要而又较难的工作。它直接关系到各个评委评标的可操作性、评标水平、评标的客观性和公正性，决定了整个评标的质量和能否真正选出最优的投标方案。所以它是评标工作的关键，要非常重视。可以把评标小组全体成员集合到一起，再聘请一些专家，再加上企业的一些管理人员、作业人员一起认真研究，一个一个指标进行讨论决定，形成一个标准文件，然后根据这个标准文件进行评标。这样做，就可以保证评标的质量。

为便于操作，一个重要的途径就是指标量化。这个量化，不仅是各个指标要量化，每个指标的重要性也要量化。认真确定考评指标体系中各个指标的权值。把每个指标值与其相应的权值相乘再相加，就可以得出综合指标评价值。这个评价值越高，方案越好。

【示例 8－2】

某市招标采购中评标考核指标体系中权重的确定

某市招标采购中考评指标体系包括价格优惠比率、毛利率水平、经济实力与履约能力、质量、服务承诺及保证措施等。实践证明，这些指标在评标过程中发挥了积极作用，确实起到了“中心枢纽”作用。

评标考核指标体系中各个指标权重的确定对评标具有牵一发而动全身的作用。某一指标权重的高低势必会影响另一指标权重的分量，从而将直接影响其在总分中的份额乃至评标的公正合理程度。在对办公用品招标评标过程中，我们十分注重指标体系中各个指标权重的配置，具体表现为：

（1）价格优惠比率为 30 分。价格优惠比率在办公用品中占有非常显著的地位，因而该指标在整个办公用品考评指标体系中应占有重要的份额，我们确定为 30 分。评标时，以标底为基数，报价等于基数时得 20 分，每低于一个百分点加 2 分，最高不超过 30 分。

（2）毛利率水平为 30 分。毛利率水平的高低可直接反映企业的经营管理水平，避免恶意报价。“价格优惠比率”指标可全面、真实地反映评标水平。基于此，其权重占 30 分。评标时，以毛利率平均水平为基数，报价等于平均水平得 20 分，每低于一个百分点加 2 分，每高于一个百分点减 2 分，最高不超过 30 分。

（3）企业经济实力与履约能力为 30 分。该指标是反映投标单位的基本概貌。该指标涉及方方面面，是个综合指标，其权重也确定为 30 分。评标时，主要从以下几方面进行：①近两年获市级纳税先进单位或者市财政局颁发的财务管理先进单位得 3 分，区一级的得 1 分。②经市政府采购办公室核定，财务核算规范的得 6 分；较好的得 4 分；一般的是 2 分；较差的不得分。③经营场地稳定，经营网点交通便利的得 3 分，比较便利的得 2 分，其他得 1 分。④供货来源稳定、充足、供货商属大中型企业或上市公司的得 3 分，比较稳定的得 2 分，一般的得 1 分。⑤企业中层管理人员、中级以上职称，技术结构合理得 4 分，较合理的得 3 分，一般的得 1～2 分。⑥依据企业基本情况表，对企业资产、负债、收入、利润、所有者权益情况进行全面评价。此项目最高得 5 分。⑦企业具备招标项目专营权的（市级以上文件）得 6 分，否则不得分。

（4）质量承诺及具体质量保证措施为 5 分。此项评分依据为投标单位作出的质量承诺和具体质量保证措施，以及投标书中关于质量方面的其他资料，由评委对所有有效投标文件作出评价后分三档计分。一档企业可得 5 分；二档企业得 3 分；三档企业得 1 分。

（5）服务承诺及具体服务保证措施为 5 分。此项评分依据为投标单位作出的服务承诺、提出的服务项目及具体服务保证措施以及投标资料中有关服务方面的其他资料，由评委对其全面性、可行性作出综合评价后，将所有有效投标文件分三档计分。一档可得 5 分；二档得 3 分；三档得 1 分。

第四节 《招标投标法》简介

作为规范我国招标投标的综合性大法，中华人民共和国招标投标法是国家计委受全国人大和国务院委托而制定、并于 1999 年 8 月 30 日第九届全国人民代表大会常务委员会第十一次会议通过的。全文分六章，共68条。第一章总则，第二章招标，第三章投标，第四章开标、评标和中标，第五章法律责任，第六章附则。现将各章内容简要介绍如下：

一、第一章 总 则

第一章总则主要规定了招标投标法使用的范围。凡在中华人民共和国境内进行的大型基础设施、公用事业、国有资金项目、国际组织或外国政府援助项目等的勘察、设计、施工、监理以及与工程建设有关的重要设备、材料等的采购，都必须进行招标。招标投标活动应当遵循公开、公平、公正和诚实信用的原则。招标投标活动不受地区或者部门的限制。任何单位和个人不得违法限制或者排斥本地区、本系统以外的法人或者其他组织参加投标，不得以任何方式非法干涉招标投标活动。招标投标活动及其当事人应当接受依法实施的监督。

二、第二章 招 标

第二章中，对招标人、招标项目、招标方式、招标代理等有关事项进行了规定。

招标人是依照本法规定提出招标项目、进行招标的法人或者其他组织。招标人应当有进行招标项目的相应资金或者资金来源已经落实。招标人有权选择自行办理招标事宜或选择招标代理机构委托办理招标事宜。任何单位和个人不得强制其委托招标代理机构办理招标事宜。依法必须进行招标的项目，招标人自行办理招标事宜的，应当向有关行政监督部门备案。

招标项目按照国家规定如果需要履行项目审批手续的，应当先履行审批手续，取得批准。并应当在招标文件中如实载明。

招标分为公开招标和邀请招标。有些重点项目如果不适宜公开招标的，可以进行邀请招标。

招标代理机构是依法设立、从事招标代理业务并提供相关服务的社会中介组织，有从事招标代理业务的营业场所和相应资金；有能够编制招标文件和组织评标的相应专业力量；有可以作为评标委员会成员人选的技术、经济等方面的专家库。招标代理机构的资格由有关行政主管部门认定。

采用公开招标方式的，应当通过国家指定的报刊、信息网络或者其他媒介发布招标公告。招标公告应当载明招标人的名称和地址、招标项目的性质、数量、实施地点和时间以及获取招标文件的办法等事项。

采用邀请招标方式的，应当向三个以上具备承担招标项目的能力、资信良好的特定的法人或者其他组织发出投标邀请书。投标邀请书应当载明招标人的名称和地址、招标项目的性质、数量、实施地点和时间以及获取招标文件的办法等事项。

招标人可以根据招标项目本身的要求，在招标公告或者投标邀请书中，要求潜在投标人提供有关资质证明文件和业绩情况，并对潜在投标人进行资格审查。

招标人应当根据招标项目的特点和需要编制招标文件。招标文件应当包括招标项目的技术要求、对投标人资格审查的标准、投标报价要求和评标标准等所有实质性要求和条件以及拟签订合同的主要条款。可以组织潜在投标人踏勘项目现场。

招标人不得向他人透露已获取招标文件的潜在投标人的名称、数量以及可能影响公平竞争的有关招标投标的其他情况。招标人设有标底的，标底必须保密。招标人对已发出的招标文件如果需要澄清或者修改的，应当在招标文件要求提交投标文件截止时间至少15日前，以书面形式通知所有招标文件收受人。该澄清或者修改的内容为招标文件的组成部分。招标人应当确定投标人编制投标文件所需要的合理时间，最短不得少于20日。

三、第三章　投　标

第三章中，对投标人、投标过程进行了规定。

投标人可以是法人，或者其他组织，或者个人，也可以是两个以上法人或者其他组织组成的联合体。投标人应当具备承担招标项目的能力和规定的资格条件。

投标人应当按照招标文件的要求编制投标文件。投标文件应当对招标文件提出的实质性要求和条件作出响应。招标项目属于建设施工的，投标文件的内容应当包括拟派出的项目负责人与主要技术人员的简历、业绩和拟用于完成招标项目的机械设备等。投标文件应当在招标文件规定的截止时间前送达投标地点。投标人在截止时间前，可以补充、修改或者撤回已提交的投标文件，并书面通知招标人。补充、修改的内容为投标文件的组成部分。招标人收到投标文件后，应当签收保存，不得开启。投标人少于三个的，招标人应当依照本法重新招标。

投标人不得相互串通投标报价，不得排挤其他投标人的公平竞争，损害招标人或者其他投标人的合法权益。投标人不得与招标人串通投标，损害国家利益、社会公共利益或者他人的合法权益。禁止投标人以向招标人或者评标委员会成员行贿的手段谋取中标。投标人不得以低于成本的报价竞标，也不得以他人名义投标或者以其他方式弄虚作假，骗取中标。

四、第四章　开标、评标和中标

第四章对开标、评标和中标进行了规定。

开标应当在招标文件确定的提交投标文件截止时间的同一时间、招标文件中预先确定的开标地点公开进行。开标由招标人主持，邀请所有投标人参加。开标时，由投标人或者其推选的代表检查投标文件的密封情况，也可以由招标人委托的公证机构检查并公证；经确认无误后，由工作人员当众拆封，宣读投标人名称、投标价格和投标文件的其他主要内容。招标人在招标文件要求提交投标文件的截止时间前收到的所有投标文件，开标时都应当当众予以拆封、宣读。开标过程应当记录，并存档备查。

评标由招标人依法组建的评标委员会负责。依法必须进行招标的项目，其评标委员会由招标人的代表和有关技术、经济等方面的专家组成，成员人数为五人以上单数，其中技术、经济等方面的专家不得少于成员总数的2/3。一般招标项目可以采取随机抽取方式选择，特殊招标项目可以由招标人直接确定。与投标人有利害关系的人不得进入相关项目的评标委员会；已经进入的应当更换。评标委员会成员的名单在中标结果确定前应当保密。招标人应当采取必要的措施，保证评标在严格保密的情况下进行。任何单位和个人不得非法干预、影响评标的过程和结果。评标委员会可以要求投标人对投标文件中含义不明确的内容作必要的澄清或者说明，但是澄清或者说明不得超出投标文件的范围或者改变投标文件的实质性内容。

评标委员会应当按照招标文件确定的评标标准和方法，对投标文件进行评审和比较；设有标底的，应当参考标底。评标委员会完成评标后，应当向招标人提出书面评标报告，并推荐合格的中标候选人。招标人根据评标委员会提出的书面评标报告和推荐的中标候选人确定中标人。招标人也可以授权评标委员会直接确定中标人。在确定中标人前，招标人不得与投标人就投标价格、投标方案等实质性内容进行谈判。评标委员会成员不得私下接触投标人，不得收受投标人的财物或者其他好处。评标委员会成员和参与评标的有关工作人员不得透露对投标文件的评审和比较、中标候选人的推荐情况以及与评标有关的其他情况。

中标人的投标应当符合下列条件之一：能够最大限度地满足各项综合评价标准；或者能够满足招标文件的实质性要求，并且经评审的投标价格最低；但是投标价格低于成本的除外。中标人确定后，招标人应当向中标人发出中标通知书，并同时将中标结果通知所有未中标的投标人。中标通知书对招标人和中标人具有法律效力。中标通知书发出后，招标人改变中标结果的，或者中标人放弃中标项目的，应当依法承担法律责任。中标通知书发出之日起 30 日内，招标人和中标人应当按照招标文件和中标人的投标文件订立书面合同。中标人应当按照合同约定履行义务，完成中标项目，不得向他人转让中标项目，也不得将中标项目肢解后分别向他人转让。但可以按照合同约定或者经招标人同意，可以将中标项目的部分非主体、非关键性工作分包给他人完成。

评标委员会经评审，认为所有投标都不符合招标文件要求的，可以否决所有投标。依法必须进行招标的项目的所有投标被否决的，招标人应当依照本法重新招标。

五、第五章　法律责任

第五章对违反本法规定的行为，规定了处理办法。

六、第六章　附　则

第六章对于不适于用本法进行招标的情况进行了补充说明。规定本法自 2000 年 1 月 1 日起施行。

本章练习题

一、名词解释

1. 标，标书，招标采购
2. 招标，公开招标，邀请招标，招标策划
3. 投标，开标，评标，定标
4. 招标文件，投标文件，等标期
5. 开标仪式，评标小组，评标委员会，评标考核指标体系
6. 中标，中标通知书，中标合同

二、选择填空

1. 招标采购的方式有（　　）。

A. 公开招标采购　　B. 邀请招标采购

C. 定向选择招标采购　　D. 不招标采购

2. 发布招标公告应当在（　　）。

A. 指定的报刊　B. 指定的信息网络　C. 指定的媒体　D. 商业广告公司

3. 等标期最少为（　　）天。

A. 10　B. 20　C. 30　D. 40

4. 投标人不能（　　）。

A. 相互串通报价　B. 低于成本竞价　C. 行贿采购方　D. 冒名顶替投标

5. 评标小组（评标委员会）应当由（　　）组成。

A. 采购方代表　B. 2/3 以上专家

C. 5 人以上单数　D. 投标方利益相关人

三、思考题

1. 什么是招标采购，应当如何开展招标采购？

2. 招标文件包括哪些基本内容？投标文件包括哪些基本内容？

3. 投标方为了中标，应当如何投标？

4. 为了公正评标，应当采取哪些措施？

四、实训题

将全班同学分成若干组，每组 4～6 人。其中一组为招标采购的招标方，其他各组为投标方。招标方虚拟一项招标采购项目，模拟一次招标采购。

第九章　供应链采购管理

本章教学目的与要求

供应链管理是一种新兴的、很有魅力的管理思想和管理模式。国外的许多知名企业以及国内的一些实力企业都在运用供应链管理模式，并且取得了很好的效益。本章主要讨论供应链管理的原理和特点、供应链管理模式、供应链采购管理和供应链采购管理的实施方法。通过本章学习，学生应当掌握供应链采购管理的原理和特点，了解供应链采购管理的模式与方法。

章首案例

惠普公司打印机的供应链采购

惠普公司成立于1939年，台式机1988年进入市场，并成为惠普公司的主要成功产品之一。DeskJet打印机是惠普的主要产品之一。该公司有5个位于不同地点的分支机构负责该种打印机的生产、装配、运输。产品分别销往美国、欧洲和亚洲。其供应链结构如图9-1所示。从原材料到最终产品，生产周期为6个月。

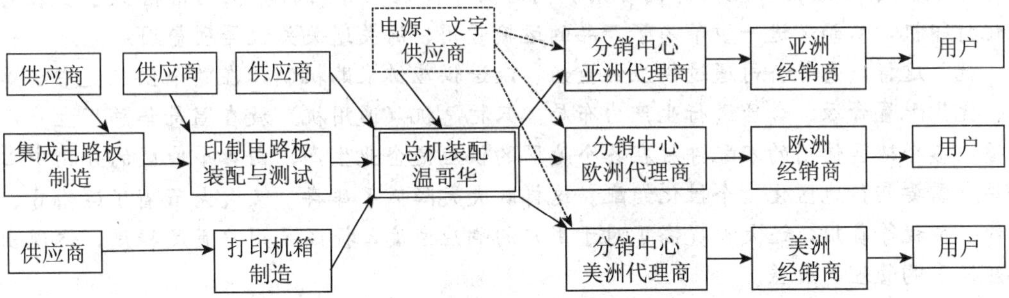

图9-1　惠普公司打印机供应链

在以往的生产和管理方式下，各成品厂装配好通用打印机之后直接进行客户化包装，例如计划销往中国的打印机就把通用打印机加装上中文系统和220伏电源系统，计划销往日本的打印机就把通用打印机加装上日文系统和110伏电源系统，这样个性化装配都在温哥华总装厂一次完成，并把装备完整的打印机都分别运输存放到欧洲、亚洲各分销中心（即成品配送中心）。为了保证顾客订单98%的即时满足率，不得不采用备货生产（Make-To-Stock）的模式——各成品配送中心需要保证大量的安全库存（一般需要7周的库存量）。这个时候的供应链采购则是一种拉动式JIT采购：供应链核心企业温哥华总装制造中心向所需的电路板、机箱、电源系统、文字系统等零部件供应商发出购买指令，总装出的打印机数量正好满足分销中心的安全库存目标。同时它本身也必须拥有一定的零部件、原材料安全库存。影响供应链采购运作的主要因素包括：各零部件供应商的交货质量（到货时间推迟、错误到货等问题是否存在）、内部业务流程、需求等的不确定性等，这些因素导致不能及时补充分销中心的库存，需求的不确定性导致库存堆积或者分销中心的重复定货。需要用大约一个月的时间将产品海运到欧洲和亚太分销中心，这么长的提前期导致分销中心没有足够的时间去对快速变化的市场需求做出反应，而且欧洲和亚太地区就只能以大量的安全库存来保证对用户需求的满足，占用了大量的流动资金。若某一地区产品缺货，为了应急，可能会将原来为其他地区准备的产品拆开重新包装，造成更大浪费。

这种被动状况让公司感到沉重的压力。惠普公司管理层希望在不牺牲顾客服务水平前提下改善这一状况。于是经过慎密研究，着手改造供应链运作机制和供应链采购机制：决定将主要的生产制造过程还由在温哥华的惠普公司完成，包括印刷电路板组装与测试和总机装配。在温哥华只生产出通用打印机，通用打印机运输到欧洲、亚洲和美洲后，再由当地分销中心或代理商加装上与当地需求一致的变压器、电源插头和用当地语言写成的说明书，装配成完全适合于当地使用的完整的打印机以后再由当地经销商送到消费者手中，通过这样的供应链本地化定制采购重组（将本地化零部件在本地进行采购实现本地化装配），实现了根据不同用户需求生产不同型号产品的目的。

这样一种分销中心本地化供应链采购重组策略，仅仅把本地化零部件的采购从原来由温哥华完成改为现在由当地供应商完成，改变了以前由温哥华的总机装配厂又装配通用机又装配本地化机的状况，简化了装配程序，减轻了打印机的重量、减少了采购费用、增加了打印机通用性和适销性而大大地减少了库存。原来需要7周的成品库存量现在只需要5周的库存量，安全库存周期减少为5周，从而减少了库存总投资的18%，仅这一项改进便可以每年节省3000万美元的存储费用。同时由于简装的通用打印机的价格低于多装的本地化打印机，从而又进一步节省了产品的运输费用、海关通关关税等项费用。

就是这样，惠普公司通过供应链重组、改进供应链采购机制，在整个供应链中统筹规划、优化配置资源、合理进行生产力布局，只把总机（通用机）放在温哥华总厂生产，而把适应各个地区使用的零配件放在各个地区的供应链企业生产，由各个地区的分销中心根据用户需要实行地区化、个性化组配。这样既大大降低了库存，又大大节省了运输费、仓储费、关税等费用，还大大提高了对于用户的响应速度，提高了用户满足程度，体现出了供应链采购管理的效益。

思考题：分析一下惠普公司实施供应链采购的做法和达到的效果。

第一节 供应链管理模式

一、什么叫供应链

根据马士华的观点①，供应链是围绕核心企业，通过对信息流、物流、资金流的控制，

①马士华，《供应链管理》，机械工业出版社，2000年5月。

从采购原材料开始，制成中间产品以及最终产品，最后由销售网络把产品送到消费者手中的将供应商、制造商、分销商、零售商、直到最终用户连成一个整体的功能网链结构模式。

理解供应链的概念，有这么几个基本要点：

(1) 供应链是由多个“供需‘节’”构成的链条结构。供应链上各个企业都是按供需关系连在一起，互为供需。直接发生供需关系的两个企业构成一个供需“节”。所有这些供需节按照一定的顺序依次互相连接成一个供应链。

(2) 这个链条结构中有一个核心企业。实际上所谓供应链就是关于核心企业的供应链，一个供应链只有一个核心企业，这个核心企业决定了这个供应链的内容、结构和性质。供应链的内容一般取决于核心企业的主产品（或服务）。供应连的结构一般是以核心企业为中心、上游依次连接供应商和供应商的供应商、直到原始资源（地矿、自然资源），称作上游供应链；下游依次连上分销商和分销商的分销商、直到最终用户，称作下游供应链。这样一个具有层次的、以核心企业为核心、上有上游供应链、下有下游供应链组成的有序链接结构，就是供应链。供应链的性质取决于核心企业的性质。核心企业的性质可能是以下几种：

①生产企业：专门从事产品的生产。

②流通企业：专门从事产品的销售和服务。包括：商业企业（从事生活用品的销售）；物资企业（从事生产资料的销售）；物流企业（从事物资储运、配送、分销等）；金融企业（从事资金的存和贷）。

③其他服务企业（从事旅游、交通运输、技术、信息、咨询等）。

不同性质的核心企业，其供应链的性质就不一样。例如如果一个汽车制造企业作为核心企业，则这个供应链必然是关于汽车的生产、销售和原材料供应的供应链；而如果一个零售企业作为核心企业，则其供应链就必然是各种零售商品的零售、分销、送货、服务以及商品的采购供应等形成的供应链；如果一个物流配送中心作为核心企业，则其供应链必然是由物资的储存、运输、配送、服务以及货主、客户等形成的供应链。

(3) 供应链基本的供需内容是产品，或者服务。在供应链企业之间流动的实体都是物资，为了保障物资流动的通畅，需要有信息的沟通、关系的协调等方面的工作，有共同的利益关系，因而形成一个利益共同体，这就是供应链。

(4) 供应链基本的功能是产品或服务的信息流、商流、物流、资金流处理等。供应链企业之间通过物资供应和需求联系在一起，为提高物流的运行效率，需要强化企业之间的沟通、强化信息处理、实现信息共享，协调各方的业务，采用供应链管理的模式。其中信息流处理是最主要的，它既是手段，又是载体，是物流、商流、资金流的载体，而物流、商流、资金流都是通过信息流来实现的。

(5) 供应链的宗旨是供应链整体效益最大化：最好地满足用户需要、供应链各个企业共赢。供应链的着眼点，不是在每个企业，而是企业之间、是整个供应链中的所有企业，强调企业之间业务的协调。由于市场中的企业，都是靠利益驱动，所以供应链如果需要有效率地运行起来，也需要依靠利益驱动机制，而要做到这样，就必须实现各个企业的效益，达到共赢。

供应链的结构模式如图 9-2 所示。

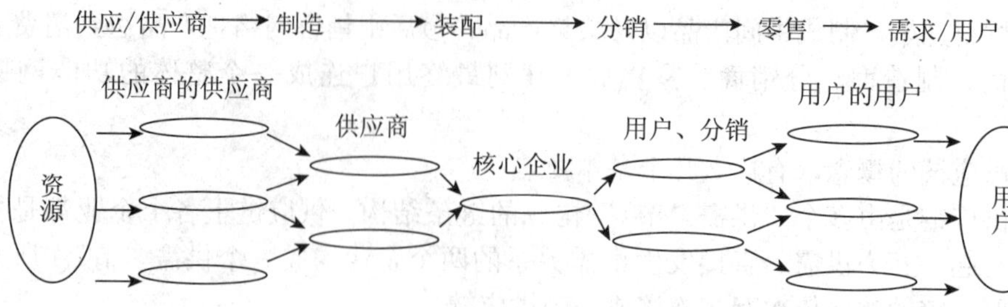

图 9-2 供应链结构模式

二、供应链管理思想

供应链管理是在一个市场激烈竞争的环境下、企业长期无休止地追求最大化利益和高效率的斗争中逐渐形成的。最开始，人们追求一个工序、一个作业的利益最大化，于是改良工具、提高技术、提高工作效率。于是每个工序、每个作业都能够高效率地运行了。可是后来发现这种办法能够提高的效率还是有限，工序之间的不协调、工艺流程的不合理、搬运路线的不合理，妨碍了各个工序的效率化，于是人们就着眼于生产线的流程优化、搬运路线的最短化、省力化、协调各个工序之间的关系，这样实现了生产线这个工艺链条的效率化，提高了生产线的运行效率。后来人们发现光是各个生产线、各个车间自己的优化还不够，各个生产线、各个车间、各个部门之间的关系的不协调、互相推诿、不负责任等，又成为妨碍企业经济效益提高的关键，于是人们又着力于调整企业内部各个单位之间这个业务关系链条。这个工作量很大、也很难，人们有一个不懈的努力过程。20 世纪 90 年代后期，人们发现，光抓好各个企业自身的优化还不够，因为在经济越来越市场化、全球化、一体化的今天，各个企业是互相联系、互相依靠的，特别是供应链上的各个企业联系的更加紧密，在这些企业中，如果有一家企业不好好配合，就会导致整个供应链的低效率运行。例如在汽车这个供应链中，如果发动机的供应商不好好配合，或者分销商不卖力气，都会造成汽车这个供应链的低效率。所以为了使得整个供应链高效率运行，需要供应链上的各个企业互相配合、互相协调、齐心合力才行。这样人们就逐渐产生了供应链管理的思想，出现了供应链管理模式。从这个过程可以看出，供应链管理思想模式正是人们长期不懈追求利润最大化和工作效率化的必然结果。

从供应链管理思想产生的过程可以看出，供应链管理思想的精髓主要表现在以下几点：

(1) 为提高企业的经济效益和工作效率，企业的管理不仅要着眼于企业内部，还要着眼于企业外部，特别是那些跟自己有着供应链关系的企业。

(2) 供应链管理的核心是要协调关系，疏通物流通道，保证物流高效运行。这也可以说是推行供应链管理的宗旨。这里只强调物流，是因为它既是联系各个企业的纽带，也是集结其他各种业务关系的核心。其他的如信息流、商流、资金流等都是为物流服务的。

在这里，协调关系与疏通物流的关系，协调关系是手段，是工作的着眼点；疏通物流是目的，是工作的出发点。

(3) 协调关系是供应链运作的基础和前提。没有一个好的协调关系，可以说就没有供应链的一切。供应链的优越性，就是建立在供应链企业之间存在的友好合作关系的基础之上。因此，要想进行有效的供应链管理，就要下大力气做好协调关系这篇大文章，要在供应链企业之间建立起一个齐心协力、统筹兼顾，责任共担、利益共享的战略伙伴关系。

做好协调关系的工作，有两个事情很重要：一是信息沟通，二是利益共享。所谓信息沟通，要建立起企业间的信息网络，互相享用对方有关业务信息。只有信息开放、透明，才能建立起企业间的信任关系，也才能实现企业间的业务协调合作；所谓利益共享，就是供应链上各节点企业由于共同的协调工作而获得的效益，要合理分配，做到公平、公正。这样大家都感到心理平衡，才能互相信赖，倾力投入。

(4) 疏通物流，这是建立供应链的根本目的。在协调好关系之后，就要充分调动和优化配置各个企业的资源，做好疏通物流这篇大文章。要建立起一种机制、一些制度、措施，实现资源优化配置、资源共享、确实保证物流畅通、高效。

在供应链管理中，最常用的一些疏通物流的方法有：

①库存统一优化配置：不一定每家节点企业都要设仓库、各自只管自己的库存，而是要站在整个供应链的角度，统一配置库存点、实现统一库存优化配置。例如，各个零部件厂，可以把零部件产品的库存点设到装配厂附近的统一的零部件仓库，实现原材料库存统一共享等。这样就有利于减少运输费用、库存费用、提高原材料利用率等。

②供应商管理库存：用户的库存由供应商进行管理，有很多好处。供应商可以随时根据用户的需求情况，灵活调整生产计划和送货计划，做到既满足用户需要，又使供应商能够最大地节约库存费用。另外也可以免除了用户的繁琐的采购业务和库存管理业务。这样供需双方都能降低成本，提高效益。

③供应商连续补充货物：在供应商管理库存以后，供应商可以根据用户需求情况，实行小批量多频次的连续补充货物。这样做可以大大降低用户的库存，同时供应商也可以不多生产、不早生产，多生产、早生产都是一种浪费，既占用原材料、占用劳动力、占用资金，同时也增加了库存、增加了保管费用、增加了库存风险。所以实行供应商连续补充货物可以实现供需双方的最大的节约。

④JIT 技术，即准时化技术：包括准时化生产、准时化采购。供应链企业之间也可以运用准时化采购，实现供应链企业之间的采购与供货。因为供应链企业之间必然是一种紧密的合作关系，如果再加之相互之间距离不远的话，则完全有条件实行准时化采购。

⑤随时的信息沟通：除了在计算机网络上传输信息、信息共享以外，还包括网上和网下的信息沟通和业务沟通。在供应链的运行过程中，由于市场环境变化，经常会有一些问题出现，妨碍业务的正常进行。因此，供应链企业之间不定期的在一起磋商、协调是非常必要的。这种交流，不但可以协调业务、疏通物流，还有利于增强联系、加深了解、增进感情、协调关系，起到一举两得的效果。

(5) 实行供应链管理，既有机遇、又有挑战，既有权力、又有责任。实行供应链管理之后，可调动的资源更多了，范围更广了，获取利润的机遇更多了。但是，企业自己承担的责任也就更大了。企业可以利用其他企业的资源来获取利润，也要给其他企业提供自己的资源，让其他企业也获得利润。要做到公平、公正，想方设法也要让别人也获得合理的利益。只有这样，供应链管理才可能正常实施、健康发展。

(6) 供应链整体最根本的目的是为满足最终用户的需求。各个企业在满足用户需求中获得回报、获得效益。只有很好地满足最终用户的需求，得到广大最终用户的认可，扩大了市场占有率，供应链的操作才有效益。只有供应链整体有了效益，每个企业才会有效益。所以每个企业都要把立足点放在满足最终用户的需求上，各自要在自己的岗位上，从不同的角度为实现这个目标作出贡献。

还要根据这个总体目标的需要，来处理各个方面的问题，例如小局服从大局、局部服从整体、树立全局观点、根据总体效益最大的原则，来协调处理各种利益关系和业务关系。

案例

戴尔的供应链管理

戴尔公司今日的成功与业绩和它实行特殊的营销方式是绝对分不开的，但是大家不要往往只看到了戴尔表面的直销模式，而忽视了其背后有重大支撑作用的全球供应链管理。我国的一些企业也要从中学习，特别是在它的物流方面。

1. 戴尔在全球供应链管理方面的主要做法

（1）建立与供应商之间长期互利的战略合作关系。戴尔的供应链管理体系之所以能够独树一帜，与它一直致力于建立与供应商之间长期的双赢战略合作关系是分不开的。戴尔在挑选供应商时极其苛刻，只有具有很强的研发能力、制造能力、财务能力以及品质、成本控制能力，并能足够灵活地配合戴尔快速节奏的公司才有可能成为戴尔的供应商。戴尔通常还希望供应厂商具有广泛的客户。因为戴尔认为，供应厂商如果只做戴尔一家，他的眼界往往不够宽，不见得能够跟市场保持很密切的联系，如果一家厂商同时做戴尔，也做 HP、苹果、IBM，表示他对未来的把握很好，这样的厂商才是戴尔乐意合作的对象。

一个厂商被选择后，它并不是从此就一劳永逸，安然地做戴尔的生意了。戴尔对供应商的管理相当严格，它在自己不断地成长和进步的同时，也要求供应商同样要不断进步。并帮助供应商的成长。戴尔历来对他们倾囊相授，将自己在供应链的设计、规划、流程管理和执行等方面经验都毫不吝啬地传授给供应商，同时主动引导供应商配合自己的全球布局与发展战略，以使帮助供应商进一步完善，与戴尔共同成长，达到最终提高客户的满意度及忠诚度的目的。

（2）运用电子商务技术，提高供应链管理效率。在不断完善供应链系统的过程中，戴尔公司敏锐捕捉到互联网对供应链和物流带来的巨大变革，不失时机地建立了包括信息搜集、原材料采购、生产和客户支持及客户关系管理，以及市场营销等环节在内的网上电子商务平台。

（3）加强信息的收集与分析，及时预测并应对突发事件。零库存、即时制造（Just in time）等精益生产方式的采用在将竞争对手远远抛在后面的同时，也使戴尔成了一家在刀尖上生存的公司，因为对一家每天产量高达 8 万台，却几乎没有生产配件库存的公司而言，任何事件造成的哪怕是小小的一颗螺钉不能及时到货，都可能使整个生产陷入停顿。戴尔的秘诀是用信息代替库存，而绝不用无谓的库存来换取所谓的安全。戴尔有专门的常设组织，负责收集全球电脑零部件供应方面的各种信息，了解是否可能会有影响供应的突发事件发生。

(4) 预测顾客的需求并采用必要手段及时调整供需之间的不平衡。戴尔对供应链的管理还包括了对供应链的另一端——顾客的管理，通过预测顾客需求，并在必要时采取相应措施调节需求，它最大限度地消除了供需之间的不一致现象。直销模式赋予了戴尔在客户管理方面无可比拟的优势，所有客户的信息和他们的购买行为都记录在数据库中，对于企业客户戴尔会追踪他们的购买周期和预算周期，对于重复购买的个人客户戴尔会预测他们的升级时间。

2. 戴尔面向大规模定制的供应链管理

(1) 戴尔面向大规模定制供应链管理的实施基础。

①零部件标准化：产品的模块化设计，零部件的标准化和通用化是大规模定制的基础所在。对产品按照其功能进行划分而进行模块化设计，建立产品族和零部件族，设计出一系列功能模块，通过模块的选择和组合构成不同的产品。

②按订单装配：按订单装配的生产模式着眼于满足个性化需求，实现这一宗旨的前提是对市场需求信息的及时、准确地获取、处理。

③信息技术的发展：随着互联网络的发展和电子商务的普及，电子商务平台已经部分地取代了分销商和零售商职能。客户通过电子商务平台向主体企业提出定制要求，主体企业通过数据挖掘等技术从中进行信息的采集和整理，而后通过客户关系管理对客户的订单进行分解。分解后的订单信息成为企业进行采购的依据，而通过采购也使主体企业与其供应商和制造商联系在一起。

(2) 戴尔面向大规模定制的供应链总体模型。为了适应客户驱动生产和企业联盟的需要，戴尔通过电子商务平台或电话的方式直接与客户联系，了解客户需求，并且采用直线销售模式直接把产品送达客户。

(3) 戴尔面向大规模定制供应链管理的特点。

①严格挑选供应商，与供应商虚拟组合，建立合作伙伴关系。

②高效库存管理——物料的低库存与成品的零库存。

③有效的客户关系管理（CRM）。

戴尔通过对关键客户的“一对一营销”，能准确快速地把握客户个性化需求。在大规模定制模式中，企业和客户的关系是一种协调互动的关系，完全超越了企业通常收集信息、满足客户需求的内涵。

资料来源：张玉强．《国际企业的供应链管理研究探索——以戴尔为例》．科技与企业，2012 (7)。

第二节 供应链采购

一、供应链采购的原理

（一）供应链采购的概念

供应链采购是指供应链内部相关企业之间的采购。由于供应链是一个以核心企业为核心、由多层次利益相关企业组成的一个能够互相协调配合的经济联合体，所以供应链采购可以实现以核心企业为主体的多企业之间的协调配合采购，达到采购效益最优化的效果。从这个意义上说，所谓供应链采购，就是供应链内部以核心企业为核心的多企业之间的为实现采购整体效益最大化而进行的协调配合采购。

(二) 供应链采购的原理

就采购本身而言，供应链采购与非供应链采购没有本质的区别。采购的原理一样，都是用户企业向供应商企业进行的商品购买活动。采购方法一样，包括传统采购方法和现代采购方法，如订货点采购、MRP 采购、JIT 采购、招标采购等；采购程序也一样，都要经过寻找、选择供应商、交易洽谈、签订合同、进货运输、验收入库、服务合作、货款支付、售后服务等一系列环节程序。例如章首案例中惠普公司的供应链采购，就是采用的 JIT 采购，其方法程序如一般的 JIT 采购没有什么区别。

供应链采购与非供应链采购的区别表现在：

(1) 供应链内部。不是在供应链外部，不是毫无关联的企业。

(2) 多企业之间。不是一个企业，而是多个企业，有选择变换的余地。而只有选择变换，才可能组合成更优的组合。

(3) 以核心企业为核心。虽然是多企业，但是是以核心企业为核心、为主体的。供应链采购主要是为核心企业服务的。

(4) 为实现采购整体效益最大化。这是供应链采购追求的目标，就是采购整体效益最大化。注意，这里采购整体效益最大化，不是个体效益最大化。供应链采购追求供应链整体利益最大化，各企业共赢。

(5) 协调配合采购。这是最大最重要的区别。供应链采购最根本的特点，就是协调配合。为了获得采购效益的最大化，可以在供应链内部更大的范围内配置资源、调整角色、协调机制、改进方案。这就是协调配合采购。这也是供应链采购最基本的原理。

例如章首案例中惠普公司的供应链采购就是调整了供应商的配置，把共同性部件供应商放在温哥华，而把本地个性化部件供应商配置在本地，通过各企业角色协调配合配置，实现了惠普公司整个供应链整体效益的最大化。

以上几点，也就是供应链采购最本质的原理。

二、供应链采购的特点

供应链采购与传统的采购相比，物资供需关系没变，采购的概念没变，但是，由于供应链各个企业之间是一种战略伙伴关系，采购是在一种非常友好合作、协调配合的环境中进行，所以采购的观念和采购的操作都发生了很大变化。供应链采购属于一种现代采购观念，它与传统采购的主要区别简单整理如表 9-1 所示。

表 9-1　　供应链采购与传统采购的区别

项　目	供应链采购	传统采购
基本性质	基于需求的采购	基于库存的采购
	供应方主动型、需求方无采购操作	需求方主动型、需求方全采购操作
	协调配合	对立博弈
采购环境	友好合作环境	对抗竞争环境
信息关系	信息传输、信息共享	信息不通、信息保密

续 表

项　目	供应链采购	传统采购
库存关系	供应商掌握库存	需求方掌握库存
	需求方可以不设仓库、零库存	需求方设立仓库、高库存
送货方式	供应商小批量多频次连续补充货物	大批量少频次进货
双方关系	供需双方关系友好	供需双方关系敌对
	责任共担、利益共享、协调配合	责任自负、利益独享、互斥性竞争
货检工作	免检	严格检查

由表 9-1 可以看出，供应链采购有以下特点。

(一) 基于需求

供应链采购是一种基于需求的采购。需要多少就采购多少，什么时候需要什么时候采购。采购回来的货物直接送需求点投入使用。供应链采购在这一点上，与 JIT 采购相同，而与传统采购迥然不同。传统采购则是基于库存的采购，采购回来的货物直接进入库存，等待消费。

(二) 供应商主动

供应链采购是一种供应商主动型采购，由于供应链的需求者的需求信息随时都传送给供应商，所以供应商能够随时掌握用户需求信息，所以能够根据需求状况、变化趋势，及时调整生产计划、及时补充货物，主动跟踪用户需求，主动适时适量地满足用户需要。由于双方是一种友好合作的利益共同体，如果需求方的产品质量不好、销售不出去的话，供应商自己也会遭受损失，所以供应商会主动关心产品质量，自觉把好质量关，保证需求方的产品质量。因此需求方完全可以不用操心采购的事情，只要到时候支付货款就行了。所以，对需求方来说，这是一种无采购操作的采购方式。供应链采购看起来好像是供应商的事情而不是需求方的事情了。

而传统采购则必须靠用户自己主动承担全部采购任务。因为他的需求信息供应商不知道、供应商的信息他不知道，所以他必须自己主动去采购。这就要花费很多时间去调查供应商、调查产品、调查价格，然后选择供应商，去和供应商洽谈、订合同，然后还要联系进货，还要费时费力进行严格的货检。对于需求方来说，这是一种全采购操作的采购方式。而供应商则完全出于一种被动、无关的地位。

(三) 协调配合

供应链采购是一种供应链内部多企业之间合作型采购，友好合作、协调配合是其特点。供应链核心企业为了供应链整体的效益最大化，根据需要在更大的范围内重新配置资源，采购结构重组，各个相关企业协调配合，从而实现一种最优化的采购，提高了采购工作的效率、最大限度地降低采购成本、最好地保证供应。

而传统采购是一种对抗性采购。由于双方是一种对抗性竞争关系，所以贸易双方互相保密，唯我主义、只顾自己获取利益，甚至还互相算计对方，因此贸易谈判、货物检验等都非常吃力。双方不是互相配合，而是互相不负责任，甚至是互相坑害，常常是以次充好、低价高卖，赚一笔是一笔。所以需求方必须时时小心、处处小心，有时甚至是防不胜防。这样花在采购上的人员、时间、精力、费用确实很高。

（四）环境友好

供应链采购是一种友好合作的环境，这种友好的外部环境的有力支持使得用户企业也能更专注地搞好自己的业务，提高自己的核心竞争力。

而传统采购是一种利益互斥、对立博弈的竞争环境。这是两种采购制度的根本区别。由于采购环境不同，才导致了许多观念上、操作上的不同，才导致了各自的优点和缺点。供应链采购的根本特征就是有一种友好合作的供应链的采购环境。这是它根本的特点，也是它最大的优点。

（五）信息共享

供应链采购一个重要的特点就是供应链企业之间实现了信息连通、信息共享。供应商能随时掌握用户的需求信息，掌握用户需求变化的情况。能够根据用户需求情况和需求变化情况，主动调整自己的生产计划和送货计划。供应链各个企业可以通过计算机网络进行信息沟通和业务活动。这样足不出户，就可以很方便地利用计算机网络协调活动，进行相互之间的业务处理活动。例如发订货单、发发货单、支付货款等。当然，信息传输、信息共享，首先要求每个企业内部的业务数据要信息化、电子化，也就是要用计算机处理各种业务数据、存储业务数据，没有企业内部的信息网络，也就不可能实现企业之间的数据传递和数据共享。因此，供应链采购的基础就是要实现企业的信息化、企业间的信息共享，也就是要建立企业内部网络 Intranet、企业外部网络 Extranet，并且和因特网 Internet 连通。并且建立起企业管理信息系统。

（六）库存控制

供应链采购是由供应商管理库存，用户的库存由供应商管理。用户没有库存，即零库存。这意味着，用户无须亲自采购进货、无须设库存、无须关心库存。这样做，有很多好处：第一，用户零库存，可以大大节省费用、降低成本、专心致志地搞好本职工作，发挥核心竞争力，提高效率。因而就提高了企业的经济效益，也可以提高供应链的整体效益。第二，供应商掌握库存自主权，可以根据需求变动情况，适时地调整生产计划和送货计划，既避免盲目生产造成的浪费，也可以避免库存积压、库存过高所造成的浪费以及风险。同时由于这种机制把供应商的责任（产品质量好坏）与利益（销售利润的多少）相联系，因此，加强了供应商的责任心，自觉提高用户满足水平和服务水平。因此，供需双方都获得了效益。而传统的采购由于买方设置仓库、管理库存，很容易一方面造成库存过高积压，另一方面又可能缺货、不能保证供应，同时还造成精力分散、工作低效率。服务水平、工作效率、经济效益都会受到严重影响。

（七）小批量多频次送货

供应链采购是由供应商负责送货，而且是连续小批量多频次地送货。这种送货机制可以大大降低库存，可以实现零库存。因为它送货的目的，是直接满足需要，需要多少就送多少，什么时候需要就什么时候送。不多送，也不早送。这样就没有多的库存，可以降低库存费用；又保证满足需要，不缺货；可以根据需求的变化，随时调整生产计划，可以不多生产、不早生产，因而节省了原材料费用和加工费用；同时由于紧紧跟踪市场需求的变化，所以能够灵活适应市场变化、避免库存风险。而传统采购是大批量少频次地订货进货，所以库存量大、费用高、风险大。

（八）战略伙伴

供应链采购活动中，买方企业和卖方企业是一种友好合作的战略伙伴关系，互相协调、互相配合、互相支持，所以有利于各个方面工作的顺利开展，提高工作效率、实现双赢。而传统采购中，买方与卖方是一种对抗性的买卖关系，一个赢，另一个必然输。所以互相防备、互相封锁、互相不信任、不配合、甚至互相坑害，所以办什么事都很难，工作效率低。

（九）货物免检

传统采购由于是一种对抗关系，所以货物会常常以次充好、低价高卖甚至伪劣假冒、短斤少量，所以买方进行货检的力度大，工作量大，成本高。而供应链采购，由于供应商自己责任与利润相连，所以自我约束、保证产品质量安全可靠，完全可以免检。这样大大节约了费用、降低了成本、保证了质量。

从以上的比较可以看出，供应链采购与传统的采购相比，无论在观念上、做法上都有很大区别、有革命性的变化。供应链采购具有显著的优越性。

案例

沃尔玛的供应链采购操作①

沃尔玛公司是美国最大、最著名的零售公司，在全世界各国开设了 4000 多家连锁店，遍及美国、加拿大、中国、德国、英国、韩国、墨西哥、波多黎各等国。

沃尔玛公司从 20 世纪 80 年代中期开始进行供应链采购管理。他们的做法是这样的。

（一）首先进行信息系统建设，为供应链采购管理做一些基础工作

为了开展供应链采购，沃尔玛进行了一系列的信息系统建设，为实现信息传输、信息共享做准备：

（1）沃尔玛 1983 年开发 POS 系统，把销售信息用计算机管理起来。POS，即：Point of Sale，销售时点系统，是在超级市场出口处设立的用读卡方式或者跳马识别的方式输入销售信息记录的系统，每个顾客的购买时间、购买品种、购买数量、购买金额一瞬间就能很顺利地输入计算机，并且所有的销售记录都存储在计算机磁盘中。

（2）沃尔玛 1985 年开始建立 EDI 系统，实现销售数据等信息的传递。EDI，即：Electronic Data Interchange，电子数据交换，是一种早期的电子商务形式。这个系统可以把电子数据或电子票据变成格式化的数据通过点对点方式或通过专用计算机网络传输到对方。

（3）为了实现用 EDI 系统传输商品信息，需要为每种商品编制标准化的识别码，同时还要编制各种商品数据的 EDI 传输数据格式。沃尔玛与行业内的其他商家一起成立 VICS 委员会（Voluntary Inter — Industry Communications Standards Committee）来协商确定行业统一的 EDI 标准和商品识别标准。VICS 委员会制定了行业统一的 EDI 标准并确定商品识别标准采用 UPC 商品识别码。

（二）向供应商传送销售时点信息，实现销售信息共享

在信息系统建立起来以后，沃尔玛公司就利用基于行业统一标准设计出来的 POS 数

①宋华、胡左浩.《现代物流与供应链管理》，北京：经济管理出版社，2000。

据的输送格式，通过已经建立的EDI系统开始向供应商传送POS数据，让供应商随时掌握沃尔玛的销售情况。供应商根据沃尔玛传送来的POS信息，可及时了解沃尔玛的商品销售状况、商品的需求动向，因而可以及时调整自己的生产计划和材料采购计划。当销售情况呈增长趋势时，他们就增加生产，当商品销售呈下降趋势时，他们就减少生产。这样，真正做到了需要多少就生产多少，不少生产也不多生产，既满足了销售的需要，也最大地消除了浪费。不但在沃尔玛没有多的库存，供应商也没有多的库存。

沃尔玛把销售信息毫无保留地传送给供应商，实现信息透明、数据共享，也说明了沃尔玛与供应商建立起一种互相信任、互相依赖的特殊关系，无论在形式上还是内容上，已经把供应商与沃尔玛连接形成了供应链系统。供应商关注沃尔玛的销售，形成了一种利益共同体的关系。

（三）供应商管理库存

为了进一步加强供应链关系，实现资源优化配置、加强相互权利和责任、合理分配利润关系，沃尔玛又实行让供应商管理库存的VMI制度。VMI，即Vendor—Management Inventory，供应商管理库存。沃尔玛决定把商场里的库存，包括货架上所有没有卖出的商品都归于供应商所有。这样如果库存积压或者缺货，都由供应商承担损失。而只把销售出去的商品作为沃尔玛的销售收入，实行利润分成。这样，沃尔玛就完全不用管理库存，也不要为每一种货物的采购订货操心，实行一种无采购操作的采购方式。供应商主动、自觉、适时适量地补充库存，而且精心操作、主动实行库存控制。因为无论库存积压，还是缺货都会使供应商遭受损失。所以供应商为了避免损失、增加利润，精心地根据销售时点数据POS信息，认真研究销售变化动向，组织适时适量生产和供货，不少也不多，刚好满足销售，没有多的积压库存。

（四）供应商主动实行的连续补充货物的CRP供货方式

CRP，即Continuous Replenishment Program，连续补充货物程序。供应商为了实现自己的利润最大化、最大地消除浪费，实行小批量多频次地连续补充货物的供货方式。销售一点就补充一点。既满足需要，又库存最小，既降低了成本，又提高了效益。当然多频次地送货，可能增加送货费用，这时可以采取联合送货方式降低送货成本。

（五）快速响应

这种连续补充货物的方式的另一个好处，就是能够灵敏地适应市场需求的变化。因为零售市场的市场需求变化非常迅速。今日好销的商品，说不定明天就销不动了。实行小批量连续补充货物，由于基本上当天的货物当天销完，没有多的库存，所以明天市场需求变化，就不会使自己造成损失。如果明天需求增加，由于连续补充货物，供应商又可增加补充货物的数量和频次。使得用户需求又能够得到满足。这个又叫做快速响应QR。所谓QR，即Quick Response，快速响应。它是一种灵敏地响应市场需求变化的管理技术。它与JIT（Just In Time）技术的原理差不多，也是将需要的时间、将需要的品种、按所需要的数量、送到需要的地点，恰好满足用户的需要。基本上实现零库存，最大地消除了浪费。

沃尔玛与某休闲裤供应商和供应商的供应商某面料公司建立QR系统，实行供应链采购。供应商利用EDI系统在发货之前向沃尔玛传送预先发货清单（Advanced Shipping Notice，ASN），预告即将发货的品种数量。这样，沃尔玛在收到这个发货清单ASN后，事前可以做好进货准备工作，同时可以省去货物数据的输入作业，使商品检验作业效率化。沃尔玛在接收货物时，用扫描读取机器读取包装箱上的物流条形码 SCM（Shipping Carton Marking），把读取的信息与预先储存在计算机内的进货清单 ASN 进行核对，判断到货和发货清单是否一致，从而简化了检验作业。在此基础上，利用电子支付系统 EFT 向供应方支付货款。同时只要把 ASN 数据和 POS 数据比较，就能迅速知道商品库存的信息。这样做的结果使沃尔玛不仅节约了大量事务性作业成本，而且还能压缩库存，提高商品周转率。所以，沃尔玛通过实行这样的采购方式，大大减少了作业环节、减少了工作量，降低了运营成本，提高了经济效益。据统计，光休闲裤这一项，销售额就增加 31%，商品周转率提高 30%。

在此基础上，沃尔玛公司开始把 QR 的应用范围扩大至其他商品和供应商。在各个供应商中全面推广供应链采购。

根据 Blackburn（1991）的研究结果，零售商在应用 QR 系统后，销售额大幅度增加，商品周转率大幅度提高，需求预测误差大幅度下降。应用 QR 系统后之所以有这样的效果，其原因是：

（1）销售额大幅度增加。应用 QR 系统之后：

①可以降低经营成本，从而能降低销售价格，增加销售；

②伴随着商品库存风险的减少，商品以低价位定价，增加销售；

③能避免缺货现象，从而避免销售的机会损失；

④易于确定畅销商品，能保证畅销品的品种齐全，连续供应，增加销售。

（2）商品周转率大幅度提高：应用 QR 系统可以减少商品库存量。并保证畅销商品的正常库存量，加快商品周转。

（3）需求预测误差大幅度减少：根据库存周期长短和预测误差的关系可以看出，如果在季节开始之前的 26 周进货（即基于预测提前 26 周进货），则需求预测误差（缺货或积压）达 40%左右。如果在季节开始之前的 16 周进货，则需求预测误差为 20%左右。如果在很靠近季节开始的时候进货，需求预测误差只有 10%左右。应用 QR 系统可以及时获得销售信息，把握畅销商品和滞销商品，同时通过多频度小数量送货方式，实现实需型进货（零售店需要的时候才进货），这样使需求预测误差可减少到 10%左右。

随着竞争的全球化和企业经营的全球化，QR 系统管理迅速在各国企业界扩展。航空运输为国际间的快速供应提供了保证。现在，QR 方法成为零售商实现竞争优势的工具。同时随着零售商和供应商结成战略联盟，竞争方式也从企业与企业间的竞争转变为战略联盟与战略联盟之间的竞争。

沃尔玛的供应链采购操作，给自己带来显著的效益，供应链采购是大有可为的。

第三节 供应链采购的实施

实施供应链采购首先要转变观念，建立起融合在供应链采购中的现代采购观念。只有转变了观念，才会策划设计出供应链采购的方案和具体做法。其次就是基础建设，最基础的工作是要建设好供应链，搞好供应链管理，建立起友好协调的供应链关系。也要搞好信息系统、物流系统、采购系统等基础方面的建设。然后就是做好各方面的具体工作，包括计划管理、供应商选择、信息沟通、运输送货等。

一、转变观念

供应链采购确实是一种有魅力的采购方式。但是要实施供应链采购，却是一件不容易的事情。可以说，供应链采购，是对传统采购方式的一场革命，无论在观念上还是在做法上都发生了革命性的变化。具体说来，要实现几个转变：

（一）从为库存而采购到为需要而采购

传统的采购是为库存而采购，采购回来的物资是用以填充库存。由于库存掩盖了需求的真实情况，它不能真实地精确反映需求的变化，反而以其具体的存在数量麻痹着人们的思想，掩盖了各个环节的矛盾，使我们发现不了问题。因此，我们常常一方面造成超量库存，增加了库存成本，另一方面，又不能完全满足需要，产生缺货、影响生产，还把生产活动、采购活动当中一些不合理性、浪费性、低效率的环节掩盖起来，不知不觉地降低生产效率、增加生产成本、降低经济效益。但是由于长期进行着传统的采购工作，对此习以为常，已经感觉不出这些问题的存在。所以我们现在要实现供应链采购就要下力气改变这种做法，转变成为需求而采购，采购回来的物资直接用来满足需要，不是放到仓库里，而是放到消费点进行使用消费。这样做，采购回来的物资直接反映真实的需求，为了真实的需求而采购，最大地提高了采购的效率、最大地降低了库存、最大地实现了节约。不但降低了成本、提高了效率，还充分排除了生产活动、采购活动中的不合理性、浪费性和低效率的根基，使各个环节合理化、效率化。

（二）从采购管理向外部资源管理转变

传统的采购管理完全是企业内部的事情，立足于企业内部，千方百计使自己从采购中获取效益。但是立足于企业内部搞采购，要去选择供应商、选择产品，选择价格、贸易谈判、选择进货方式、督促进货、直到货物检验等，难度大、工作量大。长期以来，企业人员都认为这是应该做的，能够采购回来，就感到很满足。殊不知，这些既费钱费力费时间，又效率低的工作，本来企业是可以完全不必要做的，可以由供应商自己替我们做，而且做的比我们自己更好。但是，这种观点是只着眼于企业内部是建立不起来的，一定要着眼于企业外部、着眼于供应链管理，才能建立起来。因此观念要来一个大的转变才行。

供应链采购的实质，就是充分利用企业外部的资源、利用供应商自己的作用来实现我们企业采购的工作。让供应商自己对自己的产品负责，对我们的物资供应负责，我们可以实现无采购操作的采购，这就大大节省了一大堆烦琐、费力的采购实物工作，既降低了成本，又提高了效率。实现了双赢。

（三）从一般买卖关系向战略伙伴关系转变

传统的采购活动中，买方和卖方是一种对抗性的买卖关系，相互封锁、信息保密，相互防备或坑害。只顾自己、不考虑对方。久而久之，已经形成了习惯。现在实行供应链采购，要把与供应商的对抗关系转变成一种战略伙伴关系，要转很大的思想弯子。但是只有把供应商看成是自己的合作伙伴，建立起友好合作关系，才能够实现供应链采购。只有思想上转好了弯子，才能够在行动上扎扎实实地为建立友好合作关系而行动。

建立友好合作关系，需要做大量的工作，包括一些基础工作。例如建立信息系统、实现信息共享、信息沟通，实现责任共担、利益共享等。要落实在经常性的工作中去。要采取实际的步骤，切切实实地实现“双赢”。

（四）从买方主动型向卖方主动型转变

传统的采购是买方主动型，靠买方单枪匹马在那里艰苦奋斗。这样做的效果不好。我们实现供应链采购，需要转变成供应商主动型。由供应商主动替我们供应物资。本来采购本身，供需双方都有利益：买方获得物资，保障生产；卖方销售货物，获得利润。所以既然买方可以主动，则卖方当然也完全可以主动。而这两个主动比较起来，卖方的主动更富有效率和效益。因为它不但为买方节省了采购业务，而且也为自己主动调整生产计划和送货计划而实现了最大的节约，真正实现了供需双方的“双赢”。

从买方主动向卖方主动的观念转变，不光是买方的事，也是卖方的事。买方要转变观念、卖方也要转变观念，才能实现供应链采购。因此也是不容易的。所以也需要我们大家下大力气才行。

二、基础建设

（一）供应链基础建设

首先要组建一个好的供应链。我们要通过扎实稳妥的工作，逐步建立起供应链系统。这就要求我们努力加强业务的联系，加强供应链企业的沟通，逐渐形成供应链各个企业的业务协调和紧密关系。要逐渐建设责任共担、利益共享机制。另外还要促进各个企业的内部基础建设，实现信息化、规范化、有关业务协调化。在条件成熟以后，及时地建成供应链，建立起协调配合观念、构建协调配合关系。

其次要加强供应链管理。供应链建成以后，不会自发地就有效益。一定要有意识地加强管理。加强管理，就是要加强计划、组织、指挥、协调和控制。首要是计划策划。特别是供应链采购方案的策划设计，一定要敢于攀先、又要稳妥全面，适时征求各方面的意见。充分考虑成熟以后，再实施运行，进行组织、指挥、协调和控制，达成供应链采购的圆满实现。

（二）信息基础建设

我们要建立起企业内部网 Intranet、企业外部网 Extranet，并且和因特网 Internet 相连；我们还要开发管理信息系统、建立自己的电子商务网站，建设信息传输系统；还要进行标准化、信息化的基础建设，例如 POS 系统、EDI 系统或其他数据传输系统、各种编码系统等。像 JIT 采购就要加强看板和看板流建设等。

（三）物流基础建设

包括供应链各个企业内部和企业之间的物流基础建设，如：仓库布点、仓库管理、运输通道、运输工具、搬运工具、货箱设计、物流网络等，还包括一些物流技术，如条码系统、自动识别、计量技术、标准化技术等。

（四）采购基础建设

如供应商管理库存、连续补充货物、数据共享机制、自动订货机制、准时化采购机制、付款机制、效益评估和利益分配机制、安全机制等。

通过所有这些基础建设，形成一定的规范，我们就可能建立起一个完善的供应链系统，实现供应链采购。

三、做好具体工作

供应链采购管理的具体工作与传统采购管理差不多一样，主要有采购计划管理、采购供应商的选择和管理、货物的加工和配送以及采购管理的信息化。

（一）采购计划管理

采购计划是解决采购什么、采购多少、何时采购和怎样采购等问题的。供应链管理模式下的采购计划管理要求实行准时采购。准时采购也叫JIT（Just In Time）采购法，是一种先进的采购模式，也是一种管理哲理。它的基本思想是：在恰当的时间、恰当的地点、以恰当的数量、恰当的质量提供恰当的物品。它是从准时生产发展而来的，是为了消除库存和不必要的浪费而进行持续性改进。准时采购的核心内容是供应商的选择，准时采购要求企业选择好供应商并与供应商建立起相互信赖、相互依存、共同发展伙伴关系。准时采购的目的是为了降低原材料库存、缩短原材料交货周期，其基本出发点就是要将库存由“下游”转移到“上游”，即从本企业转移到供应商处。供应商为了保证供应、满足顾客的需要，要么保持适量的成品库存，要么改变工作方法，也采取JIT生产，随时通过生产及时将产品供应给顾客，并将原材料库存的压力进一步传递给“上游”供应商。因此在供应商与本企业之间开展准时供应的基本思路是：将本企业的原材料库存压缩到最低甚至取消库存，说服供应商增加送货频次，减少每次送货量，并尽量做到随要随到、要什么送什么、要多少送多少。

（二）供应商的选择和管理

供应链管理下，供应商的选择和管理也就是供应链中的合作伙伴的选择与管理，包括供应商资格认证，供应商绩效评估，与供应商战略伙伴关系的建立。

选择合适的对象（企业）作为供应链中的合作伙伴，是加强供应链管理中最重要的一个基础。如果企业选择合作伙伴不当，不仅会腐蚀企业的利润，还会使企业失去与其他企业合作的机会，从而无形中抑制了企业竞争力的提高。过去，企业偏好选择多家供应商，这样一方面有利于保证公司稳定的货源供应；另一方面，从供应商的相互竞争中企业可以获得更多的利益，例如可以把采购价格压得更低。然而，新的供应链战略倾向于精干和整合供应商，以价值链的分解和整合为基础建立相对稳定的战略利益同盟，这就需要逐渐减少供应商的数量，集中选择更有优势、更有实力的供应商作为合作伙伴，设计一条更优秀、更有效率的供应链。通过对供应商的选择和调整，企业进而要求选中的公司负责建立更大、更完备的软件系统，要求他们提供连续的质量保证和绩效改进，并同时将供应价格降到一定比例。通过这一系列的战略整合行为，公司在其价值增值活动上已与供应商紧密地结合在一起。

对于供应链中合作伙伴的选择，可以遵循以下原则：

（1）合作伙伴必须拥有各自的可利用的核心竞争力。唯有合作企业拥有各自的核心竞争力，并使各自的核心竞争力相结合，才能提高整条供应链的运作效率，从而为企业带来可观的贡献。这些贡献包括及时、准确的市场信息，快速高效的物流，快速的新产品研制，高质量的消费者服务，成本的降低等。

（2）拥有相同的企业价值观及战略思想。企业价值观的差异表现在：是否存在官僚作风，是否强调投资的快速回收，是否采取长期的观点等。战略思想的差异表现在：市场策略是否一致，注重质量还是注重价格等。可见，若价值观及战略思想差距过大，合作必定以失败而告终。

(3) 合作伙伴必须少而精。若选择合作伙伴的目的性和针对性不强，过于泛滥的合作可能导致过多的资源、机会与成本的浪费。

(三) 货物的运输和仓储

采购必须有一个将货物从生产地送到需求地的运输过程。由于货物的生产和使用企业客观存在不确定因素以及货物在采购过程中客观存在的不确定因素，要保证货物正常供应必须备有一定量的库存，以解决上述两方面的不确定矛盾。供应链管理下运输和仓储应充分利用第三方物流，尽可能实施零库存管理。

(1) 利用第三方物流。企业采购过程有选择地依托第三方物流的益处：集中主业、节省费用、减少资本积压、减少库存、提升企业形象、提高企业经营效率。

(2) 实施零库存管理。零库存管理可以追溯到20世纪的六七十年代，当时的日本丰田汽车实施准时制（Just In Time，JIT）生产，在管理手段上采用看板管理、单元化生产等技术，实行拉动式生产，以实现在生产过程中基本上没有积压的原材料和半成品，这不仅大大降低了生产过程中的库存及资金的积压，而且在实施JIT的过程中，提高了相关生产活动的管理效率。此后，零库存不仅应用在生产过程中，而且延伸到原材料供应、物流配送、产成品销售等各个环节。零库存是指物料（包括原材料、半成品和产成品等）在采购、生产、销售、配送等一个或几个经营环节中，不以仓库存储的形式存在，而均是处于周转的状态。零库存有诸多优点，如库存占用资金的减少，优化应收和应付账款，加快资金周转、库存管理成本的降低以及规避市场变化和产品升级换代而产生的降价、减少滞销的风险等。这种拉动式生产更强调企业间的联盟关系，增强了系统对信号的反应能力。它的实施必须要有一个能够准确、即时反应市场需求的系统（包括软件和管理）；必须要有一个能根据市场信息进行迅速调节的采购和柔性生产系统；必须要有一个协同一致的物流配送系统。

(四) 货物的加工和配送

供应链管理下加工和配送可以采取转载直拨、延迟供应和VMI策略。

转载直拨策略指货物流经仓库或配送中心而不是储存起来。或可解释为“仓库成为一个编组场所而非一个保管场所”。合理的路径安排和货物的再组合是策略的关键。转载直拨实现了低库存、高价值、高利润。

延迟供应策略是让产品在供应链的终端，即客户附近最后成型，处于供应链前端的工厂生产基础样式、模块化的产品，运送到客户附近的存储设施，最后根据客户的订单加工为最终产品，使产品的组装和成型延迟到最后环节。延迟供应策略的优点有：削减了总库存量、提高了大量生产基础样式的经济性、存货时间短，提高了客户响应。

VMI策略即供应商管理库存策略，是供货方代替用户（需求方）管理库存，库存的管理职能转由供应商负责。供应商可以更有效地计划生产、减少反馈环节、更快速地反映市场变化和消费者的需求，行使对库存的控制权。

(五) 采购管理的信息化

信息共享是实现供应链管理的基础。供应链的协调运行建立在各个节点企业高质量的信息传递与共享的基础之上。因此，有效的供应链管理离不开信息技术系统提供可靠的支持。信息技术（IT）在供应链管理中的应用包括两个方面：一是IT的功能对供应链管理的作用（Intemet、多媒体、EDI、CAD/CAM、ISDN等的应用），二是IT技术本身所发挥的作用（如CD—ROM、ATM、光纤等的应用）。

知识链接

供应链中信息管理平台构建

1. 建立供应链信息管理技术平台

信息管理技术平台是信息管理的物质保证，没有采用先进的信息技术来构建先进高效的信息管理技术平台，信息管理便没有效率，难以产生效果甚至成为供应链发展和管理的“制肘”。

首先，建立企业内部管理信息系统。管理信息系统是综合运用通信技术、计算机技术、网络技术、数据库技术等，融合人的现代思维与管理方法，能对信息进行收集、传递、存储、加工并向管理者提供信息服务的人—机系统。它一般具有数据处理、预测、计划、控制以及辅助决策等功能。管理信息系统有一个中心数据库和网络系统，使得企业中的数据实现了一致性和共享性以及快捷的传递。企业通过构建内部管理信息系统，提高企业信息资源开发和利用深度和广度，实现管理信息化，能极大提高企业竞争优势。

其次，建立基于Internet/Intranet的信息技术集成体系。利用Internet作为信息共享平台，供应链企业可以通过高速数据专用线连接到Internet骨干网中，通过路由器与自己的Intranet相连，再由Intranet内主机或服务器为其内部各部门提供存取服务。供应链企业间可以充分利用Internet和Intranet建立三个层次的管理信息系统，一是外部信息交换系统。企业首先建立一个Web服务器，通过Internet一方面完成对企业在不同地域的分销商、分支机构、合作伙伴的信息沟通与交流；另一方面还可以实现企业电子商务。二是内部信息交换系统。企业的Intranet是企业管理信息系统的核心，企业的事务处理、信息共享和协同计算都建立在Intranet之上，企业与外部交换信息也是以Intranet组织的信息为基础，而数据库服务器用于存储企业的基础数据和业务处理数据，应用服务器将Web服务器和数据库服务器连接起来并完成两者的数据交换。三是集成的信息系统。通过Internet“标准化”技术，将供应链各企业及企业各部门信息系统的结构、通信协议和文件标准等环节进行统一，使企业内外部信息环境集成为一个统一的平台整体。这样，在基于Internet/Intranet实现信息环境的组织与集成以后，供应链企业之间也就形成了一个集成网络结构。

2. 建立一套有效的供应链信息协同管理机制

要保证供应链有效运行，信息的真实、准确、及时并且共享是基础，但这些信息量大面广、难以处理，分布在供应链各节点以及链外环境中。

（1）建立公平互利信用机制和双赢合作关系。链内企业在实力、规模上虽然不平衡，但之所以相互合作，都是为了自身利益最大化和竞争力增强。公平互利是供应链存在的基础，每个企业都要随时了解合作者情况，及时发现和解决合作过程中的困难和问题，建立起良好信用机制和合作氛围，使各成员利益目标协调起来，能够有效减少信息管理障碍。

（2）建立信息协同管理相关制度。可由供应链中核心企业或第三方出面制定供应链中各企业必须遵循的信息管理规范，比如及时准确传递信息，数据库访问权限分配，数据安全管理规范等制度。此外，政府及行业主管部门也应制定相应政策及管理制度，如建立公平的信息认证机制，信息安全保护立法，规范信息市场信息交易等。

(3) 建立信息管理激励机制。比如有效公平的利益分配，设计规范化的购销合同，对积极提供信息的合作商给予价格优惠等。

资料来源：谢永建.《供应链中的信息管理问题研究》. 企业经济，2007 (10).

本章练习题

一、名词解释

1. 供应链，核心企业，上游供应链，下游供应链，供应链管理

2. 供应链采购，基于需求，供应商主动，协调配合，供应商掌握库存、零库存，战略伙伴

3. POS，EDI，VMI，CRP，QR

二、选择填空

1. 供应链是由（ ）三部分组成的。

A. 核心企业　B. 上游供应链　C. 下游供应链　D. 政府机关

2. 供应链核心企业可以是（ ）三部分组成的。

A. 生产企业　B. 流通企业　C. 服务企业　D. 最终用户

3. 供应链采购是（ ）的采购。

A. 基于需求　B. 基于库存　C. 供应商主动　D. 用户主动

4. 供应链采购是（ ）的采购。

A. 协调配合　B. 对立博弈　C. 信息共享　D. 信息封锁

5. 供应链采购的实施主要做好（ ）的采购。

A. 基础建设　B. 转变观念　C. 具体工作　D. 售后服务

三、简答题

1. 说明供应链概念的基本要点。
2. 说明供应链管理思想的基本观点。
3. 说明供应链采购的原理。
4. 供应链采购与传统采购有哪些不同。
5. 说明供应链采购的特点。
6. 说明供应链采购的优点。
7. 实施供应链采购要做好哪些基础工作?
8. 实施供应链采购要转变哪些观念?
9. 企业要实施供应链采购要做哪些工作?

四、实训题

比较分析本章两个案例中惠普公司和沃尔玛公司供应链采购的具体做法特点，自己能否分别总结一下生产企业和流通企业实施供应链采购的一般做法。

第十章　政府采购

本章教学目的与要求

政府采购对于规范政府采购行为，提高政府采购资金的使用效益，维护国家利益和社会公共利益，保护政府采购当事人的合法权益具有重要意义。本章主要介绍政府采购的基本知识，重点介绍政府采购的程序与方法。本章的教学目的与要求：

1. 掌握政府采购的含义、内容，理解政府采购的特征与原则。
2. 理解政府采购的一般程序。
3. 掌握政府采购方式的含义、适用范围及程序。
4. 了解政府采购法规。

章首案例

《政府采购法》颁布10年成果喜人

《政府采购法》颁布10年来，政府采购的政策功能在更高层次、更大领域得到重视。

10年来，我国政府采购规模由2002年的1009亿元增加到2011年1.13万亿元，10年间增长了10倍左右，累计节约财政资金6600多亿元。

优先采购本国产品的政策逐步建立。政府采购进口产品审核管理全面加强，全国政府采购总量中进口产品比例保持在3%以内。

政府采购政策功能实现重大突破，丰富了财政调控的方式和手段。促进节能减排的采购政策更加完善，强制采购节能产品制度基本建立，节能环保清单管理不断优化。

同时，支持中小企业发展的政府采购政策框架基本形成。预留采购份额、给予评审优惠、鼓励联合体投标、信用担保等举措扎实推进。

目前，政府采购实施范围已从传统的货物类采购向工程类、服务类采购扩展，特别是采购活动正逐步涵盖一些公益性强、关系民生的支出项目，如农机具购置、中小学免费教材、医疗器械及药品、安居工程、文化下乡等，成为政府采购规模不断增长的新亮点。

政府采购作为架构政府与市场、公共部门与私人部门的桥梁，不仅要进一步发挥“阳光制度”的特点，在采购行为的公开、公平、公正与效率上下工夫，也要适应行政体制改革的需要，不断完善采购运行机制和监管体制，积极发挥政府采购制度对于政府机构转职能、调机制、提绩效的促进作用。

思考题：分析一下为什么要实施政府采购，政府采购有什么好处。

资料来源：李丽辉．《财政部：政府采购法颁布10年来节约6600亿资金》，人民日报，2012-07-02。

第一节 政府采购概述

一、政府采购的含义

我国政府采购制度试点始于1996年，在2000年全面实施。2002年年底《政府采购法》的颁布，标志着我国政府采购制度开始正式实施。但是政府的采购活动，是自有政府以来就存在了。政府机构需要运转，政府需要办一些事情，都需要物资的投入，这就需要动用国家的财政收入进行采购。但是这只能叫做“政府的采购活动”，而不叫“政府采购”。因为，政府采购不仅是指具体的采购过程，而且是指一种特定的采购制度。政府采购，是采购政策、采购程序、采购过程及采购管理的总称。

具体来说，政府采购，是政府机构及公共实体为实现政府职能和公务或向社会提供公共物品和公共服务的需要，用国家财政性资金，依法定方式、方法和程序，从市场上采购货物、工程或服务的一种经济行为。其中，公共实体是指政府机构之外的非营利组织；其采购资金来源于国家财政性资金，包括财政预算内资金和预算外的资金。

我国的《政府采购法》中规定，政府采购是指各级国家机关、事业单位和团体组织，使用财政性资金采购依法制定集中采购目录以内的或者采购限额以上货物、工程和服务的行为。

需要说明的是，对于政府采购的概念，有广义与狭义两种不同的理解。从广义的角度看，所有由政府使用财政性资金进行的采购，不管采购的内容是什么，都应该属于政府采购的范畴。而《政府采购法》中所称的政府采购，是一种相对狭义的概念，按照《政府采购法》的解释，虽然同是由财政资金进行的采购，但只有对在依法制定的政府集中采购目录以内的或者采购限额标准以上的货物、工程和服务所进行的采购，才纳入政府采购的管理范围。应该说，广义的政府采购含义更加符合政府采购的本质。

要比较完整、准确地把握政府采购的概念，应该重点理解以下几个方面的内容：

（1）政府采购是以政府为主体的采购活动。所谓以政府为主体，是指政府采购主要是由政府部门计划、组织的，政府采购的内容、数量、时间等，都是由政府主持并确定的。以政府为主体，是政府采购区别于个人采购、企业采购的根本点之一。不过，这里的“政府”主体概念，就采购而言，具体包括政府机关、社会公共事业单位、财政供给性社会团体。

（2）政府采购的目的是为了满足社会公共需要。政府采购虽然是由政府组织和管理的，但其最终目的是为了满足社会公众的共同需要，是受社会公众委托而进行的，实质上是社会公众的采购。因此，在世界上许多国家，人们也把政府采购叫做“公共采购”。

（3）政府采购运用的主要是财政性资金。政府采购既然是政府为社会公众提供公共服务的一种手段，那么，就必须以具有公共性质的财政资金作为资金来源。

（4）政府采购必须按照法定的程序和方式进行。与个人采购和企业采购不同，政府采购是社会公众的采购，政府运用财政性资金进行的采购，因此，按照我国相关法律、法规和政策的规定，政府采购资金的使用者有向社会公众和纳税人说明其资金使用正当性的法律义务，使用财政性资金的行为应当受到专门的规范和监督。政府采购必须遵循公开、公平、透明的原则，按照法定程序，运用科学方式、方法来进行。

(5) 政府采购的采购对象涵盖广泛。政府采购的对象包罗万象，细细归纳起来，主要有三大类，即工程、货物和服务。

二、政府采购的内容

政府采购的范围非常广。政府采购主要包含购买货物、工程和服务三大类采购。这里所指的采购，是指以合同方式有偿取得货物、工程和服务的行为，包括购买、租赁、委托、雇用等。

货物，是指各种形态和种类的物品，包括原材料、燃料、设备、产品、器具等。

工程，是指建设工程，包含建筑物和构筑物的新建、改建、扩建、装修、拆除、修缮，或翻新构造物与其所属设备及改造自然环境的行为，包括建造房屋、兴建水利、改造环境、建交通设施、铺设下水道等建筑项目等。

服务，是指除货物和工程以外的其他政府采购对象，包括专业服务、技术服务、咨询服务、运营管理、维修、培训、劳力等。

三、政府采购的特征

政府采购也和企业采购、军队采购一样，是一种集体采购行为。但为什么要单独研究呢？这是因为政府采购具有与一般企业采购不同的特殊性。

与一般的企业采购活动相比，政府的采购活动具有哪些特殊性呢？

1. 采购资金来源的公共性

政府采购的资金来源于财政拨款和需要由政府偿还的公共借款，这些资金最终来源于税收和政府公共收费。政府采购是财政支出的一个组成部分，需要通过财政预算，非经财政预算的不得擅自进行采购；不经过财政预算的采购也不能称其为政府采购。

2. 采购主体的特定性

政府采购的主体指的是依靠国家财政资金运转的政府机构、社会团体和企事业单位等公共实体。各国确定的政府采购主体范围有所不同，有些国家专指政府机构；更多的国家包括部分社会团体；还有一些国家，如日本等还包括部分企业。但无论政府采购主体的范围大小如何，其主体的性质都有别于社会其他采购主体。政府采购主体的特定性，是指其主体都是依法专门确定的，即由政府采购法来确定，而不是任何单位都能有资格成为采购主体的。

3. 采购活动的非商业性

所谓采购活动的非商业性，是指政府采购不以赢利为目的。即政府采购的目的不是为卖而买，而是为了使用而买，通过采购为政府和公共实体或向社会提供公共物品和服务。因此，政府采购是终级的，采购主体是最终用户，不具有商业目的。正因为如此，用于非营利目的的采购活动很容易滋生滥用资金和贪污腐化等不良现象。所以各国都建立了政府采购制度对政府采购行为进行严格的规范和管理，以保证采购过程的公开、透明及效率性。但政府采购的非商业性不等于采购行为的非商业化，政府采购在一般的情况下都要按照市场规则进行商业化运作，采购者与供应者之间结成的关系通常都是地位平等主体之间的关系。

4. 采购对象的广泛性

政府采购的对象无所不包，凡为政府机构和为社会提供公共服务所需的一切产品和服务都应包括在内。无论是有形产品还是无形产品，是价值高的产品还是价值低的产品，是民用品还是军用品，是标准化产品还是非标准化产品，是制成品还是原材料、半成品，本国产品还是进口产品，是货物还是工程、服务等都可以成为政府采购的对象。为了方便统计和管理，国际上通行的做法是按其采购对象的性质分为货物、工程和服务。

5. 采购行为的政策性

政府采购的政策性很强，是国家宏观经济政策的一个重要组成部分，包括最大限度地节约财政资金、购买本国产品、保护民族工业、扶植中小企业、开发落后地区、鼓励科技创新等政策及配合其他经济政策实现国家宏观经济战略等。由于政府是市场上最大的买主，在很多情况下其行为可以影响甚至左右市场，因此，政府可以充分利用其采购政策的灵活、有倾向性的调整来鼓励或抑制国内产业的发展，从而实现调整产业结构的目的。所以，政府采购的过程也就是执行政府经济政策的过程。政府采购的内容都要列入国家的财政预算，凡获得国家财政预算批准的就必须按批准的内容进行采购，采购主体不能随意进行更改或变动。政府采购只有严格执行财政预算计划，才能实现宏观调整经济政策。

6. 采购程序的法定性

政府采购不是一般性的购买行为，不是普通的一手钱一手货的交易，而是需要通过一套完整的采购程序来实现。政府采购程序是由政府采购法规定的，与民商法中的任意性规则要求的买卖方式不同。政府采购法规定的采购程序主要是非任意性规则。从这个意义上讲，采购主体在采购过程中不能体现个人的意志和偏好，必须是严格按着政府采购法律规定的程序进行。因为，政府采购是非商业性采购，是非营利性的，在不以赢利指标为衡量标准的条件下进行采购，容易导致对财政资金的滥用，所以国家需要通过采购立法依法管理，以提高资金的使用效率，避免浪费。因此，法制化管理是政府采购最重要的特征之一。

7. 采购过程的透明性

政府采购与商业采购不同，不具有商业秘密性。按照政府采购法的有关规定，政府采购的所有内容和程序都必须是公开透明的，不能有任何的暗箱操作，以便于对采购进行有效的监督。对政府采购的监督是多方面的，不仅有财政监督、行政监督、法律监督，还有社会舆论监督及大众监督，即所有的监督方式方法都适用。监督的内容既包括对政府采购计划的监督、程序的监督，也包括对采购官员的监督，任何采购违法行为都能依法得到纠正。

8. 采购效果的高效性

政府采购的高效性即指采购的经济性和有效性。政府采购是一种购买行为，有其经济性。由于采购量比较大，单次采购金额都比较高，因此利用购买规模能够实现物美价廉，使采购具有规模效益。所以，政府采购的经济性是指对采购资金的节约和合理使用。由于采购规模的庞大，也使政府采购能够审慎合理地调动和使用资金。有效性则是指政府采购部门必须在采购合同规定的合理时间内完成所需采购，并使采购“物有所值”，尽量做到“物美价廉”，从而能够及时地满足使用部门的需要。

政府采购的经济性与有效性是紧密联系在一起的。它要求政府采购部门在最合理的时间内，以最有利的价格采购到质量最符合标准的货物、工程和服务。这是政府采购最基本的和首要的目标。在实践中，政府采购的经济性和有效性大多都是通过公开竞争招标采购实现的。

四、政府采购的基本原则

政府采购是财政支出管理与市场化商业运作的有机结合，有自己的运行规律，也有自身遵循的原则。由于学者们对它的认识和理解的不同，归纳总结的原则也不尽相同。政府采购所应遵循的基本原则应为公开、公正、公平、竞争、高效和透明度六项内容。

我国《政府采购法》中规定："政府采购应当遵循公开透明原则、公平竞争原则、公正原则和诚实信用原则。"

1. 公开性原则

公开性原则是指政府采购活动的公开化，即围绕政府采购的一切事项都要公之于众。

第一，政府采购的法律法规，实施细则和各类政策性文件都必须及时公开，便于任何部门、企业、团体或个人及时了解和掌握。

第二，政府采购的程序必须公开。政府采购对其程序公开的程度要求也是非常高的，必须全程透明，以便于社会化监督。所以政府采购的程序也必须依法公开。

第三，政府采购的标的必须公开，以便于承包商供应商提前做好准备，公平竞争。标的公开主要指公开刊登采购广告、发布采购信息等。为此，国家要设有专门的政府采购公报、权威性的报纸杂志及网上公布采购信息的渠道等。

第四，政府采购的评标标准必须公开，诸如合同的要求、投标人资格的审查标准、投标的评价标准等都要事先公布。并且，只能按评标标准开标评标。

第五，政府采购的开标必须公开，以达到公正性的要求。一般情况下允许所有投标人到场，并要求纪检、公证、其他相关部门参加，一切采购活动都要作出记录，所有采购信息都是公开的，无任何秘密。

第六，接受投标人的质疑和投诉。由于政府采购使用的是公共资金，因此采购机构对它产生了管理责任。接受投标人的质疑和投诉，便于投标商能够自行评估其投标成本与风险，提出最有利的竞争价格。同时，可以防止采购机构和其上级主管部门做出随意和不正当的决定，损害纳税人的利益。因此，公开化是公共支出管理的一个特征。

2. 公平性原则

公平性原则主要有两个方面的内容，一是机会均等，指政府采购原则上应使所有的承包商或供应商参加政府采购的机会均等，凡符合条件者都有资格参加，这是它们依法获得的权利。政府采购的主体不能无端排斥有资格参加政府采购的承包商或供应商参加政府采购，无权剥夺其依法获得的这种权利。二是待遇平等，指政府采购应对所有参加者一视同仁，给予其同等的待遇。对投标者的资格审查标准及对投标评价标准等都不能采取差别待遇，造成人为的歧视。如果标准有高低之分或有不同标准，应予以说明。

3. 公正性原则

政府采购需要建立一种公正的制度，使采购主体与承包商、供应商之间建立一种公平的交易关系，实现公平竞争。如果采购主体或采购官员未按法定程序或违反了采购法律，致使承包商或供应商受到损失的，要使承包商和供应商的损失得到合理赔偿，这需要建立相应的裁判机构。同时，如果承包商和供应商有弄虚作假行为，也将受到制裁。

4. 竞争性原则

政府采购以竞争性采购为主，通过广大供应商之间开展积极的竞争，使采购主体能够以最有利的价格获取合乎质量要求的货物、工程和服务，从而节约采购资金，使国家财政资金得到合理的使用。政府采购与其他采购的重要区别就在于它不具有商业性，它的一个重要的假设是竞争价格是一种合理价格，其采购利益要通过供应商或承包商间最大程度的竞争来实现。通过竞争，政府采购可形成买方市场，促使供应商提供优质、高效、廉价的商品和服务，形成对买方有利的竞争局面。政府采购竞争的主要方式是招投标，充分体现了平等、信誉、正当合法的现代竞争规则，是有组织的、公开的、规范化的竞争，是竞争的高级形式。竞争原则的实现主要是通过招标广告或竞争邀请。

5. 高效性原则

坚持高效性原则，就是利用政府采购的竞争性实现国家财政支出的最大效用，政府采购各环节和全过程的透明，对财政资金的使用实行有效的管理和监督。

正如前面所述，政府采购是一种购买行为，由于采购量比较大，单次采购金额都比较高，因此充分利用采购规模去影响采购价格，使采购具有规模效益，获得物美价廉的物品或服务。所以，政府采购的经济性与有效性的紧密结合促成高效性，它使政府采购部门能在最合理的时间内，以最有利的价格采购到质量最符合要求的货物、工程和服务。但是，政府采购能否达到高效性是需要制度约束的，只有按照严格的采购程序，通过建立健全完善的监督机制和有效调动采购官员的积极性才能实现这一目标。

6. 透明度原则

透明度，指政府采购的法律、政策，采购程序的透明。与商业采购不同，透明度高是政府采购的一个显著特点。所以有人称之为“阳光下的交易”。

第二节　政府采购的程序与方式

政府采购的性质与特点，使得政府采购与一般的企业采购及个人采购相区别，这种区别的一个重要表现就是政府采购有其特定的程序与方式。

一、政府采购的一般程序

总体上来说，政府采购程序与一般的采购程序是一致的，但由于政府采购的特殊性，其在具体的实施上又有其特别的要求。具体来说，政府采购程序包括以下几步。

第一步，采购单位填报政府采购申请表。每年政府都要进行预算并编制采购计划。实施具体采购时，采购人根据采购计划填报政府采购申报表。政府采购申报表是采购人的具体要求，包括性能、规格、技术参数、用途及采购时间要求和售后服务要求。

第二步，制订政府采购实施方案。政府采购中心或代理机构在收到采购人的采购申报表后，要根据采购内容及资金规模制订具体的政府采购实施方案。采购方案包括：所依据的采购政策、采购的要求、选择的采购方式、采购的程序及组成人员、采购规则、采购费用预算等。

第三步，发布政府采购信息。根据《政府采购法》规定，政府采购的信息应当及时向社会公开发布。发布政府采购信息是指通过新闻媒体或其他途径向所有潜在供应商发出的通告。通过发布信息，可以让尽可能多的潜在供应商了解项目的概况，并积极参与采购项目，形成供应商之间的充分竞争，从而达到降低采购成本，提高采购质量的目的。具体实施信息发布的有以下三种：采购公告（或总公告），投标邀请函，资格预审公告或对合格供应商名单更新公告。

第四步，对供应商进行资格审查。资格审查是指由政府采购中心或代理机构对参加政府采购的潜在供应商进行技术能力、资金状况、信用等级、管理水平等多方面的评估审查。资格审查可以在采购发生之前进行，称资格预审；也可以在发出采购通告以后进行，叫资格后审。资格审查工作由政府采购中心或代理机构按供应商管理的有关规定组织实施。资格审查的内容：供应商过去完成合同情况、经验、人员、设备、综合技术能力；供应商的财务状况；是否符合相关国家政策。

第五步，编制政府采购文件。政府采购文件要尽可能详细地介绍整个采购过程中的有关条件、要求和标准。其中包括完整的采购程序，具体的技术标准、售后要求和商务条件，以及评审标准。

第六步，组织实施政府采购。在售出招标文件后，政府采购中心或代理机构应按照事先制定的采购方案所确定的采购方式和程序着手组织实施政府采购工作。一般采用评标会议形式，在政府采购专家库中随机抽取专家，由专家对供应商的应答进行打分，通过分数获得最优供应商。

第七步，履行与管理合同。在政府采购中，经过政府采购中心或代理机构组织实施，产生符合政府采购文件要求的供应商后，采购人和供应商就应着手签订政府采购合同。合同一经双方签署，即产生法律效力，从此便开始进入合同的履行阶段。

下面以南宁市政府采购管理处工作规程为例，说明政府采购的一些方法和程序。

案例

南宁市政府采购管理处工作规程

为使南宁市政府采购管理处（以下简称管理处）日常工作规范化、程序化，使管理处工作运转高效、责任明确，特制定以下工作规程。

1. 市属各行政事业单位需购买公务用品的，应按原审批程序报市财政局各对应审批科室（预算、行政、农财、社保、基建、预算外局）进行审批，市财政局各业务科室进行审批后，将有关审批资料转管理处。

2. 管理处由综合部负责接受各方面来文，对市财政局各业务科室转来的资料，综合部接收后统一进行登记转管理处领导审阅，处领导阅后提出意见转策划与信息咨询部（以下简称信息部）办理前期工作。

3. 信息部接到采购资料后，即着手进行如下工作：

(1) 与购买方联系、确定购买物技术参数、规格、型号、用途等，各种参数务必要求准确，并填写购买一览表。

(2) 查找商（厂）家信息库，确定邀请商（厂）家名单。

(3) 如需要进行评标，应查找评委名库，确定评委名单。

上述各种名单及参数确定后把购买一览表和有关资料转招标采购部（以下简称招标部）。

4. 招标部接到资料后，对不同商品采用不同方式进行招标采购，定标后，即签发中标通知。同时，与监察联络部（以下简称监察部）共同与供需方签订合同。监察部对履约进行监督。

5. 未中标单位的保证金，在定标后，在两个工作日内由招标部书面通知综合部退回。

6. 在履约过程中，如果供需双方发生纠纷的，由监察部协调，不能协调的，报处领导解决，处领导不能解决的，报财政局主管局长决定。

7. 中标单位不履约的，由监察部向该单位签发处理通知书，并书面通知综合部没收保证金，同时将处理意见及结论报告处领导。

8. 定标后三个工作日内，招标部需填写转款通知单，并附采购中标价格及金额清单，经处领导签署后交财政局各业务科将货款转入管理处账户。

9. 中标方履约完毕后，两个工作日内，招标部书面通知综合部将中标方保证金退还，并在五个工作日内支付货款。

10. 采购全过程进行完毕后，招标部需将有关采购资料转信息部进行记录，信息部记录完毕后转综合部存档，信息部需把有关数据准确统计，按月制作报表送本处各部门及处领导掌握。

11. 处领导应不定期组织各部门走访供需双方，听取意见、改进工作、提高效率。

以上工作流程可以用图 10－1 描述。

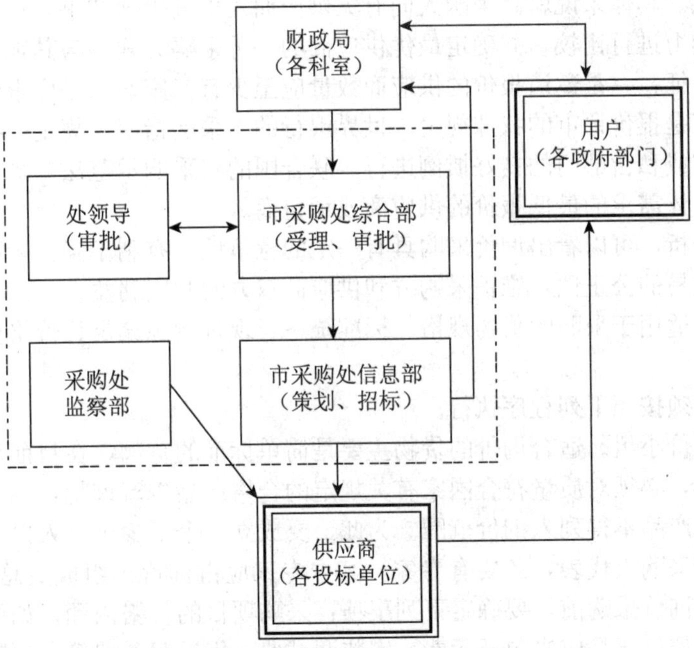

图 10－1　政府采购流程

由图 10－1 可以看出，具体的采购活动是由市采购管理处策划信息部具体策划的。包括落实采购品种、采购数量、采购方式、寻找供应商、办理招标事宜，直到定标为止。

二、政府采购方式

我国的政府采购方式包括以下六种：公开招标、邀请招标、竞争性谈判、单一来源采购、询价及国务院政府采购监督管理部门认定的其他采购方式。公开招标是政府采购的主要采购方式。采购金额是确定公开招标采购与非公开招标采购的重要标准之一。一般来说，达到一定金额以上的采购项目，采用公开招标采购方式；不足一定金额的采购项目，采用非公开招标采购方式。采购金额的具体数额标准，属于中央预算的政府采购项目，由国务院规定；属于地方预算的政府采购项目，由省、自治区、直辖市人民政府规定。

本节先介绍四种非公开招标方式，下一节详细介绍公开招标。

（一）邀请招标

邀请招标和公开招标是招标的两种方式。公开招标，是指招标人以招标公告的方式邀请不特定的法人或者其他组织投标。而邀请招标，是指招标人以投标邀请书的方式邀请特定的法人或者其他组织投标。二者的主要区别是招标的范围不同，前者是向整个社会公开招标，后者是在选定的若干个供应商中招标。除此以外，二者的具体实施方法是相同的。公开招标是政府采购的主要采购方式。当采购物资具有特殊性，只能从有限范围的供应商处采购；或采用公开招标方式的费用占政府采购项目总价值的比例过大的时候，可以选择邀请招标的方式。

（二）询价采购

询价采购是指对几个供货商（通常至少三家）的报价进行比较以确保价格具有竞争性的一种采购方式。具体来说就是采购人向有关供应商发出询价通知书，请供应商报价，然后在报价的基础上进行比较，并确定最优供应商的一种采购方式。与其他采购方式相比有以下两个明显特征：一是邀请报价的供应商数量应至少有三家；二是要求供应商报出的价格不得改变；三是报价评审的特殊规定。世界银行的《采购指南》规定，报价的评审应按照买方公共部门或私营部门的良好惯例进行。联合国的《采购示范法》规定，采购合同应授予符合采购实体需求的最低报价的供应商或承包商。

通过以上分析，可以看出询价采购具有一定的竞争性，有利于降低采购成本，促进公平竞争，保证交易的公正性，维护采购方和供应商双方的共同利益。

这种方法，适用于采购的货物规格、标准统一、现货货源充足且价格变化幅度小的政府采购项目。

询价采购必须按照下列程序执行。

（1）成立询价小组。适合询价的货物主要是简单标准的货物，在目前市场产品质量参差不齐的情况下，必须对质量符合国家有关规定的合格产品进行询价，不符合国家政策规定和质量不合格产品不得列入询价范围。为此，要成立一个不少于三人以上单数的询价小组，小组成员有采购人代表，还要有专家，其中专家应占询价小组成员总数的2/3以上。询价小组在开始询价采购前，要确定下列事项：采购项目的价格内涵，如要求供应商的报价是指货物本身售价还是应当包括运费、安装调试费、售后服务费等；评定成交供应商的标准，如是以价格最低成交还是综合评审成交。

（2）确定被询价供应商名单。询价小组首先要根据采购需求，制定被询价供应商的资格条件，重点考察供货品种、信誉、售后服务网点等。然后根据资格条件确定被询价供应商名单，并以公平的方式从中选择三家以上供应商作为被询价对象。最后向这些供应商发出询价通知书。通知书中应当注明采购需求、价格构成、评定成交供应商的标准、报价截止时间等事项。

（3）询价。被询价的供应商只能一次性报价，报价提交给询价小组后，不得更改。

（4）确定成交供应商。询价小组完成询价工作后，要形成询价报告，提交给采购人，由采购人确定成交供应商。采购人在确定成交供应商时，必须严格执行事先确定的成交供应商评定标准。采购人确定成交供应商后，要将结果通知所有被询价的未成交供应商。

(5) 签订合同，履行采购。采购单位要跟中标者签订合同，并在规定的时间内付清货款，提取货物。

(三) 竞争性谈判

政府采购中的竞争性谈判，是指采购人或代理机构通过与多家供应商（不少于三家）进行谈判，最后从中确定成交供应商的一种采购方式。其核心一是要有竞争（参与谈判的供应商不少于三家），二是要有谈判（即最终的结果必须要在谈判的基础上确定）。离开了这两条，所有的行为和结果都是不合理、不规范甚至是违规违法，都是应当受到制止的。

这种采购方式具有采购周期短、采购成本低等优点，方便灵活。与公开招标方式采购相比，竞争性谈判具有较强的主观性，评审过程自由裁量权较大。在具体实施过程中一定要认真把握、操作准确，在采购人和评审专家出现重“判”轻“谈”或是只“判”不“谈”情况时，政府采购代理机构一定要及时制止，以保证政府采购工作的严肃性，否则很容易会引发质疑和投诉。

符合下列情形之一的货物或者服务，可以采用竞争性谈判方式采购：

第一种，招标后没有供应商投标或者没有合格标的或者重新招标未能成立的。此种情形是指，经公开招标或邀请招标后，没有供应商投标，或者有效投标供应商数量未达到法定数量，以及重新招标未能成立的。具体情况：一是招标后没有供应商投标；二是招标后有效投标供应商没有达到法定的三家以上，或者是虽然投标供应商达到了三家以上，但其中符合投标条件的供应商不足三家的；三是再进行重新招标也不会有结果，且重新招标不能成立的。

第二种，技术复杂或者性质特殊，不能确定详细规格或者具体要求的。此种情形是指由于采购对象的技术含量和特殊性质所决定，采购人不能确定有关货物的详细规格，或者不能确定服务的具体要求，如设计大型活动。

第三种，采用招标所需时间不能满足用户紧急需要。此种情形是指由于公开招标的采购周期较长，不能满足采购人的正常使用，或采购人出现不可预见的因素而又要急需使用，导致无法按公开招标方式规定程序采购所需货物和服务。

第四种，不能事先计算出价格总额。此种情形主要是指采购对象独特而又复杂，以前不曾采购过且很少有成本信息，不能事先计算出价格总额。

采用竞争性谈判方式采购，应当遵循下列程序：

(1) 成立谈判小组。谈判小组由采购人的代表和有关专家共三个以上的单数组成，其中专家的人数不得少于成员总数的 2/3。

(2) 制定谈判文件。谈判文件应当明确谈判程序、谈判内容、合同草案的条款以及评标成交的标准等事项。

(3) 确定邀请参加谈判的供应商名单。谈判小组从符合资格条件的供应商名单中确定不少于三家的供应商参加谈判，并向其提供谈判文件。

(4) 谈判。谈判小组所有成员与单一供应商分别进行谈判。在谈判中，谈判的任何一方不得透露与谈判有关的其他供应商的技术资料、价格和其他信息。谈判文件有实质性变动的，谈判小组应以书面形式通知所有参加谈判的供应商。

(5) 确定成交供应商。在规定时间内进行最后报价，采购人根据符合采购需求、质量和服务相等且报价最低的原则，从谈判小组提出的成交候选人中确定成交供应商，并将结果通知所有参加谈判的未成交的供应商。

（四）单一来源采购

单一来源采购，也称直接采购，是指采购机关向供应商直接购买的采购方式，即采购实体在适当的条件下向单一的供应商、承包商和服务提供者征求建议或报价来采购货物、工程和服务，它是一种没有竞争的采购方式。在某些情况下，虽然采购达到了竞争性招标采购的金额标准，但所购产品来源渠道单一，或属专利、首次制造、合同追加、原有项目的后续扩充等特殊情况，在此情况下，比较适合采用单一来源采购方式，即只由一家供应商供货，而不需要寻找很多供应商。

采用这种采购方式，目标比较明确，方式比较简单，有利于采购单位降低采购成本。

单一来源方式采购适用于以下情形：一是只能从唯一供应商处采购；二是发生了不可预见的紧急情况不能从其他供应商处采购；三是必须保证原有采购项目一致性或者服务配套的要求，需要继续从原供应商处添购，且添购资金总额不超过原合同采购金额百分之十。

由于该采购方式没有竞争性。采取单一来源采购方式应当遵循一些基本要求，具体包括：

（1）遵循的原则。采购人与供应商应当坚持“政府采购应当遵循公开透明原则、公平竞争原则、公正原则和诚实信用原则”开展采购。单一来源采购是政府采购方式之一，尽管有其特殊性和缺乏竞争，但仍然要遵循这些原则。

（2）保证采购质量。政府采购的质量直接关系到政府机关履行行政事务的效果，因此，保证采购质量非常重要。虽然单一来源采购供货渠道单一，但也要考虑采购产品的质量，否则实行单一来源政府采购本身就没有意义。

（3）价格合理。单一来源采购虽然缺乏竞争性，但也要按照物有所值原则与供应商进行协商，本着互利原则，合理确定价格。

除发生了不可预见的紧急情况外，采购人应当尽量避免采取单一来源采购方式。如果采购对象确实特殊，确有采取单一来源采购方式进行采购的必要，应当深入了解供应商提供的产品性能和成本，以便有效地与供应商就价格问题进行协商，尽量减少采购支出。

小思考

如此采购，是否可行

某省属院校临时决定动用学校的预算内资金采购一批视频会议系统（已被列入省集中采购目录），采购金额约为60万元（该省公开招标限额为50万元）。为了保证采购的公正性与严肃性，该校院长办公会决定，由分管行政的副院长挂帅，由学校后勤、教学及纪检部门组成了一个采购班子，负责采购的具体事务。他们通过跑市场、搞调研，广泛征求供应商。共征集到相关供应商12家，随后他们制定了一定的采购门槛，经过筛选和比较，最后确定了5家公司作为邀请的对象。然后他们又制定了相应的采购要求，并于7日内组织这5家公司进行了邀请招标，最终合同金额为55万元。

请思考：针对该校的上述做法，从政府采购的角度来说，其行为是否规范？

第三节　公开招标采购

招标是商品交易活动的一种运作方式。它是伴随着社会经济的发展而产生并不断发展的、高级的、有组织的、规范化的交易运作行为。在充分强调竞争与效率的世界经济活动中，招标已越来越多地受到重视并被广泛采用。根据我国《政府采购法》的规定，除有特殊规定的之外，达到财政部及省级人民政府规定的限额标准以上的单项或批量采购项目，均应实行招标采购方式。

招标采购可分为竞争性招标采购和有限招标采购。竞争性招标采购即公开招标。有限招标采购包括选择性招标采购与限制性招标采购。选择性招标采购即邀请招标。限制性招标采购是指不通过预先刊登公告的程序，直接邀请一家或两家以上的供应商参加投标。公开招标是政府采购的主要采购方式。本节主要介绍公开招标的过程，其他几种招标采购的过程与此类似。

一、公开招标采购的特点

公开招标采购具有规范的组织性、公平公开性等特点，被认为能引起最大范围的竞争，最能体现现代民主竞争精神的采购方式。

（一）公开招标采购的优点

（1）有效地实现物有所值的目标。通过广泛的竞争，使采购实体能够得到价廉物美的产品、工程和服务。

（2）促进公平竞争，使所有符合资格的潜在供应商都有机会参加竞争。

（3）促进供应商进行技术改造，提高管理水平，降低成本，提高产品、工程和服务的质量。

（4）公开办理各种采购手续，防止徇私舞弊问题的产生，有利于公众监督，减少腐败现象。由于公开招标采购具有以上优点，决定了公开招标采购是政府采购及其他公共采购的主要方式。

（二）公开招标采购的缺点

公开招标虽有上述优点，但也有一些不利的方面，主要有：

（1）程序和手续较为复杂，耗费时间，从发布招标通告到最后合同的签署有时长达几个月时间，因此，对一些急需的产品和服务难以适用。

（2）公开招标采购需要的文件非常烦琐，而且很难考虑周全。一旦采购实体或供应商有考虑不周全之处，就会处于非常被动的境地，有时采购实体不得不在已耗时做了大量工作后宣布废标。

（3）公开招标采购缺乏弹性，有时签订的合同并不一定是采购实体的最佳选择。公开招标采购的最大特点就是具有不可更改性质，一旦有了最低评标价的投标，采购实体必须选择它，并不得向中标供应商提出招标文件中已做明确规定以外的任何要求。采购实体在有些时候发现某些供应商的投标设备的确非常好，也愿意购买，但由于该供应商尽管其报价没有突破预算但却不是最低评标价，采购实体就不能选择该投标供应商。这种情况的出现对采购实体和供应商都是一种损失。

(4) 可能会出现中标供应商靠降低产品和服务的质量来降低价格的问题，提供高质量产品和服务的生产厂商因没有价格竞争力而被逐出市场，采购方因此而采购了劣质产品。

二、公开招标采购的适用范围

通过对竞争性招标采购特点的分析，我们会发现，其实公开招标最大的特点就是向所有供应商提供公平的机会，引起最大范围内的供应商之间的竞争，也就是说，最突出的特点是竞争性。因此当采购产品的性质不具有竞争性或由于采购情势的要求，公开招标并不是政府采购实现有效目标的最佳方法。总的来说，不适合采用公开招标采购方式的情况可以分为以下三类：

(1) 采购的产品不存在竞争的情况或者要求采购的产品是独家产品。由于自然或技术等原因，某些产品会出现垄断现象，市场上缺乏竞争，只有一两家垄断供应商，这时若采用竞争性招标，因为缺乏广泛竞争的存在条件，就失去了竞争性招标的意义，无法体现出竞争性招标的优点来。同时由于仅存在一两家垄断供应商，还可能出现高价围标和低价抢标的问题，因此，这时应采用其他的采购方式。

(2) 不适合用竞争方式进行采购的情况。如：采购物资价值太少，采用竞争性招标会增加成本；紧急采购的情况，用竞争性招标耗时太久；出于安全原因有些物资不宜公开采购。

(3) 排除竞争的情况，如研究和开发、工程扩建、采用计划价格的产品等。

三、公开招标采购的程序

1. 招标

招标是招标方单方面的行为，在这一阶段，采购机构所经历的步骤主要有：确定采购机构和采购需求，编制招标文件，确定标底，发布采购公告或发出招标邀请，进行投标资格预审，通知供应商参加投标并向其出售标书，组织召开标前会议等，这些工作主要由采购机构组织进行。

2. 投标

投标是投标人接到招标通知后，根据招标通知的要求填写招标文件，并将其送交采购机构的行为。在这一阶段，供应商所进行的工作主要有：申请投标资格，购买标书，考察现场，办理投标保函，算标，编制和投送标书等。

3. 开标

开标是采购机构在预先规定的时间和地点将投标人的投标文件正式启封揭晓的行为。开标由采购机构组织进行，但需邀请供应商代表参加。在这一阶段，采购人员要按照有关要求，注意揭开每份标书的封套，开标结束后，还应由开标组织者编写一份开标会议纪要。

4. 评标

评标是采购机构根据招标文件的要求，对所有标书进行审查和评比的行为。评标是采购方的单独行为，由采购机构组织进行。在这一阶段，采购人员要进行的工作主要有：审查标书是否符合文件的要求和有关规定，组织人员对所有的标书按照一定的方法进行比较和评审，就初评阶段被选出的几份标书中存在的某些问题要求投标人加以澄清，最终评定并写出评标报告等。

5. 决标

决标是采购机构决定中标人的行为。决标是采购机构的单独行为，但需由使用机构或其他人一起进行裁决。在这一阶段，采购机构所要进行的工作有：决定中标人，通知中标人其投标已经被接受，向中标人发出授标意向书，通知所有未中标的投标人、并向他们退还投标保函等。

6. 授予合同

授予合同习惯上也称签订合同，因为实际上它是由招标人将合同授予中标人并由双方签署的行为。在这一阶段，通常双方对标书中的内容进行确认，并根据标书签订正式合同。为保证合同履行，签订合同后，中标的供应商或承包商还应向采购人或业主提交一定形式的担保书或保证金。

在招标采购中，出现了下列情况之一的，应予废标：符合专业条件的供应商或者对招标文件作实质性响应的供应商不足三家的；出现影响采购公正的违法、违规行为的；投标人的报价均超过了采购预算，采购人不能支付的；因重大变故，采购任务取消的。废标后，采购人应将废标理由通知所有人。同时应当重新组织招标；需要采取其他方式采购的，应当在采购活动开始前获得本级政府采购监督管理部门或者政府有关部门批准。

知识链接

珠海市政府采购公开招标采购方式实施规程

第一章 总 则

第一条 为规范政府采购公开招标程序，根据《中华人民共和国政府采购法》、《中华人民共和国招标投标法》、《政府采购货物和服务招标投标管理办法》、《广东省政府采购公开招标采购方式实施规程》制定本规程。

第二条 本规程适用于珠海市政府采购货物类、服务类项目以及使用财政性资金但不列入政府投资计划或不需发展改革部门立项的工程类项目的公开招标活动。

第三条 政府采购公开招标活动应当遵循公开透明原则、公平竞争原则、公正原则和诚实信用原则。

第二章 招标委托

第四条 采购人在办理委托前，应编制详细的用户需求书。

用户需求书包括采购预算（一般应包括市场参考单价）、商务要求、技术要求和服务要求等。商务要求包括合格投标人条件、交货期、货款结算方式、履约保证金、货物安装调试、检验及验收、保险以及争端的解决等；技术要求包括采购项目名称、数量、技术规格、质量保证等；服务要求包括产品配送地点、质保期、售后服务等。

用户需求书中不得列入限制、排斥潜在供应商的商务、技术条款；不得列入某一品牌特有的规格技术标准及其他有违公平竞争的条款，不得以不合理的注册资本金、销售业绩以及资格条件（含特别授权条款）等条款对潜在供应商实行歧视或差别待遇。

第五条 采购人应当根据珠海市政府集中采购目录，按以下原则确定采购代理机构组织公开招标。

（一）采购属于政府集中采购通用类目录的政府采购项目，应当委托集中采购机构组织实施；

（二）采购属于政府集中采购部门集中采购类目录、达到公开招标数额标准以上的采购项目，或者属于政府集中采购目录外、公开招标数额标准以上的采购项目，应当委托集中采购机构或经珠海市财政局登记备案的政府采购代理机构组织实施。

第六条　采购人应与采购代理机构签订委托代理协议，依法确定委托代理事项，约定双方的权利、义务和收取代理费的标准等。

第三章　组织招标

第七条　下列条件之一的采购项目，除法律法规要求保密外，采购人及采购代理机构应当发布招标信息预告，就采购标准是否有倾向性、歧视性征集潜在供应商意见。

（一）对有可能影响公平竞争的项目；

（二）国家或省、市重点建设项目以及技术复杂或具有特殊性的项目；

（三）政府采购项目金额300万元以上（含300万元）的；

（四）政府采购监督管理部门认为应当进行招标预告的其他采购项目。

招标预告的内容应当包括：采购人及采购代理机构名称；项目名称、用途、数量、规格、技术要求和交货日期；对供应商的资格要求；联系人及联系方式。

采购人或采购代理机构对潜在供应商公正、合理的意见应予采纳。

第八条　采购代理机构根据采购人的用户需求书依法编制招标文件。

采购代理机构在收到采购人提供的用户需求书后，应当及时编制招标文件。招标文件主要内容应当包括：投标邀请、投标人须知、评标方法、评标标准、评标细则及无效投标条款、用户需求书、合同条款及格式、投标书格式。

招标文件要充分体现公平、公正的原则，不得要求或者标明特定的制造商和代理商，商务、技术和服务等条款的要求不得有倾向性和歧视性。

货物或服务类采购项目，技术指标或供应商的资质应当有三个以上品牌或三家符合资质要求的供应商完全响应。同一品牌的产品可有多家代理商参与竞争，但只作为一个供应商计算。

第九条　下列条件之一的采购项目在编制招标文件过程中，应当进行招标文件论证：

（一）招标信息预告期间，潜在供应商对采购标准有质疑的；

（二）国家或省、市重点建设项目以及技术复杂或具有特殊性的项目；

（三）政府采购项目金额300万元以上（含300万元）的；

（四）政府采购监督管理部门认为应当进行招标文件论证的其他采购项目。

招标文件论证小组由采购人代表和专家组成，成员人数为三人以上单数，专家人数不得少于论证小组成员总数的2/3。

论证小组主要对招标文件中投标人资质条件、商务条款、技术指标参数、评标标准及办法等进行论证，并出具书面论证意见，确保潜在供应商之间的公平竞争。

第十条　采购代理机构在招标文件编制完成后提交采购人审核，采购人一般在收到文件之日起三个工作日内提出审核、确认意见。

第十一条　招标文件经确认后，采购代理机构应按《珠海市政府采购信息公告管理规定》的规定发布招标公告。

对供应商进行资格预审的采购项目，资格预审的程序及细则应当在招标公告中明确。

采购人或采购代理机构应当接受供应商报名，并按照招标公告公布的资格预审程序及细则，对供应商进行资格审查，并将资格审查结果函告所有参加资格预审的供应商。

第十二条 采购代理机构应当对获取招标文件的供应商登记备案。招标文件的售价按有关规定执行。

第十三条 招标文件需进行澄清或修改的，应在规定投标截止时间15天前，以书面形式通知所有获取招标文件的供应商。供应商收到澄清修改文件后，应当以书面形式确认。澄清修改的内容为招标文件的组成部分。

澄清或修改时间不足15天的，采购人或采购代理机构在征得已获取招标文件的供应商同意并书面确认后，可不改变投标截止时间。

第四章 开标、评标和定标

第十四条 实行公开招标的政府采购项目，采购人及采购代理机构应依法组建评标委员会。

评标委员会原则上在开标前一个工作日内组建，专家成员一般应从珠海市政府采购监督管理部门的专家库中随机抽取确定。大型或者专业性强、技术复杂的项目，若本市政府采购专家库不能满足实际需要时，可在市政府采购监督管理部门认可的专家库中随机抽取确定。

采购人或采购代理机构应当派代表到现场监督抽取专家过程。特殊原因不能参加的，应当向负责抽取专家的机构出具书面函件。评标委员会名单在开标前应当保密。

特殊的采购项目，经市政府采购监督管理部门批准可直接确定专家成员。

评标委员会由采购人代表和有关技术、经济等方面的专家组成，成员人数为五人以上单数，其中技术、经济等方面的专家不得少于成员总数的2/3。采购人代表由采购人书面授权确定。

第十五条 采购人或采购代理机构应在招标文件规定的投标地点和截止时间前，接受投标人递交的密封完好的投标文件。投标截止时间后递交的投标文件一律不予接受。

第十六条 采购人或采购代理机构应在招标文件确定的时间和地点组织开标。一般遵循以下程序：

（一）开标会由采购人或采购代理机构主持；

（二）在招标文件规定的投标截止时间到点时，主持人应当宣布投标截止时间已到，以后递交的文件一律不予接受；

（三）主持人宣读开标大会会场纪律；

（四）开标时，应实行现场监督。现场监督人员应当是采购人、采购代理机构、集中采购机构主管部门的监察人员、特邀监督员或政府采购监督管理部门、监察机关、公证机关的派出人员。评标委员会专家成员不参加开标大会；

（五）投标文件的密封情况应由监督人员确认并当众拆封，并按招标文件规定的内容当众唱标；

（六）开标会记录人应在开标记录表上记录唱标内容，并当场公示。如开标记录表上内容与投标文件不一致时，投标人代表须当场提出。开标记录表由记录人、唱标人、投标人代表和有关人员签字确认。

第十七条 采购人或采购代理机构负责评标会场组织工作，并采取有效措施，保证评标在严格保密的情况下进行。一般遵循以下程序：

（一）宣读评标纪律。组织评标工作的人员应在评标前宣读评标纪律，并要求评标委员会成员及工作人员签字确认。依法应该回避的，评标委员会成员和其他工作人员应当主动提出回避。

（二）评标现场监督。评标时，应实行现场监督。现场监督人员应当是采购人、采购代理机构、集中采购机构主管部门的监察人员、特邀监督员或政府采购监督管理部门、监察机关、公证机关的派出人员。

（三）评标委员会评标与出具评标报告。评标委员会应当根据招标文件规定的评标标准和方法，严格按照招标文件的评标程序，对投标文件进行系统的评审和比较，依法出具评标报告并推荐中标候选人，或按采购人的授权直接确定中标供应商。招标文件中没有规定的标准和方法不得作为评标的依据。

评标委员会在评标过程中一致认为招标文件表述不明确或需说明的其他事项，可请采购人代表或采购代理机构工作人员解释说明，但不得发表带有倾向性或其他影响评审公证性的意见。

（四）投标人的澄清或说明。评标委员会可以以书面形式要求投标人对投标文件中含义不明确、对同类问题表述不一致或者有明显文字和计算错误的内容作出必要的澄清、说明或者补正。澄清、说明或者补正应当采取书面形式，但不得超出投标文件的范围或者改变投标文件的实质性内容。

（五）参加评标会议的所有工作人员应当对评标过程和评标结果保密。

第十八条　采购人一般应在五个工作日内按照评标委员会推荐的中标候选人顺序依法确定中标供应商。采购人或采购代理机构应当按规定将中标结果进行公示，公示期为三个工作日。

第十九条　采购人或采购代理机构应依法向中标供应商发出中标通知书，向未中标的投标人发出招标结果通知书。

属采购代理机构组织的采购项目，采购代理机构应同时向采购人发出招标结果通知书。

第二十条　供应商有质疑和投诉的，按照《中华人民共和国政府采购法》和《政府采购供应商投诉处理办法》规定处理。

第五章　签约与验收

第二十一条　采购人与中标供应商应当自中标通知书发出之日起三十日内，按照招标文件和中标供应商投标文件的约定签订政府采购合同，合同条款不得与招标文件和中标供应商投标文件内容有实质性偏离。

采购合同自签订之日起七个工作日内，采购人应当将合同副本报政府采购监督管理部门和有关部门备案；委托采购代理机构代理采购的，采购人还应将采购合同副本送采购代理机构归档。

第二十二条　采购人或采购代理机构应分别按下列情况，退回投标供应商的投标保证金：

（一）在确定中标供应商后五个工作日内，退回未中标供应商的投标保证金；

（二）在签订合同后五个工作日内，退回中标供应商的投标保证金。投标保证金转为履约保证金的，按合同约定办理；

（三）在投标有效期内不能确定中标供应商的，在投标有效期满后五个工作日内，退回所有投标人的投标保证金。

第二十三条 采购人或其委托的采购代理机构应当组织对供应商履约的验收。300 万元（含）以上或者复杂的政府采购项目，采购人与采购代理机构应当联合组织验收，必要时，应当邀请国家认可的质量检测机构参加验收工作。验收方成员应当在验收书上签字，并承担相应的法律责任。

采购人组织对供应商履约验收的，双方应按规定完成验收工作。如有异议不能验收的，其委托的采购代理机构应组织双方进行协商；协商未果的，提请政府采购监督管理部门协调；协调未果的，按有关法律法规办理。

第六章 附 则

第二十四条 采购人或采购代理机构应当按照《中华人民共和国政府采购法》和《珠海市政府采购项目档案管理规定》，对每项采购活动的采购文件妥善保存，不得伪造、变造、藏匿或销毁。

第二十五条 政府采购监督管理部门及有关部门可以通过抽查、现场监督等方式对公开招标采购活动进行检查、监督，采购当事人应当积极配合。

第二十六条 投标截止时间结束后参加投标的供应商不足三家或者没有合格标的或者采用招标所需时间不能满足用户紧急需要的，采购人申请转为其他采购方式采购的，由政府采购监督管理部门依法依规予以核准确定。

第二十七条 本规程所称采购代理机构，是指集中采购机构和依法取得资格并在我市财政机关登记备案的其他采购代理机构。

第二十八条 本规程由珠海市财政局负责解释。

第二十九条 本规程自 2009 年 1 月 1 日起施行。

珠海市财政局

2008 年 9 月 19 日

资料来源：珠海市财政局网站，http：//www.zhcz.gov.cn。

第四节 政府采购的发展

一、政府采购方式的发展

从政府采购方式的发展来看，公开招标采购仍将是主要的采购方式，但比重会逐渐下降，竞争性谈判采购方式将逐步占据主导地位。公开招标采购方式具有促进公平、公正竞争，有利于采购方获得物美价廉的货物、工程和服务以及减少腐败现象发生等优点，是一种十分理想的采购方式，受到世界各国的大力推崇。世界贸易组织的《政府采购协议》规定，协议成员国的中央政府在采购的货物、工程和服务的价值达到一定金额之后，必须实行竞争性招标采购方式。我国新颁布的《政府采购法》规定，公开招标采购是我国的主要政府采购方式。但是，应该说，公开招标方式还是存在一些不足之处的，如程序和手续复杂，费时费力；采购缺乏弹性；需要的文件烦琐，难于考虑周全等。由于自身的缺陷，公开招标虽然作为一种主要的采购方式，但在实际工作中，真正运用的比重却并不是很大。

资料表明，使用公开招标采购方式进行的政府采购金额一般占政府采购总金额的30%～40%，从总体上来说，公开招标方式所占的比例还将不断地下降，从世界各国政府采购实践来看，也是这种趋势。其主要原因，一方面是由于公开招标采购方式费时费力；另一方面，虽然公开招标采购方式可以体现最广泛的竞争，但采用其他的采购方式可以规避国民待遇原则和非歧视原则，为国内供应商提供更多的中标机会。这一点是公开采购方式难以做到的。竞争性谈判采购方式具有缩短采购周期、减少工作量、有利于对民族产业的保护等特点，既能保持公开招标采购方式的优势，体现充分竞争，又能弥补其不足之处，体现灵活协商的原则。因此，从今后的发展趋势来看，竞争性谈判采购将逐渐成为占主导地位的政府采购方式。

二、政府采购手段的发展

信息产业的高速发展及其普遍应用，为传统的政府采购手段带来一次彻底的改革，今后的政府采购手段将以电子化为主，通过电子媒体发布采购信息并进行交易。电子采购将会最大限度地节约人力和财力，缩短政府采购周期，加快采购进度。目前，发达国家已经基本上实现了政府采购的电子化。

（一）政府采购卡

政府采购的一个新发展动态就是在采购中引进了政府采购卡。政府采购卡类似于信用卡。使用政府采购卡，采购人员可以在授权范围内下订单时用采购卡支付。与信用卡的不同点在于，政府采购卡由财政部门统一发放给采购实体，采购实体的具体操作人员在完成采购付款时，只需划卡就行。划卡记录包括付款时间、付款项目、付款单价和总价等信息，这些信息将报送财政部门备案审查。采购卡一般适用于小额采购，由于这种采购方式不需要签订合同，对于每年数以万次的小额采购来说，能够节约大量的纸张费用，节省开支，同时还可以确保供应商及时收到货款。

（二）网络采购

相对于传统采购手段来看，网络采购具有明显的优势：招标范围广，公开性强、透明度更高，竞争性强、效率高、节约成本等。结合网络经济和政府采购的融合发展趋势来看，网络交易将是政府采购的必然趋势，是当前值得大力推广的主要政府采购手段。从技术上看，网络交易非常适合应用于政府采购，而且是能够提高政府采购效率的方法。政府日常采购常用的方式，如公开招标采购、邀请招标采购、竞争性谈判采购、询价采购、单一来源采购等，都已经在企业网络采购中完美地得到实现。特别是网上竞标采购的发展，直接推动采购活动进入到一个有利于采购方的新阶段。目前电子商务模型的创新，已经出现了许多种有利于买方的交易方式，如竞价（或反向竞价）采购就非常流行，而且经事实证明，这是一种可行有效的方式。对购买方来看，竞价采购的最大优势就是可以最大限度地节省成本，它是网络采购用的最多的一种方式。

网上采购的巨大优越性，现在已经为越来越多的人所认识，特别是受到了包括我国政府在内的各国政府的广泛重视。正是这些原因，我国政府从 1998 年就开始了网上政府采购的探索，现在已经取得了相当的进展。目前，我国绝大多数县及县以上政府都开通了政府采购网站。

三、政府采购法规的发展

（一）政府采购国际规范

1. 发展状况

1979年以前，各国普遍采购本国产品、保护本国产业，政府采购是封闭的，不对外开放的，政府采购与贸易的关系很好协调。但随着工业化的进程，一些国家亟待为本国产品开拓海外市场，贸易自由化的呼声越来越强烈，从而，政府采购在国际领域越来越受到重视。在20世纪后20年，政府采购国际规范出现了不寻常的高发期。这些出台的规范，同质性、多发性出现，密集的勾勒出一幅国际社会发展与进步的历史画卷。

全世界范围内第一个有关政府采购的约束性条款——《政府采购守则》，是1979年4月12日，关贸总协定缔约国在“东京回合”多边贸易谈判期间达成的。在1994年4月15日“乌拉圭回合”期间，将《政府采购守则》修改后形成《政府采购协议》（简称《协议》），于1996年1月1日起实施。

接下来联合国贸易委员会为了促进世界各国政府采购立法的统一，帮助正在进行政府采购立法的国家建立一个经济有效的政府采购法律体系和运行制度，于1986年第十九届贸易委员会会议上提出《贸易法委员会货物和工程采购示范法》及其《立法指南》，在1993年其26届年会上通过。1994年该委员会在其27届年会上，将服务贸易也列在其中，并最终形成了《贸易委员会货物、工程、和服务采购示范法》（简称《示范法》）及其配套文件《立法指南》。

在此期间，世界银行于1985年也制定了《国际复兴开发银行和国际开发协会信贷采购指南》。亚太经贸合作组织（APEC）也于1995年12月形成政府采购动议，并在APEC部长级会议和领导人非正式会议通过的《大阪行动议程》中正式提出并达成APEC的《政府采购非约束性原则》。

除此之外，世界上最早，最完善，也最为紧密的区域性组织——欧盟，虽早于《政府采购守则》13年，在《欧共体条约》中提出政府采购专门规定，但最终形成独特公共采购法律体系《政府采购指令》是在20世纪90年代。如1992—1993年颁布的关于政府采购的四部实体性法律：《关于协调授予公共服务合同程序的指令》、《关于协调授予公共供应品合同的程序的指令》、《关于协调授予公共工程合同的程序的指令》和《关于协调水、能源、交通运输和电信部门采购程序的指令》，1989—1992年颁布的程序性法律：《关于协调有关对公共供应品合同和公共工程合同授予审查程序的法律、规则、和行政条款的指令》、《关于协调有关水、能源、交通运输和电信部门采购程序执行共同体规则的法律、规则、和行政条款的指令》，等等。

下面对世贸组织的《政府采购协议》的主要内容做一个简要的介绍。

2. 世贸组织的《政府采购协议》（以下简称《协议》）①

《协议》包括两大部分。

《协议》第一部分的主要内容包括：

规定了适用对象及范围。《协议》适用于各签署成员承诺开放的中央政府所办理的达

①李林池．《建立政府采购制度——中国融入世界经济的必然选择》，政府采购网站 http://www.purchase.gov.cn/zfcgzz/main.htm.

到一定金额的货物、工程和服务采购。各成员办理以上采购项目所使用的法律、条例、程序及实务，都要遵守《协议》的有关规定。如果单个成员要求将某些采购单位排除在协议之外，必须对这些机构的采购制定一定的规则，其中应体现国民待遇和非歧视性原则。《协议》还明确规定，采购不仅指购买，还包括租赁。

规定了政府采购适用项目及门槛金额。协议的适用范围，分为货物、工程及服务三大类。各签署成员工程的适用项目，要求以联合国中央物品分类第五十一章所列的建筑工程为准；对于涉及国家安全的采购，包括武器、弹药、战略物资的采购，或与国家安全及国防密切相关的连带采购，不适用于《协议》，不需公开采购。涉及维护公共道德、公共秩序、公共安全、人民与动植物的生命或健康、知识产权、保护残疾人组织、慈善机构或劳改犯人生产的产品等方面的采购，也可以不受《协议》的约束。除此之外的采购都应该遵守《协议》的规定，由各成员分别列出开放的服务项目，如咨询服务、建筑设计服务、广告服务等，并经谈判确定。

关于门槛金额，以双边谈判确定为主。一般而言，中央政府的货物及服务项目的门槛金额最低，省级政府较高。

规定了政府采购的方式。《协议》将政府采购方式统一规范为公开招标采购、选择性招标采购和限制性招标采购三种方式。《协议》同时对招标公告及决标信息、招标文件、供应商的资格条件、标的履约期限以及投标、收标、开标、决标等有关问题做了具体规定。

特别明确了在政府采购中实行国民待遇与非歧视性原则。《协议》规定，各签署成员不得对成员供应商和本地供应商实行差别待遇，也不能对未签署成员的供应商给予特别待遇。对于签署成员境内的供应商不应对外资参与程度的多少及其提供货物的原产地而实行差别待遇。

规定了保护发展中国家的条款。为了保护发展中国家的利益，《协议》第五条规定对发展中国家实行特殊待遇。主要包括：发展中国家可以行使国民待遇例外的权利；发达国家应提供技术援助帮助发展中国家解决采购过程中的具体问题，包括将其招标文件的语言转换成为世贸组织的语言；发展中国家可以进入发达成员的采购数据库，以利于加速他们实施该协议；可以将《协议》的利益“无偿”地提供给不是该《协议》成员的最不发达国家的供应商。

规定了签署《协议》成员的义务。签署《协议》成员如需要变更原承诺开放的政府采购市场，应事先通知政府采购委员会，委员会将就该签署成员变更作出对其他签署成员应采取的补偿措施的决定。签署成员应对本地区拟开放政府采购市场所适用的法律、规定、行政命令、程序、实务等加以调整使之与《协议》的规定相一致，如有修改时，应通知政府采购委员会。签署成员不得对《协议》的规定提出保留意见。签署成员如不同意适用某些特定的签署成员《协议》内容，应在加入《协议》时就作出声明。

《协议》第二部分为各签署成员依据《协议》所承诺开放的政府采购市场清单及发布政府采购信息的刊物清单等，统称为《协议》的附录。

（二）我国的政府采购法律法规

我国政府采购的立法工作起步较晚，政府采购法律法规的出台主要集中于 1999 年以后。1999 年 4 月和 7 月，财政部相继颁布实施了《政府采购管理暂行办法》、《政府采购招投标管理暂行办法》和《政府采购合同监督暂行办法》，均属于部门法规。

我国政府采购真正意义上的法律文件当属政府采购法。2002 年 6 月 29 日，第九届全国人民代表大会常务委员会第二十八次会议通过了《中华人民共和国政府采购法》，自 2003 年 1 月 1 日起施行。这标志着我国政府采购立法工作进入了一个新的阶段，同时也标志着我国的政府采购实际操作从此将步入一个有法可依、有法必依的良性发展轨道。

《中华人民共和国招标投标法》由中华人民共和国第九届全国人民代表大会常务委员会第十一次会议于 1999 年 8 月 30 日通过，自 2000 年 1 月 1 日起施行。《中华人民共和国招标投标法实施条例》也于 2011 年 11 月 30 日国务院第 183 次常务会议通过，自 2012 年 2 月 1 日起施行。应该说，我国在 1999 年 4 月至今这一时间段内颁布、实施的各类政府采购法律法规以及配套法律文件，共同构成了我国政府采购法律规章体系。尽管到目前为止，这一体系尚不完善、尚不够严谨，但这毕竟是一个良好的开端。良好的开端预示着美好的结果。中国的政府采购工作将会在健全的法律法规的指导下，走上科学化、规范化、制度化的健康发展之路。

本章练习题

一、简答题

1. 什么是政府采购？政府采购的内容包括哪些？

2. 政府采购的方式有哪些？竞争性谈判采购、单一来源采购、询价采购的适用范围是什么？

3. 政府采购的一般程序是怎样的？

二、思考题

为什么我国政府采购法规定公开招标是政府采购的主要采购方式？

三、实训题

登录中国政府采购网，阅读其中的几条招标公告，熟悉招标公告的内容结构。

第十一章 电子商务采购

本章教学目的与要求

电子商务采购是随着互联网的发展与普及而产生的一种适应时代发展的先进采购模式，由于其具有公开、透明、快捷和低成本等特点，并且能够有效地避免传统采购过程中的一些问题，提高采购效率而受到越来越多企业的青睐。本章主要学习电子商务及电子商务采购的一些基本知识。本章的教学目的与要求：

1. 掌握电子商务的概念、类型、特点及功能。
2. 了解企业电子商务应用系统的构成。
3. 理解电子商务在企业采购中的重要性。
4. 掌握电子商务采购的功能与运作程序。

章首案例

中国石化的电子商务采购

中国石化物资采购电子商务网是联结中国石化总部、各分（子）公司与供应商三方、实时互动的大型B2B交易网站。既是采购交易网，同时也是管理网和信息网。经过八年持续不懈的努力，网站累计成交5860亿元；网上交易物资超过71万个品种，网站注册会员达到28000个，中国石化生产建设所需主要化工原辅料、钢材、煤炭、机电设备全部实现上网采购。中国石化物资采购电子商务网已经成为信息共享、决策制定、过程实施、操作监管和供需协同工作的综合性采购业务平台。

一、建设背景

2000年中国石化实施重组改制、组建中国石化股份公司境外上市的重大战略部署，由国内最大的石油石化企业向国际化能源化工公司发展，带来了经营理念、管理体制、运行机制的一系列变革，利用电子信息技术改造和提升中国石化传统产业是其中一个重要方面，引入电子商务技术改革传统采购理念，全面提升物资供应管理水平是中国石化的战略举措。

在原总经理李毅中同志的直接领导下，经过短短四个月的艰苦努力，中国石化自主开发的物资采购电子商务网于2000年8月15日正式投入运行。集团公司以明传电报的形式下发运行通知，9月4日在北京召开了电子商务新闻发布会，毅中总经理、基铭总裁和湘洪副总裁等领导对物资采购电子商务建设工作给予了充分肯定和赞扬。

为适应网上采购工作的不断发展和变化，中国石化物资采购电子商务网站先后进行了四次重大改版升级。2000年12月进行了第一次系统升级（2.0版），优化报表操作，提高了网上业务处理速度；2001年11月进行了第二次系统升级（3.0版），重新整合了网上采购业务流程，建立了以物资编码为基础的数据结构体系，扩大了各石油石化企业自采物资的上网采购，实现了用户分级管理和智能化引导操作，进一步突出了网站商务功能。2002年7月进行了系统第三次升级（3.1版），进一步优化了网上采购业务流程，调整了上网物资品种，充分适应中国石化集中采购体制的要求。2003年9月进行了系统第四次升级（4.0版），增加了竞价采购和价格数据库等新的功能，优化了采购业务操作，美化了系统操作界面。

二、运行情况

截至2008年年底，网站累计成交5860亿元，年均增长率超过65%。从2006年起，网站年采购金额突破1000亿元，2008年达到1560亿元，是2001年的20倍。网上采购物资品种从最初的8个大类5000个品种迅速扩大到目前的56个大类71万多个品种；网上交易用户从2400个发展到28042个，注册供应商从300家发展到20098家。

经过持续不懈的努力，中国石化生产建设所需主要化工原辅料、钢材、煤炭、机电设备全部实现上网采购。网上采购范围从物资采购进一步扩展到运输、报关、保险等物流服务采购；随着进口物资上网的不断扩大，中国石化物资采购电子商务正在向全球化采购迈进。

三、主要功能和业务流程

中国石化物资采购电子商务系统是构筑在国际互联网上专门用于物资采购业务操作和信息传递的内部网站系统。中国石化各企业和中国石化供应商网络成员单位可以通过中国石化内部网或公网登录到网站，根据不同的用户角色和所分配的业务权限执行浏览信息、提报采购需求、询价、报价、比价的采购相关业务操作。网站信息根据角色和权限的不同相互之间严格保密并且可以全程追溯。

1. 网站主体框架

网站主体框架和主要结构如下：

电子商务系统主要有数据库服务器（后台）和浏览、应用服务器（前台）以及防火墙组成。整个系统架构在石化内部网上，对外与国际互连网联接。总部所属各分（子）公司既可通过国际互联网，又可通过石化内部网访问本网站；石化客户、物资采购供应商通过国际互联网直接访问本网站。

硬件系统：包括前台和后台。后台数据库服务器采用两台IBM 670高级服务器，并共享一台磁盘阵列（目前7块磁盘总容量为130GB，并互为备份）；前台浏览、应用服务器采用DS10型Alpha计算机，并使用一台负载均衡器合理平衡负载。

数据库系统：采用全面支持国际互连网应用的ORACLE9i数据库。前台和后台用防火墙进行隔离。

2. 网站系统的主要构成，如图11-1所示。

中国石化物资采购电子商务网站共设计了五类用户角色：领导用户、采购业务员用户、供应商用户、网上采购监控用户和系统管理员用户。

领导用户包含集团公司、股份公司、分（子）公司领导，物资装备部及处室领导、分（子）公司供应部门及科室领导。主要执行信息浏览、采购业务查询、采购过程审批与监控等功能。

业务员分为计划员、采购员以及自定义采购相关上网用户。主要执行采购业务处理各环节的操作和信息浏览。

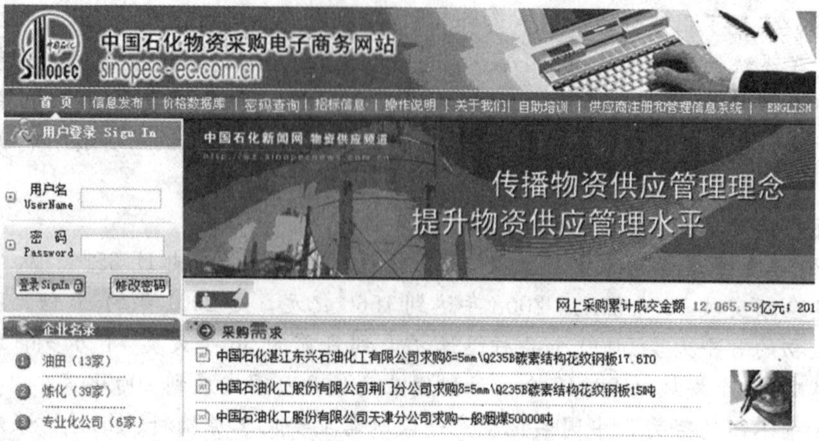

图 11－1　中国石化物资采购电子商务网站首页

供应商用户是指中国石化供应商网络成员单位的上网用户。主要执行网上报价和配送报表录入等操作。

网上采购监控用户包括总部、各分（子）公司审计、纪检、监察、合同、质检、价格、生产、机动、工程设计等采购相关部门的上网用户。主要执行信息浏览和网上采购业务监控等操作。

系统管理员分总部系统管理员和分（子）公司系统管理员两部分。主要执行信息发布、上网机构与用户设置等系统管理与维护操作。

3. 网站系统的主要功能

网站的主要功能包括采购管理、供应商管理、信息发布和系统管理。

（1）信息发布。

重要通知。由物资装备部发布，包括集团公司、股份公司、物资装备部发布的文件、函件、指导价格、物资要闻等。

网站主页信息。由物资装备部或企业发布，包括采购需求、企业信息、供应商及考核信息、物资调剂信息等。

意见交流。类似于网上邮件，任何网上正式用户都可以给其他任一个用户或单位发送邮件。

（2）采购管理。

订单管理。网上的采购需求订单是企业经过平衡后的采购需求计划，由企业计划员提报到网站。一条订单仅包括一个物资品种。计划员可以录入、提报、修改、删除订单。

询价方案管理。询价方案是本次采购业务行为政策的具体体现。主要内容包括采购方式的选择、供应商范围的确定。询价方案由计划员编制，部门或科室领导审批。询价方案编制完成并经领导审批通过后由计划员下达给采购员。计划员可以录入、提报、修改、删除询价方案。

询价书管理。询价书由询价方案自动生成，主要内容包括报价截止时间、交货地点的确认和物资明细等。询价书由采购员编制。询价书编制完成后系统自动发给相关供应商。采购员可以录入、提报、修改、删除询价书。

报价书管理。供应商针对企业发布的询价书进行报价。报价书由供应商编制，报价为密封报价。在报价截止期之前供应商可以修改报价，报价截止期后供应商不能修改报价。采购员在报价截止期之前可以看到有几家供应商报价但是不能看到报价书内容，报价截止期后，采购员可以揭示报价书并依据报价书编制采购方案。在报价截止期之前，供应商可以修改、删除报价书。

采购方案管理。采购方案由采购员根据询价书、报价书生成。采购方案为本次采购行为的最终确定，内容包括价格确定和供应商确定。采购员要组织采购相关人员对每一份报价书进行打分评价。采购方案编制完成后必须由部门或科室领导审批。采购员可以生成、修改、删除采购方案。

合同管理。合同由采购员根据采购方式依据订单、询价方案、采购方案等生成。网上合同为合同要素。主要内容包括供需方名称、交货时间、地点、标的、总价和物资明细等。采购员可以生成、修改、删除合同。合同签订后采购方应组织相关人员对合同执行情况进行打分评价，合同执行完毕后采购员要对合同进行核销。

采购交易管理还包括直接集中采购反馈单管理、招标信息发布与招标结果录入管理、协议管理、配送管理等内容。

(3) 采购监控与查询功能。主要内容包括对采购过程中以及采购完成后对采购业务流程主要环节的过程监控和事后检查，以及对采购结果的统计分析。主要环节包括订单、询价方案、询价书、报价书、采购方案、合同等内容。

(4) 采购论坛。采购论坛是中国石化采购管理和操作人员进行交流的平台，目前共有物资管理、现代供应物流、采购管理、电子商务与网上采购、集中储备等板块。大家可以在这里发表真知灼见、探讨问题。

(5) 自助培训。自助培训系统可以对以上 5 类用户进行自助式培训。以采购员为例：采购员可以根据系统自动生成的询价方案生成或编制询价书并发给虚拟供应商，虚拟供应商自动报价，采购员根据系统提示完成后续报价揭示、采购方案编制、合同等环节的操作。自助培训系统按照用户角色和权限，将采购业务流程的操作一气呵成，不再需要培训教师的介入，非常适合企业自行组织上网操作培训工作。

4. 采购业务流程

网上采购业务流程的设计完全体现了中国石化现行采购管理体制，共有总部直接集中采购、总部组织集中采购和企业自行采购三种采购类型，协议采购、询比价采购、动态竞价采购、招标采购、配送采购、特殊采购 6 种采购方式。对于总部直接集中采购，操作主体为总部业务员，企业计划员提报订单后，由总部进行操作，合同执行完毕后由企业采购员核销合同；对于总部组织集中采购和企业自行采购，操作主体为企业业务员，企业业务员按照网上采购流程自行完成采购业务操作。以询比价采购为例简要描述如下：

询比价采购流程适用于一般大宗、通用且为买方市场的物资，分为公开、定向询比价两种，其中定向询比价要求供应商必须在三家以上。具体操作流程为：

(1) 计划员录入采购需求订单，检查无误后提报到采购网站。

(2) 计划员根据订单编制询价方案，采购方式确定为（公开、定向）询比价采购，经领导审批后下达给采购员。

(3) 采购员根据询价方案编制询价书，并将询价书在网上发布。

(4) 供应商在网上查看询价书，并根据询价书报价（编制报价书）。

(5) 到达报价截止期后，采购员揭示报价，组织对报价进行打分评价。

(6) 采购员根据报价书编制采购方案，并报领导审批。

(7) 采购员根据审批后的采购方案编制询比价通知，发给参与报价的全部供应商。

(8) 采购员根据询比价结果编制采购合同并对采购合同执行情况进行打分评价。

(9) 合同执行完毕后采购员对合同进行核销操作。

四、取得的成效

物资采购电子商务网的建设与发展，是中国石化以信息化带动工业化，利用网络信息技术改造和提升传统产业取得的重大成果，标志着中国石化彻底告别了传统的物资采购模式，全面进入网络化采购新时代。

与传统的采购模式相比，电子商务具有无可比拟的优越性。在统一的平台上，按照统一的流程，在统一的供应商网络上实施采购业务，使中国石化物资采购工作发生了脱胎换骨式的变化。

第一，借助电子商务，中国石化传统采购模式实现了重大变革。中国石化生产建设所需的90%以上的物资实现了网上采购，信息封闭、资源割裂已经成为历史，中国石化迈进了电子化采购时代。

第二，借助电子商务，中国石化显著地规范了采购业务。对需求计划、采购询价、供应商报价、确定供应商、确定价格等传统采购业务进行改造，实现了采购流程的统一。将订单提报、询价方案、询价书、报价书、采购方案、合同等采购关键环节固化在系统中，实现了采购过程的公开。物资需求信息、询报价信息、审批信息、合同信息保存在系统中，各级经过授权的管理人员可以随时调阅、查询、分析，实现了采购数据的永久追溯。

第三，借助电子商务，中国石化显著地降低了成本和费用。统一规范的采购业务流程、严格界定的供应商范围、总部发布的采购指导价格都镶嵌在电子商务系统中，发挥了中国石化统一对外的优势，采购价格明显下降。利用互联网传递采购需求、发询价、收报价极大地节省了出差、开会、发传真、打电话的费用。八年累计节约采购资金228亿元，网上采购节约资金率为3.7%。

第四，借助电子商务，中国石化实现了采购信息的快速传递和广泛共享。总部与企业之间、企业与企业之间、总部、企业与供应商之间可以按照权限范围查阅相关采购业务操作进展情况、合同执行情况、供应商业绩考评等信息。八年来网上积累的大量采购需求、价格、供应商供货时间、质量等近200万条历史信息，既可以分类查阅也可以在采购过程中由系统自动提示，极大地改变了中国石化各企业间采购信息相互封闭的状况，实现了采购信息的广泛共享。

第五，借助电子商务，中国石化极大地提高了工作效率。采购业务上网，鼠标点击之间完成业务操作，采购信息瞬间传递到企业和国内外供应商，采购时间从过去的1～2周缩短到现在的2～3天，甚至几个小时，工作效率显著提高。

八年网上采购实践表明，中国石化物资采购电子商务网已经成为物资采购工作不可替代的重要平台，并且正在为物资供应管理改革、采购业务模式改造、采购业务流程优化发挥重要的推动作用。中国石化还将积极探索电子商务深化应用，充分挖掘电子商务潜能，借助电子商务翅膀，站在新的起点上，实现新的腾飞。

思考题：分析一下企业实施电子商务采购有什么好处，企业电子商务采购应当如何做？

资料来源：中国电子商务研究中心，http：//www.100ec.cn/detail_ _5511041.html，有删改。

第一节 电子商务概述

电子商务是20世纪后期出现的新生事物，1998年3月6日，我国国内第一笔Internet网上电子商务交易成功。我国的电子商务从产生到现在还不到20年，但它却正以高速度进入社会、经济、生活各个领域，成为人们的热门活动。电子商务应用涉及计算机技术、网络技术、商贸技术等多个领域，是一个综合性很强的前沿科学。

一、电子商务的概念

1997年11月，国际商会在巴黎召开了首次世界电子商务会议。来自世界的有关商业界、法律界和信息技术界的政府代表和专家，共同探讨了电子商务的概念问题。会议提出了较为权威的电子商务定义：电子商务（Electronic Commerce）是指对整个贸易活动实现电子化。从涵盖范围方面可以定义为，交易各方以电子交易方式而不是通过当面交换或直接面谈方式进行的任何形式的商业交易；从技术方面可以定义为，电子商务是一种多技术的集合体，包括交换数据（如电子数据交换、电子邮件）、获得数据（共享数据库、电子公告牌）以及自动捕获数据（条码）等。

欧洲议会关于“电子商务欧洲运动”的定义认为，电子商务是通过电子方式进行的商务活动。它通过电子方式处理和传递数据，包括文本、声音和图像。它涉及许多方面的活动，包括货物电子贸易和服务、在线数据传递、电子资金划拨、电子证券交易、电子货运单证、商业拍卖、合作设计和工程、在线资料、公共产品获得等活动。

在IT界，很多大公司也都打出了自己的电子商务理念。例如IBM公司认为：电子商务是指采用数字化电子方式进行商务数据交换和开展商务业务的活动。它是在Internet的广阔联系和传统信息技术系统的丰富资源相互结合的背景下应运而生的一种相互关联的动态商务活动，这种活动是在Internet上展开的。网络是电子商务的基础，Internet、Intranet和Extranet是电子商务的三种基本模式。

HP公司认为：电子商务是指从售前服务到售后支持的各个环节均实现电子化、自动化。电子商务是电子化世界的重要组成部分，它能够使我们以电子交易手段完成物品和服务等价值的交换。

总起来说，对于电子商务的理解大体有三种认识。

第一种是认为电子商务是在计算机网络上进行的商品交易活动、买卖商品，即或者在计算机网络商店销售自己的商品，或者作为消费者到计算机网络上去寻找网络商店、购买商品。越是电子商务开发的初期，持这种认识的人越多。在国外早期出现的“电子商务”的叫法EC（Electronic Commerce，或写成E-Commerce）大多来自于这种理解。

第二种是认为电子商务活动不仅包括在计算机网络上进行的商品交易活动，而且包括在计算机网络上进行的、与商品交易活动有关的所有其他活动，例如电子广告、网上市场营销、电子金融保险、会计、审计、税收、公证、市场管理等行政事物活动。也就是说，这种意义上的电子商务活动，不仅仅是指在计算机网络上进行的商品买卖活动，它还应当包括在计算机网络上进行的与商品买卖活动有关的全部商业事务活动。较晚在国外出现的关于“电子商务”的叫法EB（E-Business），大多来自这种理解。

这里所谓“全部商业事务活动”，也就是全部市场活动。因为所谓市场，就是商品交换关系的总和。它涉及供应者、消费者、中介机构、金融业者以及市场管理者的所有市场行为，包括买卖、营销、广告、金融、会计、审计、税收、法律、工商管理等。所以实际上所谓电子商务，也可以理解为是把市场活动搬到计算机网络上进行的“网上市场活动”。

第三种是认为电子商务不仅包括计算机网络上进行的商务活动，而且包括凡是所有通过电子手段进行的商务活动。例如，早期的电话购物、电视购物，以及现在的自动售货机、自助银行、超级商场等，都属于电子商务活动。

这三种对电子商务的理解，前一者可以理解为是一种狭义的概念，后二者可以理解为是一种广义的概念。随着技术的进步和电子商务活动的进一步发展，电子商务活动的内容范围会越来越广泛，认同广义概念的人会越来越多。

根据这样的理解，所以本书把电子商务的概念定义为：所谓电子商务，就是通过电子手段进行的商业事务活动。

这个定义中，包含了以下两个基本观点。

(1) 电子商务是一种商务活动，而不是一种电子化技术，不是商务活动的电子化。要强调的是商务活动。它是一种经济活动，而不是一种技术活动。所谓商务，是指与商品交换有关的事务活动。所谓“与商品交换有关的事务活动”，最直接的是商品交易活动，即商品买卖活动，但是也包括一些与买卖活动有关、不是买卖活动的事务活动，例如市场营销、电子广告、市场管理、市场调查和预测、电子银行、电子税务、电子邮件、数据交换等各种事务活动。严格来说，在市场经济社会里，完全与商务无关、完全的非营利性活动，可以说是很少的，因此，在市场经济社会，电子商务所包括的范围是很广的，它几乎涵盖了市场经济社会所有的事务信息的处理活动。

(2) “电子商务”中的“电子”二字，是指各种电子手段。当前最主要的电子手段是指计算机网络，包括因特网 Internet、Web 网络，也包括公共通信网络（如电话网、电视网、数据网等，它们的核心也是计算机技术网络）、早期的专用增值网络、企业内部网络 Intranet 等。如电子邮件、数据通信（电话、传真、EDI、卫星通信）、计算机数据处理、网络技术、Web 技术、软件技术等。这是当前电子商务最主流的电子手段。除此以外，电子商务的电子手段还包括非网络化的计算机技术手段或非计算机技术手段，例如 POS 机、自动售货机、电话、电视、传真等技术手段。

这个定义同时包含了前面所说的国外对狭义的和广义的电子商务概念的三个不同的提法。如果把定义中的商务理解为只是商品交易本身，那就是第一个狭义的定义。如果把定义中的商务理解为不只是商品交易本身，还包括服务，包括与商品交易和服务有关的所有其他活动，那就是广义的第二个定义。如果把电子商务的“电子”二字，理解为不只包括计算机网络、还包括非计算机网络的其他各种电子技术手段，就是广义的第三个定义。

从具体文字上看，这个定义同时包括了国外的两个电子商务提法，即 E-Business 和 E-Commerce，而中国简单地就用“电子商务”四个字来描述。因此这个定义简单明了，符合中国语言习惯，意思准确，涵盖面广泛确切。所以本书采用这个说法作为电子商务的定义。

二、电子商务的种类

(一) 按电子商务所使用的计算机网络的类型分类

根据电子商务所使用的计算机网络类型的不同，电子商务目前主要有四种形式：

1. 基于EDI的电子商务

EDI是一种在因特网出现以前（20世纪60年代）基于专用计算机通信网络的电子商务活动。主要应用于企业与企业、企业与批发商、批发商与零售商之间的批发业务。相对于传统的订货和付款方式，传统贸易所使用的各种单据票证全部被计算机网络的数据交换所取代。EDI系统的大范围使用，可以减少数据处理费用和数据重复录入费用，并大大地缩短交易时间。但是这种EDI形式运行成本高，运行范围有限，只适用于一些大型实力企业和一些跨国贸易、运输企业等。

2. 基于Internet和Web网的电子商务

20世纪90年代初期，因特网Internet覆盖了全世界，可以连接世界上的任何国家和地区，为建立网上市场创造了条件。1993年由欧洲原子能研究组织CERN在因特网上开发的基于超文本传输的万维网（WWW，World Wide Web），为在因特网上进行丰富多彩的商务业务活动提供了可能性，为电子商务在世界范围内的开发、应用和普及创造了基础条件，从此世界意义上的电子商务产生和发展起来。

基于因特网和Web的电子商务是现代电子商务的主流形式。它以计算机、通信、多媒体、数据库技术为基础，通过Internet，在网上实现营销、购物服务。它突破了传统商业生产、批发，零售及进、销、存、调的流转程序与营销模式，真正实现了少投入、低成本、零库存、高效率、避免了商品的无效搬运，从而实现了社会资源的高效运转和最大节约。消费者可以不受时间、空间、厂商的限制，广泛浏览，充分比较，方便使用，以最低的价格获得最为满意的商品和服务。

3. 基于Intranet（企业内部网）的电子商务

这是一种基于企业内部网（Intranet）的电子商务形式。这种形式一般应用于企业内部，在企业内部各部门、各个人之间进行商务业务数据处理，并可以和因特网连接、与企业外部进行电子商务活动。这种形式的电子商务是电子商务的基础应用形式，没有这种形式的电子商务活动，基于企业之间的电子商务活动就很难真正开展起来。

4. 基于非计算机网络的电子商务

这是一种基于非计算机网络的电子商务形式，主要是指利用非计算机、非网络的电子商务活动，例如自动售货机、POS机、电话、传真、电视购物等手段进行的商务活动。

（二）按照商务活动的内容分类

按照电子商务活动的内容分类，电子商务主要包括直接电子商务和间接电子商务两类电子商务活动。

1. 直接电子商务

直接电子商务主要是指直接从事商品交易的电子商务活动，通常又叫做电子交易活动。供应商通过电子手段出售自己的商品，购买者通过电子手段购买自己需要的商品，都属于这种电子商务形式。由于企业和个人一般既是销售者，又是采购者，所以直接电子商务是电子交易主体的首要的业务形式。

这一类电子商务根据商品性质的不同，可以分成无形商品电子商务和有形商品电子商务两类。

2. 间接电子商务

间接电子商务是指不直接进行电子交易，而是为电子交易进行辅助性服务的电子商务活动。例如为了进行电子交易而进行的市场调查、预测、广告宣传、商品管理、物流管理、财务管理、会计统计、市场管理、电子税务、电子支付、电子邮政等，都属于这种电子商务形式。这种电子商务形式是大量的，都是为直接电子商务活动服务的。它们都是电子交易主体必要的电子商务形式。这些服务活动，很多不一定要电子交易主体亲自承担，而大量是由企业内部有关部门、社会上大量的服务商以及政府主管部门来承担。

（三）按照电子商务商品的性质分类

按照电子商务商品的性质分类，可以分成有形商品的电子商务和无形商品的电子商务两大类。

无形商品又分成两大类，一是数字商品、二是劳务。数字商品，如软件、电子音像、电子图书、电子杂志、电子礼花、电子贺卡、信息化产品等。劳务如技术咨询、评阅考核、信息服务、网上教学等，这一类电子商务的共同特点，就是不伴随有物流活动发生，可以直接在网上进行不见面的交易，实际上是一种商流、物流、信息流三合一，主要表现为信息流的电子商务活动。

有形商品，如电视机、汽车、钢材、百货五金等，这一类商品的电子商务的共同特点，就是商流和物流相分离、一定要伴随有物流活动发生、是最终要进行见面的电子商务活动。

（四）按照电子商务主体分类

按照电子商务主体分类，电子商务可以分为个人、企业、政府、事业单位四种类型。

个人作为电子商务主体，主要是个人的网上购买活动以及个人网页、个人网上业务活动。个人作为消费者，需要购买商品，于是上网、寻找商店、寻找商品、选购货物、支付货款等。个人作为供应商或服务提供商，在网上建立个人网页、或者链接、租驻在其他网页上，宣传自己、介绍业务、招徕顾客，提供商品或服务，获取报酬和利益。

企业作为电子商务主体，一是作为商品或者服务的提供商，建立自己的网页，或者链接、租驻在其他网页上，宣传自己、介绍业务、招徕顾客，提供商品或服务，获取报酬和利益。二是作为采购商，通过查询、招标等手段，在网上寻找供应商、寻找商品，进行交易洽谈、签订订货合同、进行商品交易活动或者商业服务活动。

政府作为电子商务主体，主要从事电子政务和政府采购活动。如电子公告、电子税务、行政事务处理、公民沟通活动以及政府采购有关活动等。

事业单位，如学校、宣教文体单位、行业协会、律师事务所、医院、图书馆、博物馆等，它们作为电子商务主体，与企业和政府有相同之处，也有不同之处。它们一方面作为采购主体，需要在网上进行采购活动。另一方面作为供应主体，一般在网上宣传自己、提供服务活动。在商业性质上（追求利润），没有企业那么重，但又没有政府那么轻，在公益性质上（为社会提供公益服务），没有政府那么重、但又没有企业那么轻，都介于企业与政府之间。

（五）按照交易形式分类

这里所谓交易形式，指交易伙伴的业务性质类型。按照交易形式分类，电子商务可以分为四种类型：

1. 以企业为交易主体的电子商务（B to X）

这一类是以企业（B）作为电子商务主体，对社会各个层面（X）开展的电子商务。

根据交易伙伴（X）的性质类型，又可以分成三种类型：

第一种类型是企业对消费者之间的电子商务，即通常说的B to C，主要是供应商企业向广大消费者提供商品或服务的电子商务活动。例如网上书店、网上超市等。

第二种类型是企业对企业（含事业单位）的电子商务，即通常说的B to B。它主要是供应商企业向客户商企业提供商品销售或劳务服务的电子商务活动。例如网上批发、网上招标采购等。

第三种类型是企业对政府的电子商务，也就是所谓的B to G。这种商务活动主要是企业向政府组织提供商品销售或者劳务服务活动。例如政府采购、投标、承包工程等。

2. 以消费者个人为交易主体的电子商务（C to X）

这一类是以消费者个人（C）作为电子商务主体，对社会各个层面（X）开展的电子商务。根据交易伙伴（X）的性质类型，又可以分成三种类型：

第一种类型是消费者个人对消费者之间的电子商务，即C to C，主要是消费者个人向广大消费者提供商品或服务的电子商务活动。例如网上销售、拍卖、网上门诊、网上律师、网上考评等。

第二种类型是消费者个人对企业（含事业单位）的电子商务，即C to B。它主要是消费者个人向客户商企业提供商品销售或劳务服务的电子商务活动。例如网上技术咨询、网上策划设计、网上承包项目等。

第三种类型是消费者个人对政府的电子商务，也就是C to G。这种商务活动主要是消费者个人向政府组织提供商品销售、行政事务税费或者劳务服务活动等。例如网上报税纳税、电子政务、政府采购、行政事务、承包工程等。

3. 以政府为交易主体的电子商务（G to X）

这一类是以政府（G）作为电子商务主体，对社会各个层面（X）开展的电子商务。根据交易伙伴（X）的性质类型，又可以分成三种类型：

第一种类型是政府对消费者之间的电子商务，即G to C，主要是政府向广大消费者提供管理服务或商品的电子商务活动。例如网上政务、网上报税收税、网上宣传公告、网上办证等。

第二种类型是政府对企业（含事业单位）的电子商务，即G to B。它主要是政府向企业提供管理服务或商品的电子商务活动。例如网上政务、网上报税收税、网上宣传公告、网上办证等。

第三种类型是政府对政府的电子商务，也就是G to G。这种商务活动主要是不同层次或不同地区之间的政府向政府组织提供信息、服务、指令、管理活动等。

4. 以复合形式主体为交易主体的电子商务

这种形式主要有三种类型：

第一种是G—X—X，即政府办网上交易市场，招揽众多企业、个人或其他政府组织入场进行电子交易。

第二种是B—X—X，即企业办网上交易市场，招揽众多企业、个人或其他政府组织入场进行电子交易。

第三种是C—X—X，即个人办网上交易市场，招揽众多企业、个人或其他政府组织入场进行电子交易。

（六）按电子商务活动范围分类

按电子商务活动范围分类，可将电子商务分为企业内部电子商务和企业外部电子商务两种类型。

1. 企业内部电子商务

企业内部电子商务，是指基于企业内部网的电子商务，也就是企业内部的管理信息系统 MIS、或企业资源计划系统 ERP、或电子商务应用系统。企业的员工通过这个系统进行数据交流、传递、加工、储存、共享，实现企业内部的各项商务业务处理。例如调拨物料、财务结算、资金划拨、技术培训、图书借阅等。企业内部网可以通过防火墙技术与企业外部网、Internet 隔离连接，既可以让企业内部职工登录互联网，又可以保护企业内部网的信息安全。

2. 企业外部电子商务

企业外部电子商务就是企业通过互联网对企业外部的消费者和其他企业的电子商务活动，即企业在整个互联网网上市场的电子商务活动。

企业内部电子商务是企业电子商务的基础，是为企业外部电子商务服务的，没有企业内部的电子商务事务处理，企业外部的电子商务也就无法进行。企业外部电子商务是企业电子商务的目的和核心，是企业效益和利润的源泉。

三、电子商务的特点

现代的电子商务，主要通过计算机 Internet 技术来完成。随着计算机技术的发展，Internet 技术的日益成熟，电子商务的特点和优越性也越来越明显。

（一）处理速度快、存储容量大、工作效率高

由于计算机处理速度很快（每秒几千万次），存储容量大，光纤传输速度快，容量大，所以电子商务处理速度快，效率高，达到了传统人工商务所望尘莫及的程度。

（二）费用低廉

由于互联网是国际的开放性网络，使用费用很便宜，一般来说，其费用不到增值网络（Value Added Network，VAN）的四分之一，这一优势使得许多企业尤其是中小企业和广大老百姓对其非常感兴趣。

（三）覆盖面广

互联网几乎遍及全球的各个角落，用户通过普通电话线或无线网就可以方便地与贸易伙伴传递商业信息和文件。

（四）功能全面

互联网可以全面支持不同类型的用户和不同层次的商务目标，如发布电子商情、在线洽谈、电子交易、电子银行、电子税务、电子邮件，商品管理、客户管理、成本核算、统计分析、预测决策等，凡是传统商务的功能电子商务都能够具有，传统商务没有的功能电子商务也可以具有。

（五）使用更灵活

互联网的结构是一个开放的柔性结构网络，可以根据需要灵活组织网络结构。基于互联网的电子商务可以不受特殊数据交换协议的限制，任何商业文件或单证可以直接通过填写与现行的纸面单证格式一致的屏幕单证来完成，不需要再进行翻译，任何人都能看懂或直接使用。

（六）电子商务大大提高了商务业务水平

电子商务可以大大提高商务业务水平，主要表现在：

（1）可以开拓更大的市场，直到全球性贸易市场，从而扩大销售。

（2）可以减少流通环节，供应商直通需求商，从而减少中间流通费用、提高流通效率。

（3）可以提高商务业务处理的规范化、标准化、信息化、科学化。电子商务一般必须使用电子商务应用软件，而电子商务应用软件在其开发的时候就已经对商务业务流程和商品品种类别等进行了规范化、标准化、信息化、科学化处理，所以应用电子商务软件开展电子商务，很自然地实现了商务业务处理的规范化、标准化、信息化、科学化。

（4）可以提高企业的管理水平和人员素质。

（5）可以提高市场管理水平和市场经济秩序。电子商务市场一般是一个比较开放的规范化的市场，有正常的市场操作规则，进入电子商务市场，就必然会自动遵守这些规则，从而导致市场的有序化。

（七）电子商务大大提高了客户服务水平和服务质量

电子商务可以大大提高客户服务水平和服务质量，主要表现在：

（1）方便快捷的互联网络，可以大大方便和加强了与客户的联系，增加了与客户的沟通力度。方便企业听取客户意见、进行市场调查、加强客户技术咨询和信息反馈，会提高客户的满意程度。

（2）低廉的网络费用，不但降低了企业的经营成本，也降低了客户的购买费用，这就增加了客户的满意程度。

（3）电子商务能提供交互式的销售渠道。商家能及时得到市场反馈，改进本身的工作，提高服务质量。

（4）电子商务能提供全天候的服务，即 365 天，每天 24 小时的服务，为客户采购提供了方便。

四、电子商务的功能

电子商务可提供网上交易和管理等全过程的服务，因此它具有广告宣传、咨询洽谈、网上订购、网上支付、电子账户、服务传递、意见征询、交易管理等各项功能。

（一）广告宣传

电子商务可凭借企业的 Web 服务器和客户浏览，在 Internet 上发布各类商业信息。客户可借助网上的检索工具（Search）迅速地找到所需商品信息，而商家可利用网上主页（Home Page）和电子邮件（E-mail）在全球范围内作广告宣传。与以往的各类广告相比，网上的广告成本较为低廉，而给顾客的信息量却更为丰富。

（二）咨询洽谈

电子商务可借助非实时的电子邮件（E-mail），新闻组（News Group）和实时的讨论组（chat）等来了解市场和商品信息，洽谈交易事务，如有进一步的需求，还可用网上的白板会议（White Board Conference）来交流即时的图形信息。网上的咨询和洽谈能超越人们面对面洽谈的限制、提供多种方便的异地交谈形式。

（三）网上订购

电子商务可借助Web中的邮件交互传送网上的订购。网上的订购通常都是在产品介绍的页面上提供十分友好的订购提示信息和订购交互格式框。当客户填完订购单后，通常系统会回复确认信息单来保证订购信息的收悉。订购信息也可采用加密的方式使客户和商家的商业信息不会泄漏。

（四）网上支付

电子商务要成为一个完整的过程，网上支付是重要的环节。客户和商家之间可采用信用卡账号实施支付。在网上直接采用电子支付手段将可省略交易中很多人员的开销。网上支付将需要更多可靠的信息传输以进行安全性控制，防止欺骗、窃听、冒用等非法行为。

（五）电子账户

网上的支付必需要有电子金融来支持，即银行或信用卡公司及保险公司等金融单位要为金融服务提供网上操作的服务。而电子账户管理是其基本的组成部分。信用卡号或银行账号都是电子账户的一种标志。而其可信度需配以必要技术措施来保证。如数字凭证、数字签名、加密等手段的应用提供了电子账户操作的安全性。

（六）服务传递

对于已付了款的客户应将其订购的货物尽快地传递到他们的手中。而有些货物在本地，有些货物在异地，电子邮件将能在网络中进行物流的调配。而最适合在网上直接传递的货物是信息产品。如软件、电子读物、信息服务等。它能直接从电子仓库中将货物发到用户端。

（七）意见征询

电子商务能十分方便地采用网页上的表单来收集用户对销售服务的反馈意见。这样使企业的市场运营能形成一个封闭的回路。客户的反馈意见不仅能提高售后服务的水平，更使企业获得改进产品、发现市场的商业机会。

（八）交易管理

整个交易的管理将涉及人、财、物多个方面，企业和企业、企业和客户及企业内部等各方面的协调和管理。因此，交易管理是涉及商务活动全过程的管理。电子商务的发展，将会提供一个良好的交易管理的网络环境及多种多样的应用服务系统。这样，能保障电子商务获得更广泛的应用。

五、企业电子商务系统的构成

从技术角度看，企业电子商务系统的构成，除了企业外部的互联网以外，在企业内部还包括：企业内部网（Intranet）、企业内部网与Internet的连接、电子商务应用系统以及工作人员。

（一）企业内部网（Intranet）

企业内部网（Intranet）由Web服务器、电子邮件服务器、数据库服务器以及电子商务服务器和客户端的PC机组成。所有这些服务器和PC机都通过先进的网络设备集线器HUB或交换器SWITCH连接在一起。

（二）企业内部网（Intranet）与互联网的连接

为了实现企业与企业之间、企业与用户之间的连接，企业内部网（Intranet）必须与互联网进行连接，但连接后，会产生安全性问题。所以在企业内部网（Intranet）与互联网连接时，要有连接机构，必须采用一些安全措施或具有安全功能的设备，这就是路由器、网关、交换机和防火墙。

（三）电子商务应用系统

在建立了完善的企业内部网（Intranet）和实现了与互联网之间的安全连接后，企业已经为建立一个好的电子商务系统打下良好基础，在这个基础上，再增加电子商务应用系统，就可以进行电子商务了。电子商务应用系统主要以应用软件形式实现，它运行在已经建立的企业内部网（Intranet）之上。电子商务应用系统分为两部分，一部分是完成企业内部的业务处理和向企业外部用户提供服务，比如用户可以通过互联网查看产品目录、产品资料等；另一部分是极其安全的电子支付系统，电子支付系统使得用户可以通过互联网在网上购物、支付等，真正实现电子商务。它们集合在一个网页之中，整个网页就构成一个电子商务平台。

（四）工作人员

工作人员也是企业电子商务系统的组成部分。企业电子商务系统也是一个人机系统，人是其中不可缺少的组成部分，而且是最重要的组成部分。没有人，机器不能运转。没有人，商务活动不能够开展，没有人，就没有买主、没有顾客。人员在其中起了最主要的作用。

六、电子商务的发展趋势

当前，电子商务已经成为一种符合人类进步趋势并得到大家认同的新事物，在企业竞争、政府部门管理、研究机构的研究、民众的生活、教育以及娱乐等方面改变着人类相互交往的方式，为人们展示了一个现实的全新的信息世界。

随着世界经济一体化、全球化进程的加快，电子商务的应用对于扩大贸易机会，提高贸易效率，降低贸易成本，增强企业竞争力和应变能力有着不可估量的作用。目前，电子商务已经引起世界各国政府和企业的普遍重视。20 世纪 90 年代以来，一些发达国家，包括一些发展中国家，正在利用电子商务技术改变传统的经济模式和贸易方式，并因此而获益匪浅。美国利用信息技术的领先优势，不仅支持了国民经济的增长，而且在国际贸易中占据了十分有利的地位。1999 年 1 月 1 日起，美国的政府采购行为已全部实行电子商务方式，并且将全面取消纸面单证。欧盟、新加坡等国也纷纷推出电子商务方案。

由于电子商务的出现，传统的经营模式和经营理念将发生巨大的变化。电子商务将会创造巨大的效益和机会，会将市场的空间形态、时间形态和虚拟形态结合起来，将物质流、现金流、信息流汇集成开放的、良性循环的环路，使经营者以市场为纽带，在市场上发挥最佳的作用，得到最大的效益。可以肯定，电子商务的发展会带给我们一个经济更加繁荣的时代，对社会的进步和经济的变革产生深远影响。更重要的是，传统商业已面临一场新的革命，原有的商业格局有可能重组，商业企业和商业流通将出现变革，在变革过程中，有可能打破原有的差距，使大家站在同一起跑线上。尤其是对于发展中的中国商业来说，通过电子商务来实现飞跃确实是难得的机遇，如果抓住了机会就有可能较快地缩短我们与发达国家的距离。有人曾预测：21 世纪的世界经济中心将从欧、美转移到亚洲，但要使这个预测成为现实，Internet 及电子商务将成为改变世界经济旧秩序的最大动力。

世界正在进入知识经济时代，信息流的作用日显重要。在国内外商贸活动中，应用电子信息技术，重视对信息流的有效管理和利用，已成为提高竞争力的一个重要手段。目前在我国，有相当一部分企业连入了 Internet，其中一些企业已拥有了自己的 Home Page 和 WEB 服务器，部分进行国际贸易的企业已能够熟练进行国际电子商务。信息技术和与之相关的电子商务已经成为了中国企业在 21 世纪超越世界的真正机遇。

案例

中石化电子商务采购再创历史新高

中石化 2007 年网上采购额达 1455 亿元，再创历史新高。同时，该公司已成为我国 B to B 领域采购规模最大的电子商务企业。

2006 年中石化的网上采购额是 1130 亿元，相比 2005 年增长了 29%。2007 年该公司的整体采购上网率达到了 92%。截至 2007 年年底，该公司累计实现网上采购总额 4336 亿元，节约采购资金 159 亿元。网上采购金额屡创新高。其化工原辅料、钢材、煤炭、机电设备等大宗、重要、通用物资全部实现上网采购。旗下有 4 家企业上网采购总额超过百亿元，15 家企业网上采购金额超过 30 亿元，占上网采购总金额的 76%，45 家企业上网采购率都超额完成年初制定的上网采购工作指标。

中石化目前的网上竞价采购范围仍持续扩大，涉及化工、机电设备、备品配件等 212 个小类的物资，同时网上订单处理及时率达到 99%以上，网上业务处理不及时、先操作后上网补录等现象得到很大改善。不仅如此，公司的竞价采购也继续推进，胜利油田、安庆石化等 23 个企业实施了网上动态竞价采购，竞价采购金额 8.59 亿元，节约采购资金 1.24 亿元，节约率达到 14%。

中石化向《第一财经日报》提供的数据显示，从 2000 年到 2007 年的 7 年间，公司的网上注册供应商由 300 多家发展到 2 万多家，企业上网用户达到 5842 个，网上采购品种从 8 个大类、5000 多种物资扩大到 56 个大类、12.7 万多种物资，规模由 2001 年的 76 亿元大幅增加到 2006 年的 1130 亿元，扩大了 15 倍。同时，该公司的网上采购率由 2001 年的 12%快速提高到 2007 年的 90%以上，累计节约采购资金 146.4 亿元。

大型企业的网上采购已成为趋势。目前，中石油、中石化、宝钢、海尔、海信、双星等大型企业基本实现了原材料网上采购。

资料来源：王佑．石油石化物资采购，2008（3）。

第二节　电子商务采购

一、电子商务采购的概念

（一）电子商务采购的含义

电子商务在具体的应用上，可以实现两大功能：一是电子商务销售，二是电子商务采购。二者虽然都是电子交易，但是它们的内容不同，处理方法也不完全相同。电子商务销售主要是接受用户的订货，向用户提供商品销售和送货服务。而电子商务采购则主要是寻找自己的供应商，开展由供应商采购和进货的工作。本章则只讨论电子商务采购。

所谓电子商务采购，就是利用电子商务形式进行的采购活动。具体来说，就是通过建立电子商务交易平台，发布采购信息，或主动在网上寻找供应商、寻找产品，然后通过网上洽谈、比价、网上竞价实现网上订货，甚至网上支付货款，最后通过网下的物流过程进行货物的配送，完成整个交易过程。

因为电子商务主要是在计算机网络上进行的，所以电子商务采购又称之为网上采购。电子商务是电子商务采购的基础和环境。

（二）电子商务采购的方式

电子商务采购最基本的方式有两种，一种是网上查询采购，另一种是网上招标采购。

网上查询采购，就是采购者上网，查找供应商、查找商品，进行商品考察，与供应商联系洽谈、签订合同，然后合同实施而完成采购的一种采购方式。

网上招标采购，就是采购者建立网站，或者租驻别的网站，发布采购公告，招徕各地的供应商来投标，然后对各个投标的供应商进行竞标选择，确定最后的供应商，签订采购合同，最后采购合同实施而完成采购的采购方式。

这两种采购方式，前者简单方便、成本低、采购快、时间短、效率高，采购量小。适合于绝大多数消费者个人及一些企业对于通常用品的采购。例如在网上超市、网上书店、网上节日用品商店、软件、娱乐、书刊等数字物品商店等的采购都可以采用这种采购方式。这种采购通常可以在 B to C 购物网站上来完成。后者比较正规复杂、成本高、采购慢、时间长，但是采购量大、或者持续供应时间长，对产品和供应商要求高，一般适用于企业和政府对大批量用品的采购。

小资料

国内 B to C 网站大全

类别	网址
综合	http://www.amazon.cn（卓越），http://www.dangdang.com（当当）http://www.2688.com，http://www.d1.com.cn（D1 便利网），http://www.80ebus.com（百联巴士），http://www.lanjiahuo.com（懒家伙网超）http://www.yihaodian.com（1 号店），http://www.800buy.com，http://www.eguo.com（E 国），http://www.shuashuashua.com（刷刷刷），http://www.mastershanghai.com（网上海），http://www.m18.com（麦网），http://www.xiaokang.com（小康之家），http://www.igo5.com（西单爱购物），http://www.ejaja.cn（亿家家），http://www.yoyo18.com（优邮网），http://www.wooha.com（呼哈），http://www.dazhe.cn（名品打折网），http://www.lafaso.com/（乐蜂网），http://mp-show.com.cn（名品 SHOW），http://www.ejia.com（E 家网），http://www.quwan.com（趣玩），http://buy.yoho.cn（有货）
IT 数码	http://www.360buy.com（京东），http://www.newegg.com.cn（新蛋中国），http://www.icson.com（易迅），http://www.bearbuy.com.cn（小熊商城），http://www.365com.com（365 数码网），http://www.3c800.com，http://www.xkvip.com

续 表

类别	网 址
IT 数码	(星空网购), http://www.xgou.com (享购网), http://www.51kanjia.com (蔫老虎), http://www.thinkshop.cn (醒客商城) http://www.pcarm.com/ (PC 装备网), http://shop.e800.com.cn, http://www.it88.com.cn, http://www.360mart.com, http://www.woye.com (我耶)
图书音像	http://www.99read.com (99 书友会), http://www.wl.cn (蔚蓝书店), http://www.china-pub.com (互动出版社), http://www.gouduo.com (够多网), http://www.bookschina.com (中国图书网)
鲜花礼品	http://www.salala.com.cn (莎啦啦), http://5288.com, http://link.flowercn.com (中国鲜花礼品网), http://www.aiyee.cn (爱意情侣网), http://www.liyi99.com (礼仪久久), http://www.xiadingdan.com (下订单)
服装	http://www.yesppg.cn, http://www.vancl.cn, http://www.bono.com, http://www.hany.com.cn, http://www.togj.com (逛街网), http://www.felissimo.com.cn (芬理希梦), http://www.shishangqiyi.com (时尚起义), http://www.menglu.com (梦露), http://www.3suisses.com.cn (法瑞儿), http://www.ushan.cn (优衫), http://www.omango.com (欧芒果), http://www.zoshow.com (走秀), http://www.qianxun.com (千寻网), http://www.fim.com.cn (动感时尚), http://www.masamaso.com (玛萨·索), http://www.shift6-6.com (生活解码), http://www.lamiu.com (兰缪), http://www.moonbasa.com (梦芭莎)
手机	http://www.139shop.com (北斗), http://www.18900.com, http://www.ouku.com (欧酷), http://www.5366.com, http://www.1gou.com (壹购网)
相机	http://www.rayi.cn (锐意), http://www.lusen.cn (绿森), http://www.cmd365.cn (成名), http://www.hit168.com.cn (热点数码)
汽车用品	http://www.carsfun.com (车趣), http://www.autosup.com (中国汽车用品在线), http://shop.chinacars.com (中国汽车用品商城), http://www.koocar.com (酷卡)
家电	http://www.gome.com.cn (国美) http://www.suningshop.com (苏宁) http://www.goodjd.com (品牌家电网), http://www.all3c.com (新七天), http://www.51mdq.com (世纪电器网)
化妆品	http://www.no5.com.cn (NO5 时尚广场), http://www.7shop24.com (天天购物网), http://www.3fen.com.cn (三芬网), http://www.dhc.net.cn http://www.91pretty.com (名妆秀), http://www.yesfashion.cn (耶时尚), http://www.leftlady.com (左岸女人), http://www.sudii.com (速递爱), http://www.guopi.com (果皮网)
箱包	http://www.shaobag.com (烧包网), http://www.mbaobao.com (麦包包), http://www.uiyi.cn (佑一良品)

续 表

类别	网 址
体育用品	http：//www. 21goo. com（炫体网），http：//www. yoger. com. cn（优个网），http：//www. 2bao. com（兔宝网），http：//www. cosize. com（酷噻），http：//www. okaybuy. com. cn（好乐买），http：//www. buy007. com（奥迅运动城），http：//www. kaluli. com（卡路里），http：//www. letaozu. com（乐淘族）
平台	http：//www. soit. com. cn（搜易得），http：//mall. sina. com. cn（新浪商城），http：//www. 263mall. com（263 商城），http：//mall. taobao. com（淘宝商城），http：//brand. paipai. com（拍拍商城），http：//www. 365. com（365 商城），http：//www. zol. com（ZOL 商城），http：//www. 6688. com（6688 商城）
其他	http：//www. asiaec. com（亚商在线），http：//www. shoubiao. com. cn（手表折扣网），http：//www. mingbiao. com. cn（名表折扣店），http：//www. 2008eshop. cn（奥运网店），http：//www. bibipu. com（必必普），http：//www. buding. com（布丁网），http：//shop. 8844. com（8844）

（三）电子商务采购的特点

由于电子商务采购是在互联网上进行的，它具有如下特点：

（1）公开性：既然在网上采购，由于因特网有公开性的特点，所以网上采购具有公开、公正、公平的特点。就相当于超市上的明码标价、交易规则公开、童叟无欺一样，让采购者放心。

（2）广泛性：网络没有边界，所有的供应商都可以向采购方投标，采购方也可以调查或查询所有的供应商。

（3）交互性：电子商务采购过程中，采购方与供应商的网上联系非常方便，可以通过电子邮件或聊天方式进行信息交流。谈产品、谈价钱、谈服务、讨价还价、签订合同，既方便，又迅速，又成本低。

（4）低成本：网上采购，足不出户，操作简单方便，可以节省大量人工业务环节，省人、省时间、省工作量，总成本小。

（5）高速度：网上信息传输速度快。无论发邮件、上网登录、查询商品、查找资料，都在瞬息之间就可完成，而且随着计算机性能的提高、宽带网的普及，这个速度还会越来越快。可以大大节省时间、提高效率。

（6）高效率：以上几点综合起来，显然是高效率。

当前，网上采购处在快速的成长阶段，许多企业和公司出于自身业务的急剧成长或竞争需要，纷纷对网上采购进行了大量的投资。这些投资包括对企业原有的 ERP 系统改造或自行构建新的商务系统。

目前制约网上采购发展主要是两个因素，一是物流配送，二是网上支付。特别是物流配送，既需要商家的职业精神，还需要物流基础建设的投入。网上支付，一是支付方式，二是安全性。这些都需要一段发展过程才能够逐步解决。

二、网上查询采购

网上查询采购是一种最常用的网上采购方式，其一般过程步骤如下：

（一）确定需求

首先要明确采购什么、采购要求。这一般需要进行事先的计划。但是也有在浏览网站时无意中发现了很喜欢的商品而临时决定购买的情况。只有事先做好计划策划，才可能目的非常明确地寻找供应商、寻找商品，从而缩短寻找时间、提高效率。

（二）上网

网上查询采购不一定非要有自己的网站或网页，只要能够上网就可以。现在一般用浏览器登录 WEB 网。打开浏览器，例如 Microsoft Internet Explorer，输入你想登录网站的网址，就可以登录上去。

（三）查询供应商

上网查询供应商有几种方式：

(1) 如果已经知道供应商的网站地址（网址），则只要打开浏览器，输入供应商的网址，就可以直接登录到供应商的网站上。

(2) 如果不知道供应商的网站，或者你虽然知道一些供应商，但是还想查询更多的供应商，则这时可以采用搜索查询方式查询。

搜索查询又有几种查询方式。

①通过一些搜索网站查询：登录一些知名的搜索网站，例如网易（163. com）、搜狐（sohu. com）、百度（baidu. com）、新浪（sina. com）等，在它的网站搜索框中填写你所需要采购的产品名或产品大类名，点击“搜索”，就可以出来多个网站名及其简介，其中就可能有多个供应商的网站。

②通过浏览器搜索菜单查询。如果你已经通过 Microsoft Internet Explorer 进入了一个网站，例如你自己的网站，就可以点击浏览器菜单上的“搜索”菜单，再输入产品名或产品大类名，也会出来多个网站及其简介。

③通过浏览器网址框查询。如果你已经通过 Microsoft Internet Explorer 进入了一个网站，则直接在其网址框中直接输入产品名或产品大类名，也会出来多个网站及其简介。

④通过网站导航查询。在一些网站特别是行业的网站上，常常有“网站导航”，其中链接有一些供应商的网站，点击它，就可以进入供应商的网站。

总之，可以根据情况采用上述任何一种方式查询到多个供应商。

（四）查询商品、调查供应商

登录到供应商网站以后，首先看看他有没有所需要的商品。要查看商品说明、性能价格等，作深入调查研究。如果商品不合适，就另外再找供应商。如果有合适的商品，就要深入调查一下这个供应商，查看一下企业介绍、企业业绩等情况。如果你认为企业不满意，就需要另找供应商；如果你认为企业比较满意，就可以初步选定供应商、选定这个产品。

你可以多选几个供应商，并在初步选定的供应商当中进行比较，最后选定最满意的供应商、选定这个供应商的产品。

（五）与最后选定的供应商接洽，进行采购谈判

可以通过网站上的用户服务窗口与供应商对话，或者发电子邮件，或者配合打电话，与供应商就采购有关问题进行沟通，根据洽谈的结果决定是否采购。

（六）签订合同

通过谈判，最后达成协议，决定采购，就要签订采购合同，或者直接点击供应商网站上的“购买”框，就可以进入购买实施阶段。

（七）采购实施

签订了合同，或者点击了“购买”之后，就可以进入购买实施阶段。

购买实施，一个是商品配送，一个是支付货款。可以在网上支付，也可以在货物送到手，验收合格之后，当面支付。

这样就完成了一次网上查询采购的全过程。

案例

老教授足不出户买书籍

张教授工作很忙，想去买几本关于物流的书，可实在花不起那么多时间进城去逛书店，而且也没有把握在武汉的几家书店找到那几本书。听同事说北京有个网上书店，叫当当书店，网址是 dangdang. com。但他从来还没有到网上买过东西，所以就抱着试一试的想法，坐到了计算机旁。他计算机很熟，先打开了浏览器 Microsoft Internet Explorer，登录到了自己大学的网站上，然后在网址框中输入当当书店的网址，回车，一会儿就登录上了当当书店的网站。当当书店网站的主页布置得很漂亮，在五颜六色的网页上，有几个闪亮的广告，还有飘来飘去的旗帜广告。屏幕上部招牌图画的下面，有一排菜单标签，如“首页”、“图书”、“VCD”、“DVD”、“音碟”、“时尚”、“游戏”、“软件”、“商城”，都是书店的经营范围。点击哪个，就进入哪个的经营网页中去。屏幕左侧上部有一块新顾客注册区，上面还有一辆购物车，装购买物用的。左侧下部是书刊类别区，里面排列着各大类书刊类别名，正中主体部分是几本书的介绍，包括书名，作者名，书的原价，打折扣以后的售价，旁边有一个“购买”按钮。张教授想买的物流书，应当在管理类书刊中，所以他就点击左边书刊类别区中的“管理”，一会儿就出现另一个屏幕。屏幕左侧原图书类别区，现在成了管理大类的二级类别区。如“管理”、“会计”、“金融/投资”等，就是没有“物流”。在正中主体区中出现了一些管理类的书名、作者名、原价和售价，但是没有他想要的物流书籍。但是图书二级类别区下面，有一个“组合查询区”，张教授在其中书名框中输入“物流”二个字，回车，就在主体区出现了很多的物流书籍。点击一本书名，就可以出现一个屏幕，说明这本书的详细情况（作者、内容、出版社、原价、售价等），旁边还有一个“购买”按钮。点击这个按钮，就出现一个购物车网页，里面有一张购物清单表，记载了刚才购买书的书名、数量、金额、累计金额等，数量可以修改，修改数量后的金额是自动计算的。如果想继续购买，就点击“继续购买”按钮，回到前一个书名网页，继续查找书籍，不想购买了，购物车就自动求出合计金额，并显示出清单，供你修改确认，想修改就可以点击“重新修改”进行修改，最后确认无误，就点击“去结算”，出现一个顾客信息屏幕，要输入 E-mail 地址和密码，进行登录注册。注册成功，就出现一个屏幕，要你选择送书的方式和支付方式，最后打出一张购书凭单，有购书书目清单、数量、价格、合计金额，送书方式、支付方式等，并且有一个凭单号。并把这个凭单用电子邮件发到你的信箱中，同时可以随时根据凭单号到当当书店网站上查询。

张教授花了半个多小时，买了六本书共100多元，超过100元，就成了金卡会员，免交送书费。过了一个星期，就有一个女同志把书送到了张教授的办公室，也没有收送书费。这样，张教授足不出户，只花了半个小时，就买到了千里之外的北京书店的书，而且价钱比原价书还便宜。张教授对此次网上查询采购十分满意。

三、网上招标采购

网上招标采购，是通过发布采购招标公告，招徕供应商上门投标而选择供应商进行采购的方法，具体又可以分为两种，一种是非正规招标，另一种是正规招标。

非正规招标并不是真正意义上的招标，它只是在自己的网页上发采购物料的告示，吸引供应商上门来洽谈，直接商谈采购事宜而进行采购，没有投标竞标过程，实际操作上有点像上面说的网上查询采购，与之不同的是由供应商查询找上门来商谈采购。

正规招标采购是采购商在自己的网站或租驻他人的网站发布招标采购公告，招徕供应商上门前来投标，通过竞标评标选择供应商而进行采购的采购方式。正规招标按招标范围又可以分为公开招标和选择招标两种方式。公开招标是面向所有的供应商招标，招标书可以发给任何想来投标的供应商；选择招标是面向初步选定的几个供应商，招标书也只发给初步选定的几个供应商。

因为非正规招标有点类似于网上查询采购，所以这里不再讨论，下面只就正规招标方式进行讨论。

（一）网上招标采购的一般过程

网上招标采购的一般过程步骤如下：

（1）建立企业内部网，建立起管理信息系统，实现业务数据的计算机管理。建立起企业的电子商务网站。在电子商务网站的功能中，应当有电子商务采购的功能。

（2）利用电子商务网站和企业内部网络收集企业内部各个单位的采购申请。对企业内部的采购申请进行统计分析，对需要进行招标采购的项目进行论证，形成招标采购任务。

（3）对网上招标采购任务进行策划和计划：

①明确招标采购的任务、目的，必要性和可能性，进行可行性分析。

②确定招标采购程序、时间进度，确定招标方式，是采用选择招标还是公开招标。如果是选择招标，则要初步选定备选供应商名单。

③设计招标采购公告、采购招标书和采购合同。

招标公告应简练明确，主要说明招标内容、投标方法、时间进度、公司名称地址、联系方式等。

招标书主要说明招标任务、内容和要求，招标程序，时间进度，投标书规范，投标者注意事项，采购合同样本，评标原则、标准和定标方法等。

采购合同设计主要是确定一个采购应达到的基本目标和基本条款，确定一个可以接受的浮动范围。

④确定评标小组和指标评价体系以及评标方法。

评标小组应当由一些采购方面、市场方面、管理方面和技术方面的专家组成，人数

5～7人，成单数，好进行表决。

评价指标体系应当由评标小组集体讨论，兼顾采购方管理层的意见后最后确定。如果各个指标的重要性不一样，则每个指标还要分别设定权数。

评价方法有两种，一是简单表决法，二是专家评分法。简单表决法，是由评标小组各个评委分别阅读投标书，再结合听取供应商的答辩陈述之后，进行集体表决。票数多的为优。专家评分法，是由评标小组各个评委分别阅读投标书，或者再集体听取供应商的答辩陈述，分别给每个指标评分。最后加权平均，得分最高的供应商为优。

专家评阅投标书，可以各自隔离在网上评阅，也可以集体隔离进行书面评阅。评委在评标期间之所以应当隔离，是为了防止内外串通违规。

（4）按既定的采购计划程序和进度实施

①发布招标公告。对于公开招标方式，可以在自己的网站上发表，也可以在一些知名网站发表或链接，也可以配合在一些媒体发表，这样可以扩大宣传范围。

如果是选择招标，则不发表招标公告，改向初步选定的供应商用快递方式投送招标邀请通知函，之所以采用快递方式，就是要留下投递责任人的签字，能够确认是否投递到位。

②投放招标书。公开招标方式中的招标公告发布以后，或者选择招标方式中初步选定的供应商收到招标邀请函以后，陆续会有一些愿意投标的供应商前来联系购买招标书，这时招标办公室应当审核确认，并在收取一定押金之后，给他们一个密码，让他们能够打开网站中存放的招标书文件，进行查阅或下载，通过这样的方式把招标书投放到愿意投标的供应商手中。

③收集投标书。供应商阅读了招标书以后，就会根据招标书的要求，编写自己的投标书。供应商的投标书应当在投标截止之日前投送到招标办公室。

④组织评标小组、根据评价指标体系进行评标；

⑤公布评标结果；

⑥通知中标单位，订立采购合同；

⑦采购合同实施。

采购活动的实施可以网上网下结合进行。网上搞信息联系，网下搞送货。网下进货程序和其他采购方式相同。

利用电子商务网站进行招标采购，其优点是显而易见的。

第一，它能够在更大范围内选择供应商、选择产品，并且通过竞争方式进行筛选，所以能够找到最好的供应商、最理想的产品；

第二，它遵照共同的公开的程序规则进行处理，对所有的供应商一视同仁，体现了公开、公平、公正。

第三，它借助互联网为买方和卖方提供了一个快速建立联系的环境条件，使信息沟通、采购操作快捷方便，降低了成本，提高了效率。

（二）电子商务采购的模型及模块功能设计

现阶段我国企业信息化基础较为薄弱，电子商务采购的重点应放在企业信息流和资金流的有效集成上，解决采购与财务结算中的瓶颈问题，以确保网上采购行为的正常畅通。为此，提出如图 11－2 所示的网上采购模型。

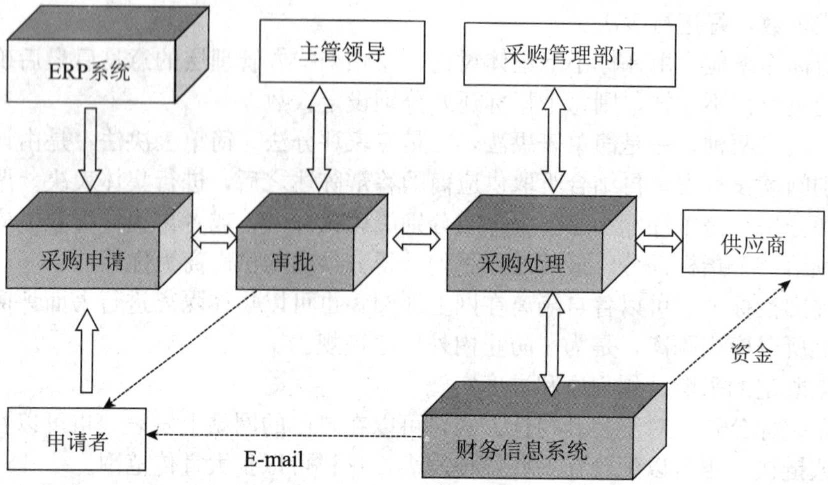

图 11－2　电子商务网上采购内部模型

在这一模型中，将网上采购划分为企业内部采购申请、采购审批和采购处理三个功能模块。各模块的具体功能描述如下：

1. 采购申请模块

接受公司员工提出的产品（如办公用品、书籍或电脑零配件）或服务申请；接受企业关键原材料供应部门或生产部门提交的采购申请；接受企业 ERP 系统自动提交的原材料采购申请。

公司员工提交申请或供应部门手工提交申请，都应通过浏览器登录网上采购站点的页面进行，ERP 系统的采购单据则可根据数据交换标准自动传递。

2. 采购审批模块

根据预设的审批规则自动审核并批准所接收到的任何申请。

对于企业内部提交的、并经审批通过的产品申请，直接向仓库管理系统检查库存，如库存已有，立即通知申请者领用，如库存没有，采用 E-mail 通知申请者：申请已批准，正在采购中。

对于审批未获通过的申请，立即通知或邮件通知申请者：申请由于何种原因未获批准，请修改申请或重新申请。

通过审批无法确定是否批准或否决的申请，邮件通知申请者的主管领导，由领导登录采购系统的 URL，审批申请。

对于已通过的采购申请，一方面要邮件通知申请者，另一方面还要提交给采购处理模块。

3. 采购处理模块

采购处理模块主要有以下功能：

(1) 采购管理部门针对已经审批通过，并且需要进行网上采购的采购任务，进行统计整理，并逐项进行分析，分别确定采购方法。对于要进行招标采购的项目，要进行可行性分析，看是否确实必要进行招标采购。

(2) 进行网上采购策划、制订采购计划。例如采购程序、进度、政策、招标书的规范、评标小组的策划、评价指标体系，设计招标书，招标公告、采购合同、基本标的、投标书规范等。

(3) 采购计划实施。根据既定的采购方案和采购计划组织实施，并且在实施过程中实行监控与保障，达到圆满完成采购任务的目的。

知识链接

北京铁路局电子商务采购的功能

(一) 北京铁路局概况

北京铁路局成立于1953年1月1日，承担着全国铁路约1/3的煤运量、1/4的货运量、1/5的运输进款收入、1/6的换算周转量、1/7的客运量。在1994年全国500家最大服务行业企业排序中，名列交通邮电业之首。截至1999年年底，全局固定资产原值735.26亿元，固定资产净值526.6亿元，铁路营业里程全长7432.2千米。

自2000年以来，通过全面贯彻落实《北京铁路局采购管理办法》和《北京铁路局物资价格管理办法》等文件，完善了采购组织机构，建立了物资计划、渠道、价格和采购四权分离相互制约的采购机制，实现了采购渠道、采购价格、采购程序和服务承诺“四公开”，集中计划形成批量，进行招（邀、议）标和比质比价采购，确保采购物资质量，降低采购成本。北京铁路物资工业处负责北京铁路局的整体物资采购，是北京铁路局的重要职能部门，也是网上采购平台的承办者和运营者。物资工业处年采购额达到几十亿元，采购品种成千上万，其中金属、油品和机电设备及配件是其主要采购品种。随着业务的发展，企业化运作的深入，以及外界经营环境的变化，采用信息技术和电子商务来提高效率，降低成本，规范管理得到了领导的高度重视，把实施信息化和电子商务放在一个非常重要的位置，认为利用电子商务来重新整合资源，规范业务流程，促进业务发展是北京铁路物资工业处实现又一次飞跃的良好契机。经过认真详细的市场调研和多次评估，北京铁路局物资工业处最终确定了采用中华商务网所提供的网上采购解决方案。经过中华商务网电子商务部和技术开发人员的努力及北京铁路局物资工业处的工作人员的积极配合，如期完成了采购平台的建设。

(二) 北京铁路局电子商务采购平台的主要功能

1. 系统维护

用户注册认证功能：每个用户有唯一的ID和口令，经过系统安全认证，合法用户可以通过互联网随时快捷地进入本采购中心。提供单一用户独享进入认证，保证每个ID同时只能有一个用户进入。

用户管理功能。通过对系统业务逻辑和流程的分析，为系统中的不同用户分配角色和权限。系统用户即为系统管理员；买方用户包括：买方管理员、比价采购员、招标采购员、审批人、专家管理员、监察人员及评标专家；卖方用户包括：卖方管理员，卖方业务联系人。

产品目录管理功能。创建产品目录，管理产品数据。产品目录具有如下特点：产品目录格式是符合铁路部标准的；产品目录可以进行查询和维护。系统管理员可以对系统的标准产品库进行查询和增加、删除、修改等维护。

广告发布管理功能。首页推荐支持动态发布与管理推荐企业和推荐产品；加强平台与供应渠道之间的互动联系。

信息管理功能。可以通过浏览器实时在线对政策法规进行信息维护，使信息维护工作变得轻松、高效、方便。

网上服务。可以根据网上留言板、网上调查等进行客户意见收集；网站还开辟了网上论坛（BBS），会员可以提出问题在论坛中发布，征询各种解决办法或针对专业性问题进行讨论。网站还提供供求资讯发布栏，使采购双方及时了解物资供求动态。

2. 渠道管理

供应商可以在前台注册企业和管理员，并可维护企业和业务员信息，设定和修改企业内部不同用户的权限。并可申请成为多家采购方的渠道。

采购商可以按多种条件查询供应商信息，根据供应商的申请审查供应商资质，批准供应商成为正式供应渠道，并分配科目和渠道性质。

采购商可以管理供应渠道的收费情况，还可以管理渠道性质、渠道科目及渠道等级等信息。

渠道统计分析：可以按渠道性质、动态及科目类型对不同时间段的渠道进行统计分析。

3. 网上采购

采购定制功能。采购商可以进入定制的产品目录直接选购产品。所谓定制是指卖方以约定的产品、价格、交货条件等向买方提供货品，并且这种定制的产品价格策略只有约定的买方可以看到。

产品发布与维护功能。可以通过浏览器在线发布、增加、修改、删除产品数据；可以批量上传发布或更新数据；数据可以即时更新；可以设定产品销售策略；可以进行定制销售，针对不同的买家提供只有该买家可看到的事先约定的内容、价格、库存和服务。

询报价采购功能。采购商选择对某一产品进行报价的供应商和生产该产品但未在平台上报价的供应商进行询价，被询的供应商可以在线报价，并且双方可以进行在线议价，对满意的报价生成采购订单。

采购过程跟踪。系统自动将采购过程和订单生成过程以日志的形式记录下来，便于领导对业务员审核和采购员自身业务提醒。

交互谈判功能。系统接受采购商的询价和采购订单，可对该询价单或订单应答进行议价或交互谈判磋商。

订单审批功能。企业的上级主管或财务部门可以随时随地对订单流中的订单进行审批。

4. 网上招标

采购商可以在线发布竞标邀请和竞标信息，可以选择公开招标和邀请招标，可以对潜在供货商进行资格预审，可以约定评标的原则。

供应商可以在线查询邀请或公布招标信息，可以根据本身的情况进行在线投递标书。查看开标信息，确认授标，并在线与招标方签订合同。

在线开标，开标时间到了以后，系统提示开标时间到，招标方和投标方均输入正确密码后，方可开标。

在线评标，采购方的评标专家登录，对投标书进行查看，澄清，审查资质，对投标商进行打分后提交评分。

采购方根据评标专家的评分进行授标。投标方在线确认授标，如投标方不接受授标，招标方可以另授给其他投标单位。

在线签订合同。

5. 统计分析

综合查询。采购方的采购员可以对自己发生的询价单、根据询价供应商的报价单、订单和合同等进行查询。卖方业务员也可以对自己处理的询价单、报价单、订单和合同及招标信息等进行查询。

合同管理功能。采购商可以查询合同，并履行合同的到货和付款情况，及合同履约保证金的管理。可以查看合同的履行情况，并可以在线处理非正常履行合同。

统计分析。对合同的履行情况按不同的时间段进行统计；价格走势分析：即对某一产品按时间对交易价格的走势分析图；采购绩效考评：包括局内供应商和局外供应商的采购量对比、采购金额对比等。对同一产品的累计采购量和累计采购金额的统计。

6. 其他功能

发布供求信息。供应商可以随时在采购平台发布该公司的物资供求信息，使采购方能及时了解物资的供求动态。

在线调查，对所关心的问题进行问卷式调查，并对调查结果进行统计分析。

网上论坛。

政策法规等新闻信息的发布和查询。

7. 系统配置

北京铁路局网上采购平台系统配置：

开发平台：Windows 2000 Server +；Oracle 8.1.7 + IIS5.0；

数据库设计工具：Powerdesign 2000；

开发工具：MS Studio 6.0，XMLSpy；

开发技术：ASP，XML，JAVAScript，HTML，VC；

项目管理：MS Project 2000。

北京铁路局网上采购平台通过验收后，经过中华商务网的培训工程师培训后即投入了使用，目前系统运行正常。

四、电子商务采购安全

电子商务采购需要采用网络发布消息，传递报文，在传递的过程中，很有可能被攻击或者截获、修改，更有甚者，发送伪造的各种文件，这些都会给电子商务采购带来破坏和损失。因此电子商务采购的安全问题就成为一个非常重要的问题。

为了保障交易各方的合法权益、保证能够在安全的前提下开展电子商务采购，电子商务采购系统必须达到下列安全控制要求：

1. 有效性要求

必须保证电子商务采购活动所传输的数据在确定的时刻、确定的地点是有效的。

2. 可用性要求

安全管理人员能够控制用户的权限、分配或终止用户的访问、操作、接入等权利，被授权用户的访问不能被拒绝以保障合法用户的权益。

3. 机密性要求

信息存取和信息在传输过程中不能被非法窃取、泄漏；应当保证公共网络商业信息的机密性；信息发送和接受是在安全的通道进行，保证通信双方的信息机密；交易的参与在信息交换过程中没有被窃听的危险，非参与方不能获取交易的信息。

4. 完整性要求

电子交易各方信息完整性是电子商务采购的基础。应该防止对信息的随意生成、修改和删除，同时要防止数据传送过程中信息的丢失和重复，并保证信息传送次序的统一。

5. 真实性要求

交易方的身份不能被假冒或伪装，可以有效鉴别确定交易方的身份，能甄别信息、实体的真实性。

6. 反抵赖性要求

电子商务方式下，必须在交易信息的传输工程中为参与交易的个人、企业或服务部门提供可靠的标识。有第三方提供的数字化过程记录，信息的发送方不能抵赖曾经发送的信息、不能否认自己的行为。

7. 可控制性要求

能控制使用资源的人或实体的使用方式。

8. 健壮性要求

对病毒或非法入侵有一定的抵御能力。

9. 审查能力

根据机密性和完整性的要求，应对数据审查的结果进行记录。

以上这些要求，是设计电子商务系统所必须具有的条件。它涉及硬件、软件和使用几个方面。可喜的是，随着现代信息技术的发展，硬件、软件和应用的水平越来越高，这些要求基本上都能够得到满足，电子商物采购也是完全可以实现的。

小知识

电子商务安全的技术手段

电子商务运行过程中的安全技术手段主要体现在加密技术、认证技术和安全认证协议这三个方面。

（一）加密技术

加密技术是一种主动的信息安全防范措施，其原理是利用一定的加密算法，将明文转换成为无意义的密文，阻止非法用户理解原始数据，从而确保数据的保密性。目前，获得广泛应用的两种加密技术是对称密钥加密体制和非对称密钥加密体制。它们的主要区别在于所使用的加密和解密的密码是否相同。

一般的数据加密模型如图 11－3 所示，它是采用数学方法对原始信息（明文）进行再组织，使得加密后在网络上公开传输的内容对于非法接收者来说成为无意义的文字（密文），而对于合法的接收者，因为掌握正确的密钥，可以通过解密过程得到原始数据。在图 11－3 中，E 为加密算法，ke 为加密密钥，D 为解密算法，Kd 为解密密钥。如果按照收发双方密钥是否相同来分类，可以将加密技术分为对称密钥加密技术和非对称密钥加密技术，两种技术最有名的代表分别为 DES 和 RSA。

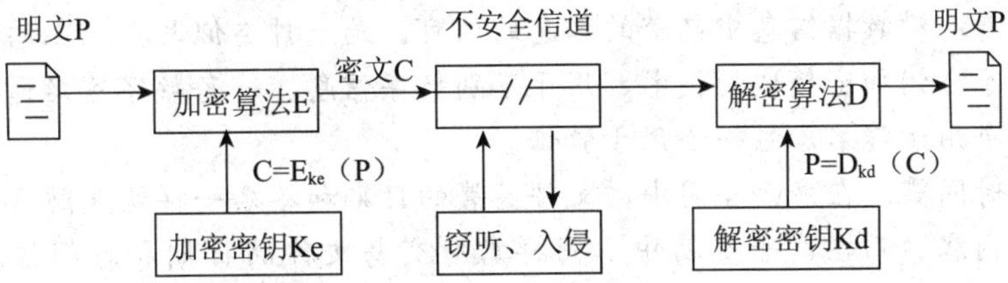

图 11－3 数据加密的一般模型

1. 对称密钥加密体制

对称密钥加密，又称私钥加密，即信息的发送方和接收方用一个密钥去加密和解密数据。它的最大优势是加/解密速度快，适合于对大数据量进行加密，但密钥管理困难。使用对称加密技术将简化加密的处理，每个参与方都不必彼此研究和交换专用设备的加密算法，而是采用相同的加密算法并只交换共享的专用密钥。如果进行通信的双方能够确保专用密钥在密钥交换阶段未曾泄露，那么机密性和报文完整性就可以通过使用对称加密方法对机密信息进行加密以及通过随报文一起发送报文摘要或报文散列值来实现。

2. 非对称密钥加密体制

非对称密钥加密系统，又称公钥密钥加密。它需要使用一对密钥来分别完成加密和解密操作，一个公开发布，即公开密钥，另一个由用户自己秘密保存，即私用密钥。信息发送者用公开密钥去加密，而信息接收者则用私用密钥去解密。公钥机制灵活，但加密和解密速度却比对称密钥加密慢得多。在非对称加密体系中，密钥被分解为一对。这对密钥中的任何一把都可作为公开密钥（加密密钥）通过非保密方式向他人公开，而另一把则作为私用密钥（解密密钥）加以保存。私用密钥只能由生成密钥对的贸易方掌握，公开密钥可广泛发布。该方案实现信息交换的过程是：贸易方甲生成一对密钥并将其中的一把作为公开密钥向其他贸易方公开；得到该公开密钥的贸易方乙使用该密钥对信息进行加密后再发送给贸易方甲；贸易方甲再用自己保存的另一把专用密钥对加密信息进行解密。

（二）认证技术

信息认证的目的主要是：①确认信息发送者的身份；②验证信息的完整性，即确认信息在传送或存储过程中未被篡改过。下面从安全认证技术和安全认证机构两个方面来做介绍。

1. 常用的安全认证技术

安全认证技术主要有数字摘要、数字信封、数字签名、数字时间戳、数字证书等。

（1）数字摘要。数字摘要是采用单向 Hash 函数对文件中若干重要元素进行某种变换运算得到固定长度的摘要码，并在传输信息时将之加入文件一同送给接收方，接收方收到文件后，用相同的方法进行变换运算，若得到的结果与发送来的摘要码相同，则可断定文件未被篡改，反之亦然。

（2）数字信封。数字信封是用加密技术来保证只有规定的特定收信人才能阅读信的内容。在数字信封中，信息发送方采用对称密钥来加密信息，然后将此对称密钥用接收方的公开密钥来加密（这部分称为数字信封）之后，将它和信息一起发送给接收方，接收方先用相应的私有密钥打开数字信封，得到对称密钥，然后使用对称密钥解开信息。

（3）数字签名。数字签名（又称公钥数字签名、电子签章）是以电子形式存在于数据信息之中的，或作为其附件的或逻辑上与之有联系的数据，可用于辨别数据签署人的身份，并表明签署人对数据信息中包含的信息的认可。是一种类似写在纸上的普通的物理签名，但是使用了公钥加密领域的技术，用于鉴别数字信息。一套数字签名通常定义两种互补的运算，一个用于签名，另一个用于验证。

(4) 数字时间戳。在书面合同中，文件签署的日期和签名一样均是防止文件被伪造和篡改的关键性内容。而在电子交易中，同样需对交易文件的日期和时间信息采取安全措施，而数字时间戳服务就能提供电子文件发表时间的安全保护。数字时间戳服务（DTS）是网络安全服务项目，由专门的机构提供。时间戳是一个经加密后形成的凭证文档，它包括三个部分：需加时间戳的文件的摘要、DTS 收到文件的日期和时间、DTS 的数字签名。

(5) 数字证书。在交易支付过程中，参与各方必须利用认证中心签发的数字证书来证明各自的身份。所谓数字证书，就是用电子手段来证实一个用户的身份及用户对网络资源的访问权限。

数字证书是用来唯一确认安全电子商务交易双方身份的工具。由于它由证书管理中心做了数字签名，因此任何第三方都无法修改证书的内容。任何信用卡持有人只有申请到相应的数字证书，才能参加安全电子商务的网上交易。数字证书一般有四种类型：客户证书、商家证书、网关证书及 CA 系统证书。

2. 安全认证机构

在电子交易中，无论是数字时间戳服务还是数字证书的发放，都不是靠交易双方自己能完成的，而需要有一个具有权威性和公正性的第三方来完成，它就是电子商务授权机构，也称为电子商务认证中心（Certificate Authority，CA）。认证中心是电子商务的一个核心环节，是在电子交易中承担网上安全电子交易认证服务，签发数字证书，确认用户身份等工作的具有权威性和公正性的第三方服务机构。认证中心通常是企业性的服务机构，主要任务是受理数字证书的申请、签发及对数字证书的管理。

(三) 安全认证协议

目前电子商务中有两种安全认证协议被广泛使用，即安全套接层 SSL（Secure Sockets Layer）协议和安全电子交易 SET（Secure Electronic Transaction）协议。

1. 安全套接层（SSL）协议

安全套接层协议是由 Netscape 公司 1994 年设计开发的安全协议，主要用于提高应用程序之间的数据的安全系数。SSL 协议的概念可以被概括为：它是一个保证任何安装了安全套接层的客户和服务器间事务安全的协议，该协议向基于 TCP/IP 的客户/服务器应用程序提供了客户端和服务器的鉴别、数据完整性及信息机密性等安全措施。目的是为用户提供 Internet 和企业内联网的安全通信服务。SSL 采用了公开密钥和专有密钥两种加密：在建立连接过程中采用公开密钥；在会话过程中使用专有密钥。加密的类型和强度则在两端之间建立连接的过程中判断决定。它保证了客户和服务器间事务的安全性。

2. 安全电子交易（SET）协议

安全电子交易是一个通过开放网络进行安全资金支付的技术标准，由 VISA 和 MasterCard 组织共同制定，于 1997 年联合推出。由于它得到了 IBM、HP、Microsoft 等很多大公司的支持，已成为事实上的工业标准，目前已获得 IETF 标准的认可。这是一个为 Internet 上进行在线交易而设立的一个开放的、以电子货币为基础的电子付款规范。SET 在保留对客户信用卡认证的前提下，又增加了对商家身份的认证，这对于需要支付货币的交易来讲是至关重要的。SET 将建立一种能在 Internet 上安全使用银行卡购物的标准。安全电子交易规范是一种为基于信用卡而进行的电子交易提供安全措施的规则，是一种能广泛应用于 Internet 上的安全电子付款协议，它能够将普遍应用的信用卡的使用场所从目前的商店扩展到消费者家里，扩展到消费者个人计算机中。

资料来源：董永东，葛晓滨．《电子商务安全技术研究》．计算机与信息技术，2010（Z2）。

本章练习题

一、名词解释

1. 电子商务，e-Business，E-Commerce，EB，EC
2. B to B，B to C，C to C，B to X，C to X，G to X
3. 电子商务采购，网上采购，网上查询采购，网上招标采购
4. 有效性，可用性，机密性，完整性，真实性，反抵赖性，可控制性，健壮性

二、选择填空

1. 电子商务是一种（　　）。
A. 商务活动　B. 电子技术　C. 虚拟活动　D. 现实活动
2. 直接电子商务是指（　　）。
A. 直接电子交易　B. 间接电子交易　C. 现实交易　D. 虚拟交易
3. 间接电子商务是指（　　）。
A. 电子交易本身　B. 非电子交易活动
C. 网上活动　D. 现实交易活动
4. 企业电子商务的构成，除外部互联网以外还包括（　　）。
A. Intranet　B. 企业内部网与互联网的互联
C. 电子商务应用系统　D. 工作人员
5. 电子商务安全技术手段包括（　　）。
A. 加密技术　B. 认证技术　C. 安全认证协议　D. 编程技术

三、简答题

1. 根据交易形式的不同，电子商务可以分为哪几种类型？
2. 电子商务采购的基本方式有哪些？
3. 网上招标采购的一般过程是怎样的？
4. 电子商务采购存在哪些风险？如何降低这些风险？
5. 企业如何利用电子商务为自己服务？

四、实训题

登录某一企业的电子商务采购网站，分析其构成及功能。

第十二章　采购谈判

本章教学目的与要求

谈判是采购组织实施过程中的重要环节，采购谈判的结果直接关系到买卖双方的利益与关系，因此，采购谈判备受企业采购工作的重视。本章主要对采购谈判的基本程序、策略技巧等进行讨论。本章的教学目的与要求：

1. 认识谈判在采购工作中的作用。
2. 掌握采购谈判的主要内容。
3. 熟悉采购谈判的流程及组织实施过程。
4. 理解并能运用采购谈判的一些策略与技巧。

章首案例

采购谈判：采购与销售的博弈

MB公司是一家刚进入空调生产的家用电器生产商，年生产空调约为70万台。由于空调市场的激烈竞争，公司对其供应商的付款期基本维持在四个月左右，有时会长达六个月。

小李是MB公司的采购专员，公司计划从另一家空调零件生产厂商D公司中购买遥控器。该公司彩电和空调遥控器的年产量是2250万个，并为几家家电巨头如长虹、康佳、TCL、海尔、格力、春兰和科龙等长期配套。

根据小李的调查，D公司供应给本公司的遥控器的价格是16.7元/个，而它提供给海尔公司的遥控器的平均价格是13.5元/个。迫于来自公司方面的压力，公司要求小李与D公司谈判，争取将遥控器的价格降到13.5元/个。

为此，小李邀请了D公司的区域销售赵经理来公司协商明年的价格，希望能就此达成协议。

应MB公司的邀请，D公司的赵经理将前往MB公司去协商明年的价格，赵经理清楚MB公司的采购量排在倒数第四位，但利润率却排在第三位；同时考虑到MB公司的经济实力和市场占有率，希望将销售价格控制在年初的16元/个，并视回款情况的好转而将价格逐步降到年末的15.4元/个左右。

为达到各自的目的，小李与赵经理计划怎么办？采取何种措施以支持自己的计划来达到目的？在谈判前，他们应该各自做哪些准备工作？

思考题：采购谈判有什么好处，怎样才能够做好采购谈判？

第一节　采购谈判概述

一、采购谈判的含义

谈判（Negotiation）是指人们为了改善彼此之间的关系而进行相互协调和沟通，以期在某些方面达成共识的行为和过程。作为协调各方关系的重要手段，谈判既是一门科学，也是一门艺术，它可以应用于政治、军事、外交、经济、科技等各个领域，并发挥着独特的作用。

当今世界，以经济问题为内容的谈判是最广泛的谈判类型。它可以在个人与个人之间、个人与组织之间或者组织与组织之间就某一项经济问题或某几项经济问题进行谈判。一次商品的交易过程，实际上就是一次浓缩了经济谈判的过程。

一次商品采购，就是一次典型的商品交易活动。采购过程中，采购方和供应方是一种利益背反关系：一方的利益增加，就直接导致对方损失增加，而且只有对方损失增加，自己才能够达到利益的增加。双方都自然希望对方尽可能让利而使自己的利益达到最大，因此必然通过谈判进行讨价还价、让利逐利的利益博弈争斗，这种通过谈判而进行讨价还价、让利逐利的利益博弈活动，就是采购谈判。

采购谈判有各种情况，所包含的内容也不一样，做法程序也不一样，相应的叫法也有不同。采购谈判的叫法一般适用于比较重大的大型采购活动，例如国际贸易采购，国内贸易中的大型采购，集团采购等涉及采购价值很大、关系很广或很重要、层级很高、一般要经过集体权威决策的采购等。这种采购谈判一般要组团进行、严格正规、谈判内容很多、谈判过程复杂、时间长，甚至进行多轮反复谈判才能够成功。例如国际贸易的铁矿石进口谈判、空客飞机进口谈判等，国内贸易中大型发电机组采购谈判、地铁列车的采购谈判、企业并购谈判等都是采购谈判的例子，一般只把类似这样的谈判才称之为采购谈判。采购谈判一般有正规的仪式程序。

至于国内采购中一些中小型的采购，可以分三种情况：凡是采购价值比较大，涉及比较广，需要集体权威决策、需要组团进行谈判或专设谈判人员进行的谈判，一般既可以叫"采购谈判"，也可以叫"采购洽谈"；凡是采购价值比较小，关系不大或不太重要、不需要组团谈判、不需要专设谈判人谈判的采购，一般不叫做"采购谈判"，而叫做"采购洽谈"。像国内绝大多数企业、单位派采购员单人进行的采购一般都叫做进行"采购洽谈"。采购洽谈一般没有专设的谈判人，没有正规的仪式程序。第三种情况就是最"简单购买"，价值小、随意、习惯、方便、个人或家庭的小消费购买等，几乎没有"采"（选择），更没有怎么"谈"，所以连"采"购都谈不上，更不用说"采购谈判"了，了不起说是"采购洽谈"，一般说是"讨价还价"就行了，或者就说"购买"。

本书讨论的采购谈判主要是指国内企业采购的谈判，包括大型采购的"采购谈判"和中小型采购的"采购洽谈"。

二、采购谈判的作用

根据对采购谈判的含义分析，可以看到谈判是采购过程中的一个重要环节，其作用体现在：

1. 可以争取降低采购成本

通过采购谈判，可以以比较低的价格获取供应商的产品，降低购买费用；可以以比较低的进货费用获取供应商的送货，降低采购进货的费用；这样就可以降低采购成本。

2. 可以争取保证产品质量

在进行采购谈判时，产品质量肯定是一个重要的内容，通过谈判可以让供应商对产品提供质量保证，使购买方能够获得质量可靠的产品。

3. 可以争取采购物资及时送货

通过谈判，可以促使供应商保证交货期、按时送货、及时满足采购方物资需要。并且因此可以降低采购方的库存量、提高其经济效益。

4. 可以争取获得比较优惠的服务项目

伴随产品购买，有一系列的服务内容，例如准时交货、提供送货服务、提供技术咨询服务、售后安装、调试、使用指导、运行维护以及售后保障等。这些服务项目，供应商都需要花费成本，供应商希望越少越好，而购买方希望越多越好，这就需要谈判。

5. 可以争取降低采购风险

采购进货过程风险大，途中可能发生事故，造成货损、货差甚至人身、车辆、货物的重大损失，而通过谈判，可以让供应商分担更多风险、承担更多风险损失。这样采购方就可以减少甚至避免采购风险，减少或者消除风险损失。

6. 可以处理纠纷

可以妥善处理纠纷，维护双方的利益、保持双方的正常关系，为以后的继续合作创造条件。

总之，通过谈判，可以争取降低采购成本和采购风险、及时满足企业物资需要、保证物资质量、获取优惠服务、降低库存水平、提高采购的效益。如果能够谈判成功，则对企业是非常有利的。

三、采购谈判的特点

采购谈判属于商务谈判的范畴，它具有商务谈判的基本特点，但同时也具有自己的特殊性。

（1）采购谈判是为了最终获取本单位或部门所需物资，保障本单位或部门及时持续的外部供应。

（2）采购谈判讲求经济效益。在谈判中，买卖双方争议最激烈的问题往往是商品的价格问题。对采购者来说，当然是希望以最低的价格或者最经济地获得所需商品。

（3）采购谈判是一个买卖双方通过不断调整各自的需要和利益而相互接近，最终争取在某些方面达成共识的过程。

（4）采购谈判蕴涵了买卖双方“合作”与“冲突”的对立统一关系。双方都希望最终能够达成协议，这是合作的一面；但各方同时又希望通过协议能够获得尽可能多的利益，这是冲突的一面。正是由于买卖双方的这种对立统一关系，才体现出了采购谈判的重要性，以及在谈判中选用适当策略和技巧的必要性。

（5）在采购谈判中，最终达成的协议所体现的利益主要取决于买卖双方的实力和当时的客观形势。另外，谈判结果还在一定程度上受主观条件的制约，例如谈判人员的素质、能力、经验和心理状态，以及在谈判中双方所运用的谈判策略技巧。

(6) 采购谈判既是一门科学，又是一门艺术。掌握谈判的基本知识和一些常用策略技巧能使谈判者有效地驾驭谈判的全过程，为己方赢得最大的利益。

在采购谈判的实际组织实施中，要综合考虑采购谈判的上述特点，并结合实际情况，制定合适的谈判计划、方案和策略等。

四、采购谈判的内容

在采购谈判过程中，采购方想以自己比较理想的价格、产品质量和供应商服务条件等来获取供应商的产品，而供应商则想以自己希望的质量、价格和服务条件向购买方提供。另外，在采购过程中，如果业务操作失误发生了货损、货差、货物质量数量问题，其赔偿问题等也要进行谈判。其他如商品的品种、规格、技术标准、质量保证、订购数量、包装要求、售后服务、价格、交货日期与地点、运输方式、付款条件、风险分担等都需要进行谈判，谋求达成协议，建立双方都满意的采购结果。

完整的国内采购谈判的内容一般可以概括为以下三个方面。

1. 品种

(1) 品种规格；

(2) 性能质量；

(3) 包装；

(4) 生产厂的资质、能力和管理水平；

(5) 产品的市场占有率和市场地位。

2. 价格

(1) 价格公平；

(2) 价格构成合理；

(3) 性价比高；

(4) 相对价格水平；

(5) 优惠率、折扣水平等。

3. 服务

主要包括售前、售中和售后服务状况。

售前：信息披露、企业形象，顾客接待和服务；

售中：洽谈友好真诚，信息披露充分真实、展示性强，手续明快简捷；价格公平；

售后：送货及时，保证安全，损坏赔偿，安装调试、使用指导，运行维护、包退包修、付款友好，不可抗风险处置等。

但是并不是所有的采购谈判都要把这三个方面的所有内容都要一一谈到，达成协议。一般越是大型的采购需要谈判的内容越多越详尽，越小型的采购谈判的内容越少越简单。像我们去买个西瓜，最多讨价还价一下，像我们去买本书、买一张邮票，什么都不谈，按价付了款拿了就走。

第二节　采购谈判的程序

如前所说，一般的采购谈判根据规模的不同可以分成正规的采购谈判、一般的采购洽谈、简单的讨价还价和简单购买四种类型。有正规严格谈判仪式程序的只有正规的采购谈判。其他可以说都没有严格的仪式程序。因此这里讨论采购谈判的程序，就是只把正规采购谈判程序摆出来讨论，至于采购洽谈、讨价还价以及简单购买可根据各自本身的特点，参照执行。

最正规的采购谈判是由一系列谈判环节组成的。它一般要经历询盘、发盘、还盘和接受四个程序（环节）。其中，询盘不是正式谈判的开始，而是联系谈判的环节。正式谈判是从发盘开始的。中间经历的还盘是双方的讨价还价阶段，持续的时间较长。如果一项交易达成，那么接受就意味着结束。当然，达成交易的谈判可以不经过还盘环节，只经过发盘和接受两个环节。下面我们对谈判各个环节的基本含义作详细的说明。

一、询盘

询盘是交易一方为出售或购买某项商品而向交易的另一方询问该商品交易的各项条件，包括品种、规格、质量、价格、服务等。询盘的目的，主要是寻找供应商，了解商品情况和交易条件。有时只是对市场的试探，了解一下市场行情。

在国际贸易中，由于距离远、信息传递不方便，一般通过媒体（报纸、杂志、电视、互联网）发出公告，如果有确定的询盘对象，也可以直接向对方发出询盘函件。

在国内贸易中，询盘如果没有特定的对象，也可以通过媒体发公告，以寻求可能的供应商。如果预先有特定的询盘对象，也可以直接发询盘函件询盘。

如果已经找到了供应商，而且和他直接面对面，或者是通过电话间接面对面，这时的询盘就成了通常所说的“询价”。这是在国内采购洽谈最常见到的情况。这种情况下询价的具体内容包括两个方面：

(1) 首先了解产品情况。要耐心地询问对方产品情况，包括品种、规格、性能、质量，企业状况、生产能力、管理水平等。询问的目的主要是要看看这个产品能不能适合我们。如果不适合我们，下面的一切都免谈，直接友好告辞走路。如果适合我们，再进入下面一步。

(2) 询问价格和服务。一般简单购买的人直接只问价格就好了。而中小型购买的采购洽谈，特别是大型采购的正规采购谈判，一般要问价格，还要问附带的服务，因为不同的价格所带的服务一般是不同的。所以不要孤立地只问价格。

询盘只是询问，是正式进入谈判过程的先导。询盘可以是口头，也可以书面。

二、发盘

发盘就是交易一方为出售或购买某种商品，而向交易的另一方提出买卖该商品的各种交易条件，并表示愿意按这些交易条件订立合同。发盘可以由买方，也可以由卖方发出，但多数由卖方发出。

按照发盘人对其发盘在受盘人接受后，是否承担订立合同的法律责任来分，发盘可以分为实盘和虚盘。

(1) 实盘。实盘是对发盘人有约束力的发盘。即表示有肯定的订立合同的意图，只要受盘人在有效期内无条件地接受，合同即告成立，交易即告达成。如果在发盘的有限期内，受盘人尚未表示接受，发盘人不能撤回或修改实盘内容。

实盘一般应具备以下条件：

①品种、价格等各项交易条件齐全完备，且要清楚明确。

②承诺发盘的有效期，受盘人在有效期内接受发盘，发盘人则认可成交承诺。

③实盘如果在有效期内受盘人没有接受、或国家政府法令干预、或超过有效期都会失效。

（2）虚盘。指对发盘人和受盘人都没有约束力的发盘；对虚盘，发盘人可随时撤回或修改内容。受盘人如果对虚盘表示接受，还需要发盘人的最后确认，才能成为对双方都有约束力的合同。

作为发盘人，可以发实盘，也可以发虚盘。对二者如何选择，这要由自己的经营意图和谈判策略来决定。虚盘通常适用于我方货源尚未组织落实，或者对客户不十分了解，而对方询盘又很急的情况下。由于对某一时间内的国外商情和市场情况不明，也可以故意发出虚盘，以作探测。使用虚盘时，一般采用“以我方最后确认为准”的形式。

在国际采购中，发盘人可以是采购方的采购函件，也可以是供应商方销售函件。这些函件如果交易条件和有效期的内容明确清楚且如果受盘人接受就可以构成交易的就是实盘，如果交易条件不很明确清楚、即使受盘人接受也还需要发盘人再确认才行就是虚盘。实盘可能一次立即成交，而虚盘则不能立即成交。

在国内采购洽谈中，采购人向供应商询盘以后，供应商会有一个答复，是关于商品品种规格、质量、单价以及服务等方面的交易条件说明，这就相当于供应商的发盘。

在简单购买“讨价还价”中，购买人讨价以后供应商告诉你的购买价，就是卖主的发盘。

三、还盘

还盘是发盘后的又一个谈判环节。还盘是指受盘人在接到发盘后，对发盘内容不同意或不完全同意，反过来向发盘人提出需要变更内容或建议的表示。按照这一规定，在原受盘人作出还盘时，实际上就是要求原发盘人答复是否同意原受盘人提出的交易条件，这样原受盘人成了新的发盘人；其还盘成了新发盘，而原发盘人成了受盘人，原发盘人的发盘随之失效。需要注意，既然还盘成了新发盘，那么，前面对实盘所作的法律含义和实盘的法律责任同样适合于还盘。这一点对于已经改变了地位的原发盘人来说，具有非常重要的意义。作为原发盘人，此时，一方面要明确自己的实盘已经失效，可不受约束了。另一方面要分析对方的还盘是实盘还是虚盘。如果接受对方的是实盘，当然要求对方履约。另外还要注意对方有时发来的表示，貌似还盘，其实不是还盘。这就不能表明自己的实盘失效。比如，对方提出某种希望、请求时，但在法律上不构成还盘。发盘人即使同意这些“希望”、“请求”仍不表明实盘失效。因此，发盘人一定要能判断出对方的表示是否真正构成还盘，以避免由于判断错误而发生纠纷或处于被动地位。

发盘人如果对受盘人发生的还盘提出新的意见，并再发给受盘人，叫做再还盘。

在国际贸易中，一笔交易的达成，往往要经历多次还盘和再还盘的过程。

在国内采购洽谈中，采购人还盘是在研究分析了供应方发盘后所做的回应，指出其不合理之处，并提出自己的交易方案，成为新的发盘人的发盘，发给对方原发盘人、现在的新受盘人。这样反复来回，一直到发盘人的新交易方案为受盘人接受而达成交易或者破裂为止。

简单购买“讨价还价”，是在卖主报出售价（发盘）后，自己不同意，要求其降价为多少（还盘），发给对方时，自己又成了新发盘，卖主成了新受盘人，新受盘人再还价，这样反复几次讨价还价，直到最后达成交易或者破裂为止。

多次还盘发盘的过程，都是在分析对方意见的基础上，通过说理举证批驳对方的不合适之处，申述自己合理正确的主张，争取对方逐渐同意自己的交易条件的过程。可能要经过多次反复才能够弥合分歧、达成共识。

四、接受

在询盘之后经过多次发盘、还盘进行了激烈交锋之后，可能出现三种情况：

（1）消除分歧、达成交易，叫做接受。接受在法律上称为承诺，一项要约（发盘）经受约人有效的承诺（接受），合同才能成立。但一方的发盘或还盘一旦被对方接受，合同即告成立，交易双方就履行合同。

（2）分歧没有解决，而且已经弥合无望，交易已经无法达成，各自分手而去。

（3）本次分歧没有解决，但是双方还没有最后放弃，这次就此休会，以后再谈。

这几种结局都是本次谈判的结果。

五、签订合同

上面的三种结局，作为这次采购谈判的结果，一般都会形成一个合同，或者谈判纪要之类的文件，作为这次采购谈判成果的记录。

在接受的情况下，形成的一个结果，就是签订采购合同。合同中的条款明确写明了双方谈判达成的共识成果，包括采购的品种规格、质量、价格、双方承诺的责任义务等。双方签字盖章认可后生效。

作为后面两种没有达成交易的情况，也要写一个谈判纪要之类的文件。记录这次谈判的情况，说明会议时间、地点、参加人员，会谈的内容，各自观点、指出共识分歧之处、会议的结果等，双方签字盖章，立此存照，以备后查，并作为回去以后向企业的汇报材料。

这是正规谈判的情况所需要做到的。

对于非正规的采购谈判或者采购洽谈或者“讨价还价”、简单购买，没有这样严格的要求。

第三节　采购谈判的组织实施

一场谈判是否能够取得圆满的结果，要依赖多方面的因素。但企业采购部门是否对谈判组织周密严谨，谈判前是否作了充分的准备，谈判中是否能够灵活运用有关策略、技巧等，对谈判有着重要的决定作用。一项谈判可以分为准备阶段、开始阶段、进行阶段和结束阶段四个阶段，下面分别从这四个阶段对采购谈判的组织实施进行介绍。

一、采购谈判的准备阶段

“凡事预则立，不预则废”，采购谈判也是如此。准备工作做得如何在很大程度上决定着谈判的进程及其结果。有经验的谈判者都十分重视谈判前的准备工作。一些规模较大的重要谈判，往往提前几个月甚至更长的时间就开始着手进行精心的准备。

总体上说，前期的准备工作主要从与谈判有关资料的收集、谈判方案的制定、谈判队伍的组选等方面展开。

(一) 采购谈判资料的收集

通过对谈判有关资料信息的收集、整理、分析和研究，谈判人员就会有较为充分的思想准备，明确谈判的主、客观环境，以及在谈判中可能会出现的问题。

1. 采购需求分析

要对我们采购的品种深入调查了解，包括产品品种、规格、结构、性能，在我们企业中的用途、使用情况和在企业生产中的地位与作用。

2. 资源市场调查

要调查了解这个产品在市场上有哪些供应商，其产品的生产能力、质量、价格、服务水平、市场占有率、特点以及优点；供应商的地理位置、市场环境、交通运输情况；资源市场总的情况、竞争态势等。

3. 对方情报收集

要特别注意调查了解谈判对手的情况，包括：

(1) 对方企业的产品情况，包括产品品种规格、性能、质量、价格、服务水平、特点和优缺点、销售情况、市场地位、市场占有率、竞争排名情况等；

(2) 对方企业的法人资格、生产能力、管理水平、企业形象，商业信誉、资信情况、履约能力等；

(3) 对方的谈判作风和特点。谈判作风是指谈判者在多次谈判中表现出来的一贯风格。了解主要谈判对手的谈判作风，对预测谈判的发展趋势和对方可能采取的策略，以及制定己方的谈判策略，可提供重要的依据。

4. 资料的整理与分析

在通过各种渠道搜集到以上有关信息资料以后，还必须对它们进行整理和分析。去伪存真，去粗取精。在资料分析的基础上，预测谈判可能会出现什么情况，提出什么问题。提出解决问题的各种对策预案。为了加强应对能力，可以对一些预案进行演练，做好谈判的准备。

知识链接

采购谈判中信息威慑力的重要性

谈判有三大要素：信息、时间、权力。其中，信息最为重要，在《谈出你的优势》中，作者（著名谈判策略研究专家）理查德·谢尔就提出了“以信息为基础的谈判”。要求谈判者尽可能多地获取关于谈判情势和对方的可靠信息。

谈判信息在商务谈判中的作用主要表现在可以帮助谈判人员了解以下几个方面的情况：

(1) 对手的意图与目的；

(2) 竞争对手情况；

(3) 项目背景资料；

(4) 对手决策人情况。

一般的信息收集方法只是试图让信息对称，在实际谈判中，有意制造有利于自己的信息不对称，更能体现信息的威慑力，谈判桌上，最可怕的对手是那些你不知道他们掌握什么信息的对手。

在谈判中，首先是努力掌握更多的信息，另外是不要让对方知道你掌握什么信息。如果能在对手头上放一把信息伞最好，你可以看到对方的一切，而对方看不到你。在这种情况下，谈判技巧都可以省了。

(二) 采购谈判方案的制定

谈判方案是指在谈判开始前对谈判目标、谈判议程、谈判对策等预先所作的安排。谈判方案是指导谈判人员行动的纲领，在整个谈判过程中起着重要的作用。

1. 采购谈判目标的选择

谈判目标指参加谈判的目的。一般可以把谈判目标分为三个层次：必须达到的目标；中等目标；最高目标。

对于采购谈判来讲，首先是为了获得原材料、零部件或产品，所以谈判就以能满足本企业（地区、行业或单位）对原材料、零部件或产品的需求数量、质量和规格等作为谈判追求的目标，也就是谈判必须达到的目标；其次采购谈判还要以价格水平、经济效益水平等作为谈判的目标，这可以作为中等目标；最后，采购谈判还要考虑供应商的售后服务情况，例如，供应商的送货、安装、质量保证、技术服务活动等，这是采购谈判追求的最高目标。

2. 采购谈判议程的安排

谈判议程即谈判的议事日程。它主要是说明谈判时间的安排和双方就哪些内容进行磋商。

(1) 采购谈判主题的确定。一般来说，凡是与本次谈判相关的、需要双方展开讨论的问题，都可以作为谈判的议题。可以把它们一一罗列出来，然后根据实际情况，确定应重点解决哪些问题。

对于采购谈判来讲，最重要的也就是采购产品的质量、数量、价格水平、运输、服务等方面，所以应把这些问题作为谈判议题重点加以讨论。

(2) 采购谈判时间的安排。一般来说，我们在选择谈判时间时，要考虑下面几个因素：①准备的充分程度，要注意给谈判人员留有充分的准备时间，以免仓促上阵；②要考虑对方的情况，不要把谈判安排在对对方明显不利的时间进行；③谈判人员的身体和情绪状况，要避免在身体不适、情绪不佳时进行谈判。

3. 谈判备选方案的制定

应对整个谈判过程中双方可能做出的一切行动作正确的估计，并依此设计出几个可行的备选方案。在制定谈判备选方案时，可以注明在出现何种情况下，使用此备选方案，以及备选方案的详细内容、操作说明等。

(三) 采购谈判队伍的组选

采购谈判能否取得预期的效果，取决于谈判人员能否审时度势，正确合理地运用谈判策略。采购谈判队伍的组选就是指在对谈判对手情况以及谈判环境诸因素进行充分分析研究的基础上，根据谈判的内容、难易程度选择谈判人员，组织高效精悍的谈判队伍。

1. 谈判队伍组选的原则

为了保证谈判达到预期的目标，提高谈判的成功率，应根据以下几项原则来选择不同的人员组成队伍。

(1) 根据谈判的内容、重要性和难易程度组织谈判队伍。在确定谈判队伍阵容时，应着重考虑谈判主体的大小、重要性和难易程度等因素，依此来决定派选的人员和人数。一般而言，对于较小型的谈判，谈判人员可由 2～3 人组成，有时甚至由 1 人全权负责；而对于内容较为复杂且较重要的大型谈判，由于涉及的内容广泛，专业性强，资料繁多，组织协调的工作量大，所以配备的人员数要比小型谈判多得多。

(2) 根据谈判对手的具体情况组织谈判队伍。在前面对谈判对手的情况作了基本了解以后，就可以依据谈判对手的特点和作风来配备谈判人员。一般可以遵循“对等原则”，即己方谈判队伍的整体实力与对方谈判队伍的整体实力相同或对等。

2. 谈判人员的素质要求

(1) 在政治素质方面，谈判者必须遵纪守法，廉洁奉公，努力维护国家、本企业（单位）的利益。这一点是谈判人员必须具备的首要前提条件。

(2) 在业务素质方面，要具有良好的专业基础知识和合理知识结构。在对谈判所涉及的有关专业方面的知识比较熟悉，还必须受过一定的谈判技巧的训练，或有谈判的实践经验等，才能认为具备谈判所需的业务素质。

(3) 在心理素质方面，谈判者首先应具有强烈的事业心、进取精神和高度的责任感；其次，谈判者要具有随机应变的心理素质，特别是在激烈的谈判中，谈判者能够根据当时的实际情况随机应变，既要坚持原则，又要有一定的灵活性，具有创新精神；最后谈判人员要具有较强的自控力和适应性。自控力是指谈判人员在激烈的谈判中控制、调整自己的心理情绪，克服心理障碍，维护本单位利益的能力。在谈判过程中，谈判人员应尽可能保持稳定的心理状态，避免忽喜忽忧，或言行过激等行为；同时应善于同己方谈判人员相处和沟通，并善于跟不同的谈判对手交往。

(4) 在文化素质方面，谈判人员首先应具有良好的口头、书面、动作等表达技能，从而能准确地向对方表明自己的意图，达到说服和感染对方的目的；其次，谈判人员还要具有一定的文学修养水平，言谈举止方面要落落大方、风趣幽默；最后，谈判人员还要注重自己的服饰仪表，因为他个人的形象在某种意义上说就代表着整个企业（单位）的形象，同时这对谈判的成功率也有一定的影响。

3. 谈判人员的选择与配备

在通常情况下，参加重大采购的采购谈判的人数往往超过一人，而构成谈判小组。因为对于较为复杂的重要的谈判来讲，首先需要满足谈判中多学科、多专业的知识需求，取得知识结构上的互补与综合优势。其次，可以群策群力，集思广益，形成集体的进取与抵抗的力量。

实际谈判活动中，在做此项工作时应注意：

(1) 在确定具体谈判人选时，总体上以上述对谈判人员的素质要求为指导思想，尽量选择“全能型的专家”。

(2) 在确定谈判小组具体人数时，要以上述谈判队伍组选的原则为指导思想，合理确定谈判小组的规模，同时也要兼顾谈判小组的工作效率。一般情况下，谈判小组由 3～5

人组成。

4. 谈判成员的分工与合作

在确定了具体谈判人员并组成谈判小组之后，就要对其内部成员进行分工，确定主谈与辅谈。主谈与辅谈人员在谈判过程中并不是各行其是，而是在主谈人员的指挥下，互相密切配合。适当的分工，明确个人的职责，彼此呼应，形成目标一致的有机谈判统一体。

小资料

谈判中的八种力

关于商业经营中的诚信原则，中国自古就有“货真价实，童叟无欺”的八字经典，有趣的是在英文中也有一个八字真言：NO TRICKS，从字面看来，与中文的意义非常相近。不过，“NO TRICKS”并不仅仅代表字面的意思，每一个字母还有更深一层的含义——谈判中的八种力。

谈判能力在每种谈判中都起到重要作用，无论是商务谈判、外交谈判，还是劳务谈判，在买卖谈判中，双方谈判能力的强弱差异决定了谈判结果的差别。对于谈判中的每一方来说，谈判能力都来源于八个方面，就是 NO TRICKS 每个字母所代表的八个单词 need，options，time，relationship，investment，credibility，knowledge，skill。

Need，需要。谁的需要更强烈一些？如果买方的需要多，则卖方就拥有相对较强的谈判力；如卖方越希望卖出产品，则买方就拥有较强的谈判力。

Options，选择。如果卖方认为他的产品或服务是唯一的，或者说买方没有太多选择余地，卖方就拥有较强的谈判资本。

Time，时间。这是指谈判中可能出现的有时间限制的紧急事件，如果卖方受时间的压力，买方的谈判力自然会增强。

Relationship，关系。如果与顾客之间建立强有力的关系，在同顾客谈判时就会拥有关系力。如果顾客不愿建立深入的关系，这样，在谈判过程中将会比较吃力。

Investment，投资。对达成协议承诺越多的一方往往拥有较少的谈判力。

Credibility，可信度。产品的可信度也是谈判力的一种，如果卖方谈判人员知道你曾经使用过该种产品，而他的产品具有价格和质量等方面的优势时，无疑会增强卖方的可信性。

Knowledge，知识。知识就是力量。如果你充分了解顾客的问题和需求，并预测到你的产品能如何满足顾客的需求，你的知识无疑增强了对顾客的谈判力。反之，如果顾客对产品拥有更多的知识和经验，顾客就有较强的谈判力。

Skill，技能。这可能是增强谈判力最重要的内容了，不过，谈判技巧是综合的学问，需要广博的知识、雄辩的口才、灵敏的思维。

总之，在商业谈判中，应该善于利用“NO TRICKS”中的每种力，再加上 no tricks。

（四）采购谈判的其他准备工作

1. 谈判地点的选择

一般而言，谈判地点的选择无外乎有三种情况：已方所在地、对方多在地、双方之外的第三地。对于最后一种情况往往是双方在参加产品展销会时进行的谈判。三种地点选择有利有弊：

在己方所在地进行谈判，其优点主要是：以逸待劳，无须熟悉环境或适应环境这一过程；随机应变，可以根据谈判形式的发展随时调整谈判计划、人员、目标等；创造气氛，可以利用地利之便，通过热心接待对方，关心其谈判期间生活等问题，显示已方的谈判诚意，创造融洽的谈判氛围，促使谈判成功。其缺点主要是：要承担烦琐的接待工作；谈判可能常常受已方领导的制约，不能使谈判小组独立的进行工作。

在对方所在地进行谈判，其优点主要是：不必承担接待工作，可以全心全意地投入谈判中去；可以顺便实地考察对方的生产经营状况，取得第一手资料；在遇到敏感性的问题时，可以推说资料不全而委婉地拒绝答复。其缺点主要是：要有一个熟悉和适应对方环境的过程；谈判中遇到困难时，难于调整自己，容易产生不稳定的情绪，进而影响谈判结果。

在双方之外的第三地进行谈判，对于双方来说在心理上都会感到较为公平合理，有利于缓和双方的关系。但由于双方都远离自己的所在地，因此在谈判准备上会有所欠缺，谈判中难免会产生争论，影响谈判的成功率。

2. 谈判现场的安排与布置

在己方所在地进行谈判时，己方还要承担谈判现场的安排与布置工作。为了能充分利用上述优点，在做此项工作时，也要讲求科学和艺术，为我所用。具体操作时应注意：

(1) 最好能够为谈判安排三个房间：一间作为双方的主谈判室，另外两间作为各方的备用室或休息室。

主谈室作为双方进行谈判的主要场所，应当宽敞、舒适、明亮，并配备应有的设备和接待用品。备用室或休息室作为双方单独使用的房间，最好靠近谈判室，也要配备应有的设备和接待用品，同时也可以适当配置一些娱乐设施，以便双方缓和一下紧张的气氛。

(2) 谈判双方座位的安排也应认真考虑。通常有两种座位安排方式：双方各居谈判桌一边，相对而坐；双方谈判人员随意就座。两种安排方式各有千秋，要根据实际情况加以选择。

3. 模拟谈判

为了提高谈判工作的效率，使谈判方案、计划等各项准备工作更加周密，更有针对性，在谈判准备工作基本完成以后，应对此项工作进行检查。在实践中行之有效的方法就是进行模拟谈判。谈判双方可以由己方谈判人员与己方非谈判人员组成，也可以将己方谈判小组内部成员分为两方进行。有效的模拟谈判可以预先暴露己方谈判方案、计划的不足之处及薄弱环节，检验己方谈判人员的总体素质，提高他们的应变能力，达到减少失误，实现谈判目标的目的。

二、采购谈判的开始

开始谈判时，一般首先双方彼此熟悉一下，并就会谈的目标、计划、进度和参加人员等问题进行讨论，并尽量取得一致意见以及在此基础上就本次谈判的内容分别发表陈述。它是在双方已做好充分准备的基础上进行的。通过这种商谈，可为以后具体议题的商谈奠定基础。在这一阶段，要注意营造良好的谈判气氛。并为正式谈判做好预备工作。双方应对本次谈判的议题、议程、进度和期限等进行交谈，以谋求谈判双方对谈判进程的意见一致。一方主谈人员可以以协商的口气对对方主谈人员提出有关谈判进程方面的一些问题，例如：“××先生，在正式谈判之前，我们想就时间安排问题征求您的意见。”或者“××先生，我想先与您谈谈本次谈判的议程问题，您看如何?”等等。

三、采购谈判的进行

进入正式阶段（或者成为实质性谈判阶段），双方各自提出自己的交易条件，并且尽量提出有说服性的理由，进行磋商，争取达成一致。当然，双方的意见可能会存在某些分歧和矛盾。因此，谈判可能要经过多轮。双方为了解决分歧和矛盾，就必须进行讨价还价，反复进行磋商。磋商的结果要么是已方放弃某些利益，要么就是对方放弃某些利益，也可以双方进行利益交换。谈判过程中，一方面要充分阐述自己的观点，合理地坚持自己的观点，维护自己的利益；另一方面，也要认真听取对方的意见，分析人家是否真有道理，如果真有道理，就应当适当调整自己的观点立场。这时要随时比较自己调整后的方案与谈判前的预定的目标方案之间的差距是否可以接受，如果不能接受，就不要轻易调整；如果能够接受，就可以调整；如果一下子没有把握，就可以暂时休会，会下再好好思考一下，或召集己方人员一起仔细讨论一下，或者电话请示己方领导之后，做出决定。把决定后的方案再拿到谈判桌上讨论磋商。就这样，经过一系列、反反复复的磋商，而使彼此的立场和观点接近或趋于一致，从而双方达成一致的协议。

总之，谈判过程中，双方都是力求维护本企业的利益，想方设法让对方让步。如果双方都不让步，谈判就进行不下去，这时谈判破裂、失败。如果双方能够逐步让步、协调，最后大体利益均等，这时谈判双方意见达成一致，谈判就获得成功，谈判就可以结束了。

四、采购谈判的结束

谈判结束阶段是较为轻松、活跃的阶段，原先谈判桌上的对手一下变成了亲密的朋友。谈判结束阶段的主要任务是：尽快达成交易；签订书面协议或合同；谈判资料的回收和整理等。

买卖双方在将要达成交易时，必然会对前几个阶段的谈判进行总体回顾，以明确还有哪些问题需要讨论。并据此对某些重要的交易条件目标做出最后的决定，明确己方为实现本次交易所需做出的最后让步的限度，以及最后阶段所要采用的策略和技巧，开始着手安排签约的事宜。

当双方对所有的交易条件都达成共识后，双方就可将谈判结果以法律的形式确认下来，即进入签约阶段。在签约前，双方应当确认谈判过程中所作书面记录的真实性，并据此确认合同的条款。如果双方对合同条款无异议，就可以立即进行合同的签约事宜。

另外，在谈判结束后，买卖双方还可以举行一次告别酒会，借以联络感情，保持长期的合作关系。当双方回去后，需要立即做的工作是：把谈判资料整理入档；开始履行协议的准备；谈判小组进行经验教训的总结等。

谈判过程，是一个双方维护各自利益的较量过程。对采购方来说，谈判是否成功，就看谈判结果能为企业带来多大的效益。因此，谈判人员应该认真、冷静、顽强、巧妙、灵活地应对各种情况和问题，采取有效的策略与技巧，才能谈出最有利于自己的结果。

案例

××公司采购合同

合同号： 签订地点： 签订日期：

甲方： 乙方：

地址： 地址：

电话： 电话：

传真： 传真：

邮编： 邮编：

本合同由甲乙双方本着平等互利、重信守誉的原则共同订立。根据本合同条款，甲方同意购买，乙方同意出售下述产品，确认下列条款订立本合同：

1 商品（服务）的名称数量及价格

1.1 乙方向甲方提供以下品种数量：

采购品种规格	单价	数 量	总 价

1.2 乙方负责向甲方提供产品安装调试服务，三年售后支持服务。

1.3 甲方向乙方支付商品总价为人民币××万元。

2 商品交付

2.1 乙方在合同签订后的2天内交货。

2.2 交货地点：甲方指定地点。

3 运输方式及费用负担

运输所发生的费用及运输保险费用均由乙方承担。

4 质量与包装

4.1 乙方保证所提供的均为原厂商未经使用、原包装全新产品。

4.2 质量符合本合同及符合国家或行业所规定的性能及质量标准。

5 付款方式

甲方在到货调试合格后30个工作日内一次性将上述货款支付给乙方。

6 安装调试与验收

6.1 乙方在接到安装调试通知后三天内对设备进行安装调试。

6.2 乙方在交货时提供详细的设备交货清单及相应的装箱单，甲方根据乙方提供的设备交货清单及装箱单进行验收。若甲方在验收后的5个工作日内不向乙方提出异议，双方认为货物验收合格。

6.3 设备调试前及调试中，甲方应按乙方要求准备好环境，并对乙方提供协助。

6.4 设备安装调试结束后，由双方代表对设备进行现场验收。

7 保修服务

乙方向甲方提供自设备调试合格之日起三年免费保修。但产品二次保修仍不合格，可做调换。保修服务期间，不应影响甲方的生产。修理仍不合格可做调换，三次不合格可以退货。

8 违约责任

8.1 甲方若未按合同规定的付款期限付款，每天按合同总额的万分之一向乙方支付违约金。

8.2 乙方未按合同规定的交货期限交货，每天按合同总额的万分之一向甲方支付违约金。

8.3 其他违约责任，按《中华人民共和国合同法》有关规定处理。

9 人力不可抗拒因素

由于人力不可抗拒因素，致使乙方延迟或不能交货时，乙方应立即将上述情况通知甲方，并在以后的十四天内将事故发生所在地政府主管部门开出的事故证明书空邮甲方，并取得甲方认可，采取一切必要措施加快交货。

10 诉讼

凡有关本合同或执行本合同发生的一切争执，应经过友好协商解决；若不能解决，则提交甲方所在地方法院提起诉讼。

11 合同生效

本合同一式肆份，甲乙双方各执贰份。自双方签字、盖章之日起正式生效。

12 附件

本合同附件为本合同不可分割的组成部分，与合同正文有着同等的效力。

甲方：（盖章）　　　　乙方：（盖章）

代表：　　　　代表：

日期：　　　　日期：

第四节　采购谈判的策略与技巧

在采购谈判中，为了使谈判能够顺利进行并取得成功，谈判者应善于灵活运用一些谈判策略和技巧。谈判策略是指谈判人员通过何种方法达到预期的谈判目标，而谈判技巧则是指谈判人员采用什么具体行动执行谈判策略。在实际工作中，应根据不同的谈判内容、谈判目标和谈判对手等具体情况，选用不同的谈判策略和技巧。

一、采购谈判的指导思想

为了达成谈判的目标，谈判人员可以选择使用各种谈判策略与技巧，但是在采购谈判中要贯彻一个最基本的思想就是谋求买卖双方的“皆大欢喜”。这个指导思想被一些学者和企业家称之为“双赢”的原则。其含义是采购谈判应兼顾买卖双方的利益，将谈判成功的希望放置于双方需要的基础上，并在此基础上追求对各方都有利的结果。

贯彻“双赢”的指导思想，就要在谈判过程中努力去寻求满足共同利益的谈判选择方案。在制订谈判目标、计划、策略时，应当从双方的需要出发考虑问题。以这样的思想去指导谈判活动，才能提高成功率。反之，如果在谈判中只顾自身利益，不顾对方利益，最后就很可能以谈判失败告终。

此外，在采购谈判中，买卖双方还要以诚实守信、平等互惠、心胸宽广等思想来指导自己的言行。诚实守信就是在谈判中买卖双方互相信任，以诚待人，各方认真遵守和履行自己在谈判过程中所做的承诺，不失信于人。平等互惠是指不论买卖双方企业的大小、社会知名度等客观因素如何，在谈判中双方都应平等对待，遵循在平等的基础上相互实现其经济利益原则，这是谈判最终能达成交易的前提条件，同时也是市场经济的规律所决定的。心胸宽广是指在谈判中买卖双方要有较强的忍耐性，豁达大度，心胸宽阔，相互包容，能进能退。由于各种因素的制约，谈判并不能按照各方预料的那样发展下去，这就要求双方要根据谈判的实际情况决定下一步的做法，善于把谈判问题的原则性与灵活性有机结合起来，以便能使谈判获得最终的成功。

二、采购谈判的策略

（一）投石问路策略

所谓投石问路策略，就是在采购谈判中，当买方对卖方的商业习惯或有关诸如产品成本、价格等方面不太了解时，买方应主动地摆出各种问题，并引导对方去做较为全面的回答，然后从中得到有用的信息资料。这种策略一方面可以达到尊重对方的目的，使对方感觉到自己是谈判的主角和中心；另一方面，自己又可以摸清对方底细，争得主动。

例如，当企业向供应商提出要购买五千件产品时，他就可以使用此策略。首先，他可以向供应商询问如果他购买一千、两千、三千、四千和四千五百件产品的单价分别是多少，当卖方做出回答之后，买方就可以从中获取有关的信息资料，进而分析研究出供应商产品的生产成本、生产能力、产品的价格政策等。最后，买方就能够以较低的成本费用从供应商那里获得他们所需的产品。

运用该策略时，关键在于买方应给予卖方足够的时间并设法引导买方对所提出的问题作尽可能详细的正面回答。为此，买方在提问时应注意：问题要简明扼要、有针对性；尽量避免暴露提问的真实目的或意图。在一般情况下，买方可以提出以下问题：如果我们订货的数量增加或者减少？如果我们让你方作为我们固定的供应商？如果我们有临时采购需求？如果我们分期付款？等等。

当然，这种策略也有不适用的情况。比如，在谈判双方出现意见分歧时，买方使用此策略也许会让对方感到你是故意给他出难题，这样对方就会觉得你没有谈判诚意，谈判也许就不能成功。

（二）避免争论策略

谈判人员在开谈之前，要明确自己的谈判意图，在思想上进行必要的准备，以创造融洽、活跃的谈判气氛。然而，谈判双方为了谋求各自的利益，必然会在一些问题上发生分歧。此时，双方都要保持冷静、防止感情冲动，尽可能地避免争论。因为争论不仅于事无补，而且只能使事情变得更糟。最好的方法是采取下列态度，进行协商。

（1）冷静地倾听对方的意见。在谈判中，听往往比说更重要。它不仅表现了谈判者良好的素质和修养，也表现出对对方的尊重。多听少讲可以把握材料，探索并揭示对方的动机，预测对方的行动意向。在倾听过程中，即使对方讲出你不愿听的话，或对你方不利的话，也不要立即打断对方或进行反驳。因为真正赢得优势，取得胜利的方法绝不是争论。最好的方法是让对方陈述完毕之后，首先表示同意对方的意见，承认自己在某方面的疏忽，然后提出对对方的意见进行重新讨论。这样，在重新讨论问题时，双方就会心平气和的进行，从而使谈判达成双方都比较满意的结果。

例如，在谈到价格问题时，当买方提出："你方给我方××产品的价格太高，不降价无法达成协议。"这时卖方最好的办法不是立刻讨价还价，而是表示歉意，可以真诚地对买方说："我们也认为××产品的价格定的高了一些，但由于它的成本高，所以报价时只考虑了自己的生产成本和赢利指标，忽视了你们的承受能力，这是我们的疏忽。对此，我们表示歉意。大家谁也不会为了亏本来谈判，因此，我们愿就价格问题专门进行磋商。"这样一来，对方就不会觉得你是为了掏他的腰包，而是真诚地为了继续合作。在重新讨论价格时就显得十分宽容和大度。

(2) 婉转地提出不同意见。在谈判中，当你不同意对方的意见时，切忌直接提出自己的否定意见。这样做会使对方在心理上产生抵触情绪，反而千方百计地维护自己的观点。如果有不同意见，最好的方法是先统一对方的意见，然后再作探索性的提议。

(3) 分歧产生之后谈判无法进行，应立即休会。如果在洽谈中，某个问题成了"绊脚石"，使洽谈无法顺利进行下去，双方为了捍卫自己的原则和利益，就会各持己见，互不相让，使谈判陷入僵局。休会的策略为那种固执型谈判者提供了请示上级的机会，同时，也为自己创造了养精蓄锐的机会。

谈判实践证明，休会策略不仅可以避免僵持局面和争论发生，而且可以使双方保持冷静，调整思绪，平心静气地考虑对方的意见，达到顺利解决问题的目的。"休会"是国内外谈判人员经常采用的基本策略。

(三) 情感沟通策略

如果与对方直接谈判的希望不大，就应该采取迂回的策略。所谓迂回策略，就是要先通过其他途径接近对方，彼此了解，联络感情，在沟通了情感后，再进行谈判。人都是具有感情的，满足人的情感和欲望是人的一种基本需要。因此，在谈判中利用感情的因素去影响对手是一种可取的策略。

灵活运用此策略的方法很多，可以有意识地利用空闲时间，主动与谈判对手聊天、娱乐、谈论对方感兴趣的问题；也可以馈赠小礼品，请客吃饭，提供交通食宿的方便；还可以通过帮助解决一些私人的问题，从而达到增进了解，联系情感，建立友谊，从侧面促进谈判的顺利进行。

(四) 货比三家策略

在采购某种商品时，企业往往选择几个供应商进行比较分析，最后择优签订供销合约。这种情况在实际工作中非常常见，我们把采购商的这种做法称为"货比三家策略"。

在采用该策略时，企业首先选择几家生产同类型己方所需产品的供应商，并向对方提供自己的谈判内容、谈判条件等，同时也要求对方在限定的时间内提供产品样品、产品的性能、产品的价格等相关资料，然后依据这些资料比较分析卖方在谈判态度、交易条件、经营实力、产品性价比等方面的差异，最终选择其中的一家供应商与其签订供销合同。

另外，在运用此策略时，买方应注意选择实力相当的供应商进行比较，以增加可比性和提高签约效率，从而更好地维护己方的谈判利益。同时买方还应以平等的原则对待所选择的供应商，以严肃、科学、实事求是的态度比较分析各方的总体情况，从而寻找企业的最佳供应商合作伙伴。

（五）声东击西策略

该策略是指我方为达到某种目的和需要，有意识地将洽谈的议题引导到无关紧要的问题上故作声势，转移对方的注意力，以求实现自己的谈判目标。具体做法是在无关紧要的事情上纠缠不休，或在自己不是问题的问题上大做文章，以分散对方对自己真正要解决的问题上的注意力。从而在对方不警觉的情况下，顺利实现自己的谈判意图。

例如，对方最关心的是价格问题，而我方最关心的是交货时间。这时，谈判的焦点不要直接放到价格和交货时间上，而是放到价格和运输方式上。在讨价还价时，我方可以在运输方式上做出让步，而作为双方让步的交换条件，要求对方要在交货时间上做出较大让步。这样，对方感到了满意，我方的目的也达到了。

（六）最后通牒策略

处于被动地位的谈判者，总有希望谈判成功达成协议的心理。当谈判双方各持己见，争执不下时，处于主动地位的一方可以利用这一心理，提出解决问题的最后期限和解决条件。期限是一种时间性通牒，它可以使对方感到如不迅速做出决定，失去机会。因为从心理学角度讲，人们对得到的东西并不十分珍惜，而对要失去的本来在他看来并不重要的某种东西，却一下子变得很有价值，在谈判中采用最后期限的策略就是借助人的这种心理定势发挥作用的。

最后期限既给对方造成压力，又给对方一定的时间考虑，随着最后期限的到来，对方的焦虑会与日俱增。因为谈判不成功损失最大的还是自己。因而最后期限压力，迫使人们快速做出决策。一旦他们接受了这个最后期限，交易就会很快顺利地结束。

（七）其他谈判策略

除以上介绍的谈判策略和方法以外，在实际谈判活动中，还用许多策略可以采用：多听少讲策略、先苦后甜策略、讨价还价策略、欲擒故纵策略、以退为进策略等，限于篇幅，我们在此就不作详细的论述了。

总之，只要谈判人员善于总结，善于观察，并能理论结合实践，就能创新出更多更好的适合自身的谈判策略，并灵活使用他们，用于指导实际谈判。

小资料

谈判14戒

准备不周：缺乏准备，首先无法得到对手的尊重，你心理上就矮了一截；同时无法知己知彼，漏洞百出，很容易被抓住马脚，然后就是你为了挣开这一点，就在另一点上做了让步。

缺乏警觉：对供应商叙述的情况和某些词汇不够敏感，无法抓住重点，无法迅速而充分地利用洽谈中出现的有利信息和机会。

脾气暴躁：人在生气时不可能做出好的判断。盛怒之下，往往作出不明智的决定，并且需要承担不必要的风险。同时由于给对方非常不好的印象，在对方的心目中形成成见，使你在日后的谈判中处于被动状态。

自鸣得意：骄兵必败，原因是骄兵很容易过于暴露自己，结果让对手看清你的缺点，同时失去了深入了解对手的机会。另外骄傲会令你做出不尊重对方的言行，激化对方的敌意和对立，增加不必要的矛盾，最终增大自己谈判的困难。

过分谦虚：过分谦虚只会产生两个效果：一个可能就是让别人认为你缺乏自信，缺乏能力，而失去对你的尊重。另外一个可能就是让人觉得你太世故，缺乏诚意，对你有戒心，产生不信任的感觉。

不留情面：赶尽杀绝，会失去对别人的尊重，同时在关系型地区，也很有可能影响自己的职业生涯。

轻诺寡信：不要为了满足自己的虚荣心，越权承诺，或承诺自己没有能力做到的事情。不但使个人信誉受损，同时也影响企业的商誉。你要对自己和供应商明确这一点；为商信誉为本，无信无以为商。

过分沉默：过分沉默会令对方很尴尬，往往有采购人员认为供应商是有求于自己，自己不需要理会对方的感受。对方以为碰上了木头人，不知所措，也会减少信息的表达。最终无法通过充分的沟通了解更多的信息，反而让你争取不到更好的交易条件。

无精打采：采购人员一天见几个供应商后就很疲劳了，但这时依然要保持职业面貌。不要冲着对方的高昂兴致泼冷水，这可能让我们失去很多的贸易机会。

仓促草率：工作必须是基于良好的计划管理，仓促草率的后果可能被供应商认为是对他的不重视，从而无法赢得对方的尊重。

过分紧张：过分紧张是缺乏经验和自信的信号，通常供应商会觉得遇到了生手，好欺负，一定会好好利用这个机会。供应商会抬高谈判的底线，可能使你一开始就无法达到上司为你设定的谈判目标。

贪得无厌：工作中，在合法合理的范围里，聪明的供应商总是以各种方式迎合和讨好采购人员，遵纪守法、自律廉洁是采购员的基本职业道德，也是发挥业务能力的前提。采购人员应当重视长期收益，而非短期利益。

玩弄权术：不论是处理企业内部还是外部的关系都应以诚实、客观的处事态度和风格来行事。玩弄权术最终损失的是自己，因为时间会使真相暴露，别人最终会给你下一个结论。

泄露机密：天机不可泄露，严守商业机密，是雇员职业道德中最重要的条件。对手会认为你是可靠与可尊敬的谈判对象。所以时刻保持警觉性，在业务沟通中要绝对避免披露明确和详细的业务信息。当你有事要离开谈判座位时，一定要合上资料、关掉电脑，或将资料直接带出房间。

三、采购谈判的技巧

（一）入题技巧

谈判双方刚进入谈判场所时，难免会感到拘谨，尤其是谈判新手，在重要谈判中，往往会产生忐忑不安的心理。为此，必须讲求入题技巧，采用恰当的入题方法。

1. 迂回入题

为避免谈判时单刀直入、过于暴露，影响谈判的融洽气氛，谈判时可以采用迂回入题的方法，如先从题外话入题，从介绍己方谈判人员入题，从“自谦”入题，或者从介绍本企业的生产、经营、财务状况入题等。

2. 先谈细节、后谈原则性问题

围绕谈判的主题，先从洽谈细节问题入题，条分缕析，丝丝入扣，待各项细节问题谈妥之后，也便自然而然地达成了原则性的协议。

3. 先谈一般原则、再谈细节

一些大型的经贸谈判，由于需要洽谈的问题千头万绪，双方高级谈判人员不应该也不可能介入全部谈判，往往要分成若干等级进行多次谈判。这就需要采取先谈原则问题，再谈细节问题的方法入题。一旦双方就原则问题达成了一致，那么洽谈细节问题也就有了依据。

4. 从具体议题入手。

大型谈判总是由具体的一次次谈判组成，对具体的每一次谈判会，双方可以首先确定本次会议的谈判议题，然后从这一议题入手进行洽谈。

（二）阐述技巧

1. 开场阐述

谈判入题后，接下来就是双方进行开场阐述，这是谈判的一个重要环节。

（1）开场阐述的要点。具体包括：

一是开宗明义，明确本次会谈所要解决的主题，以集中双方的注意力，统一双方的认识。

二是表明我方通过洽谈应当得到的利益，尤其是对我方至关重要的利益。

三是表明我方的基本立场，可以回顾双方以前合作的成果，说明我方在对方所享有的信誉；也可以展望或预测今后双方合作中可能出现的机遇或障碍；还可以表示我方可采取何种方式共同获得利益作出贡献等。

四是开场阐述应是原则的，而不是具体的，应尽可能简明扼要。

五是开场阐述的目的是让对方明白我方的意图，以创造协调的洽谈气氛，因此，阐述应以诚挚和轻松的方式来表达。

（2）对对方开场阐述的反应。具体包括：

一是认真耐心地倾听对方的开场阐述，归纳弄懂对方开场阐述的内容，思考和理解对方的关键问题，以免产生误会。

二是如果对方开场阐述的内容与我方意见差距较大，不要打断对方的阐述，更不要立即与对方争执，而应当先让对方说完，认同对方之后再巧妙地转开话题，从侧面进行谈判。

2. 让对方先谈

在谈判中，当对市场态势和产品定价的新情况不太了解，或者当尚未确定购买产品，或者无权直接决定购买与否的时候，一定要坚持让对方首先说明可提供何种产品，产品的性能如何，产品的价格如何等，然后，再审慎地表达意见。有时即使对市场态势和产品定价比较了解，有明确的购买意图，而且能直接决定购买与否，也不妨先让对方阐述利益要求，报价和介绍产品，然后在此基础上提出自己的要求。

3. 坦诚相见

谈判中应当提倡坦诚相见，不但将对方想知道的情况坦诚相告，而且可以适当透露我方的某些动机和想法。

坦诚相见是获得对方同情的好办法，人们往往对坦诚态度有好感。

但是应当注意，与对方坦诚相见，难免要冒风险。对方可能利用你的坦诚逼你让步，你可能因为坦诚而处于被动地位，因此，坦诚相见是有限度的，并不是将一切和盘托出，要以既赢得对方的信赖又不使自己陷于被动、丧失利益为度。

4. 注意正确使用语言

(1) 准确易懂。在谈判中，所使用的语言要规范、通俗，使对方容易理解，不致产生误会。

(2) 简明扼要，具有条理性。由于人们有意识的记忆能力有限，对于大量的信息，在短时间内只能记住有限的、具有特色的内容，所以，我们在谈判中一定要用简明扼要而又有条理性的语言来阐述自己的观点。这样，才能在洽谈中收到事半功倍的效果。反之，如果信口开河，不分主次，话讲了一大通，不仅不能使对方及时把握要领，而且还会使对方产生厌烦的感觉。

(3) 第一次要说准。在谈判中，当对方要你提供资料时，你第一次要说准确，不要模棱两可，含混不清。如果你对对方要求提供的资料不甚了解，应延迟答复，切忌脱口而出。

(4) 语言富有弹性

谈判过程中使用的语言，应当丰富、灵活、富有弹性。对于不同的谈判对手，应使用不同的语言。如果对方谈吐优雅，我方用语也应十分讲究，做到出语不凡；如果对方语言朴实无华，那么我方用语也不必过多修饰。

(三) 提问技巧

要用提问摸清对方的真实需要、掌握对方心理状态、表达自己的意见观点。

1. 提问的方式

(1) 开放型问题：不能直接用“是”或“不是”来回答，包括谁，什么，为什么和什么时候。例如：不要说“你为什么那样认为?”

(2) 诱导型问题：鼓励对方给出你所希望的答案。例如：“你是不是更喜欢什么什么?”

(3) 冷静型问题：感情色彩较低。例如：“降价如何影响标准?”

(4) 计划型问题：即一方谈判者事先准备好在谈判过程中进行提问，或许这是议程的一部分。例如：“如果我们提出什么什么价格，你方会怎么考虑?”

(5) 奉承型问题：带有奉承的色彩。例如：“你或许愿意与我们分享你在这方面的知识?”

(6) 窗口型问题：询问对方的见解。例如：“价格是多少?”

(7) 指示型问题：切中主题。例如：“价格是多少?”

(8) 检验型问题：询问对方对某一建议的反应。例如：“你对此是否有兴趣?”

2. 提问的时机

为了便于引起对方的注意与回答，提问时要把握合适的时机。这些时机包括：

在对方发言完毕时提问；在对方发言停顿、间歇时提问；在自己发言前后提问；在议程规定的辩论时间提问。

3. 提问的其他注意事项

注意提问速度、注意对方心境、提问后给对方足够的答复时间、提问时应尽量保持问题的连续性。

(四) 答复技巧

答复不容易，回答的每一句话，都被对方理解为是一种承诺、都负有责任。答复时应注意如下问题：

(1) 不要彻底答复对方的提问；

(2) 针对提问者的真实心理答复；

(3) 不要确切答复对方的提问；

(4) 降低提问者追问的兴趣；

(5) 让自己获得充分的思考时间；

(6) 礼貌地拒绝不值得回答的问题；

(7) 找借口拖延答复。

(五) 说服技巧

1. 说服原则

(1) 不要只说自己的理由；

(2) 研究分析对方的心理、需求及特点；

(3) 消除对方戒心、成见；

(4) 不要操之过急、急于奏效；

(5) 不要一开始就批评对方、把自己的意见观点强加给对方；

(6) 说话用语要朴实亲切、不要过多讲大道理；

(7) 态度诚恳、平等待人、积极寻求双方的共同点；

(8) 承认对方"情有可原"，保护对方的自尊心；

(9) 坦率承认如果对方接受你的意见，你也将获得一定利益。

2. 说服具体技巧

(1) 讨论先易后难；

(2) 多向对方提出要求、传递信息、影响对方意见；

(3) 强调一致、淡化差异；

(4) 先谈好，后谈坏；

(5) 强调合同有利于对方的条件；

(6) 在讨论赞成和反对意见后，再提出你的意见；

(7) 说服对方时，要精心设计开头和结尾，以给对方留下深刻印象；

(8) 结论要由你明确提出，不要让对方揣摩或自行下结论；

(9) 多次重复某些信息和观点；

(10) 多了解对方，以对方习惯的能够接受的方式逻辑去说服对方；

(11) 先做铺垫、下毛毛雨，不要奢望对方一下子接受你突如其来的要求；

(12) 强调互惠互利、互相合作的可能性、现实性。激发对方在自身利益认同的基础上来接纳你的意见。

案例

说服的技巧——NEC 产品进口价格谈判

20 世纪 80 年代，我国某电子产品进出口公司与日本著名的 NEC 公司进行洽商，准备订购一批产品投放市场。在 80 年代，消费者对日本 NEC 公司的产品知道得还很少，尽管它在世界市场上销路不错，但在中国市场上还是一片空白。

在谈判中，双方对产品价格发生不合。日商代表坚持以当时国际市场的价格报价，而我方则要求其降低售价。双方各执一词，相持不下。日商以为他们的报价是国际市场的价格，不能让步。而我方代表则十分诚恳地说："不错，你们的报价确实是国际市场的价格。但你们是否考虑过，虽然你们的产品在国际市场上已经有了很好的销路，但在中国市场上还没有你们的产品，中国消费者还不了解你们产品的长处。所以，我方进口你们的产品后，准备先进行一系列的广告宣传，使中国消费者了解你们的产品。一旦宣传胜利，则中国市场的潜力是非常大的，到那时，NEC 产品的需求量将会迅速上升，而作为中国最具实力的电子产品进出口公司，咱们也肯定能给贵公司下大量订单。"

"而眼下你们提出的价格肯定会影响该产品在中国市场的竞争。因为咱们要进行大规模的广告宣传，费用将进入产品的售价中。这样一来，你们的产品价格就会高于其他同类产品，而中国消费者对这个产品的长处还不够了解，这样很可能导致试销失败。如果咱们试销失败了，其他公司也不会轻易再作尝试，这个产品在中国市场上相当长的一段时间里依然会是个空白。希望你们慎重考虑，怎样做才比较合适。"

日方听了我方有理有据且十分诚恳的阐述后，意识到这次洽商并不仅仅是一次普通的商品交易，而是关系到开拓中国市场长期发展合作的大事。牺牲眼前利益，降低产品售价，做出小的让步，会博得与日俱增的广阔的市场，孰重孰轻，了如指掌。

日方当即表示：为了配合开拓中国市场，可以先以成本价小批量供应一批产品，以后再逐步向国际市场靠拢。为了辅助中方进行产品宣传，日方还愿意提供一笔无息贷款，以解决广告费用问题。

经我方公司的大力宣传，加上 NEC 产品的优良性能，在很短的时间内，NEC 公司的产品就得到了中国消费者的认可，NEC 公司获得了丰厚的利润。

本章练习题

一、名词解释

1. 谈判，采购谈判，采购洽谈，讨价还价，大型采购，中小型采购，简单购买

2. 询盘、发盘、还盘、接受，签订合同

3. 投石问路策略，避免争论策略，情感沟通策略，货比三家策略，声东击西策略，最后通牒策略

4. 入题技巧，阐述技巧，提问技巧，答复技巧，说服技巧

二、选择填空

1. 采购谈判，一般是（　　）。

A. 大型采购　B. 中小型采购　C. 有正规仪式程序　D. 简单购买

2. 采购洽谈，一般是（　　）。

A. 大型采购　B. 中小型采购　C. 没有正规仪式程序　D. 简单购买

3. 讨价还价，一般是指（　　）。

A. 大型采购　B. 中小型采购　C. 有正规仪式程序　D. 简单购买

三、思考题

1. 为什么要进行采购谈判，在什么情况下要进行采购谈判?
2. 采购谈判有什么特点?
3. 采购谈判的内容有哪些?
4. 采购谈判有哪些程序?
5. 采购谈判的准备阶段应做好哪些工作?
6. 说明采购谈判的实施过程。
7. 采购谈判有哪些策略技巧?

四、实训题

根据本章章首案例意思，同学们分组分别扮演MB公司和D公司的谈判人员，进行一次模拟谈判。

第十三章　采购进货管理

本章教学目的与要求

采购进货，是最终实现采购成果，完成采购任务的关键阶段，也是大量物资、从而也是大量物资资金从供应商转移到购买方手中的环节。采购进货管理直接影响到能否实现物资的安全转移。本章主要讨论进货管理的过程及进货控制。本章的教学目的与要求：

1. 掌握进货的概念，理解其复杂性；
2. 采购进货管理的概念、理解其重要性，掌握进货管理的目标及过程；
3. 掌握进货控制中的合同控制与作业控制的具体内容。

章首案例

某建筑公司进货检验管理规定

1　目的

为明确进货检验的职责及实施步骤，使公司所采购和所使用的设备、原材料、外购件和外协件等物项达到质量要求，特制订本规定。

2　适用范围

本规定适用于公司所承担的建筑、安装工程使用的设备、原材料、外购件和外协件等物项的进货检验和试验。

3　职责

3.1　物资供应部材料工程师负责组织进货验证、检验和试验；

3.2　紧急放行申请由安装单位提出，材料工程师审核，质保工程师或总工程师批准；

3.3　项目部三级质检员负责专业范围内的材料及设备的到货检验；

3.4　检测中心试验室负责进货的物理检验和化学检验。

4　实施步骤

4.1　材料、设备到货后，物资供应部门的材料工程师对其外观、数量、型号规格及质量证明文件等进行验证；

4.2　材料工程师填写“检验通知单”通知质检部门或委托检测中心进行进货检验和试验；

4.3　质检部门收到“检验通知单”后，及时安排质检人员对到货的材料、设备进行检验。并将检验结果反馈至物资供应部和留存质检部门。

4.4　试验室收到“试验委托单”，按委托单要求，对进货材料、设备进行取样和试验，并将检验和试验结果及时反馈给物资供应部和留存试验室。

4.5　检验和试验结果表明到货材料、设备不合格时，由物资供应部材料工程师决定处置方案，一般作退货处理：

4.5.1 根据材料、设备不合格的性质，由材料工程师提出申请，工程部门审核，质保工程师或总工程师批准，可降级使用，对降级使用的材料设备应作详细记录和标识，防止误发、误用。

4.5.2 当设备厂家委托我方在现场进行缺陷消除时，厂家应提供质量要求和检验标准，消缺后应重新进行检验和试验。

4.6 检验合格的材料、设备由物资供应部登记入库，并做好标识。

4.7 未经检验和检验不合格的材料、设备严禁发放，确应工程需要必须紧急放行的材料、设备，应严格按规定办理紧急放行的审批手续。

4.8 紧急放行的审批规定、权限和控制方法如下：

4.8.1 安装单位根据工程需要和到货情况提出紧急放行申请。

4.8.2 工程部专业工程师和物资供应部材料工程师对紧急放行申请进行审核，签字同意后报质保工程师或总工程师批准。审核不同意或未经批准的，物资供应部不得在材料、设备检验合格前发放。

4.8.3 经批准发放紧急放行的材料、设备，除进行正常标识外，应进行紧急放行专用标识，以便及时补检和追回。

4.8.4 紧急放行的材料、设备由质检人员检验确定为不合格的，应由物资供应部通知安装单位拆除或更换，同时作好相应记录。

4.8.5 紧急放行不适用于无法更换的材料、设备，如焊接材料、化学清洗药品等。

5 记录

物资供应部应建立和保存“材料、设备检验通知单”、“试验委托单”、“检验报告”、“试验报告”、“紧急放行申请单”、“紧急放行记录”等与进货检验相关的记录和资料。同时，质检部门和试验室应保存各自参与检验或试验的“进货检验记录”和“试验记录”。

思考题：为什么要进行采购进货检验？采购进货检验应当如何做？

第一节 采购进货管理

一、进货过程

进货过程，是将同供应商成交的货物从供应商所在地转移到采购者需求地的过程。

进货是一个物流过程。它是一个大量物资实体转移的过程，中间要经过包装、装卸、搬运、运输、储存、流通加工等各种物流活动。每一种物流活动，如果不有效操作，都可能会造成物资的损坏、丢失或错乱。如果物流方式的选择、物流路径的选择不合理，就会造成费用的升高。

它也是大量物资资金的转移过程。所有这些物资，都是货币的载体，占用着流动资金，需支付利息成本。进货时间延长一天，就要多付一天利息。这些物资的损失，也就等于资金的流失。

它也是大量物资的所有权的实质性的转移过程。这个过程中，所发生的物资的交接，是物资所有权的实质性转移。货物的交接完成以后，所接受的物资的所有权就完全归属给购买者。如果在交接时，不认真验收，造成数量欠缺、质量不合格、物资破损，就会变成采购方的损失。

进货过程十分复杂，特别是远距离长途进货就更加复杂：

（1）它要直接面对整个进货过程中的复杂的物流基础条件。铁路、公路、水路、航空、桥梁、车站、码头、装卸条件、包装器具、仓库、汽车、火车、轮船等，这些物流基础设施的好坏，对物资的安全进货、准时进货将起到重要的影响。哪一个环节出一点事故，都会影响进货安全、延误进货时间。

（2）它要直接面对整个复杂的自然环境。进货过程中的气候、地理条件、地质条件、灾害、突发事件等，都能影响进货过程，造成物资损失、耽误进货时间、造成进货风险。

（3）它要直接面对复杂的现实社会环境。社会的政治经济条件、政策约束、规章制度、管理水平、社会秩序、风俗习惯、公安、税务、市场管理等，都直接影响进货过程。社会中的各类人员的素质、品德、工作作风、社会中的黑恶势力、犯罪团伙、官僚主义、不正之风、腐败行为等都直接影响进货过程。

因此，整个进货过程，影响因素多、不确定因素多、风险大，十分复杂。在这么复杂的情况下，要把进货过程管理好，保证安全到货、按时到货，任务十分艰巨。

二、进货管理的重要性

所谓进货管理，是对采购进货过程的计划、组织、指挥、协调和控制。整个进货管理过程是一个系统工程，涉及多种因素。要对整个过程进行认真地策划和计划，要妥善组织各种资源，进行统一的指挥、协调和控制，这就是进货管理。

由于进货过程非常复杂、影响因素多，风险大，所以进货管理不但非常必要，也非常重要：

（1）进货涉及大批量物资，大笔的物资资金，如果不认真进行进货管理，就有可能造成重大财产损失，而且会影响企业正常生产所需的物资供应；

（2）进货费用、订货费用再加上物资的购买费用，构成了生产成本的绝大部分。如果不认真进行进货管理和控制，不但会增加进货费用，甚至会使得这次采购的所有订货费用、购买费用付诸东流。

（3）进货时间控制是按时到货满足企业生产需要的保证，如果不认真进行进货管理，使得进货超过预定交货期，不但增加了进货费用，更重要的是有可能影响企业正常生产；

（4）进货过程面对的因素很多、环境复杂，不认真进行进货管理，不但会影响进货的正常进行，甚至会给社会造成损失或危害。例如，运输事故，可能造成人员伤亡、公共设施破坏，环境污染等；人员纠纷，可能会扰乱社会治安；操作人员行为不正，可能会造成违法操作、不正之风和腐败，贻害社会，给企业留下后患。交接不清楚、责任不分明，手续不严格，可能留下纠纷和遗留问题，等等。这些都会给社会、给企业造成危害和隐患。

所以采购进货管理非常重要，企业一定要重视进货管理、认真进行进货管理，要仔细策划、冷静思考、认真处理，把每一个环节、每一种因素都处理好，做到万无一失，才能保证把进货物资安全无误地运进自己的仓库。

三、进货管理的目标

进货管理的目标主要有：

（1）保量：即保证进货物资的品种数量准确无误。消除少发、丢失、遗漏、损坏货物等差错。如果发生差错，则要把收到的实际数量和差错的数量弄清楚，有记录；把发生差错的环节和责任人弄清楚；把证据文件、手续资料弄齐全。做到责任分明、追赔有源、赏罚有据，对发生差错的数量能够追回或补偿。

（2）保质：即保证进货物资的品种质量。发货时品种质量符合要求；进货途中不发生碰撞损坏、不淋雨、不潮湿、不霉变；进货后进行严格检查。一旦发生质量不合格或导致质量受损的情况，要把质量不合格的品种数量、质量事故的原因和责任人弄清楚，把证据文件、手续资料弄齐全，做到责任分明、追赔有源、赏罚有据。

（3）保安全：要防止途中发生安全事故。包括物资安全、人身安全、对社会及环境的安全。对各项物流作业要明确提出安全要求，要事先做好各种安全保障措施、预防安全事故。要教育作业人员注意安全。事前要同有关作业单位、作业人签订安全责任状或安全协议，大宗货物要买货物保险。发生安全事故时，要妥善处理，不遗留问题。选择运输部门和运输人员时，也要注意对方的资质，不要随意选用不可靠的单位和个人，以免出现风险。

（4）保时间：要力求按时到货。首先要督促供应商按交货期交货、及时发货，不拖延时间，抓好运输部门运输环节的运输时间和转运时间，争取在途中不耽误、不拖延。

（5）保环境：确保运输途中不危害环境。要控制运输工具的污染源、对运输或转运环节发生的废弃物要妥善处理，对汽车的尾气、噪声及其他污染物要严格控制，要教育作业人员树立环境保护观点，要建立适当的责任制，对严重危害环境的要追究责任。

（6）省费用：要精心策划，使得运输途中的总费用最省。首先要选择运输方式，采用最经济的运输方式；其次要选择运输路径，使得运输费用最省。还要选择安全保障体系，使得运输损失最小、风险最小。

（7）无隐患：进货途中，要和各种环境、各种人物、各种情况打交道，要妥善处理好和供应商、运输单位、作业人员以及有关部门之间的事情，坚决杜绝各种矛盾，不遗留问题、不产生隐患。事事注意掌握证据、留下记录、公平合理、有理有利、彻底解决。

四、进货管理的内容

进货管理大致包括以下几项内容。

（一）计划和策划

计划和策划是进货管理中非常重要的工作。这个工作应该在制订每次采购计划的时候就进行。在着手进行采购前，就应该在充分调查了解供应商的基础上，计划和策划好进货的方案、制订出进货计划。进货计划的主要内容，包括：

1. 选择进货方式

可能的进货方式主要有以下四种。

（1）供应商包送：供应商负责将货物送到买方。对买方来说，这是一种最省事的方式。它的好处就是把运输进货的所有事务都交给了供应商，由供应商承担运输费用、货损货差和运输风险。买方省去了所有进货的烦琐业务，不承担任何运输风险、免去了途中货损或差货的损失，而且只要在货物需求地与供应商进行一次交接、只进行一次验收工作就可以全部完成这次采购进货任务。

（2）托运：即委托运输。由供应商委托一家运输商负责运输，把货物送到买方手中。这种方式采购方只等运输商送货上门，也比较省事。这里的运输商通常是铁路部门，或者是汽车运输公司等。这种方式中，买方需要和运输商进行一次交接。这种方式比第一种方式麻烦的地方是，当运输商送到的货物出现差错如出现货损货差时，就需要取得运输商的认证、或再找公证处公正之后，还要和供应商联系、洽商补货、退赔等事宜，需要增加一些程序。

(3) 外包：这是买方接受货物以后，由买方把运输进货任务外包给第三方物流企业或运输商。这时，买方要进行二次交接、二次验货，即和供应商交接一次、和运输商交接一次，并且还要根据与供应商签订合同的情况，决定买方是否还要承担运输损失和运输风险。所以这种方式较麻烦。

(4) 自提：这种方式是买方自己到供应商处去提货，自己承担运输进货业务。这种方式要和供应商进行一次交接、一次验货，但是，自己要全部承担运途中的所有费用，承担货损货差损失和运输风险。而且自己入库时，还要进行一次入库验收。

这四种方式，最方便的是第一种，风险最大的是第四种。在制订采购计划时就要选定进货方式，并且在签订订货合同时，就要把选定的进货方式写进合同中，作为合同内容的一部分来执行。

2. 选择运输方式

可供选择的运输方式有四种，包括铁路、公路、水路和航空运输。选择运输方式的考虑因素主要有以下几个。

(1) 货物的多少：一般大宗货物用火车、轮船；中小宗货物用汽车、飞机；

(2) 路途的远近：长途运输一般用火车、轮船、飞机，短途运输一般用汽车；

(3) 交通条件：只有公路设施的地方，当然只能用公路运输，只有水路的地方当然只用水路运输，没有方便的陆上通路的只好用飞机。当几种运输方式都有时，就要考虑哪种运输方式更省钱或者更省时间，或者既省钱又省时间。

(4) 货物的性质：例如一些生鲜货品、急需品、贵重物品只能用飞机，砂石、煤炭只能用火车、轮船、汽车。

(5) 货物的急需情况：如非常急需的物品，长途用飞机、短途用汽车。

将以上几种因素综合考虑，一般大宗货物、长途运输以选择铁路、水路运输为好，中批量短距离急需品运输选择汽车比较方便，长途、贵重品、急需品、生鲜物品选用飞机比较方便，大宗货物、靠近水路则选用水运比较合适，等等。

3. 选择最短路径

在运输方式确定以后，就要确定最短路径。最近几年，我国的运输路网建设进展很快，初步形成了比较健全的运输网络，因此运输路径的选择余地增大了。在这种情况下，有必要选择最短的路径，以节省运输费用和运输时间。在比较简单的路网中，可以用人工计算的方法求出最短路径，在比较复杂的情况下，就要用网络图论模型求出最短路径。

4. 选择运输商

运输方式选定以后，就要选择运输商。选择运输商的原则，是要重资质、重服务。一定要选择正规的、有资质的、有实力的、服务好的企业，以避免运输风险。

(二) 组织和指挥

组织和指挥，就是要按照既定的进货计划组织实施。

首先根据既定的进货计划和供应商沟通、达成共识，然后在订货合同中要写明进货条款。合同中进货条款的内容应当包括：进货方式选择，进货进度计划，责任承担方式，双方的责任和权利等。在订货合同签订以后，就可以按进货条款进行实施。

例如，如果采用供应商包送方式进货，则买方就要按进货进度计划的要求，督促供应商落实进货计划的实施，包括组织人力物力和财力，制定落实措施，准备货物，初步查验货物质量和数量、准备运输工具、监督合适的包装、搬运等，每一项活动都要一一落实，直到按时发出货物。

如果是委托运输或外包，就要督促落实找到第三方运输商，签订合同、领货、验货、交货、监督包装、装运，直到发车等，更要认真组织和指挥。

如果是自提，更是要认真组织指挥有关作业单位、作业人进行操作。这时候更要精心操作，因为每一步都要采购方自己组织、自己操作、自己负责、自己承担全部费用和风险。

（三）控制

整个进货过程中作业环节多、影响因素多、风险大，所以在组织指挥各项活动时，要采取各种方式，加强对整个进货过程各种作业的控制。

控制的目的，就是要使各项作业按照预定的计划进度和目标进行，保证按时、安全到货、降低进货成本、降低运输风险。

采购进货控制方法见下一节。

第二节 采购进货控制

一、合同控制

采购进货过程是一个环节多、因素多、风险大的作业过程，一个有效的控制方法就是采用合同控制。在合同中，有当事双方各自责任与义务的具体规定，有违反合同的具体处理办法，有各方当事人以及单位负责人的签字和公章，有的甚至还有公证人的签字和公章。因此合同具有法律效力，受法律保护，有最大的权威性、约束性和可操作性，可以确实约束控制双方的行为、保护双方的利益。所以要充分利用合同这种形式，进行进货管理控制。因此要尽量做到，要与进货过程所有进行进货操作的单位和个人都签订合同，用合同来进行约束和控制，使进货风险降到最小。

因此，在整个采购进货过程中，可能要签订多份合同，和多个作业单位签订合同。根据进货方式不同，签订合同的方式也不同。

（一）与供应商签订合同

首先应该和供应商签订合同，这个合同就是订货合同。订货合同首先当然是与物资购买有关的事项的合同，但是应该在与供应商签订订货合同时，要明确写明进货条款，明确所购货物的进货方式，进货承担方和责任人。在选择进货方式时，购买方尽可能地选择由供应商包送方式。这种方式对购买方最有利，省去了很多进货环节烦琐的事务、可以不承担责任和风险，把进货责任和风险交给供应商。而采用这种方式则供应商比较辛苦、工作量大、风险大、责任重。

如果供应商不愿意自己送货，还可以要求其进行委托运输送货。由供应商去寻找运输商，再由他们去和运输商签订运输合同，采购方可以省去这些中间工作环节，这也是有利于购买方的。

（二）与运输商签订合同

如果供应商不愿意自己送货，也不愿意由他们进行委托运输送货，则只能由采购方自己办理进货时，采购方最好是采用进货业务外包的方式，把进货任务外包给第三方物流公司、或其他运输商承担。这样采购方也可以免除烦琐的进货业务处理，避免进货风险。

第三方物流公司一般比较有实力，有强大的物流手段、有物流系统网络、有成熟的物流业务和关系网，比较有能力把进货任务完成好，是可以比较值得信任的运输商。如果没有第三方物流公司，当然也可以找其他有资格、有能力、值得信任的运输商。

把进货任务外包给运输商也有两种方式：一是供应商先将所购货物交给购买方，由购买方再交给运输商运输，运输商将货物运到购买方需求地，再将货物交给购买方；二是由运输商直接向供应商提货，运输商将货物运到购买方需求地，将货物交给购买方。对购买方来说，两种方式中，第二种比较好，节省了与供应商的货物交接与货物检验工作。

在将进货任务外包给运输商时，要和运输商签订一份正式的运输合同。对运输过程中有关事项进行明确规定，规定双方的责任和义务，还要规定违约的处理方法。

小资料

货物运输合同示范

托运方：__________

托运方详细地址：__________

承运方：__________

收货方详细地址：__________

根据国家有关运输规定，经过双方充分协商，特订立本合同，以便双方共同遵守。

第一条　货物名称：__________；规格：__________；数量：__________；单价：__________；总额（元）：__________。

第二条　包装要求

托运方必须按照国家主管机关规定的标准包装；没有统一规定包装标准的，应根据保证货物运输安全的原则进行包装，否则承运方有权拒绝承运。

第三条　货物起运地点：__________；货物到达地点__________。

第四条　货物承运日期__________；货物运到期限__________。

第五条　运输质量及安全要求__________。

第六条　货物装卸责任和方法__________。

第七条　收货人领取货物及验收办法__________。

第八条　运输费用、结算方式__________。

第九条　各方的权利义务

一、托运方的权利义务

1. 托运方的权利：要求承运方按照合同规定的时间、地点，把货物运输到目的地。货物托运后，托运方需要变更到货地点或收货人，或者取消托运时，有权向承运方提出变更合同的内容或解除合同的要求。但必须在货物未运到目的地之前通知承运方，并应按有关规定付给承运方所需费用。

2. 托运方的义务：按约定向承运方交付运杂费。否则，承运方有权停止运输，并要求对方支付违约金。托运方对托运的货物，应按照规定的标准进行包装，遵守有关危险品运输的规定，按照合同中规定的时间和数量交付托运货物。

二、承运方的权利义务

1. 承运方的权利：向托运方、收货方收取运杂费用。如果收货方不交或不按时交纳规定的各种运杂费用，承运方对其货物有扣压权。查不到收货人或收货人拒绝提取货物，承运方应及时与托运方联系，在规定期限内负责保管并有权收取保管费用，对于超过规定期限仍无法交付的货物，承运方有权按有关规定予以处理。

2. 承运方的义务：在合同规定的期限内，将货物运到指定的地点，按时向收货人发出货物到达的通知。对托运的货物要负责安全，保证货物无短缺、无损坏、无人为的变质，如有上述问题，应承担赔偿义务。在货物到达以后，按规定的期限，负责保管。

三、收货人的权利义务

1. 收货人的权利：在货物运到指定地点后有以凭证领取货物的权利。必要时，收货人有权向到站、或中途货物所在站提出变更到站或变更收货人的要求，签订变更协议。

2. 收货人的义务：在接到提货通知后，按时提取货物，缴清应付费用。超过规定日期提货时，应向承运人交付保管费。

第十条　违约责任

一、托运方责任

1. 未按合同规定的时间和要求提供托运的货物，托运方应按其价值的__________%偿付给承运方违约金。

2. 由于在普通货物中夹带、匿报危险货物，错报笨重货物重量等而招致吊具断裂、货物摔损、吊机倾翻、爆炸、腐蚀等事故，托运方应承担赔偿责任。

3. 由于货物包装缺陷产生破损，致使其他货物或运输工具、机械设备被污染腐蚀、损坏，造成人身伤亡的，托运方应承担赔偿责任。

4. 在托运方专用线或在港、站公用线、专用铁道自装的货物，在到站卸货时，发现货物损坏、缺少，在车辆施封完好或无异状的情况下，托运方应赔偿收货人的损失。

5. 罐车发运货物，因未随车附带规格质量证明或化验报告，造成收货方无法卸货时，托运方应偿付承运方卸车等相关费用及违约金。

二、承运方责任

1. 不按合同规定的时间和要求配车（船）发运的，承运方应偿付托运方违约金__________元。

2. 承运方如将货物错运到货地点或接货人，应无偿运至合同规定的到货地点或接货人。如果货物逾期达到，承运方应偿付逾期交货的违约金。

3. 运输过程中货物灭失、短少、变质、污染、损坏，承运方应按货物的实际损失（包括包装费、运杂费）赔偿托运方。

4. 联运的货物发生灭失、短少、变质、污染、损坏，应由承运方承担赔偿责任的，由终点阶段的承运方向负有责任的其他承运方追偿。

5. 在符合法律和合同规定条件下的运输，由于下列原因造成货物灭失、短少、变质、污染、损坏的，承运方不承担违约责任：

（1）不可抗力；

（2）货物本身的自然属性；

（3）货物的合理损耗；

（4）托运方或收货方本身的过错。

第十一条　本合同正本一式二份，合同双方各执一份；合同副本一式＿＿＿＿份，送＿＿＿＿等单位各留一份。

托运方（盖章）：＿＿＿＿	承运方（盖章）：＿＿＿＿
代表人（签字）：＿＿＿＿	代表人（签字）：＿＿＿＿
地址：＿＿＿＿	地址：＿＿＿＿
电话：＿＿＿＿	电话：＿＿＿＿
开户银行：＿＿＿＿	开户银行：＿＿＿＿
账号：＿＿＿＿	账号：＿＿＿＿
＿＿＿＿年＿＿＿月＿＿＿日	＿＿＿＿年＿＿＿月＿＿＿日
签订地点：＿＿＿＿	签订地点：＿＿＿＿

（三）与作业人签订合同

如果是采购人自己承担进货任务，但是租车进行运输、或者是本单位派司机带车进行运输时，如果路途遥远、或者路况复杂时、或者货物贵重时，为了慎重，也要和作业人签订合同，或者签订运输责任状，规定作业人的责任和义务。在可能的情况下，最好派有经验、有能力、身体好的人跟车。跟车人的任务，一是在路途紧急处理一些复杂问题，二是协助和监督途中运输工作，三是遇到车匪路霸时协力排险、保障货物安全运输。

合同是一种重要的约束和控制手段，可以减少风险。对方一旦违约，给购买方造成损失，则可以根据合同条款，向对方获取赔偿。对方如果不从，则可以诉诸法庭裁决处理。

为了更加保险，除了合同之外，还可以买运输保险，这样，在途中一旦出现意外，可以找保险公司赔偿，这样也可以降低运输风险。

二、作业控制

订合同是一种比较好的控制办法，但是如果供应商不愿签订合同、或者供应商愿意签合同但不愿负责运输时，或者是多品种采购，每个供应商的批量都很小，而合起来运量又很大、必须自办运输进货时，这时必须自己承办运输进货任务。这样就不能采用合同控制，而要进行作业控制。

作业控制，就是购买方必须亲自经办处理、或者监督处理进货过程的每一道作业，对每一道作业进行控制。这项工作工作量很大、很辛苦、而且风险大、责任重。处理时，应当注意采用以下一些措施和办法：

（一）配备人员

选用有经验、处理问题能力强、活动能力强、身体好的人担任此项工作。这项工作要处理各种各样的问题，要接触各种各样的人，要熟悉运输部门的业务和各种规章制度，没有一定能力的人，难于胜任此项工作。

（二）制订计划

事前，要进行周密策划和计划，对各种可能出现的情况制定应对措施，要制订切实可行的物料进度控制表。对整个过程实行任务控制。

（三）把好六关

第一关，交货、验货关。这是采购中购买方与供应商的最后的物资交接，物资所有权的完全性转移。交接完毕，供应商就算完全交清了货物，购买方就已经完全接受了货物。所以这次交接验收一定要严格在数量上、质量上把好关，做到数量准确、质量合格。要有验收记录，并且准确无误，要留下原始凭证，例如磅码单、计量记录、采购物品验收单等。验收完毕，双方签字盖章。

第二关，发货关。接收的货物，要妥善包装，合理装箱，每箱要有装箱清单，装箱单应该一式二份，箱内一份，货主留一份。在有些情况下还要在箱外贴物流条码，安全搬运上车，每个都要合理堆码，固紧，活好填充物，防止运输途中发生碰撞、倾覆而导致货物受损。车厢装满以后，还要填写运单。办好发运手续，并且在物料进度控制表中填写记录，做好商业记录。督促运输商按时发车。

第三关，运输途中控制关。可能的话，最好跟车押运。如果不能跟车，也要和运输部门取得联系，跟踪货物运行情况。无论跟车或不跟车，都要随时掌握物料运输进度，并且记录物料进度控制表，做好商业记录。

第四关，货物中转关。运输途中，可能会因运输工具改变、运输路段改变而需要中转，中转有不同情况，有的是整车重新编组以后再发运，有的是要卸车、暂存仓库一段时间后再装车发运。中转点最容易发生问题，例如整车漏挂、错挂，卸车损坏、错存、错装、少装、延时装车、延时发运等，所以，采购人员最好亲自前往监督。并填写好物料控制进度表，做好商业记录。

第五关，购买方与运输方的交接关。货物运到购方需求地，购买方要从运输方手中接收货物。这个时候，要做好运输验收。这个验收主要是看有没有包装箱受损、开箱、缺少，货物散失等。如果包装箱完好无损，数量不少，就可以接收。如果包装箱受损、遗失，或货物散失，就要弄清受损或遗失的数量，并且做好商业记录，双方认证签字，凭此向运输方索赔。

第六关，入库关，即进货责任人与仓库保管员的交接关。这是采购中最实质性的一关。它是采购物资的实际接收关。验收入库完毕，货物就完全成为企业的财产，这次采购任务也基本结束。因此要严格做好入库验收工作。数量上要认真清点，数量准确；质量上要认真检查，按实际质量标准登记入账。验收完毕，双方在验收单签字盖章。进货管理人员要填写物料进度控制表，做好商业记录。图 13－1 为一份材料入库单示范。

到此，这次采购进货管理工作宣告结束。进货管理人员的物料控制进度表和商业记录应当存档。供以后工作总结、取证查询之用。

以上是一般的火车运输情况下的作业控制手段。

在汽车运输的情况下，作业控制的一个重要方式是押运，可以派人坐驾驶室跟车监督控制。

材料入库单

厂商名称________________________　　　　NO. 000001

厂商编号________________________　　　　日期_____

订单号码	物料编号	品名规格	单位	送货数量	检验损耗	品管判定	实收数量	备注

PMC：____________　　OQC：____________　　仓管员：____________

图 13－1　材料入库单

(四) 控制争端

在合同控制的第一种情况下，如果入库验收质量不合要求、或者数量不对，可以拒收或退货。在其他情况下发生这样的情况，可以和供应商协商解决。

在采购进货过程中，如果处理不好，当事双方发生争端也是可能发生的。为了防止争端发生、或者发生争端之后能够妥善处理好争端，也是要做好管理控制工作。

首先，要很好地研究如何防止争端的发生，争端发生以后应当如何处理。把研究的结果，制订成文件或操作手册，供操作人员认真执行。

其次，在整个采购进货过程中，一定要注意认真、谨慎、妥善处理好各种事情，工作要做到位。该签字的要签字、该有责任人的要有责任人，不要留下缺口和隐患。

最后，一定要重证据、重原始记录。特别要注意形成认证签字物证。例如检验记录、磅码单、化验单、装箱单、运单等。还要注意做好商业记录。在发生争端时，要用物证说话，就可以防止发生争端。

发生争端以后不要急躁和意气用事，不要激发矛盾。要妥善处理。首先争取协商解决，实在不行可以请双方公认的权威机构判定；如果还是不行，则可以申请法律仲裁。

小资料

索赔通知书示范

__________公司：

本公司于_____年______月______日向贵公司采购下列物品：_______________。因贵公司产品□品质不良□交期延迟，造成本公司蒙受__________元损失，兹检附□损失计算表______份；□品质检验报告______份；□本公司客户索赔函复印本______份；连同原采购合同复印本______份，望贵公司给予谅察赔偿，其赔偿金额，敬请贵公司同意。

□由其他货款中扣除

□以现金支付

顺颂

商祺

________________公司采购部

年　月　日

本章练习题

一、名词解释

1. 进货过程。
2. 进货方式。
3. 运输方式。
4. 进货管理目标。

二、简答题

1. 为什么说进货过程是一个复杂的过程？
2. 进货管理的目标是什么？
3. 比较四种进货方式。
4. 进货管理中如何进行作业控制？

三、思考题

单据是企业管理中经常使用的一种管理凭证，采购进货管理中需要使用哪些单据？

四、实训题

深入学校超市、食堂、供应处或某一制造企业，了解其采购进货的实际情况，为其制定采购进货制度。

第十四章　采购绩效评估与监督控制

本章教学目的与要求

企业完成了一系列的采购作业程序后，采购工作是否达到了预期的目标要求，企业对采购部门、采购人员的工作是否满意，需要企业对采购绩效进行评估。同时，企业为了提高采购绩效，需要对采购进行监督控制。本章主要讨论这两个方面的内容。本章的教学目的与要求：

1. 了解采购绩效评估的目的，理解其在采购管理中的重要性。

2. 掌握采购绩效评估的指标体系及确定标准的一般方法；能够初步制定采购绩效评估方案。

3. 理解采购监督控制的基础工作及基本的监督控制制度。

章首案例

某公司的采购绩效评价

公司绩效考核，包括采购部关键指标、采购部经理指标和采购人员指标。

1. 采购部关键绩效考核指标（KPI）（如表 14－1 所示）

表 14－1　　采购部关键绩效考核指标（KPI）

序号	KPI 指标	考核周期	指标定义/公式	资料来源
1	采购计划完成率	季/年度	（考核期内采购总金额/同期计划采购金额）×100%	采购/仓储部
2	采购订单按时完成率	季/年度	（实际按时完成订单数/采购订单总数）×100%	采购/仓储部
3	成本降低目标达成率	季/年度	（成本实际降低率/成本目标降低率）×100%	财务部
4	订货差错率	季/年度	（数量及质量有问题的物资金额/采购总金额）×100%	生产/质检部
5	采购资金节约率	季/年度	（1－实际采购物资资金/采购物资预算资金）×100%	财务部
6	采购质量合格率	季/年度	（采购物资的合格数量/采购物资总量）×100%	生产部

续 表

序号	KPI 指标	考核周期	指标定义/公式	资料来源
7	供应商履约率	季/年度	（履约的合同数/订立的合同总数）×100%	

2. 采购部经理绩效考核指标（如表 14－2 所示）

表 14－2 采购部经理绩效考核指标

被考核人姓名		职位	采购部经理	部门	采购部
考核人姓名		职位	总经理	部门	

序号	KPI 指标	权重	绩效目标值	考核得分
1	采购计划完成率	20%	考核期内采购计划完成率达到____%以上	
2	采购成本降低目标达成率	15%	考核期内采购成本降低目标达成率达到____%	
3	采购部门管理费用控制	10%	考核期内控制在预算范围之内	
4	采购及时率	10%	考核期内采购及时率达到____%以上	
5	采购质量合格率	10%	考核期内采购质量合格率达到 100%	
6	采购计划编制及时率	10%	考核期内采购计划编制及时率达到____%	
7	供应商开发计划完成率	10%	考核期内供应商开发计划完成率在____%以上	
8	供应商履约率	5%	考核期内供应商履约率达到____%	
9	供应商满意率	5%	考核期内供应商满意率在____%以上	
10	员工管理	5%	部门员工绩效考核平均得分在____分以上	
本次考核总得分				
考核指标说明	1. 采购及时率 采购及时率＝（规定时间内完成采购订单数/应完成采购订单总数）×100% 2. 采购计划编制及时率 采购计划编制及时率＝（规定时间内完成采购计划编制的次数/应完成采购计划编制的总数）×100%			

被考核人	考核人	复核人
签字：　　日期：	签字：　　日期：	签字：　　日期：

3. 采购人员绩效考核实施方案（如表 14-3 所示）

表 14-3　　采购人员绩效考核实施方案

<table>
<tr><td rowspan="2">方案名称</td><td rowspan="2">采购人员绩效考核实施方案</td><td>受控状态</td><td></td></tr>
<tr><td>编　　号</td><td></td></tr>
</table>

一、目的

为贯彻企业绩效考核管理制度，全面评价采购人员的工作绩效，保证企业经营目标的实现，同时也为员工的薪资调整、教育培训、晋升等提供准确、客观的依据，特制定采购人员绩效考核实施方案。

二、遵循原则

（一）明确化、公开化原则

考评标准、考评程序和考评责任都应当有明确的规定，而且在考评中应当遵守这些规定。同时，考评标准、程序和对考评责任者的规定在企业内部应当对全体员工公开。

（二）客观考评的原则

明确规定的考评标准，针对客观考评资料进行评价，避免掺入主观性和感情色彩。做到“用事实说话”，考评一定要建立在客观事实的基础上。其次要做到把被考评者与既定标准作比较，而不是在人与人之间进行比较。

（三）差别的原则

考核的等级之间应当有鲜明的差别界限，针对不同的考评评语在工资、晋升、使用等方面应体现明显差别，使考评带有刺激性，激励员工的上进心。

（四）反馈原则

考评结果（评语）一定要反馈给被考评者本人。在反馈考评结果的同时，应当向被考评者就评语进行说明解释，肯定成绩和进步，说明不足之处，提供今后努力方向的参考意见等。

三、适用范围

适用于本企业采购部人员，以下人员除外。

① 考核期开始后进入本企业的员工。

② 因私、因病、因伤而连续缺勤三十日以上者。

③ 因公伤而连续缺勤七十五日以上者。

④ 虽然在考核期任职，但考核实施日已经退职者。

四、绩效考核小组成员

人力资源部负责组织绩效考核的全面工作，其主要成员包括人力资源部经理、采购部经理、采购部主管、人力资源部绩效考核专员、人力资源部一般工作人员。

五、采购绩效考核实施

（一）采购人员绩效考核指标

采购人员绩效考核以适时、适质、适量、适价、适地的方式进行，并用量化指标作为考核的尺度。主要利用采购时间、采购品质、采购数量、采购价格、采购效率五个方面的指标对采购人员进行绩效考核。量化指标如表 14-3-1 所示。

续 表

表 14-3-1 采购人员绩效考核指标

绩效考核方面	权重（%）	考核指标/指标说明
时间绩效	15	停工断料，影响工时
		紧急采购（如空运）的费用差额
品质绩效	15	进料品质合格率
		物料使用的不良率或退货率
数量绩效	30	呆物料金额
		呆物料损失金额
		库存金额
		库存周转率
价格绩效	30	实际价格与标准成本的差额
		实际价格与过去平均价格的差额
		比较使用时价格和采购时价格的差额
		将当期采购价格与基期采购价格的比率同当期物价指数与基期物价指数的比率进行比较
效率绩效	10	采购金额
		采购收益率
		采购部门费用
		新开发供应商数量
		采购完成率
		错误采购次数
		订单处理时间

（二）绩效考核周期

采购部经理对于短期内工作产出较清晰的记录和印象以及对工作的产出及时进行评价和反馈，有利于及时地改进工作，以月度为周期进行考核；对于周边绩效指标，以季度或年度进行考核。

（三）绩效考核方法及说明

采购人员绩效考核采用量化指标与日常工作表现考核相结合来进行，量化指标占考核的70%，日常工作表现考核占30%。两次考核的总和即为采购人员的绩效。采购人员绩效考核计算方式如下：

采购人员绩效考核分数=量化指标综合考核得分×70%+日常工作表现×30%

（四）绩效考核实施

绩效考核小组工作人员根据员工的实际工作情况展开评估，员工本人将自己的考核期间的工作报告在考核期间交于人力资源部，人力资源部汇总并统计结果，在绩效反馈

续　表

阶段将考核结果告知被考核者本人。

（五）考核结果应用

考核结果分为五个层次（划分标准见表 14－3－2），其结果为人力资源部奖金发放、薪资调整、员工培训、岗位调整、人事变动等提供客观的依据。

表 14－3－2　　绩效考核结果等级划分标准

杰出	优秀	中等	需提高	差
A	B	C	D	E
85 分以上	85 分以下～75 分	5 分以下～65 分	65 分以下～50 分	50 分以下

根据员工绩效考核的结果，可以发现员工与标准要求的差距，从而制订有针对性的员工发展计划和培训计划，提高培训的有效性，使员工的素质得到提高，最终为企业管理水平的提高打下坚实的基础。

（六）绩效考核实施工具

对采购人员的绩效考核，主要的考核实施工具有采购人员绩效考核表、等级标准说明表（如表 14－3－3、表 14－3－4 所示）。

表 14－3－3　　采购人员绩效考核表

<table>
<tr><th colspan="2" rowspan="2">项目</th><th rowspan="2">权重</th><th colspan="5">等级说明</th><th rowspan="2">自我评分</th><th rowspan="2">综合得分</th></tr>
<tr><th>杰出</th><th>优秀</th><th>中等</th><th>需提高</th><th>差</th></tr>
<tr><td rowspan="5">定量指标</td><td>时间绩效</td><td>15%</td><td></td><td></td><td></td><td></td><td></td><td></td><td></td></tr>
<tr><td>品质绩效</td><td>15%</td><td></td><td></td><td></td><td></td><td></td><td></td><td></td></tr>
<tr><td>数量绩效</td><td>30%</td><td></td><td></td><td></td><td></td><td></td><td></td><td></td></tr>
<tr><td>价格绩效</td><td>30%</td><td></td><td></td><td></td><td></td><td></td><td></td><td></td></tr>
<tr><td>效率绩效</td><td>10%</td><td></td><td></td><td></td><td></td><td></td><td></td><td></td></tr>
<tr><td colspan="10">定量指标权重为 70%</td></tr>
<tr><td rowspan="4">定性指标</td><td>责任感</td><td>30%</td><td></td><td></td><td></td><td></td><td></td><td></td><td></td></tr>
<tr><td>合作度</td><td>30%</td><td></td><td></td><td></td><td></td><td></td><td></td><td></td></tr>
<tr><td>主动性</td><td>20%</td><td></td><td></td><td></td><td></td><td></td><td></td><td></td></tr>
<tr><td>纪律性</td><td>20%</td><td></td><td></td><td></td><td></td><td></td><td></td><td></td></tr>
<tr><td colspan="10">定性指标权重为 30%</td></tr>
<tr><td colspan="10">综合得分</td></tr>
<tr><td colspan="10">考核补充：</td></tr>
</table>

考核人：　　　　被考核人：　　　　考核日期：　　年　月　日

续 表

表 14－3－4　　等级标准说明表

项目	考核指标	指标等级划分说明				
		杰出	优秀	中等	有待提高	急需提高
时间绩效	是否导致停工	从不	没有	无记录	3 次以下	3 次以上
品质绩效	进料品质合格率	100％	90％	85％	65％	60％以下
	物料使用不良率	0	5％以下	5％～10％	10％～15％	15％以上
数量绩效	采料物料金额	1 万元以下	×～×万元	×～×万元	×～×万元	1 万元以上
	库存周转率	％以上	％～％	％～％	％～％	％以下
价格绩效	采购成本降低率	％以上	％～％	％～％	％～％	％以下
	采购价格降低额	1 万元以上	×～×万元	×～×万元	×～×万元	1 万元以上
效率绩效	采购完成率	％以上	％～％	％～％	％～％	％以下
	订单处理时间	天以内	～天	～天	～天	天以上

指标等级得分说明

杰出	优秀	中等	有待提高	急需提高
10 分	8 分	5 分	2 分	0 分

相关说明					
编制人员		审核人员		批准人员	
编制日期		审核日期		批准日期	

思考题： 结合案例说明企业采购绩效考核一般应当怎么做？

第一节　采购绩效评估

一、概述

（一）采购绩效评估的含义

评估即评价估量，就其本义而言，是评价估量货物的价格，现在泛指衡量人物、事物的作用和价值。绩效即功绩、功效，也指完成某件事的效益和业绩。采购绩效就是指采购效益和采购业绩。采购绩效是指采购产出与相应的投入之间的对比关系，它是对采购效率进行的全面整体的评价。采购绩效评估是指通过建立科学、合理的评估指标体系，全面反映和评估采购政策功能目标和经济有效性目标实现程度的过程。

（二）采购绩效评估的目的

许多企业与机构，到现在仍然把采购人员看做“行政人员”，对他们的工作绩效还是以“工作品质”、“工作能力”、“工作知识”、“工作量”、“合作”、“勤勉”等一般性的项目来考核，使采购人员的专业功能与绩效，未受到应有的尊重与公正的评量。实际上，若能对采购工作做好绩效评估，通常可以达到下列目的：

（1）确保采购目标之实现。各企业的采购目标互有不同。例如政府采购的采购目标偏重“防弊”，采购作业以“如期”、“如质”、“如量”为目标；而民营企业的采购单位则注重“兴利”。采购工作除了维持正常的产销活动外，非常注重产销成本的降低。因此各企业可以针对采购单位所应追求的主要目标加以评估，并督促它的实现。评估就是要将实际的成果与目标进行比较，判断绩效的高低。因此通过评估可以保证目标的实现，这也是评估的重要初衷。

（2）提供改进绩效之依据。绩效评估制度，可以提供客观的标准，来衡量采购目标是否达成，也可以确定采购部门目前的工作表现如何。正确的绩效评估，有助于指出采购作业的缺失所在，而据以拟订改善措施，收到“检讨过去、策励将来”之效。

（3）作为个人或部门奖惩之参考。良好的绩效评估方法，能将采购部门的绩效，独立于其他部门而凸显出来，并反映采购人员的个人表现，作为各种人事考核的参考资料。依据客观的绩效评估，达成公正的奖惩，可以激励采购人员不断前进，发挥团队合作精神，使整个部门发挥合作效能。

（4）协助甄选人员与训练。根据绩效评估结果，可针对现有采购人员的工作能力缺陷，拟订改进的计划，例如安排参加专业性的教育训练；若发现整个部门缺乏某种特殊人才，则可另行由公司内部甄选或向外界招募，例如成本分析员或机械制图人员等。

（5）促进部门关系。采购部门的绩效，受其他部门能否配合的影响非常大。故采购部门的职责是否明确，表单、流程是否简单、合理，付款条件及交货方式是否符合公司的管理制度，各部门之目标是否一致等，均可透过绩效评估而予以判定，并可以改善部门间的合作关系，增进企业整体的运作效率。

（6）提高人员的士气。有效且公平的绩效评估制度，将使采购人员的努力成果能获得适当回馈与认定。采购人员透过绩效评估，将与业务人员或财务人员同样看待，对公司的利润贡献有客观的衡量尺度，成为受到肯定的工作伙伴，对其士气之提升大有帮助。

小资料

采购绩效评估的基本要求

美国采购专家威尔兹对采购绩效评估的问题，曾提出下列看法。

1. 采购主管必须具备对采购人员工作绩效进行评估的能力

采购主管对商品采购工作负有领导和监督的责任，因此采购主管的业务素质和道德素质对整个采购工作的优劣起到非常重要的作用，有效合理地对采购人员工作绩效进行评估是一名采购主管所必备的能力。

2. 采购绩效评估必须遵循以下基本原则

（1）持续性。评估必须持续进行，要定期地检讨目标达成的程度，当采购人员知道一定会被评估绩效，自然能够致力于绩效之提升。

（2）整体性。评估必须以企业整体目标为出发点来进行绩效评估。

（3）开放性。采购作业的绩效，会受到各种外来因素所左右。评估时，不但要衡量绩效，也要检讨各种外来因素所产生的影响。

（4）评估尺度。评估时，可以使用过去的绩效为尺度，也可作为评估的基础，更可以与其他企业的采购绩效比较的方式，来进行评估。

二、采购绩效评估指标体系

采购绩效评估要依据一定的指标来进行，这些指标要能全面地衡量采购工作。采购人员在其工作职责上，应该达到“按时、按量、按质、按地、适价”等目标，因此，其绩效评估应以此为中心，并以数量化的指标作为衡量绩效的尺度。具体可把采购部门及人员的考核指标划分为五大类。

（一）质量绩效

采购的质量绩效可由验收记录及生产记录来判断。验收记录指供应商交货时，为公司所接受（或拒收）的采购项目数量或百分比；生产记录是指交货后，在生产过程中发现质量不合格的项目数量或百分比。

1. 进料验收指标

进料验收指标＝合格（或拒收）数量/检验数量

2. 在制品验收指标

在制品验收指标＝可用（或拒收）数量/使用数量

拒收或拒用比率越高，显示采购人员的质量绩效越差，原因可能是未能找到理想的供应商。

另外，质量绩效评估通常还包括以下一些指标：通过 ISO 9000 供应商比例、实行来料质量免检的供应商比例、来料免检的物料价值比例、开展专项质量改进（围绕本公司的产品或服务）的供应商数目及比例、参与本企业质量改进小组的供应商人数及供应商比例。这些指标越高，越有利于企业的产品品质保证与提高。

（二）数量绩效

当采购人员为争取数量折扣，以达到降低价格的目的或者为了保证原料的充足供应或其他原因时，可能导致存货过多，甚至发生呆料、废料的情况。显然数量不是越多越好，绩效评估的指标包括数量绩效。具体有：

1. 储存费用指标

储存费用指标是现有存货利息及保管费用与正常存货水准利息及保管费用之差额。

2. 呆料、废料处理损失指标

呆料、废料处理损失指标是处理呆料、废料的收入与其取得成本的差额。

存货积压的利息及保管的费用越大，呆料、废料处理的损失越高，显示采购人员的数量绩效越差。不过此项数量绩效，有时受到公司营业状况、物料管理绩效、生产技术变更或投机采购的影响，并不一定完全归咎于采购人员。

（三）时间绩效

这项指标是用以衡量采购人员处理采购订单的效率，及对供应商交货时间的控制。延迟交货，固然可能形成缺货现象，但是提早交货，也可能导致买方不必要的存货成本或提前付款的利息费用。具体指标包括：

1. 紧急采购费用指标

为了避免停工待料，企业有时必须进行紧急采购。这时为了提高物资到达的速度会采用一些紧急的运输方式（如空运）。

紧急采购费用指标就是紧急运输方式（如空运）的费用与正常运输方式的差额。

紧急采购会使购入的价格偏高，质量欠佳，连带也会产生赶工时间必须支付额外的加班费用。这些费用与损失，通常都没有估算在此项指标内。

2. 停工待料损失指标

当原材料无法及时供应时，就会停工待料。

停工待料损失是指停工期间作业人员薪资损失等。

实际上停工待料损失除了作业人员薪资这些直接损失外，还有许多间接损失。例如经常停工待料，造成顾客订单流失，员工离职，以及恢复正常作业的机器必须做的各项调整（例如温度、压力等）等。

（四）价格绩效

价格绩效是企业最重视及最常见的衡量标准。透过价格指标，可以衡量采购人员议价能力以及供需双方势力的消长情形。价格绩效常采用采购价差指标来衡量，通常有下列数种：

（1）实际价格与标准成本的差额；

（2）实际价格与过去移动平均价格的差额；

（3）比较使用时的价格与采购时的价格之间的差额；

（4）将当期采购价格与基期采购价格之比率与当期物价指数与基期物价指数之比率相互比较。

（五）采购效率（活动）指标

绩效评估包括对工作效果与工作效率的评估。以上质量、数量、时间及价格绩效是对采购的工作效果的衡量，因此还需就采购效率进行衡量。采购效率指标通常包括：

1. 采购金额

采购金额是一定时期内完成的物资采购总金额。

2. 采购金额占销售收入的百分比

采购金额占销售收入的百分比是指企业一定时期内商品或物资采购总额占同期销售收入的比例，它反映了企业采购资金使用的合理性情况。

3. 订购单的件数

订购单的件数指企业在一定时期内完成的订购单的数量。

4. 采购人员的数量

采购人员的数量是指企业专门从事采购业务的人员数量，它反映企业的劳动效率。

5. 采购部门的费用

采购部门的费用是一定时期采购部门的经费支出，它是反映采购部门经济效益的指标。

6. 新供应商开发个数

新供应商开发个数是指在一定时期内采购部门与新供应商的合作数目。为了丰富供应来源，对唯一来源的物料，通常要求采购人员必须在一定时期内增加供应商的数目。这个评价指标也可以采用唯一来源的物料占所有同类物料的比率来衡量。

7. 采购完成率

采购完成率可以通过本期累计完成件数和本期累计请购件数比较得出。其中完成件数有两种计算标准，一种是在采购人员签发请购单时计算，另一种是在供应商交货验收完成后才计算。

采购完成率是衡量采购人员努力工作的重要指标。但是，如果采购人员为提高采购完成率，使议价等重要工作环节流于形式就得不偿失了，所以该项指标还须结合其他指标来综合考核。

8. 错误采购次数

错误采购次数是指采购人员没有按照有关的采购作业程序处理的采购。例如：未经采购主管核准的采购、没有预算的资金支出等。这样的指标应尽量降为零。

9. 订单处理的时间

订单处理时间是指企业采购人员处理采购订单的过程所需的平均时间。

从采购活动水准上升或下降，我们不难了解采购人员工作的压力和能力；这对于改善或调整采购部门的组织和人员，将有很大的参考价值。

小资料

影响采购绩效评价的因素

不同的企业在进行采购绩效评估时所选择的指标、采用的方法等是不一样的，它会受到多种因素的影响，其中一个重要因素是管理人员如何看待采购业务的重要性及它在企业中所处的地位。

美国海斯（Hayes）和雷纳德（Renard）就提出，管理人员对采购业务的不同期望会对所采用的评价方法和技术产生重要影响。对工业企业的一项调查结果表明，不同企业对采购绩效的评价方法是不同的。导致这种状况的直接原因是各公司在管理风格、组织程度、委托采购上分配的职责不同，而不是由企业的具体特征（如工业类型、生产经营类型等）造成的。关于采购业务，目前主要有下面四种观点：

（1）业务管理活动。根据这种观点，评价采购业务的绩效主要取决于与现行采购业务有关的一些参数，比如订货量、订货间隔期、积压数量、现行市价等。

（2）商业活动。这种观点把采购业务看成是一种商业活动，管理人员主要关注采购所能实现的潜在节约额。采购部门的主要目的是降低价格以减少成本的支出。采购时要关注供应商的竞争性报价，以便保持一个满意的价位。采用的主要参数是采购中的总体节约量（通常用每一产品组和每一客户表示）、市价的高低、差异报告、通货膨胀报告等。

（3）综合物流的一部分。管理人员也清楚追求低价格有一定的缺点，它可能导致次优化决策，太关注价格会引诱客户因小失大。降低产品的价格通常会使供应商觉得产品的质量可能会降低，并会降低供应的可信度。因此管理人员要向供应商介绍产品质量改进目标情况，尽量减少到货时间并提高供应商的供货可靠度。

（4）战略性活动。这种观点认为，采购业务对于决定公司的核心业务及提高公司的竞争力将产生积极的作用，因为采购业务积极地参与到了产品是自制还是购买决策的研究中。地区性供应商已卷入到了国际竞争之中，在这种情况下，管理人员评价采购绩效主要考虑以下几个方面：基本供应量的变化数量（通常是减少量）、新的有联系的（国际）供应商（订有合同的）的数量及依据已实现的节约额对底线的贡献大小等。

根据目前比较流行的观点，在企业结构体系中，采购部门所处的地位不同，用于评价采购绩效的方法也有很大的区别。一方面当把采购看成是一项业务职能时，采购绩效的评价方法主要是从特征上进行定量的管理性分析。另一方面，当采购被看成是一项策略时，这时会采用更加定性的和评判性的方法。这种情况下，通常使用复杂的程序和指导体系来监控采购过程，提高采购效率，防止背离特定的采购计划。由于外在因素的影响，那些把采购看成是一项商业活动的公司必须思考的问题是哪些因素决定着当前比较流行的采购评估模式，这些外在因素主要有价格和毛利上的压力、丧失市场份额的压力、材料成本显著降低的要求、供应市场上价格剧烈波动等。这些问题迫使各个管理人员必须关注高水平的采购绩效。另外，一些内在因素也会影响管理人员对采购业务所持有的观点，主要的内在因素有公司实行的综合物流程度、引进和应用的现代质量概念的程度、材料管理领域的计算机化程度等。

三、采购绩效评估的标准

有了绩效评估的指标之后，必须考虑这些指标水平的高低即标准，作为与目前实际绩效比较的基础。一般常见的标准如下：

（一）历史绩效

选择公司以往的绩效，作为评估目前绩效的基础，是一些企业经常采用的有效的做法。通过纵向比较，可以发现企业目前的采购绩效是提高还是降低了。如果分开项目进行比较，企业更能发现在哪些指标上应再接再厉，在哪些方面存在差距需继续势力，在哪些方面需做出改进。但这种方法只有在公司采购部门，无论组织、职责或人员等都没有重大变动的情况下，才适合使用此项标准。

（二）预算或标准绩效

若过去的绩效资料难以取得或采购业务变化甚大，则可以采用预算或标准绩效作为衡量基础。标准绩效之设定，有下列三种方法：

（1）固定的标准。向谓固定标准，就是评估的标准一旦建立，则不再作改动。这种方法简单易行，容易与过去的标准进行比较，找出差距、进步。但是企业的情况是千变万化的，市场也是瞬息万变的，因此，这种固定的标准恐怕难以适应这种变化的环境。

（2）理想的标准。所谓理想标准，是指在完美的工作条件下应有的绩效水平。这种方法有利于激励员工的积极性，促使其最大限度地发挥工作潜能。但是完美的工作条件企业难以具备，因此这样的标准在员工看来会觉得过于遥远而导致工作的挫折感。

（3）可达成的标准。所谓可达成的标准，是指在当前情况下应该可以达到的水平，常依据当前的绩效加以考量设定。这是一种比较可行的方法，它综合了上面两种方法的优点。这种方法得出的标准使员工感到是可行的，同是它又不像固定标准那样一成不变，难以适应变化的环境条件，也不像理想标准那样难以企及。

（三）同业平均绩效

这是一种通过横向比较得出的标准。若企业与其他同业公司在采购组织、职责及人员等方面相似，则可与其进行绩效比较，以辨别彼此在采购工作成效上的优劣。若具体公司的绩效资料不可得，则可与整个同业绩效的平均水准来比较。

（四）目标绩效

前面提出的预算或标准绩效代表在现况下，“应该”可以达成的工作绩效；而目标绩效则是在现况下，非经过一番特别的努力，否则无法完成的较高水平。目标绩效代表公司管理当局对工作人员追求最佳绩效的“期望值”。这个标准的制定通常采取的是以同行业较高的绩效水平作为标准。

小资料

向高标准看齐

越来越多的公司喜欢把它们的采购绩效同它们的竞争对手或那些被认定是一流的公司的采购绩效进行对比，并通过确定一个基准来评价采购组织的效果和效率。例如，飞利浦公司在 20 世纪 90 年代早期对一些一流公司进行了一项基准研究（如：Motorala，BMW，Marks&Spencer），主要想了解这些公司在下面这些领域是怎样运作的：

- 整个采购市场的研究；
- 供应商管理；
- 在采购活动中同其他单位之间的协调；
- 谈判和合同的管理；
- 涉及新产品发展的采购和供应；
- 同销售和服务部门的合作。

通过对上述领域的研究，飞利浦公司对这些公司的采购和供应的管理有了非常细致的了解，继而把所有的部门经理召集起来制定了一个采购行动方案，带领飞利浦公司迈入了一流公司的行列。因此，我们可以得出这样的结论，采购基准的研究可以使我们充分意识到采购和供应管理在公司中的重要地位。

美国 CAPS（高级采购研究中心）定期报告关于每一行业的采购绩效的指导性数据。该中心每年都要向大型跨国公司的经理们送去一份包括大量数据的调查表，调查和报告的内容如下：

- 全部的采购额占公司销售额的百分比；
- 采购管理费用占全部采购金额的百分比；
- 采购人员占全部人员的百分比；
- 采购部门中每一个采购人员平均花费的采购金额；
- 每一个供应商的平均采购支出；
- 全部采购支出中活跃供应商占有的百分比；
- 公司采购金额花在小型供应商上的百分比；
- 通过 EDI 方式花费的采购金额的百分比；
- 采购部门采购的全部货物价值的百分比。

通过对这些方面的研究，我们可以了解到采购活动是否在朝着正确的方向发展。仅仅比较公司之间采购活动的某一方面是没有多大用处的，只有通过所有方面的对比，才可以表明竞争对手之间采购活动在各自公司中所处的相对位置。

四、采购绩效评估的方式方法

（一）评估方式

越来越多的企业管理者认识到一个采购部门在整个企业中发挥的巨大作用，尤其是一个配备了有能力的雇员和恰当组织的采购部门。定期合理地评价采购部门的绩效可以节省费用，直接增加企业利润。采购人员工作绩效的评估方式，可以分为定期和不定期两种评估方式。

（1）定期评估。定期评估是配合公司年度人事考核制度进行的。一般而言，如果能以目标管理的方式，也就是从各种工作绩效指标中，选择年度重要性比较高的项目中的几个定为绩效目标，年终按实际达到的程度加以考核，那么一定能够提升个人或部门的采购绩效。并且，这种方法因为摒除了“人”的抽象因素，以“事”的具体成就为考核重点，也就比较客观、公正。

（2）不定期评估。不定期绩效评估，是以专案的方式进行的。比如公司要求某项特定产品的采购成本降低10%。当设定期限一到，评估实际的成果是否高于或低于10%，并就此成果给予采购人员适当的奖励或处分。此种评估方法对采购人员的士气有巨大的鼓舞作用，此种不定期的绩效评估方式，特别适用于新产品开发计划、资本支出预算、成本降低专案等。

（二）评估方法

采购绩效评估方法直接影响评估计划的成效和评估结果的正确与否。常用的评估方法有：

（1）直接排序法。在直接排序法中，主管按照绩效表现从好到坏的顺序依次给员工排序，这种绩效表现既可以是整体绩效，也可以是某项特定工作的绩效。

（2）两两比较法。两两比较法指在某一绩效标准的基础上把一个员工都与其他员工相比较来判断谁“更好”，记录每一个员工和任何其他员工比较时认为“更好”的次数，根据次数的多少给员工排序。

（3）等级分配法。等级分配法能够克服上述两种方法的弊端。这种方法由评估小组或主管先拟定有关的评估项目，按评估项目对员工绩效作出等级的划分。

（三）评估人员

采购工作涉及企业内外的多个部门与人员，为保证评估的全面与公平，企业需建立评估小组，小组中需要吸收多方面的人员参与到评估中来。参与采购绩效评估的人员通常包括：

（1）采购部门主管。由采购主管负责评估，注意采购人员的个别表现，并兼收监督与训练的效果。

（2）会计部门和财务部门。采购金额占公司总支出的比例甚高，采购成本对公司的利润影响很大，会计和财务部门不但掌握公司产销成本数据，对资金的取得与付出亦做全盘控制，故对采购部门的工作绩效，可以参与评估。

（3）工程部门或生产控制部门。若采购项目的质量与数量对企业的最终产出影响很大时，有时可以有工程或生产控制人员参与评估采购部门的绩效。

（4）供应商。公司通过正式或非正式渠道，向供应商探询其对于采购部门或采购人员的意见，以间接了解采购作业的绩效和采购人员的素质。

（5）外界的专家或管理顾问。为避免公司各部门之间的本位主义或门户之见，可以特别聘请外界的采购专家或管理顾问，针对全盘的采购制度、组织、人员及工作绩效，作客观的分析与建议。

第二节　采购监督控制

采购活动必然涉及社会的方方面面、涉及很多人的利益机会。在现在复杂的社会中，还存在各种各样的趋利思潮、罪恶图谋甚至黑恶势力，因此，采购活动存在许多风险。为了保证采购活动顺利进行，需要制定许多防范措施，降低采购风险。这就是采购控制和监督。

做好采购控制和监督工作，首先要打好基础，为采购控制创造一个合适的环境条件，然后要建立起一系列的采购控制监督制度，还要采用一些有利于降低采购风险的采购方法手段。本章对此依次予以讨论。

一、采购监督控制的基础工作

一方面，采购活动涉及大量资金的流动以及各方的利益关系，而且采购活动往往是采购员与各方人员的独立自主的往来活动，现今社会上还存在着许多企图非法获取个人或企业利益的思潮、条件和人群，由于这样一些原因，企业采购活动很容易被利用来假公济私、行贿受贿、贪污腐败以谋求私利、损害采购企业或国家的经济利益的目的和行为中去。这种犯罪行为，有很强的驱动力：一是一些供应商企业，为了获取被采购的机会，拉拢、贿赂、腐蚀采购员；二是一些社会势力威胁或利诱采购员，强买强卖、迫使采购员就范；三是采购员自身的趋利思想。因此采购活动本身很容易被引入犯罪的道路。

犯罪的形式多种多样，或者是给采购员以一定的回扣，或者给采购员金钱美女等腐化的生活待遇，来从采购员手中获取采购订单。但是这种采购所得到的货物，或者是价高的，企业把所有的回扣、采购员高额的生活待遇费用都打入了货款；或者是商品质量差，有的甚至是伪劣假冒产品。这些都会给采购企业造成重大经济损失。

另一方面，采购活动也存在许多风险。这些风险甚至存在于采购活动的每一步中。可以说，只要是所采购的物资还没有进到自己的仓库，就都有可能出现风险。这些风险，有些是一些不可抗拒的偶然因素造成的，例如天灾人祸、运输事故等，但大多数都是一些可以回避、可以控制的因素造成的，又如，供应商不讲信用、行骗受骗、收钱赖账、携款逃逸等。这些风险的产生，可能是一些采购制度不健全、采购人员作业不到位、或没经验造成的。这些风险都可能对企业造成无可挽回的损失。

因此，为了保护企业利益、降低采购风险、保证企业采购活动正常进行，需要对采购活动和采购人员进行监督控制。

要搞好采购控制，首先要创造一个良好的采购控制基础条件，为以后的采购活动控制创造一个好的环境和条件。这些良好的基础条件，包括几个方面：

（1）采购员的素质基础；

（2）健全的采购管理规章制度；

（3）对于采购市场行情的透彻掌握。

小资料

防范虚开数量入账报销

采购拿回扣，实际上是羊毛出在羊身上，最后一切都是由采购方企业来埋单。但是采购价格高了，如何抹平呢？采购人员就会与供应商串通，在总价不变的前提下，采购数量人为加大，这样采购价格自然降低，也就是说采购入库单的数量与实物数量是有不同的。产生此项漏洞的根本原因是采购单位没有入库“检斤验数”，属库存体制不健全。所以对于购入的货物，均应由独立于采购、存储等部门以外的部门负责验收。验收部门应检查货物的数量和质量，并据实填制验收单，验收完毕应立即将验收的货物转运存储部门，并将验收单分送采购部门、存储部门和会计部门。

案例：

红太阳公司派采购员购买30台空调，该空调的市场价格是2000元。空调销售商以付给购货单位10%的回扣为诱饵，肆意抬高了空调的价格。采购员不顾红太阳公司的利益，同意按每台3000元（高于市价1000元）的价格购货。30台空调的价款共90000元，采购人员收受回扣款9000元。但是采购价格高出市场价1000元，如何能瞒过会计部门呢？于是采购员就和供应商商量在开发票时虚开了空调的数量，然后又与验收部门的小张串通一气，二人平分了采购回扣，于是货物顺利地验收入库，瞒过了公司的其他部门。

防范技巧：

企业应当根据规定的验收制度和经批准的订单、合同等采购文件，由独立的验收部门或指定专人对所购物品或劳务等的品种、规格、数量、质量和其他相关内容进行验收，出具检验报告、计量报告和验收证明。对验收过程中发现的异常情况，负责验收的部门或人员应当立即向有关部门报告；有关部门应当查明原因，及时处理。要防范像上面案例中提到的问题，验收部门就要做好内部控制工作，加强数量检验：实际交货数量与交货通知单上的数量比较；实际交货数量与订购单副本上的数量比较；实际交货数量与生产作业计划中的需要量比较。

（一）加强采购人员素质管理

采购员是采购活动的执行者，也是关系企业采购活动能否顺利进行的关键力量。企业采购活动能否做好，能否克服采购犯罪，采购员是关键。

企业采购员应当有较高的素质：

（1）采购员应当有较高的业务素质。他们懂得产品的自身特性、生产过程、生产成本、采购渠道、运输保管特性、市场生产供应能力、市场价格行情、交易规则等，还要懂得该产品在本企业的用途、用量、使用特性等。

（2）采购员应当有较好的道德素质，要有正义感，品行正派，不贪图私利。

（3）采购员应当有较好的政治素质，热爱企业，热爱集体，有敬业精神，能够抵制和反抗一些损害企业利益的违法行为。

（4）采购员应当思维敏捷、口齿伶俐，表达能力强，注意外表形象。

为了提高采购有员的素质，采购管理部门要注意加强素质培训活动，有意识地提高员工的素质。这些培训活动可以是：

• 业务知识教育、业务知识竞赛等；

• 职业道德教育，政治学习等；

• 开业务总结会，表彰好人好事，抓住典型事例、典型人物进行分析，开展培养职业道德、向优秀人物学习的活动。批评不良行为，在企业管理科树正气、压邪气。

• 不定期地开一些辩论会、演讲会等，让员工发表观点、增长知识、培养口才，树立正气等。

（二）适当提高采购员的工资待遇

在企业中，有两个工作岗位特别重要，一个是推销员，一个是采购员。推销员的工作，能够打开市场，为企业创造生存发展的条件。采购员的工作十分重要，采购工作做的好坏，直接关系到企业的生产成本和产品质量。据统计，一般企业中，原材料的成本占企业产品成本的70%。采购工作做得好，就可以大幅度降低企业的生产成本，创造较大的经济效益。所以根据多劳多得的原则，可以适当提高他们的工资待遇，培养他们的职业荣誉感，珍惜自己的工作岗位，调动他们的积极性。提高工资待遇，可以根据个人的业绩情况区别对待。真正使真有才干、有贡献的人得到较高的工资待遇，消除他们的后顾之忧，从而激励他们在工作中不为金钱利诱而丧失原则立场。

（三）建立健全采购规章制度，设立奖惩激励机制

采购管理规章制度要规范采购活动，规范采购员的行为。

首先要制定明确具体的采购作业流程。从接受采购申请单开始，到采购完成进行评估总结为止，一步一步都要明确规定具体的做法。

在制定采购作业流程时，要注意制定每一步的作业标准和质量要求，使得采购员知道每一步的工作怎样做才算做到了位。只有做到位，才能防止对方钻空子，防止坏人有机可乘，避免采购风险。

同时在作业流程中，要特别强调采购员在外单独活动时，要多和采购管理科取得联系，特别在谈判结果、签订协议等重要事件上，多向采购部门请示汇报，发挥采购部门集体的作用。这样做，还可以降低采购风险，避免许多由于个人疏漏而造成的错误，保障采购工作的圆满成功。

在设计作业流程时，还要注意设计对每一步作业的约束和监督机制。请示汇报就是一种约束和监督。最后，在资金使用、价格浮动范围、优惠条件赋予等都要设立一定的约束或权限。

其次要制定岗位责任制度，对各个岗位规定明确的职责范围。采购工作涉及多个岗位，哪个岗位的懈怠都会耽误采购工作的进行。因此各个岗位要互相协调配合。制定岗位责任制，可以使每个岗位都能够明白自己的职责，使得大家都尽职尽责，协调配合好。

最后，还要建立起奖惩制度。工作流程、岗位责任制建立起来以后，就要坚决执行起来。为了保证这些制度真正贯彻起来，就要建立起奖惩制度。做得好的，予以奖励；做得不好的，予以惩处。奖励与惩处，有精神方面的，也可以有物质方面的。可以把物质利益与业绩挂钩，确实有比较好的业绩，可以按照一定的比例奖励采购人员。

（四）搞好首单采购、创造好的基础环境

首单采购，是指新业务开始后的第一单采购任务。第一单采购，有很重要的作用：

（1）它给新业务下的采购打开局面。新业务刚开始，对资源市场行情还不太了解，供应链关系还没有建立起来。第一单采购任务做细做好，有利于初步打开资源市场，了解资源市场的行情。另外也为建立起供应链关系创造了初步条件，这些都为以后的采购工作打开了局面。

（2）为后续的采购提供了经验。第一单做得好，就可以树立一个样板。后续采购工作可以照样进行；第一单如果不理想，后续采购则可以总结经验，改正缺点，改进工作，后续采购就可以做得更好。

（3）为以后的采购控制提供信息支持。例如，如果第一单业务采用招标采购方式。则通过招标采购，就可以基本上掌握资源市场的价格水平。这个价格水平是比较客观的。它可以为以后的价格控制提供依据。因此，第一单采购最好采用公开招标制。招标采购的特点，就是让社会上各个供应商实行自由竞争，这样可以比较真实地反映市场商品的价格行情。为后面的采购提供一个价格参考标准。

所以为了搞好采购，更好地开展采购控制工作，除了提高员工素质、建立健全制度之外，还要确实抓好第一单采购。

二、建立采购监督控制制度

有了良好的采购控制的基础条件，后面的采购控制工作就比较好开展。采购管理部门为了做好后续的采购控制工作，应当建立起一套完整的采购控制制度。这些制度包括：

（1）采购预计划制度；
（2）采购请示汇报制度；
（3）采购评价制度；
（4）资金使用制度；
（5）到货付款制度；
（6）保险制度等。

我们可以从以下几个方面进行讨论。

（一）建立采购预计划制度

采购部门在将采购任务分配给个人时，个人必须交出采购预计划书，才有资格获得采购任务。预计划书经审批通过才能正式把采购任务委托给个人去完成。预计划书作为个人业务的第一份正式文件，要保存下来，并且作为这次采购任务的考核参考。

表 14－4 的预计划表可供参考。

表 14－4　　采购预计划表

姓名：　　　　年　月　日　　　　表号

任务号：	品名：　规格：　数量：　使用单位：	
	特别说明：	
供应商选择	单位名	

续 表

<table>
<tr><td>供应商选择</td><td>选择理由</td><td colspan="4">□ 产品质量好
□ 质量符合要求、价格最低
□ 最近
□ 老关系
□ 其他________</td></tr>
<tr><td>价格预计</td><td></td><td>选择理由</td><td>□ 价格最低
□ 产品质量好
□ 老关系</td><td colspan="2">市场最低价：</td></tr>
<tr><td>进货方式选择</td><td>□ 火车
□ 汽车
□ 自提</td><td>进货天数</td><td></td><td>进货费用预计</td><td></td></tr>
<tr><td>订货费用预计</td><td>总额：</td><td colspan="3">其中，差旅费：
通信费：
手续费：
其他：</td><td>订货天数：</td></tr>
</table>

不要把预计划看做是一种额外的负担。做预计划的过程实际上体现出采购员了解市场制定采购决策的思路过程。即体现采购员选择供应商、选择产品价格等的思想依据。要填好这个预计划表，采购员必须事先对市场行情、供应商的情况有所调查，了解掌握，促使采购员平常提高业务水平和业务能力。一个学者能随时掌握本专业的发展动态，他才能站在学科的前沿、不断前进，一个采购员也应当随时掌握市场行情，他才能具有搞好采购的主动权。做预计划正好可以促使采购员在业务方面不断进取、提高业务水平。

做预计划表还有一个好处，就是在一些采购员竞争上岗的单位，就可以把预计划表作为采购员竞争采购任务的竞标依据。谁的预计划方案最优，就把采购任务交给谁去承担。

执行采购预计划制定的一个关键是要设计好采购预计划表。设计预计划表的原则，就是要简明扼要，但是项目内容一定要全面，重点是考察采购员的采购决策思路和计划进度。

（二）建立采购评价制度

采购评价包括两部分：一是自我评价，每次任务完成后要填一个完成情况自我评价表；二是采购部门对每个人的评价，以及采购部门的整体评价，一个月一次，一年还有一次总评。

建立评价制度的目的，是要评定业绩、总结经验，纠正缺点、改进工作。同时也是一种监督控制。

自我评价表的基本内容，一是实际完成情况的汇报，二是实际完成情况与预计划的对比有何变化以及发生变化的原因，三是实际完成指标的优劣程度评述。

在自我评价的基础上，采购部门可以进行单次审核评估、月末评估和年末评估。

单次审核评估就是将自我评估表和预计划表进行对比评估，对采购员的一笔业务进行审核，看是否正常。如果不正常，就要追查原因，进行监督控制。

月末评估，是把一个月内的所有自我评价表进行统计汇总，得出整个采购部门的业绩评估。年末评估是把采购部门的月末评估汇总，得出整个部门的全年业绩汇总。

因此，自我评估表既是各个采购员业绩的定量化详细描述，可以为采购员业绩考核、评比先进、提职加薪提供详细的资料依据；又是采购管理控制监督的重要资料，可以起到发现问题、了解情况、了解市场的作用，为采购监督控制提供信息支持。

因此，采购自我评价表也可以像预计划表一样，作为采购管理的标准表格。采购自我评价表也要简明扼要，内容突出。表 14 - 5 是一个基本样式，可供参考。

表 14 - 5　　　　采购自我评价表

姓名：　　　　　　　　年　　月　　日　　　　　　　表号

<table>
<tr><td rowspan="2">任务号：</td><td colspan="5">品名：　　　规格：　　　实际数量：　　　使用单位：</td></tr>
<tr><td colspan="5">特别说明：</td></tr>
<tr><td rowspan="3">实际供应商</td><td>计划单位</td><td colspan="4"></td></tr>
<tr><td>变更单位</td><td colspan="4"></td></tr>
<tr><td>变更理由</td><td colspan="4">□ 质量符合要求、价格最低
□ 最近
□ 老关系
□ 其他</td></tr>
<tr><td>实际价格</td><td></td><td>比计划价格</td><td>□ 增加：　元
□ 减少：　元</td><td colspan="2">市场最低价：</td></tr>
<tr><td>进货方式</td><td>□ 火车
□ 汽车
□ 自提</td><td>实际进货天数</td><td>天
比计划多（少）：
天</td><td>实际进货费用</td><td>元
比计划多（少）：
元</td></tr>
<tr><td>实际订货费用</td><td>元
比计划：
多（少）
元</td><td colspan="3">其中，差旅费：
通信费：
手续费：
其他：</td><td>订货天数：
天
比计划多
（少）：____天</td></tr>
</table>

（三）实施标准化作业制度

采购作业流程应当标准化，按照标准化作业进行操作和控制，这是一个有效的方法。就像企业生产过程中的任务跟踪单那样，可以把每个环节都记录下来，哪个环节出了问题，事后可以找到责任人，进行作业控制。采购过程也是由多个环节构成的，不过比生产过程的随机变动性要大一些而已。但我们还是可以用其他类似的办法进行管理控制。

第一步，要下大力气制定一个标准化采购操作流程，编制一个详细的采购作业操作手册。把采购作业过程分成若干步骤，每个步骤应该怎样做，要达到什么要求，应该留下什么记录。每个操作步骤可能又要分成各种不同的情况，在每种情况下应当怎么处理，要达到什么要求，应该留下什么记录，都分别做出具体的规定。制定这样的操作手册，可能工作量很大，但是很重要，它也是采购管理的一个基础工作，一旦制定出来，对于日后较长时间内的采购管理都能起到很好的作用，是一件一劳永逸的工作。

这个操作手册，既是一个作业操作手册，也是一个作业控制监督手册。其中为了监控的需要，要特别注意两点：一是要在各个步骤中设立作业控制点，例如时间、地点、作业指标、证明人等。二是要注意留取记录，可以是客观的，例如原始单据、合同、任务跟踪单等，也可以是主观的，例如采购员的工作记录、书面汇报或报表等。采购员应该养成记工作日记的习惯，这有利于监控的需要。

第二步，就是要规定采购员的权限范围。采购员经常一个人在外面独当一面地工作，完全没有一点权力是不行的，它应当在一定范围内有决策权、主动权，这样有利于调动采购员的积极性和提高工作效率；但是对采购员的权力不加以限制也是不行的，不然容易造成采购员滥用权力、给不正之风留下空子，也容易产生采购风险、给企业造成较大的损失。例如，采购员能够自主支配资金的数量、住宿、旅行、送礼、请客的标准等，都要做出具体合理的规定。为了操作的方便，例如可以采用费用包干、凭票报账等方式。

第三步，要把采购员按照操作手册进行标准化作业、注意留下作业记录等作为采购员的一条基本职责，当做采购员培训、考核中的一个基本内容、基本条件来运作。只有这样，我们才可能做到方便有效地进行监控。

小资料

坚决杜绝以假单据报账

除了少数预付货款采购的方式外，单位往往要在采购货物验收入库后，付给供货方货款。有些单位的采购程序不规范，财务人员在付款时审核不严，就给了采购人员或者仓库管理人员可乘之机，他们会假造各种采购入库单据，送交财务部门进行报销，从而骗取采购款，中饱私囊。

案例：

张某系某公司负责液氨采购的业务员。2004 年 2 月，张某与负责运输液氨的周某商定，由周某将液氨从厂家运输出来，并倒卖给其他公司，张某负责搞假单据，到公司财务报账，从中套取货款及运费。周某按每车液氨给张某 2 万元好处费。2004 年 2—8 月间，两人采取此方法，骗得公司 10 车共净重 276.74 吨的液氨及运费，总计 620605.4 元。另外，2004 年 2—5 月，张某还单独采取伪造单据的方法，骗得公司 4 车净重 125 吨的液氨及运费，共计 305937.8 元。案发后，张某退回了部分赃款。法院经审理认为，被告人张某利用职务之便，单独或与周某勾结，骗得公司财务共计 926543.2 元，其中张某单独骗得 305937.8 元，其行为均已构成贪污犯罪。

防范技巧：

(1) 各单位在采购行为发生后，采购部门要提供采购的原始凭证，验收部门要提供入库检查结果，之后财务部门经理或者会计主管人员要对这些原始凭证进行审核，审核无误后，才能签字核准发放货款。在审核原始凭证时一定要注意凭证是否有伪造或者涂抹的痕迹，对于可疑的凭证要对入库的货物再次进行核对。

(2) 加强对采购支出的实质性审查。重点审查采购价格是否符合合同的规定，是否根据计划采购，采购的数量和运输路程是否相称，运杂费的支出是否适当，有无多支、冒支的，结算发票是否是税务机关统一印制的，发票上的单位名称是否与公章相符，发票的抬头是否与本单位一致，发票上的要素是否齐全，有无涂改现象，货物的数量、质量是否经过有关人员验收。另外，要注意防止货物验收人员与采购人员串通提供假凭证，单位要定期或者不定期地检查库存情况，以确认是否有符合标准的货物入库。审计人员在查账时，对于大宗的采购要与供货单位取得联系，以确定采购行为的真实性。

(四) 建立请示汇报制度

当作业过程中可能出现一些超出采购员权限范围的事情，在这种情况下，一定要请示有关主管人员，不能够擅自自作主张。一定要建立起请示汇报制度。要向全体采购员公开规定，在采购活动的一些关键环节，例如签订合同、改变原有的作业程序、作业指标等，一定要向采购管理部门或相应的主管人员请示汇报。

(五) 资金使用制度

凡是牵涉到资金的使用，都要建立起一套严格的规章制度。资金的领取、审批、使用，一般要规定具体的权限范围、审批制度、书面证据制度等。对于货款的支付，要根据对方的信用程度，具体的风险情况进行稳妥的处理。例如，一般货款的支付，要等到货物到手以后，再付完全部货款。又例如出差的差旅费的领取数量、领取审批等都要有较详细的规定。

(六) 运输进货控制制度

运输进货是采购过程的重要环节，随机因素多、风险大，这个环节要加强控制。首先，要注意降低进货风险，在签合同时，要把进货风险责任人明确规定下来，不要不规定责任人、或者责任模糊不清，而且要把风险赔付方法写清楚。一般可以采取让供应商或者运输部门来承担责任的办法以监督控制供应商。如果是自己自提货物或者自己承担运输货物，则必须要由承办人承担风险。承办人在每一步都要认真操作，防止发生风险。有些贵重货物，最好办理运输保险业务，把风险损失降到最小。

(七) 采用公开招标制度采购

公开招标制度，由于公开、公正和公平，采购风险最小，采购监控也比较容易操作。采用公开招标采购方法，暗箱操作的可能性小，能够有效地抑制不正之风、防止腐败。

公开招标制度，也要认真操作各个环节，尽量做到公正公平。例如，特别要防止投标方和招标方与评表小组成员的串通、要注意维护评标标准、评标方法的客观、公正等。这里也是有许多监控点，需要进行认真控制。

以上例举了一些采购监控方法，但是还可能有许多方法，需要根据实际情况，认真研究制定。

案例

L公司物资采购评价和监督

L公司是由B公司和ZF公司整合烟气脱硫、工业粉尘治理领域优势资源，共同发起成立的高科技环保企业。L公司注册资本6000万元，总资产超过6亿元，主营业务为脱硫除尘一体化技术研发、设备制造和工程总承包；电除尘器、袋除尘器等环保设备的开发、设计、制造、系统成套、安装服务；环保技术咨询和服务。

L公司自2003年成立以来，在全国火电项目纷纷扩建和新建的宏观经济环境下，在不到3年的时间内，公司规模迅速扩大，并承接各类除尘和脱硫项目20多个。伴随国内脱硫除尘市场的竞争日益激烈，L公司的采购管理呈现出专业化、智能化、集中化的新趋势，对采购管理监督和评价进行了探索。

公司对工程物资的采购工作是否满意，需要经过考核评价才能下结论。采购绩效评价就是建立一套科学的评价指标体系，用来全面反映、检查和监督采购部门的工作实绩、工作效率和效益。

对采购系统的绩效评价可以分为对整个采购系统的评估和对采购人员个人的评价。对采购系统的监督与评价可以由企业高层管理者及相应的机构和部门来承担，也可通过工程业主的参与来进行；而对采购人员的评价常由采购部门的负责人来做。

在工程项目中，采购设备、散材的费用占总承包合同价款的一半以上，由于采购品种多、技术性强，对质量、价格等都有严格要求，稍有失误，不仅影响工程的质量和进度，甚至会导致总承包单位的亏损。因此公司采购管理越来越成为公司管理的核心组成部分，物资采购管理也提高到公司战略高度，不断完善物资采购管理体系，成为公司整体发展战略的重要部分，对其加强监督和管理非常必要。

以前公司采购管理监督是一个薄弱环节，监督内容和方式仍以自我检查为主，对事后的结果处理也不严格，缺乏事前事中监督。这是由公司采购管理监督机制不健全所引起的。由于制度规定各项滞后，监督人员的数量和素质等因素的制约，以日常监督为主，将监督寓于公司采购管理的事前、事中和事后全过程的机制尚未建立起来。由于缺乏事前监督，导致许多不应发生的问题发生了，如工作求数量而不求质量，责任心不强，工作不认真，出现问题则互相推委责任，甚至造成损失也无人负责承担。

针对公司采购管理监督机制中存在的问题，建立采购管理监督机制，决心从以下几个方面入手：

首先，加强采购管理监督的制度建设，建立健全监督约束机制，针对目前采购管理监督的制度制定工作滞后，要规范和完善各项监督的制度规定，使采购工作各个环节职责详细、明确、具体，建立健全易于操作并行之有效的规章制度，使监督工作真正做到有章可依，充分发挥其日常监督作用。

其次，利用采购系统的绩效评价体系，建立多层次、全方位的采购管理监督运行机制，做到事前参与预警、事中跟踪防范、事后审核问效。

最后，建立灵敏的采购管理监督信息反馈系统，监督机构要充分利用现代化信息技术手段，建立监督检查数据和案例库，收集并储存公司采购管理情况。监督部门要运用预测和分析的方法，对带有倾向性、普遍性的问题，及时提出合理化的意见或建议，有针对性地完善有关规章制度，同时接受公司内部举报等信息。

本章练习题

一、名词解释

1. 采购绩效评估。
2. 储存费用指标。
3. 紧急采购费用指标。
4. 采购完成率。
5. 等级分配法。

二、简答题

1. 采购绩效评估的目的何在?
2. 采购绩效评估的指标体系包括哪些?
3. 如何确定采购绩效评估指标的标准?
4. 企业开展采购监督控制工作，应建立哪些制度?

三、思考题

1. 参与采购绩效评估的人员有哪些? 为什么要吸收他们来参与评估工作?
2. 企业如何做好采购监督与控制工作?
3. 做好首单采购对于后续的采购有什么意义?

四、实训题

深入学校超市、食堂的采购部门进行调查，了解其采购绩效评估情况，分析其存在的问题并提出具体的建议。

参考文献

[1] 马士华．供应链管理［M］．北京：机械工业出版社，2000.

[2] 宋华，胡左浩．现代物流与供应链管理［M］．北京：经济管理出版社，2000.

[3] 王槐林，凌大荣．物资资源配置技术［M］．北京：中国物资出版社，1998.

[4] 王槐林，刘明菲．物流管理学［M］．武汉：武汉大学出版社，2005.

[5] 王槐林．物流管理［M］．武汉：湖北科学技术出版社，2005.

[6] 王加林，张蕾丽．物流系统工程［M］．北京：中国物资出版社，1987.

[7] 郭继伟．货仓、采购、生管、物控管理实例与问答［M］．广州：广州经济出版社，2000.

[8] 康善村．采购技术［M］．广州：广州经济出版社，2001.

[9] 王忠宗．采购管理 99 招［M］．广州：广州经济出版社，2001.

[10] 冯之楹，何永春，廖仁兴．项目采购管理［M］．北京：清华大学出版社，2000.

[11] 齐小平，沈建阳，张雷宝．政府采购知识读本［M］．北京：中国财政经济出版社，2001.

[12] 刘小川，王宁华．经济全球化的政府采购［M］．北京：经济管理出版社，2001.

[13] 李恒兴，鲍钰．采购管理［M］．北京：北京理工大学出版社，2007.

[14] 徐杰，鞠颂东．采购管理［M］．北京：机械工业出版社，2010.

[15] 王炬香．采购管理实务［M］．北京：电子工业出版社，2011.

[16] 李严锋，罗霞．物流采购管理［M］．北京：科学出版社，2011.

[17] 维尔．采购与供应链管理——分析、战略、计划和执行［M］．5 版．北京：清华大学出版社，2010.

[18] 汉德菲尔．采购与供应链管理［M］．4 版．北京：清华大学出版社，2010.

[19] 张浩．采购管理与库存控制［M］．北京：北京大学出版社，2010.

[20] 赵道致，王振强．采购与供应管理［M］．北京：清华大学出版社，2009.

附录　订货点技术的模型体系

公式中的符号说明：

R：单位时间需求量（库存消耗速率）

$\overline{R}$：平均单位时间需求量

“R”：随机变化的单位时间需求量（随机变量）

D：一定期间内的需求量

D_L：订货提前期间内的需求量

“D_L”：随机变化的订货提前期需求量（随机变量）

$\overline{D_L}$：平均订货提前期需求量

c_0：一次订货费用

c_1：单位物资单位时间保管费用，$c_1 = K c_i$

c_i：一定期间内的保管费率

c_2：单位物资单位时间缺货费用

c_3：单位物资购买费用和进货费用，有时就等于单价 K

c_4：单位物资单位时间补货费用

C：一定期间内的总费用

C_0：一定期间内的总订货费用

C_1：一定期间内的总保管费用

C_2：一定期间内的总缺货费用

C_3：一定期间内的总进货费用和购买费用

C_4：一定期间内的总补货费用

$\overline{C}$：一定期间内的总平均费用

$\overline{C_0}$：一定期间内的平均订货费用

$\overline{C_1}$：一定期间内的平均保管费用

$\overline{C_2}$：一定期间内的平均缺货费用

$\overline{C_3}$：一定期间内的平均购买和进货费用，等于（c_3+K）R

$\overline{C_4}$：一定期间内的平均补货费用

Q：库存量

$\overline{Q}$：一定期间内的平均库存量

Q_0：订货批量

Q^*：经济订货批量
Q_K：订货点
Q_S：安全库存量
Q_{max}：最高库存量
$\overline{Q_2}$：一定期间内的平均缺货量
$\overline{Q_4}$：一定期间内的平均补货量

t：时间
T：订货周期
T^*：经济订货周期
T_K：订货提前期
“T_K”：随机变化的订货提前期（随机变量）

p：库存满足率，或进货速率（库存补充速率）
q：缺货率
α：安全系数
σ：标准偏差
σ_D：订货提前期需求量的标准偏差
σ_T：订货提前期的标准偏差
σ_R：单位时间需求量的标准偏差